Jahrbuch für Biblische Theologie (JBTh)

Herausgegeben von
Martin Ebner, Irmtraud Fischer, Jörg Frey, Ottmar Fuchs,
Berndt Hamm, Bernd Janowski, Ralf Koerrenz, Gabrielle
Oberhänsli-Widmer, Dorothea Sattler, Samuel Vollenweider,
Marie-Theres Wacker, Michael Welker, Rudolf Weth, Michael
Wolter und Erich Zenger

In Verbindung mit
Paul D. Hanson, Norbert Lohfink, Patrick D. Miller und
Magne Sæbø

Band 23 (2008)
Heiliges Land

Neukirchener Verlag

© 2009 Neukirchener Verlag
Neukirchener Verlagsgesellschaft mbH, Neukirchen-Vluyn
Alle Rechte vorbehalten
Umschlaggestaltung: Hartmut Namislow
Übersetzung der Abstracts: Thomas Wagner
Druckvorlage: OLD-Media OHG, Neckarsteinach
Gesamtherstellung: Hubert & Co., Göttingen
Printed in Germany
ISBN 978–3–7887–2301–9
ISSN 0935–9338

Bibliografische Information der Deutschen Nationalbibliothek

Die Deutsche Nationalbibliothek verzeichnet diese Publikation in der Deutschen Nationalbibliografie; detaillierte bibliografische Daten sind im Internet über http://dnb.d-nb.de abrufbar.

Vorwort

Biblische Hermeneutik steht immer im Spannungsgeflecht zwischen den historischen Grundlagen – den Texten der Bibel selbst in ihren jeweiligen zeitgeschichtlichen Kontexten – und den Variationen ihrer Rezeption unter je neuen politischen, gesellschaftlichen, kulturellen, religiös-kirchlichen Bedingungen bis in die Gegenwart hinein. Bei bestimmten Themen gerät diese Hermeneutik mit besonderer Intensität in den Horizont religiöser, politischer und ethischer Grundsatzfragen. Die Frage nach dem »Heiligen Land« ist eines dieser Themen. Geradezu widersprüchliche und doch zusammengehörige Assoziationen verbinden sich mit dem Stichwort »Heiliges Land«: Schauplatz von oft gewalttätigen Auseinandersetzungen, Territorium des Staates Israel und zugleich Raum, in dem das palästinensische Volk Selbstbestimmungsrecht zu erlangen sucht, aber auch Ziel von Pilgerreisen jüdischer, christlicher und muslimischer Gläubiger, darüber hinaus Ort einer reichen und ehrwürdigen Geschichte. Im Ernstnehmen der Besonderheit dieses vielschichtigen Motivs suchen die Beiträge im vorliegenden Band des »Jahrbuchs für Biblische Theologie« diesem auf den biblisch-theologischen Grund zu gehen: durch Studien zu Texten der Bibel einerseits und durch die Auseinandersetzung mit dem breiten Spektrum der Rezeptionsgeschichte andererseits.

Bereits in der Bibel selbst hat das Thema »Land« vielfältige Konnotationen. Dem Jahrbuch liegt eine Konzentration auf das »Land« als verheißene Gabe an das biblische Israel zugrunde – mitsamt den innerbiblischen Entfaltungen hin zu den Motiven von Landgabe, Landnahme, Landverlust und Transformationen der Verheißung. In diesem Sinne geht es um eine Auseinandersetzung mit dem, was landläufig das »Heilige Land« oder das »Land der Bibel« genannt wird. Der Themenbereich ist, in wechselnden Konstellationen, in der Bibel von nicht geringem Umfang und von daher als solcher für eine Biblische Theologie von Interesse. Besondere Brisanz erhält das Thema des »Heiliges Landes« jedoch vor allem angesichts der Geschichte des 20. Jahrhunderts. Im »Land der Bibel« wurde 1948 der Staat Israel gegründet, als Antwort der Vereinten Natio-

nen auf die Shoah; dieses Land entdeckten christliche Pilger seit den
60er Jahren neu als das Land, das die jüdischen Wurzeln des Christentums birgt und dem jüdischen Volk der Gegenwart ein »Haus
gegen den Tod« (J.B. Metz[1]) bietet; in diesem Land spitzte sich aber
im ausgehenden 20. Jh. auch ein lange schwelender Konflikt neu
und blutig zu, die Auseinandersetzung um israelische bzw. palästinensische Ansprüche auf »das Land«.

Blickt man in die einschlägige Literatur, so entdeckt man in den
70er Jahren im Zusammenhang der Reflexionen auf ein erneuertes
Verhältnis des Christentums zum Judentum eine Publikationswelle
zum Land der Bibel[2]. Diese Publikationen sollten oftmals allererst
dieses Land auch einem breiten christlichen Publikum als es betref-
fendes Thema und nicht zuletzt als Ziel von Pilger- und Studienreisen nahe bringen. Heute, rund vierzig Jahre später, stellt sich
unter geänderten politischen Voraussetzungen und einer wesentlich differenzierteren Sensibilisierung sowohl im christlich-jüdischen Gespräch als auch im Blick auf das Zusammenleben von Juden, Christen, Muslimen bzw. Israelis und Arabern je unterschiedlicher religiöser und kultureller Verwurzelung im Land Israel bzw.
Palästina die Thematik wesentlich komplexer dar. Gleichzeitig zeigt
sich aber, dass diese neue Komplexität, die gleichermaßen eine
Rückvergewisserung auf die biblischen Grundlagen und neue re-
zeptionsgeschichtliche Betrachtungen provoziert, höchstens ansatz-
weise in neueren Publikationen aufgenommen wurde. Es fehlen
vertiefende Einzelstudien zur Landthematik in vielen biblisch-alt-
testamentlichen Schriften, es fehlt eine Aufarbeitung der Landthematik im Neuen Testament, die über flächige Zusammenfassungen
und wenige Detailstudien hinausgeht, es fehlt auch an weiterge-
henden Reflexionen zu einer diesbezüglichen christlich-biblischen
Hermeneutik[3]. Das Thema gehört bei alledem zu denen, die im Zu-

---

1 *Johann Baptist Metz*, Ein Haus gegen den Tod, in: *Hubertus Lutterbach / Jürgen Manemann* (Hg.), Religion und Terror. Stimmen zum 11. September aus
Christentum, Islam und Judentum, Münster 2002, 2–4.
2 Vgl. hier besonders *Willehad Paul Eckert / Nathan Peter Levinson / Martin
Stöhr* (Hg.), Jüdisches Volk – gelobtes Land. Die biblischen Landverheißungen als
Problem des jüdischen Selbstverständnisses und der christlichen Theologie, München 1970; *Rolf Rendtorff*, Israel und sein Land. Theologische Überlegungen zu
einem politischen Problem, München 1975; *Friedrich-Wilhelm Marquardt*, Die
Juden und ihr Land, Gütersloh 1975 sowie die in den USA erschienene Monographie von *Walter Brueggemann*, The Land. Place as Gift, Promise and Challenge in
Biblical Faith, Philadelphia 1977.
3 Vgl. die Problemanzeigen von *Wolfgang Kraus*, Das »Heilige Land« als Thema einer Biblischen Theologie, in: Frühjudentum und Neues Testament im Horizont Biblischer Theologie (FS. N. Walter), hg. von *Wolfgang Kraus / Karl-Wil-
helm Niebuhr* (WUNT 162), Tübingen 2003, 251–274 und v.a. *Frank Crüsemann*,

ge einer Erneuerung der christlichen Theologie im Blick auf das
Gespräch mit dem Judentum angegangen werden müssten, aber
bisher kaum angegangen wurden[4]. An drei Problemfeldern sei die
Herausforderung, vor die das Thema stellt, skizziert.
Bereits eine angemessene Bezeichnung des Gegenstands birgt hermeneutisch Konfliktpotential. Wurde dies schon in den Publikationen der 70er Jahre des 20. Jh.s ansatzhaft bewusst, so ist angesichts
der gegenwärtigen Situation im Nahen Osten die jeweilige poli-
tisch-religiöse »Aufladung« eines Begriffs vollends offensichtlich
und deshalb mit zu reflektieren[5]. Wenn etwa das Territorium, das
die Bibel selbst zumeist schlicht als »das Land« (הָאָרֶץ) bezeichnet,
als gesamte Region gekennzeichnet werden soll, greifen biblische
Handbücher gern auf den Namen Palästina zurück[6]. Diese Bezeichnung nimmt die Zeit des britischen Mandats auf, war aber auch bereits in osmanischer Zeit mit dem Land verbunden und lässt sich
bis auf die römische und griechisch-hellenistische Herrschaft zurückverfolgen, erweist sich hier allerdings auch als rhetorisch-poli-
tische Waffe, die die jüdische Präsenz unsichtbar macht und stattdessen die Philister privilegiert. Wenn umgekehrt dem Land der
Bibel in heutigen Darstellungen die Bezeichnung »(Land) Israel(s)«
gegeben wird[7], kann dies sicher nicht ohne Bezug zum modernen
Staat Israel gehört werden, zumal es der hier gebräuchlichen neu-
hebräischen Bezeichnung entspricht, ist allerdings als biblischer
Sprachgebrauch nur wenig belegt[8] – der Name Israel ist innerbib-
lisch vor allem der des Volkes – und verdeckt seinerseits das Ringen

Bausteine zu einer christlichen Theologie des jüdischen Landes, in: *Katja Kriener
u.a.* (Hg.), Die Gemeinde als Ort von Theologie. FS J. Seim, Bonn 2002, 31–45.
4　Einzugehen wäre hier insbesondere auf das Dokument »Dabru emet«, das in
zehn Thesen eine jüdische Standortbestimmung im Gegenüber zum Christentum
vornimmt und hier auch auf die Land-Thematik eingeht. Vgl. etwa *Rainer Kampling / Michael Weinrich* (Hg.), Dabru emet – redet Wahrheit. Eine jüdische Herausforderung zum Dialog mit den Christen, Gütersloh 2003 mit dem Abbdruck
des Dokuments von 2000 auf den Seiten 9–12 und den Beiträgen zur dritten, der
»Land-These«, von *Michael Bongardt*, ebd., 94–102 und von *Edna Brocke*, ebd.,
103–112.
5　Die gewachsene Sensibilität zeigt sich exemplarisch bei *Brueggemann*, Land
(s. oben Anm. 2): Kommt die 1. Auflage von 1977 noch weitgehend ohne Bezug
auf die Gegenwartssituation aus, so bezieht sich Brueggemann im Vorwort der 2.
Auflage von 2002 dezidiert auf den Nahostkonflikt.
6　Vgl. z.B. *Wolfgang Zwickel*, Art. Landeskunde, biblische, in: NBL II (1996),
583f.
7　Vgl. dafür etwa den von *Lawrence A. Hoffmann* herausgegebenen Sammelband »The Land of Israel. Jewish Perspectives«, Notre Dame / Ind. 1986, der in
seinen Beiträgen den Bogen von der Hebräischen Bibel bis zu einer hermeneutischen Reflexion über den Zusammenhang von Staat und Land schlägt.
8　Nur viermal: 1Sam 13,19; 2Chr 34,7; Ez 40,2 und 47,18.

des palästinensischen Volkes um einen eigenen Staat in dieser Region. Die Bezeichnung »Gelobtes Land« hebt die biblischen Landverheißungen in den Blickpunkt, verstrickt sich damit aber ihrerseits in gegenwärtige israelisch-palästinensische Diskussionen um den legitimen Anspruch auf das Land. Auch die Bezeichnung »Heiliges Land« – der Titel des vorliegenden Jahrbuchs – ist biblisch kaum gedeckt[9], als Bezeichnung der Region aber zumal in christlichen Kontexten eingebürgert und hat den Vorteil, terminologisch nicht unmittelbar mit Assoziationen zum Nahostkonflikt belastet zu sein und zudem andere als politische Dimensionen des Themas zu öffnen[10].

In der Verhältnisbestimmung von Altem und Neuem Testament hat sich eine »Biblische Theologie des Landes« mit dem Befund auseinanderzusetzen, dass das Thema »Land« die beiden Teile der christlichen Bibel nicht in gleicher Weise bestimmt. Während vor allem die erzählenden und auch die prophetischen Schriften der Hebräischen Bibel explizit und ausführlich auf das Land zu sprechen kommen, erfüllt es im Neuen Testament eine andere, letztlich zugleich untergeordnete und doch tragend-subtilere Funktion. So steht die Jesus-Geschichte der Evangelien ohne die konkreten Orte und Regionen des Landes, an denen sie haftet bzw. an die sie erzählerisch geheftet wird, in der Gefahr, das Mensch-Sein und das Jude-Sein Jesu Christi in einer Weise in den Hintergrund zu rücken, die schleichend und eher unbemerkt das elementare Grundgefüge der Christologie aufzuheben droht. Beides, das Mensch-Sein und das Jude-Sein, ist in Jesus Christus eng mit dem »Heiligen Land«, mit seiner Herkunft, seiner Verwurzelung und mit den Orten seines Wirkens, verbunden. Gleichwohl ist die Bedeutung des Landes im Neuen Testament eher implizit und nicht mit spezifischen Ansprüchen an das Land verbunden. Die landläufig für die Thematisierung des Heiligen Landes »großen« Themen der Erzählung Israels von Landverheißung, Landnahme und Landverlust spielen hier nur eine untergeordnete Rolle.

---

9 *Frank-Lothar Hossfeld,* Israel/Palästina – Gelobtes und Heiliges Land, Welt und Umwelt der Bibel, Heft 4/2 (1997) 40–43 nennt neben Sach 2,16 (dort ist aber nicht die Rede von einer אֶרֶץ הַקֹּדֶשׁ / *äräz haqqodesch,* sondern von der אַדְמַת הַקֹּדֶשׁ / *admat haqqodesch;* vgl. Ex 3,5: Mose steht auf אַדְמַת־קֹדֶשׁ / *admat qodesch)* nur noch Weish 12,3.

10 1990 konnte unter dem Titel »The Holy Land in the Monotheistic Faiths« eine gemeinsame Tagung des Life & Peace Institute in Uppsala/Schweden und des Al Liqa-Center in Jerusalem stattfinden, bei der Vertreter der drei monotheistischen Religionen über ihre religiösen Land-Traditionen und die gegenwärtige Situation im Heiligen Land ins Gespräch kamen. Vgl. *Roger Williamson* (Hg.), The Holy Land in the Monotheistic Faiths, Uppsala 1992.

Dennoch: Eine biblische Theologie des Landes, die diesem zweifelsohne vorhandene Bedeutungsgefälle vom ersten zum zweiten Teil
der christlichen Bibel in der Weise folgte, dass die Bedeutung der
Landthematik für Christen minimiert oder radikal metaphorisiert
würde, würde in zweifacher Hinsicht problematische Verengungen
vornehmen. Zum einen mit Blick auf die Christologie, vor allem
jedoch auch zum anderen mit Blick auf das Gewicht, das das Thema
»Heiliges Land« vom Alten Testament aus im Gesamt der Bibel besitzt. Das Thema »Heiliges Land« ist vom Alten Testament aus betrachtet geradezu gesamtbiblisch elementar. Ein »Lernen mit dem
Judentum« beispielsweise, das für die katholische wie evangelische
Theologie nach der Shoah doch zu einer grundlegenden Neube-
stimmung ihrer Reflexion und Praxis geworden ist, ist in besonderer Weise durch diese Thematik angesprochen. Bei alledem stellen
die christlich-palästinensischen Gemeinden im Land eine spezifische Herausforderung für eine christlich-biblische Theologie des
Landes dar, da in deren Kontext seinerseits unterschiedliche Theo-
logien des Landes entwickelt werden[11]. Schließlich: Aus jüdischer
Sicht ist »das Land«, in dem der Staat Israel nach der Shoah errichtet wurde, auf eine sehr konkrete und komplexe Weise mit der eigenen Identität verwoben. Dabei gibt es jedoch nicht »die« jüdische
Perspektive auf das Land, sondern wahrzunehmen wäre das Spektrum jüdischer Stimmen zwischen Ultra-Orthodoxie und säkularem Judentum, auch und gerade bereits »im Land«[12].
Schließlich ist die bereits innerbiblische Vielstimmigkeit zum Thema »Land« als solche zu berücksichtigen und zu würdigen. Schon
innerhalb des Pentateuch fließen unterschiedliche Land-Konzepte
– priesterschriftlichen, nichtpriesterschriftlichen, deuteronomisch-
deuteronomistischen Ursprungs – in die jetzige komplexe Erzählung ein, durch die etwa die konkrete Ausdehnung des Landes bzw.
seine Grenzen, aber auch z.B. das Verhältnis Israels zur im Land

---

11   Zu nennen sind v.a. die Namen der palästinensischen Theologen Naim Stifan Ateek, Mitri Raheb und Munib Younan. Vgl. *Naim Stifan Ateek*, Biblical Perspectives on the Land, in: *ders.* (Hg.), Faith and the Intifada, New York 1992, 108–
116; *Mitri Raheb*, Ich bin Christ und Palästinenser. Israel, seine Nachbarn und die
Bibel, Gütersloh 1994 sowie *ders.*, Land, Völker und Identitäten: ein palästinensischer Standpunkt, Conc 43/2 (2007) 174–181; *Munib Yunan*, Die Landfrage aus
einer christlichen Perspektive, in: *Harald Suermann* (Hg.), Zwischen Halbmond
und Davidsstern. Christliche Theologie in Palästina heute, Freiburg/Basel/Wien
2001, 108–120.
12   Vgl. die schon vor zwei Jahrzehnten sichtbaren Differenzierungen, wie sie
vorgetragen werden von *Moshe Greenberg*, Der Gebrauch der Bibel im heutigen
Israel. Eine exegetische Sicht, eine Kritik und eine Behauptung, in: *Hans Martin
Klopfenstein* (Hg.), Mitte der Schrift? Ein jüdisch-christliches Gespräch, Frankfurt
a.M. 1987, 343–356.

lebenden Bevölkerung ein je anderes Profil erhalten. Kann sich die traditionelle Sicht einer kriegerischen Landnahme Israels auf das Buch Josua stützen, so lassen bekanntlich bereits die ersten Sätze des Richterbuches an der Schilderung des Josuabuches zweifeln, wonach alle Völker des Landes restlos vernichtet worden seien[13], stehen also auch hier unterschiedliche Konzepte unmittelbar nebeneinander. Die Propheten[14] und die Psalmen vermehren die Vielfalt der Stimmen des innerbiblischen Umgangs mit dem Thema »Land«[15]. Dazu kommt die semantische Mehrschichtigkeit der hebräischen Terminologie: הָאָרֶץ bezeichnet nicht nur das konkrete Territorium, in dem Israel lebt, sondern kann auch die ganze Erde meinen – gerade in den Psalmen ist eine präzise Unterscheidung oft nicht möglich (bzw. Anknüpfungspunkt für unterschiedliche Deutungen). Von hier aus eröffnen sich Lektüren, die das Land der Bibel in einen schöpfungstheologischen bzw. ökologischen Horizont[16] stellen. Umgekehrt kann der Blick in die vielschichtige Rezeptionsgeschichte des Land-Themas in Judentum und Christentum wiederum die Wahrnehmung für die Vielschichtigkeit der biblischen Traditionen schärfen.

Aus der Spezifik des Themas ergibt sich nahezu zwangsläufig eine für das Jahrbuch eher ungewöhnliche Gleichgewichtung von biblisch-theologischen und rezeptionsgeschichtlichen Studien. Zunächst wird das Spektrum biblischer Land-Theologien im Alten Testament exemplarisch sichtbar gemacht und in seinen Transformationen in der Literatur des hellenistischen Judentums und im Neuen Testament weiterverfolgt; zur Sprache kommt aber auch das Ringen des rabbinischen Judentums um ein angemessenes Verhältnis zum Land zwischen Bindung und Lösung. Entsprechend bietet das Jahrbuch in einem ersten Teil in vier Längsschnitten einen Überblick über Land-Konzepte in der Hebräischen Bibel, im Frühjudentum, im Neuen Testament und in rabbinischer Literatur. Dazu kommen drei »Fallstudien« zu den Erzelternerzählungen der

13   Eine sehr gut aufbereitete Darstellung der archäologischen, literarischen und ideologischen Hintergründe zum Thema »Landnahme« bietet das Themenheft »Die Anfänge Israels« der Zeitschrift »Welt und Umwelt der Bibel«, Nr. 49/3 (2008).
14   Vgl. beispielhaft die Monographie von _Katrin Keita_, Gottes Land. Exegetische Studien zur Land-Thematik im Hoseabuch in kanonischer Perspektive, Hildesheim 2007, die neben einer gründlichen Analyse des Hoseabuches die intertextuellen Bezüge ins Dodekapropheton und zu Gen 1–3 untersucht.
15   _Norman Habel_, The Land is Mine. Six Biblical Land Ideologies, Minneapolis 1995 spricht im Titel seiner Monographie in Bezug auf die Hebräische Bibel von »land ideologies«.
16   Vgl. _Norman Habel_, Das Gelobte-Land-Syndrom. Josua, Gerechtigkeit und Ökogerechtigkeit, Concilium 43 (2007) 211–219.

Genesis, zum Psalter und zum Markusevangelium. Der zweite Schwerpunkt liegt auf rezeptionsgeschichtlich-gegenwartsbezogenen Studien aus Literatur und Theater, Film und Reise, Schulbuch und Presse. Mit dieser doppelten Fokussierung, seiner breiten biblisch-theologischen Fundierung und seinen kulturgeschichtlichen Ausfaltungen, gewinnt der Band als Beitrag zur Biblischen Theologie sein spezifisches Profil. Eine Besonderheit bietet schließlich das an den Schluss gestellte Interview zur aktuellen Situation unter dem Titel »Heiliges Land – Gegenwart der Vergangenheit«. Dieses Interview am Ende kann – den aufgezeigten hermeneutischen Verflechtungen entsprechend – auch als Einstieg in die Thematik des »Heiligen Landes« gelesen werden.

Münster/Jena, Januar 2009   Marie-Theres Wacker / Ralf Koerrenz

Inhalt

I

Heiliges Land – biblische und rabbinische Grundlagen

Irmtraud Fischer

Israels Landbesitz als Verwirklichung der primordialen Weltordnung

Die Bedeutung des Landes in den Erzeltern-Erzählungen

In der christlichen Theologie hat in den meisten Epochen der Kirchengeschichte das Thema »Land« – anders als in der jüdischen Tradition[1] – eher ein Mauerblümchendasein geführt. Die patristische Zeit mit ihren Pilgerreisen mag als ein Abschnitt intensiver Beschäftigung mit dem Land gelten. Als Ausnahme kann man die Kreuzfahrerzeit anführen, in der das christliche Abendland einen Besitzanspruch auf das »Heilige Land« stellte und dies ideologisch mit theologischen Argumenten zu begründen versucht hat. Symbolisch wurde ein Besitzanspruch auf das »Heilige Land« auch durch die Pilgerhäuser der europäischen Kaiser- und Königreiche im 19. Jh. manifestiert. Im Hintergrund stand hier das religiöse Phänomen der Wallfahrt an jene Stätten, an denen Gott sich nach biblischem Befund geoffenbart hatte und die man mit der sich als Wissenschaft etablierenden »Biblischen Archäologie« meinte historisch nachweisen zu können. Den erwähnten Phänomenen sind in diesem Band mehrere Artikel gewidmet; ein biblischer Beitrag muss also nicht näher darauf eingehen.

Allerdings berührt das Thema der Palästina-Wallfahrt insofern die biblische Exegese, als in ihrem Kontext häufig fundamentalistisch an die biblischen Texte herangegangen wird. Die »biblischen Stätten« werden dabei nicht als Orte erinnert, an denen theologisch bedeutsame Geschichten spielen, sondern als quasi museale Plätze,

---

1 Siehe dazu bereits *E. Zenger,* »Deinen Nachkommen gebe ich dieses Land ...« (Gen 12,7), in: *F. Hahn u.a.* (Hg.), Zion – Ort der Begegnung. FS L. Klein (BBB 90), Bodenheim 1993, 141–161. Die Studie von *R. Nieswandt,* Abrahams umkämpftes Erbe (SBB 41), Stuttgart 1998 bietet Einblicke in das Landverständnis der abrahamitischen Religionen in den einzelnen Epochen. In der alttestamentlichen Theologie war das Thema »Land« jedoch immer präsent. Eine kanonische, sowohl alt- wie neutestamentlich fundierte »heilige Geographie« des Landes vermittelt *R.P. Gordon,* Holy Land, Holy City. Sacred Geography and the Interpretation of the Bible, Carlisle 2004. Die christliche wie jüdische Wirkungsgeschichte der Patristik stellt *H.-Ch. Goßmann,* Das Land der Verheißung. Studien zur Theologie des Landes im Alten Testament und ihrer Wirkungsgeschichte in frühjüdischen und frühchristlichen Texten, Schenefeld 2003 zusammen.

die an Wohn- und Wirkstätten historischer Persönlichkeiten errichtet worden seien. Der biblische Erinnerungsort ist damit zum
Ort des historischen Geschehens geworden, die Landschaft Israels
wird auf diese Weise nicht als geographisches Substrat und Entste-
hungsort biblischer Texte gesehen, sondern als konkreter Schauplatz biblischen Geschehens und Lebensort von Menschen, von denen die Bibel berichte.

Gerade für das Thema »Land« in der Tora ist eine solche Herange-
hensweise inadäquat. Auch wenn historische Ereignisse als Hintergrund für manche Geschichten aus den fünf Mosebüchern nicht
auszuschließen sind, sind die Erzählungen der Tora die Gründungslegende des Volkes und Landes Israel[2], die mit der Erschaffung des
Kosmos und der gesamten Menschheit beginnt, das Werden des
Volkes Israels sowie seiner Nachbarn darstellt und mit dem Ausblick auf die bevorstehende Landgabe durch die Gottheit Israels endet. Im Folgenden wird vorerst dem Stellenwert des Landes in den
Erzeltern-Erzählungen und der theologischen Bedeutung des Landes in der Geschichtsdarstellung der Tora mit Blick auf die anschlie-
ßende Vordere Prophetie anhand der Texte nachgegangen. Sodann
wird versucht, einige Indizien für die Entstehung dieses Textzu-
sammenhanges zusammenzutragen und ihn sozialgeschichtlich zu
verorten.

1   Das Land der Erzeltern

Israels Geschichte im Land beginnt mit den Erzeltern. So wird es
uns von der biblischen Geschichtsdarstellung suggeriert. Wer die
Bibel als historisches Faktenbuch liest, hat ohnedies keinen Zweifel
daran, dass mit Abrahams Ruf, sein Herkunftsland zu verlassen,
um in das Verheißungsland zu ziehen, die Vorfahren des (wie auch
immer definierten) Gottesvolkes erstmals in jene Gegend der syropalästinischen Landbrücke einwandern, die später mit dem geogra-
fischen Namen Israel bedacht wurde[3]. Aber auch die historisch-kri-

---

2   Siehe dazu auch das Konzept von *E.Th. Mullen*, Ethnic Myths and Pentateu-
chal Foundations. A New Approach to the Formation of the Pentateuch (The Society of Biblical Literature Semeia Studies), Atlanta 1997, der die Komposition des
Pentateuchs in persische Zeit setzt, um damit die Identität und sozialen Bindun-
gen im nachexilischen Juda zu vergewissern. Die deutschsprachige Forschung zu
dieser Sichtweise nimmt Mullen allerdings nicht zur Kenntnis, das »New« bei
»Approach« muss also relativiert werden.
3   Die Erzeltern-Erzählungen sprechen nicht vom »Land Israel«, da sie ja die
Gründungslegende des Volkes im Lande sind. *Z. Kallai*, Patriarchal Boundaries,
Canaan and Land of Israel, IEJ 47 (1997), 69–82, hier 81: »It is not a territorial,

tische Forschung hat lange versucht, eine sogenannte »Väterzeit«
zu rekonstruieren[4], die dann – je nach Einschätzung der in Gen
15,13 genannten vierhundertjährigen Abwesenheit im Land bis zur
erneuten Landgabe – entweder im früheren oder mittleren 2. Jt.
v.Chr. angesetzt wurde[5]. Erst in den letzten Jahrzehnten wurde der
Erzählzusammenhang von Gen und Ex–Dtn bezüglich seiner historischen Glaubwürdigkeit gründlich befragt[6].

1.1   Israel: Volk und Land

Die Verheißungen an die Erzeltern[7] lassen sich – so differenziert
sie auch in der Forschungsgeschichte gesehen wurden[8] – auf zwei
Hauptthemen konzentrieren: jene, die auf das Land bezogen sind,
und jene, die um das Thema der reichen Nachkommenschaft kreisen. Land- und Volksverheißung gehören im Textkomplex der Erzeltern-Erzählungen zusammen. Nicht umsonst sind beide in der
biblischen Geschichtsdarstellung mit dem *Orts-* und *Volks-* bzw.
Personennamen Israel verbunden. Literarisch lässt sich die Verknüpfung an mehreren Texten erweisen. Zwei davon seien hier exemplarisch dargestellt.
Der Abraham-Sara-Kreis beginnt mit der bereits von Terach be-
gonnenen (Gen 11,31) und durch die Abramssippe[9] fortgeführten

but the constitutional foundation of the promise of the land to Israel that is invoked.«
4   Seit den Arbeiten von *Th.L. Thompson*, The Historicity of the Patriarchal
Narratives (BZAW 133), Berlin 1974 und *J. van Seters*, Abraham in History and
Tradition, New Haven 1975 ist die Suche nach einer »Väterzeit« als historische
Epoche der Geschichte Israels im 2. Jt. weitgehend aufgegeben geworden.
5   Einen Forschungsüberblick bietet *H. Weidmann*, Die Patriarchen und ihre Religion im Licht der Forschung seit Julius Wellhausen (FRLANT 94), Göttingen
1968.
6   Exemplarisch dazu *T. Römer*, Israels Väter. Untersuchungen zur Väterthema-
tik im Deuteronomium und in der deuteronomistischen Tradition (OBO 99), Fri-
bourg/Göttingen 1990 oder *K. Schmid*, Erzväter und Exodus. Untersuchungen zur
doppelten Begründung der Ursprünge Israels innerhalb der Geschichtsbücher des
Alten Testaments (WMANT 81), Neukirchen-Vluyn 1999.
7   Die sog. »*Väter*verheißungen« ergehen nicht an die *Väter*, sondern an die *Eltern* Israels. Siehe dazu die ausführlichen Begründungen bei *I. Fischer*, Die Erzeltern Israels. Feministisch-theologische Studien zu Gen 12–36 (BZAW 222), Berlin
1994.
8   So unterscheidet *C. Westermann*, Die Verheißungen an die Väter. Studien
zur Vätergeschichte (FRANT 116), Göttingen 1976 sieben Verheißungen: jene des
Sohnes, des neuen Lebensraumes, des Beistands, des Kulturlandbesitzes, der Mehrung, des Segens und des Bundes.
9   Im Folgenden werden die Namen Abram und Sarai bzw. Abraham und Sara
dem Bibeltext entsprechend gebraucht (erzählerisch begründeter Wechsel in Gen

Wanderung von Ur in Chaldäa nach Haran bis ins Verheißungsland (Gen 12,1–9)[10]. Gleichzeitig wird in diesen Anfang die sodann
den Hauptteil des Zyklus bestimmende Krise der Kinderlosigkeit
des Erzelternpaares[11], die die Erfüllung der Nachkommenschaftsverheißung verunmöglicht, als Erzählansatz eingeführt: Die Verheißungsträgerin Sarai, Abrams Frau, ist unfruchtbar (Gen 11,30).
Da in den Erzeltern-Erzählungen das Land erst den Nachkommen
als Besitz versprochen wird, wird es konsequenterweise nicht mit
dem Namen Israel benannt. Der Israelname kommt nach dem Buch
Genesis hingegen – wie alle Völkernamen der benachbarten Länder
(insbes. Moab, Ammon, Edom) – von einem Personennamen. Israel[12] wird als Ehrenname eingeführt, mit dem der Ahnvater des
Zwölf-Stämmevolkes bedacht wird, als er mit zwölf Kindern[13] im
Gefolge in das Land zurückkehrt. Nicht von ungefähr wird die
Umbenennung Jakobs zu Israel von einem ätiologischen Spruch
begleitet, der jenem von Rachel anlässlich der Gründung des »Hauses Israel« durch die Geburt der zwölf Söhne gleichkommt[14]:

17). Wenn allgemein, ohne konkreten Textbezug, über das Elternpaar der ersten
Generation gesprochen wird, werden die gebräuchlichen Bezeichnungen Abraham
und Sara verwendet.

10   Die Ortsangaben Ur Chasdim, Haran, Aram Naharajim und Osten, die der
Endtext harmonisiert und die die Familie des Auszugs an unterschiedliche Wohn-
orte knüpft, müssen mit der unterschiedlichen Entstehungsgeschichte der Texte
erklärt werden. Siehe dazu ausführlicher E. *Blum*, Die Komposition der Vätergeschichte (WMANT 57), Neukirchen-Vluyn 1984, 103–105.164–167.

11   An diesem Erzählansatz hängen fast alle Texte, die weder dem Lot-Zyklus
noch der Motivik der Brunnenstreitigkeiten zuzuordnen sind: Gen 15 beginnt mit
der Klage der Kinderlosigkeit (Gen 15,2) des Mannes, Gen 16,1f. mit jener der
Ahnfrau, in Gen 17; 18,1–15 wird Kinderlosigkeit als kontrastiver Hintergrund
der nahenden Verheißungserfüllung thematisiert, Gen 21,1–7 erzählt schließlich
von der Behebung des Problems durch die späte Geburt eines Kindes. Selbst die
Preisgabe-Erzählungen Gen 12,10–20 und Gen 20,1–18 sind nicht losgelöst vom
Motiv der Unfruchtbarkeit zu denken, da so die Deklaration der Ehefrau als
Schwester glaubhafter gemacht werden kann. Zur Kinderlosigkeit als Motiv vgl.
ausführlicher I. *Fischer*, Über Lust und Last, Kinder zu haben. Soziale, genealogische und theologische Aspekte in der Literatur Alt-Israels, in: JBTh 17 (2002),
55–82, bes. 69–75.

12   »Israel« ist (wie viele der Väter- und Stämmenamen) ein auch außerbiblisch
sehr früh bezeugter Personenname; siehe M. *Noth*, Die israelitischen Personennamen im Rahmen der gemeinsemitischen Namengebung, Hildesheim 1966 (Ndr. v.
Stuttgart 1928), 207f.

13   Benjamin ist zu diesem Zeitpunkt noch nicht geboren; zählt man jedoch die
einzig erwähnte Tochter Dina zur Kinderschar, ergibt sich ebenfalls die Zwölf-
zahl.

14   Ausführlicher ist dies bereits dargestellt bei I. *Fischer*, Jabboq. Der Fluss, der
die Geschichte Israels spaltet, in: J. *Ebach u.a.* (Hg.), Gretchenfrage. Von Gott reden – aber wie? (Jabboq 2), Gütersloh 2002, 172–190, hier 188.

Gen 30,8	*Gen 32,29*
Da sagte Rahel:	Da sagte er zu Jakob:
Gotteskämpfe (נַפְתּוּלֵי אֱלֹהִים) habe ich gekämpft (נִפְתַּלְתִּי עִם־) mit meiner Schwester,	Nicht mehr Jakob soll man deinen Namen (שֵׁם) nennen, sondern Israel (יִשְׂרָאֵל),
aber ich habe gesiegt (גַּם־יָכֹלְתִּי). Und sie rief seinen Namen (שְׁמוֹ) Kämpfer (*Naftali*, נַפְתָּלִי).	denn du hast gestritten (עִם־אֱלֹהִים כִּי־שָׂרִיתָ) mit Gott (עִם־אֱלֹהִים) und Menschen und hast gesiegt (וַתּוּכָל).

Das Werden von Volk und Land Israel wird als Gottesstreit dargestellt, der den Namen *Israel*, »Gottesstreiter«, erklärt, wobei die Erfüllung der Nachkommenschaftsverheißung als Frucht des Streits der Frauen, die Verwirklichung der Landverheißung als Resultat des Streits des Mannes dargestellt wird. So wird auch in der literarischen Präsentation der beginnenden Erfüllung der zweipoligen Verheißung deutlich, dass Land und Volk für Israel untrennbar ist: Für die Verwirklichung der Landverheißung ist das Volk notwendig, das das Land füllen und seine Früchte genießen kann.

1.2   »Durchreisende«: Die symbolische Inbesitznahme des Landes – in welchen Grenzen?

Als Abram den göttlichen Ruf zum Verlassen seines Herkunftslandes annimmt und wegzieht, führt der Weg der Familie quer durch jenes Land, das Kanaan genannt wird (vgl. 11,31; 12,5f.). Erste benannte Station ist Sichem (12,6f.), eine der bedeutendsten Städte der Bronzezeit[15] und nach der Geschichtsdarstellung der Vorderen Prophetie ursprüngliches Zentrum des späteren Nordreiches Israel. An diesem Ort wird in Gen 12,6 ein Baum hervorgehoben, der offenkundig den heiligen Ort markiert, an dem JHWH sich sehen lässt und die Gabe dieses konkreten Landes an die Nachkommenschaft Abrams zusagt. Gleichsam als dankende Antwort auf die Offenbarung baut Abram JHWH einen Altar. Die folgende Wegstrecke gibt einen unbestimmten Ort zwischen Bet-El und Ai an. In Blickweite beider Stätten, die im Zuge der Inbesitznahme des Landes unter der Leitung Josuas große Bedeutung bekommen (Jos 7f.), ruft Abram JHWH an. Er baut wiederum einen Altar, abermals wird kein Opfern erwähnt. Damit wird konstatiert, dass an diesen drei Stätten keine kultische Verehrung durch Opfer stattfindet, sondern die mit Altären markierten Heiligtümer als Orte der Gottesverehrung und des Gebetes zu würdigen sind.

---

15   *K. Jaroš*, Sichem, in: NBL II (1981), 583–585.

Das Itinerar[16], das Sichem, Bet-El und Ai verbindet, muss somit (noch) andere Zwecke verfolgen als eine Kultätiologie der drei Stätten zu bieten und diesen aufgrund der Gründung durch den ersten der Erzväter besondere Dignität zu verleihen: Der erste Durchzug durch das Land wird durch dieses Itinerar zu einer symbolischen Inbesitznahme des Landes durch JHWH, aber auch durch die Erzeltern. Das beim Ruf zum Aufbruch noch unbezeichnete Land (Gen 12,1) wird an der ersten Station als הָאָרֶץ הַזֹּאת, »dieses Land«, identifiziert. Welche Dimensionen es hat, wird nur im Umriss klar. Da unerwähnt bleibt, wo der Eintritt in das Land erfolgt, bleibt die nördliche, aber auch die östliche Begrenzung des Landes ungeklärt. Die südliche Grenze ist jedoch im Ziel der Wanderung, in der weitläufigen Landschaft des Negeb, angegeben, die in die Sinaihalbinsel übergeht. Durch diese Offenheit im Norden und Nordosten wird die Möglichkeit, das Land in seinen idealen Dimensionen von Dan bis Beerscheba zu assoziieren, offengelassen. De facto wird aber nur der Landstrich zwischen Sichem und dem Negeb als Siedlungsgebiet markiert.

Der Enkel des ersten Erzvaters, der Ahne des Zwölfstämmevolkes, geht diesen von Abram nur in eine Richtung gegangenen Weg zweimal: Jakob verlässt den Negeb in Richtung Haran (27,43) und macht ebenso wie sein Großvater Station in der Gegend von Bet-El, wo auch ihm eine Gotteserscheinung zuteil wird. Es ist befremdend, dass auf den Altarbau Abrams nicht Bezug genommen wird. Jakob gelobt im Fall der glücklichen Rückkehr den Bau eines Gotteshauses (28,21f.). Das Itinerar lässt damit die beiden Vätergeschichten unverbunden nebeneinanderstehen. An welcher Stelle Jakob das Land verlässt, bleibt im Unklaren, die Grenzen des Landes daher wiederum unbestimmt. Anlässlich seiner Rückkehr, nach einem halben Leben lang in der Fremde, werden die Texte jedoch gesprächiger. Der Befehl zur Rückkehr wird deutlich in Anlehnung an den Aufbruch Abrahams formuliert:

Gen 12,1	*Gen 31,3*
וַיֹּאמֶר יְהוָה אֶל־אַבְרָם	וַיֹּאמֶר יְהוָה אֶל־יַעֲקֹב
לֶךְ־לְךָ מֵאַרְצְךָ וּמִמּוֹלַדְתְּךָ	שׁוּב אֶל־אֶרֶץ אֲבוֹתֶיךָ וּלְמוֹלַדְתֶּךָ
וּמִבֵּית אָבִיךָ אֶל־הָאָרֶץ אֲשֶׁר אַרְאֶךָּ:	וְאֶהְיֶה עִמָּךְ:
Und JHWH sprach zu Abram:	Und JHWH sprach zu Jakob:
Geh für dich aus deinem Land	Kehr zurück in das <u>Land</u> *deiner Vä-*
und deiner Verwandtschaft und	*ter und deiner Verwandtschaft,*
dem Haus *deines Vaters* in das	und ich werde mit dir sein!
<u>Land</u>, das ich dir zeigen werde!	

---

16   Zu den Itineraren in den Erzeltern-Erzählungen siehe bereits *Blum*, Komposition, 331–338.

Der Weg ins Land zurück wird durch mehrere Stationen markiert. Die Familie überquert אֶת־הַנָּהָר, »*den* Strom«, wohl den Euphrat (31, 21), und zieht über das Gebirge Gilead durch das nördliche Ostjordanland, wo Jakob die endgültige Trennung von seinem Schwiegervater Laban vornimmt (31,21–54). Der weitere Weg führt über Mahanajim (32,3) zum Jabboktal, wo ihn die Nachricht vom Heranrücken des betrogenen Bruders erreicht. Wenn Jakob in seinem Bittgebet in 32,11 das bevorstehende Überschreiten des Flusses mit dem fliehenden Hinübergehen über אֶת־הַיַּרְדֵּן הַזֶּה, »*diesen* Jordan«, in Verbindung bringt, so wird sowohl die Gleichwertigkeit der Flüsse als Grenzlinie ausgedrückt[17] als auch deutlich, dass man die Grenze des Landes bei diesem Text nicht am Jordan[18], sondern im Ostjordanland zu suchen hat. Nach der entscheidenden Gottesbegegnung am Jabbok mit der Umbenennung Jakobs in Israel werden als weitere Stationen auf dem Weg durch das Land Sukkot (33,17), Sichem (Gen 33,18 – 34,31), Betel (Gen 35,1–15), Efrata (35,16–20) und Migdal Eder (35,21) angegeben, um schließlich am Zielort Mamre anzukommen, wo Jakob seinen Vater trifft (35,27).

Stellt man die bei den jeweiligen Wanderungen ins Land erwähnten Ortsangaben gegenüber, so zeigt sich, dass weder in Sichem noch in Bet-El Bezüge zwischen den beiden Erzvätern hergestellt, wohl aber die beiden Wege Jakobs aufeinander bezogen werden. Während der Weg Abrahams in Gen 12 als Visitation des Landes und symbolische Inbesitznahme für die Gottheit Israels aufgefasst werden kann, besteht beim Weg Jakobs kein Zweifel daran, dass er ab dem Überqueren des Jabbok mit seiner schicksalhaften Gottesbegegnung im künftigen Besitz seiner Nachkommen unterwegs ist. Die Itinerare stellen mit Ausnahme in der Angabe des Zielortes in Gen 35,27[19] keinerlei Verbindung zwischen Abraham und Jakob her. Wohl aber werden die beiden Väter im Kontext der Übertragung der Verheißungen von einer Generation auf die nächste über das Zwischenglied Isaak bzw. durch die Bezeichnung der Gottheit als »Vätergott« verknüpft (Gen 28,13; 31,42.53; 32,10; 35,12)[20].

---

17   Vgl. dazu bereits *B. Jacob*, Das erste Buch der Tora. Genesis, New York o.J., Ndr. v. Berlin 1934, 632–634.

18   Zum Jordan als Grenzfluss vgl. z.B. Num 32,5; Dtn 9,1; 32,47; Jos 1–4; zu dieser Thematik bereits *I. Fischer*, Der erkämpfte Segen (Gen 32,23–33), BiKi 58 (2003), 100–107, hier 103. *Kallai*, Boundaries, 72 betont, dass das Dtn und Jos das Land auf Cisjordanien begrenzten. Allerdings gibt es auch Texte, die Teile des Ostjordanlandes als Siedlungsgebiet für Israel anführen.

19   »Und Jakob kam zu seinem Vater Isaak nach Mamre, nach Kirjat-Arba, das ist Hebron, wo Abraham und Isaak sich als Fremde aufgehalten hatten.«

20   Eine Zusammenstellung aller Formulierungen der Landverheißungen bietet *R. Rendtorff*, Das überlieferungsgeschichtliche Problem des Pentateuch (BZAW 147), Berlin 1976, 42.

1.3   Ziehen die Erzeltern in ein leeres Land?

Liest man die Erzeltern-Erzählungen unter dem Aspekt, welche
Besiedlung man sich in dem Land, in das sie ziehen, vorzustellen
hat, so bekommt man in vielen Texten den Eindruck einer einsa-
men Existenz. Die Erzeltern-Erzählungen reden kaum von Begegnungen mit der autochthonen Bevölkerung des Landes. Auf weite
Strecken vermittelt der Abraham-Sara-Kreis den Anschein, dass
man sich das Land leer vorzustellen hat. Weder in Sichem, Bet-El
oder im Negeb (12,6–9) noch in Mamre und Hebron (Gen 13,18;
18,1) wird von Begegnungen mit Ortsansässigen erzählt. Außer in
Gen 14, das von seinem Kolorit einer Stadtstaatenkultur im Land
einen Sonderfall darstellt[21], gibt es nur zwei nennenswerte Begegnungen mit der autochthonen Bevölkerung: mit den Sodomitern in
Gen 19 und den Hethitern in Hebron (Gen 23), von denen Abraham die Grabstätte für seine verstorbene Frau kauft. Bei Isaak ergibt sich ein ähnliches Bild. Alle außerhalb des Familienkreises si-
tuierten Geschichten spielen außerhalb des Landes (Gen 26). Jakob
steht in derselben Tradition auf seinem Weg in den Osten, denn
auch die Gottesbegegnung in Bet-El stellt man sich aufgrund der
beschriebenen Szenerie in unbewohntem Gebiet auf weiter, einsa-
mer Flur vor. Sein Gang zurück ins Land ist zwar von Konflikten
geprägt, aber nur in einer Geschichte werden Bewohner des Landes
vorausgesetzt. In Gilead übersteht er die konfliktbeladene Trennung von der Sippe seiner Frauen unbeschadet (Gen 31), ebenso
glimpflich verläuft die gefährliche Wiederbegegnung mit dem im
Lande wohnenden betrogenen Bruder Esau (Gen 32,4–22; 33,1–
16). In beiden Episoden treten keine außerhalb der Familie situier-
ten Erzählfiguren auf. An seinem ersten Siedlungsort Sichem gerät er jedoch aufgrund der Gewalttat an seiner einzigen Tochter
Dina sogleich mit den dort ansässigen Hiwitern in Konflikt (Gen
34). Obwohl seine Söhne die Rache eskalieren lassen, übersteht
die Familie aber auch diesen, wenngleich nicht unbeschadet[22]. Die

---

21   Allerdings hat *F. Crüsemann*, Abraham und die Bewohner des Landes. Beobachtungen zum kanonischen Abrahambild, EvTh 62 (2002), 334–347, hier 341
darauf hingewiesen, dass bei fortlaufender Lektüre der Gen der in Gen 12,1–3
zugesagte Segen sich durch Gen 14 gerade in Kanaan realisiert, denn nach 14,13
lebt Abraham als Bundespartner der autochthonen Bevölkerung im Land. Er
hebt in seinem erhellenden Artikel zu Recht hervor, dass durch die Stellung Abrahams zur einheimischen Bevölkerung ein Kontrapunkt zu jenen Strömungen
dtr. Theologie gesetzt wird, die ein deutliches Gebot der Abgrenzung installieren
wollen.
22   Vgl. dazu ausführlicher *I. Fischer*, Gottesstreiterinnen. Biblische Erzählungen über die Anfänge Israels, Stuttgart [3]2006, 130–140.

Rückkehr nach Bet-El mit der Einlösung der Gelübde sowie die Erzählung um den Tod Rahels (Gen 35) sind aber wiederum im Stile der einsam in einem leeren Land dahinziehenden Familie gestaltet.

Demgegenüber bieten Einzelnotizen einen anderen Eindruck: Nach Gen 12,6; 50,11 lebt eine kanaanitische Bevölkerung im Land (vgl. auch 33,18). Mit ihr geht die Sippe der Erzeltern sogar vereinzelt eheliche Verbindungen ein (Gen 38,2; 46,10; mit Hethiterinnen: Gen 26,34), wenngleich manche Texte dies kritisch sehen (Gen 24, 3.37; 28,1; vgl. 26,34f.). Immer wieder wird die Gegend des späteren Großisrael mit אֶרֶץ־ כְּנַעַן, »Land Kanaan«, bezeichnet (11,31; 12,5; 13,12; 16,3; 17,8; 23, 2.19; 50,13)[23]. Von Kanaanitern und Perisitern als autochthonen Bewohnern sprechen Gen 13,7 und 34,30. Gen 15,20f. sieht diese zwei Völker als Teil eines im Lande lebenden Völkergemischs aus Kenitern, Kenasitern, Kadmonitern, Hethitern, Rafaïtern, Amoritern, Girgaschitern, Hiwitern und Jebusitern. Dieser Text nimmt allerdings eine Sonderstellung ein, da er auch das Land in einer historisch nie erreichten Ausdehnung »vom Strom Ägyptens an bis zum großen Strom, dem Euphratstrom« definiert (Gen 15,18–21)[24]. Wie Zecharia Kallai treffend gesehen hat, ist diese Definition der Landesgrenzen der abrahamitischen Sippe entsprechend[25] gestaltet. Die von Abraham abstammenden Völker bewohnen quasi als »dritter Machtblock« den Raum zwischen den zwei Großmächten in Ägypten und Mesopotamien.

---

23   Die Bezeichnung »Land Kanaan« findet sich sowohl in priesterlichen als auch in vorpriesterlichen Texten. Zur Bedeutung des Landes in priesterlichen Kontexten siehe *E. Cortese*, La terra di Canaan nella storia sacerdotale del Pentateuco (SRivBib 5), Brescia 1972, 69–74 sowie *Ch. Frevel*, Mit Blick auf das Land die Schöpfung erinnern. Zum Ende der Priestergrundschrift (HBS 23), Freiburg 2000, 349–371. *S. Boorer*, The Priestly Promise of the Land: Genesis 17.8 in the Context of P as a Whole, in: *N.C. Habel / Sh. Wurst* (Hg.), The Earth Story in Genesis (The Earth Bible 2), Sheffield 2000, 175–186, hier 185 betont den Charakter des Landes als Kaufobjekt in P, der durch Gen 23 zustande kommt: »... the land of Canaan, promised by God to Israel and its ancestors, is an object, a possession to be passed from God to the ancestors by a sales transaction ...«. Zum Thema Land in der dtr Theologie siehe *E. Noort*, ›Land‹ in the Deuteronomistic Tradition, in: *J.C. De Moor* (Hg.), Synchronic or Diachronic? A Debate on Method in Old Testament Exegesis (OTS 34), Leiden 1995, 129–144.

24   Zur unterschiedlichen Ausdehnung des Landes vgl. *N. Lohfink*, Dtn 12,1 und Gen 15,18: Das dem Samen Abrahams geschenkte Land als Geltungsbereich der deuteronomischen Gesetze, in: *M. Görg*, (Hg.), Die Väter Israels. FS J. Scharbert, Stuttgart 1989, 183–210.

25   Vgl. *Kallai*, Boundaries, 78f.; vgl. zudem ebd., 81: »It is not the territorial, but the constitutional foundation of the promise of the land to Israel that is invoked.«

Dieser im Kontext der eidlich zugesicherten Landverheißung[26] stehende Text ist zudem einer jener, der die Erzeltern-Erzählungen in eine zeitliche Abfolge mit Israels Aufenthalt in Ägypten und dem nach 400 Jahren[27] sich ereignenden Auszug samt anschließender Landgabe stellt (Gen 15,13–16). Auf diesen Text wird explizit etwa in Ex 3,8.17 im Kontext der Moseberufung[28] und in Jos 3,10, unmittelbar vor der Überquerung des Jordans mitsamt dem Ladeheiligtum, hingewiesen, wenngleich nur sieben der elf aus Gen 15 bekannten Völker[29] genannt sind.

Gen 15 setzt die Erzählzusammenhänge von Gen bis Jos voraus und identifiziert damit vorab die »Eltern« im Dtn mit den Erzeltern[30]. Die deuteronomistische Theologie rechnet aber – im Gegensatz zur Landtheologie der Genesis – nicht mit einem leeren Land, sondern mit der Vertreibung der autochthonen Bevölkerung, damit Israel das Land erhalten kann. Sie rechnet dabei nicht – wie die Texte der Erzeltern-Erzählungen – mit einer friedlichen Koexistenz, sondern mit militärischen Auseinandersetzungen (vgl. z.B. Dtn 4,38), da Israel ja allein das Land besitzen und keine Bündnisse mit den autochthonen Völkern schließen soll (exemplarisch: Dtn 7). Mit der dtr Theologie ist Gen 15 davon überzeugt, dass Israel berechtigte Ansprüche auf das von anderen Völkern bewohnte Land hat, solange es auf JHWH hört und seinen Zusagen glaubt. Die Erzähltaktik der Erzeltern-Erzählungen, ein weitgehend leeres Land zu präsentieren, in das Israel aus dem Osten ziehen soll, entspricht eher der nachexilischen Zeit[31], in der die immer noch im Exil Lebenden aufgefordert werden, in das zuvor verlassene Land zurückzukehren.

---

26   Zu diesem Aspekt vgl. die Zusammenstellung der Texte bei *J. Scharbert*, Die Landverheißung an die Väter als einfache Zusage, als Eid und als »Bund«, in: *R. Bartelmus u.a.* (Hg.), Konsequente Traditionsgeschichte. FS. K. Baltzer (OBO 126), Fribourg 1993, 337–354.

27   Zur Relation der Zeitangaben siehe *S. Kreuzer*, 430 Jahre, 400 Jahre oder 4 Generationen – zu den Zeitangaben über den Ägyptenaufenthalt der »Israeliten«, ZAW 98 (1986), 199–210.

28   Ex 3,8.17; 23,23; 33,2; 34,11; Dtn 20,17; Jos 9,1; 11,3; 12,8 und Ri 3,5 erwähnen sechs Völker: Kanaaniter, Hethiter, Amoriter, Perisiter, Hiwiter und Jebusiter. Zu den Verbindungen der Völkernamen siehe ausführlich *T. Ishida*, The Structure and Historical Implications of the List of Pre-Israelite Nations, Bib 60 (1979), 461–490, hier 461f. (Überblickstabelle).

29   Dtn 7,1 und Jos 3,10; 24,11 zählen Kanaaniter, Hethiter, Hiwiter, Perisiter, Girgaschiter, Amoriter und Jebusiter auf. Rafaïter, Amoriter, Kadmoniter und Kenasiter fehlen.

30   Diesen Zusammenhang problematisiert erstmals *Römer*, Väter Israels.

31   Siehe dazu bereits *E. Janssen*, Juda in der Exilszeit (FRLANT 69), Göttingen 1956, bes. 78.122.

1.4   Das Verlassen des Landes als Preisgabe des Verheißungsgutes

An den Bewohnern und Bewohnerinnen des Landes hängen in den Erzeltern-Erzählungen vergleichsweise wenige Geschichten, wohl aber an der Bevölkerung jener Länder, auf die die Erzeltern treffen, wenn sie ohne göttliche Weisung das Land verlassen[32]. Im Erzählverlauf ist die erste dieser Episoden die in der Genesis dreifach erzählte Geschichte von der Preisgabe der Ahnfrau (Gen 12,10–20; Gen 20; Gen 26,1–12)[33]. Abram verlässt nach Gen 12,10 das soeben seinen Nachkommen zugesprochene Land, als in ihm erste Mängel auftreten: Eine schwere Hungersnot bedrückt das Land. Ohne auf göttliche Rettung zu warten beschließt der Erzvater, nach Ägypten zu ziehen. Doch bereits auf dem Weg befallen ihn Ängste, dass die Begegnung mit den Bewohnern des Landes für ihn tödlich verlaufen könnte, da sie seine schöne Frau begehren würden. Er gibt Sarai daher als seine Schwester aus, um sie für fremde Männer verfügbar zu machen und so der vermeintlichen Gefahr zu entgehen (V. 11–13). In Ägypten angekommen, geschieht es tatsächlich so, dass man die wunderschöne Frau für den Harem des Pharao begehrt – allerdings nicht in der Form eines kruden Raubes. Offenkundig *weil* Sarai als heiratsfähige Frau deklariert wurde (vgl. V. 18), wird sie nach ehrenhafter Übergabe mit Abstattung eines Brautpreises (V. 14–16) in das Herrscherhaus aufgenommen. Die aus der Angst um das eigene Leben erwachsene »Kapriole« Abrams, bei der er seine Frau preisgibt sowie Land- und Nachkommenschaftsverheißung aufs Spiel setzt, geht deswegen gut aus, weil JHWH eingreift, indem er Sarai aus dem Harem befreit und der Pharao aufgrund der göttlichen Schläge nur darauf bedacht ist, das Ehepaar des Landes zu verweisen. Der fremde Herrscher ist sogar so großzügig, dass er auf die Rückgabe aller Brautgaben, die im weiteren Erzählverlauf den Grundstock des Reichtums der Erzeltern[34] bilden, verzichtet (Gen 12,18–20).
Von einigen Varianten abgesehen, hat auch die zweite dieser Erzählungen in Gen 20 die Dimension der Preisgabe sowohl der – nun bereits alt gewordenen, aber schwangeren – Verheißungsträgerin als auch des verheißenen Landes. Die dritte Variante in Gen 26, die von Isaak und Rebekka handelt, schaltet ein göttliches Ver-

---

32   *Crüsemann*, Abraham, 339.343 versucht allerdings aus Gen 10,15–19 zu belegen, dass Gerar noch dem Gebiet der Kanaanäer zuzureihen ist. Die Rede vom Fremdlingsdasein in den Preisgabeerzählungen ist allerdings von einer anderen Sichtweise geprägt.
33   Zur Abgrenzung und ausführlichen Auslegung der drei Erzählungen siehe *Fischer*, Erzeltern, 119–230.
34   Vgl. dazu ebd., 203f.

bot vor, das Land Richtung Ägypten zu verlassen, und bindet an dessen Einhaltung die Übertragung der Verheißung an die nächste Generation (Gen 26,2–6).

Der Hauptfokus dieser Erzählungen liegt auf der Preisgabe der Frau und der Gefahr, dass sie in eine andere genealogische Linie eingegliedert werden könnte, aber sie erweisen auch, dass es beim eigenmächtigen Verlassen des Landes zu lebensbedrohlichen Konflikten kommen kann. Bei Jakobs Flucht vor dem rachedurstigen Bruder gibt JHWH, der sich als Gott der Väter vorstellt (Gen 28, 13), noch vor dem Verlassen des Landes, in Bet-El, die Landes- und Nachkommensverheißung sowie die Beistandszusage (V. 13–15). Jakobs Aufenthalt im Fremdland steht daher unter einem anderen Stern.

Einer Preisgabe des Landes ohne vorherige Rücksprache mit dem Geber der Verheißung kommt die von Abram gewährte freie Wahl des Siedlungsgebietes für Lot in Gen 13,8f. gleich. Der Verheißungsträger hält, kaum zurück vom missglückten Aufenthalt in Ägypten, nicht am zugesagten Land fest. Ein Glück, dass Lot sich nicht »dieses Land« (12,7) wählt, sondern die edengleiche Jordangegend, und Abram daher in Kanaan wohnen bleiben kann (13,12). Die Verheißung des Landes, das den Erzeltern und ihrer unzählbar großen Nachkommenschaft gehören wird, so weit Abram sehen kann (13,14f.), kommt in diesem Kontext einer Erneuerung, aber auch einer Präzisierung gleich. Abram wird danach definitv aufgefordert, das Land der Länge und Breite nach zu durchwandern, um es bereits (symbolisch) in Besitz zu nehmen. Abram beantwortet diese neuerliche Verheißung wiederum mit einem Altarbau an dem Ort, an dem er sich niederlässt, in Mamre (13,18; vgl. die Altäre in Sichem und Bet-El in 12,7.8).

Das tatsächliche Verlassen des Landes für die Zeitspanne mehrerer Generationen findet unter diesen Voraussetzungen quasi selbstverständlich nur auf Geheiß Gottes statt: Als Jakob mit seinen Söhnen nach Ägypten ziehen will, um seinen Sohn Josef noch einmal zu sehen (Gen 45,28), erscheint ihm Gott anlässlich eines Opfers für den Gott seines Vaters Isaak in Beerscheba (46,1–4). Die Gottheit befiehlt ihm, nach Ägypten zu ziehen, und gibt ihm die Zusage, dass sich dort die Verheißung des großen Volkes erfüllen (V. 3; vgl. Ex 1,7–9) und sie Israel wiederum von Ägypten »heraufführen« wird (Gen 46,4: עלה). Dieses Verlassen des Landes hat nichts mit Preisgabe zu tun, sondern ist das Gegenteil davon: Der Aufenthalt in Ägypten ist eine göttlich geplante Abwesenheit aus dem Land, die nicht von Dauer ist. Der neuerliche Zug ins Land geschieht dann aber nicht aus eigener Kraft; er bedarf eines Kraftaktes der göttlichen Rettung.

2   Wann ergeht der Aufruf: »Geh in das Land!«?

Der Auftakt zu den Erzeltern-Erzählungen beginnt mit dem Gottesbefehl an Abram, das Land im Osten zu verlassen und ins Verheißungsland zu ziehen. Dass Gen 12,1–4 kein Urgestein des Pentateuchs darstellt, sondern frühestens in exilischer Zeit anzusetzen
ist, ist inzwischen fast allgemeine Meinung geworden[35]. Der Text
ist vermutlich mit Blick auf jene geschrieben, die in der Diaspora
leben, obwohl ein Gehen ins Land, eine Rückkehr, möglich wäre.
Wenn der Gottesbefehl von Gen 12,1–4 erstmals die Perspektive
des Landes als unbestimmtes (»ein Land, das ich dir zeigen werde«) in den Blick bringt, so lässt die Formulierung darauf schließen, dass die angesprochene Generation dieses Land nicht (mehr)
aus eigener Erfahrung kennt. Freilich muss eine so späte Entstehungszeit nicht für alle Texte der Erzeltern-Erzählungen vorausgesetzt werden, aber das Grundgerüst der Genesis, wie wir es in
den biblischen Texten vorfinden, ist wohl kaum früher anzusetzen.
Auf welche Probleme antwortet dieser Teil des Pentateuchs, und
welche Lösungen lassen sich erkennen? Ein Versuch, das literarhistorische Wachstum der »Land-Texte« gründlich nachzuzeichnen,
kann bei der derzeit sehr disparaten Forschungslage und in dieser Kürze nicht geleistet werden, aber einige Linien, die den roten
Faden der Pentateuchfabel[36] ausmachen, sollen dennoch gezogen
werden.

2.1   Die Landgabe im Dtn als Erfüllung der Verheißung an die Erzeltern

In der biblischen Geschichtsdarstellung liest sich die am Ende der
Tora unmittelbar bevorstehende Gabe des Landes als die Verwirklichung jener Zusagen aus den Erzählkomplexen der Genesis (vgl.
insbes. Gen 15,13–16; 46,1–4). Wie Römer[37] eindrücklich aufge-
zeigt hat, ist die literarische Verbindung, die die Eltern der Wüstengeneration im Dtn mit jener der Erzeltern identifiziert, beileibe

---

35   M. *Köckert*, Vätergott und Väterverheißung. Eine Auseinandersetzung mit
Albrecht Alt und seinen Erben (FRANT 142), Göttingen 1988 hat ausführlich gezeigt, dass Gen 12,1–4 die Prophetie- und Königtumstheologie der exilisch-nachexilischen Zeit verarbeitet (Zusammenfassung ebd., 294–299).
36   Der Terminus »Fabel« als Zusammenstellung vielfältiger Ereignisse zu einer
Geschichte wird hier im Sinne von P. *Ricœur*, Zeit und Erzählung II. Zeit und
literarische Erzählung (Übergänge. Texte und Studien zu Handlung, Sprache und
Lebenswelt 18/II), München 1989, 15 verwendet.
37   Prägnant formuliert in der Zusammenfassung *Römer*, Israels Väter, 266–
271.

nicht so fest, wie meist angenommen wurde. Sie wird erst durch Scharniertexte, die einerseits von der Genesis auf die Exodus-, Wüsten- und Landgabetraditionen voraus- oder vom Deuteronomium und der Vorderen Prophetie zurückverweisen, hergestellt. Exemplarische Texte dafür sind etwa das sogenannte »kleine geschichtliche Credo«[38] von Dtn 26,5–9, das die Herausführung aus Ägypten mit dem vormals herumirrenden aramäischen Vater verbindet, oder die Rede Josuas in Sichem (Jos 24,2–15), die den biblischen Geschichtsaufriss nachzeichnet. Auch der Rekurs auf die Vätertrias in der Vorstellung der Gottheit Israels als »Gott Abrahams, Isaaks und Jakobs« (vgl. Ex 3,6.15f.; 4,5; 6,3) verbindet an entscheidenden Stellen die Traditionen von Gen mit jenen der Bücher Ex–Dtn und lässt so die Auszugsgeneration zu den Erzeltern werden. »Deine Eltern«[39], אֲבֹתֶיךָ, bezeichnen auch in der Endversion des Dtn nicht an allen Stellen (vgl. z.B. Dtn 6,3; 8,3.16) die gesamte Generationenfolge von den Erzeltern bis zur Wüstengeneration (vgl. z.B. Dtn 9,5; 29,12; 30,20).

2.2 Erfüllt sich die Verheißung an Abraham erst in nachexilischer Zeit?

In priesterlichen Texten wie Ex 6,3–5 wird die Identifikation der Väter, die den Auszug erfahren, mit den Erzeltern nicht nur durch den Rekurs auf den Vätergott und den Bund mit den Erzeltern vorgenommen, sondern auch durch die Deklaration des Wohnens in Ägypten als Fremdlingsdasein (V. 4). Bei fortlaufender Lektüre des Pentateuchs als Sinnzusammenhang greift diese Aussage auf Gen 15 zurück und wird im »kleinen geschichtlichen Credo« wieder aktualisiert. Die genealogische Verbindung der Erzeltern mit der Auszugsgeneration kann aufgrund des großen Interesses der priesterlichen Texte an Chronologien nicht allein durch die Josefsgeschichte, sondern muss auch durch die explizite Markierung eines »garstigen« zeitlichen Grabens hergestellt werden.

38 Die Bezeichnung stammt von *G. von Rad*, Das formgeschichtliche Problem des Hexateuch (1938), in: *ders.*, Gesammelte Studien zum Alten Testament (TB 8), München 1958, 9–86.
39 Die אבות sind im Deutschen nicht an allen Stellen mit »Väter« wiederzugeben, sondern an all jenen Stellen, die die Ahnen meinen, mit der im Deutschen – nicht aber im Hebräischen – existierenden geschlechtsneutralen Bezeichnung »Eltern«. Vgl. dazu *I. Fischer*, Zwischen Kahlschlag, Durchforstung und neuer Pflanzung. Zu einigen Aspekten Feministischer Exegese und ihrer Relevanz für eine Theologie des Alten Testaments, in: *B. Janowski*, (Hg.), Theologie und Exegese des Alten Testaments / der Hebräischen Bibel. Zwischenbilanz und Zukunftsperspektiven (SBS 200), Stuttgart 2005, 41–72, hier 50–53.

In Lev 26,42, einem eindeutig nachexilischen Text, wird in einem sehr aufschlussreichen Kontext auf den Bund mit den drei Erzvätern Bezug genommen:

> »Und ich gedenke meines Bundes mit Jakob und auch meines Bundes mit Isaak, und auch meines Bundes mit Abraham werde ich gedenken, und des Landes werde ich gedenken.«

Wenn Israel aufgrund mangelnder Gesetzestreue aus dem Land vertrieben, in alle Länder zerstreut sein und sich seiner Schuld bewusst werden wird (26,39–45), dann wird JHWH nicht nur des Bundes mit den Erzeltern gedenken, sondern auch des Landes. Der Landbesitz erweist sich in der dtr Theologie insofern als fragiles Verheißungsgut, als er nicht – wie bei den Landverheißungen an die Erzeltern – an eine unbedingte Zusage Gottes geknüpft ist, sondern an das Leben nach der Tora, an das Halten der Gebote und das Hören auf die Aktualisierung der Weisung durch die Prophetie[40]. Die eidliche Zusage des Landbesitzes aus Gen 15 wird durch solche Zusammenhänge nicht als Ermöglichung kontinuierlichen Wohnens im Lande gesehen, sondern als immer wieder erneuerungsfähige Verheißungserfüllung. Phasen des Fremdlingsdaseins außerhalb des Landes sind dabei von Anfang an einkalkuliert (vgl. die 400 Jahre bzw. vier Generationen in Ägypten nach Gen 15,13.16). Deutet Gen 15 das Exilantendasein als unverschuldete Unterdrückung, so sieht die dtr Theologie das Exil als verdiente Strafe.

Lev 26,42 steht allerdings an einer für die literarhistorische Einordnung der Verbindung von Erzelternzusage und Landbesitz des Volkes sehr aufschlussreichen Stelle: Der Bund mit den Erzeltern wird nicht für die Legitimation der sog. Landnahme beschworen, sondern für die Rückkehr aus dem Exil. Der Abschnitt trifft sich hierin mit prophetischen Texten, die den Rekurs auf Abraham als Garantie für das neuerliche heilvolle Eingreifen Gottes benutzen (Jes 41, 8; 51,2; Mi 7,20) und insbesondere den Landbesitz des zahlreich gewordenen Volkes mit der Verheißung an den einzelnen, noch nicht zum Volk gewordenen Erzvater rechtfertigen (Ez 33,24). Die Landverheißung entfaltet also offensichtlich ihre volle Wirkung in jener Zeit, in der sich zumindest Teile Israels im Zuge der Exilsereignisse noch außerhalb des Landes befinden und zur Rück-

---

40   Zu diesem durch das Dtn hergestellten Zusammenhang vgl. *Cortese*, Terra, 170. Dieses Verständnis der Prophetie, ausgehend vom Prophetiegesetz Dtn 18,9–22, habe ich in meiner Monographie *I. Fischer*, Gotteskünderinnen. Zu einer geschlechterfairen Deutung des Phänomens der Prophetie und der Prophetinnen in der Hebräischen Bibel, Stuttgart 2002 ausführlich thematisiert.

kehr motiviert werden sollen: Sie steht zur Verwirklichung an, wenn man sich nur im Gefolge Abrahams und Rebekkas aufmacht und das Geburtsland zu verlassen bereit ist, um in das Verheißungsland zu ziehen.

2.3   Wichtiger als die genealogische Herkunft ist das Wohnen im Land

In nachexilischer Zeit, in der eine Rückkehr ins Land möglich ist, wird heiß diskutiert, ob genealogische Herkunft und ein gesetzesgemäßes Leben das wahre Israel[41] ausmachen und ob für die Identität das Wohnen im Land eine entscheidende Rolle spielt. Dieses Problem wird vor allem in der sog. Mischehenfrage abgehandelt. Bücher wie Esr und Neh sind davon überzeugt, dass zu Israel nur gehören soll, wer seine Genealogie bis in vorexilische Zeit zurückverfolgen kann, selbst wenn bereits Generationen der Familie im Land leben (vgl. Neh 7,6). Exemplarisch sei hier auf die Deklaration des in Jerusalem ansässigen Tobija als Ammoniter durch den aus der Diaspora nach Jerusalem kommenden Nehemia verwiesen (vgl. Esr 2,60–62; Neh 7,62–64). Diese Gruppe ist davon überzeugt, dass die genealogische Herkunft für die Zugehörigkeit zur Tempelgemeinde das einzig Entscheidende ist. Im Pentateuch schlagen sich solche Tendenzen an Vermischungsverboten mit der autochthonen Bevölkerung nieder, die – ähnlich wie in Esr und Neh – immer wieder am Verbot, fremde Frauen zu heiraten, aufgehängt werden (vgl. z.B. Gen 26,34f.; 27,46 – 28,9; Gen 34; Dtn 7; 23,3–7 sowie Esr 10; Neh 13).

In den Erzeltern-Erzählungen hat diese Gruppe zwar ihre Spuren hinterlassen, ist jedoch nicht prägend geworden. Das längste Kapitel des Abschnittes, Gen 24, behandelt ebenfalls das Problem, schlägt jedoch eine wesentlich gemäßigtere Lösung vor, indem es das *Wohnen im Land zum entscheidenden Kriterium für die Teilhabe an der Verheißung* erhebt: Die Herkunft aus der richtigen Familie ist wichtig bei der Wahl der rechten Ehefrau für den Verheißungsträger Isaak. Aber noch wichtiger als eine korrekte Genealogie ist ihr Wille, im Land leben zu wollen (Gen 24,5–9). Abraham entscheidet damit, dass die Ahnfrau der nächsten Generation genau das tun muss, was er selbst zu tun bereit war: das Herkunftsland verlassen, um in das Verheißungsland zu ziehen. Rebekka, als Tochter des Bruders die genealogisch ideale Braut, wird von ihrer Familie dazu nicht genötigt, sondern entscheidet eigenständig und

---

41   Vgl. dazu etwa die Position der Chronik: *M. Oeming,* Das wahre Israel. Die »genealogische Vorhalle« 1Chr 1–9 (BWANT 128), Stuttgart 1990, 208–210.

selbstbewusst. Sie steht damit in der Nachfolge Abrahams[42] und dominiert denn auch als entscheidungsfreudig gestaltete Erzähl- figur diese Generation zwischen Abraham und Jakob. Ihren Lieb- lingssohn schickt sie, als er in Gefahr ist, wiederum zu ihrem Bru- der (Gen 27,43–45). Von dessen Töchtern nimmt Jakob sich nicht nur eine Frau (Gen 29). Mit Lea und Rahel sowie deren Mägde Bilha und Silpa zeugt Jakob schließlich »ganz Israel«, die Ahnherrn des Zwölf-Stämme-Volkes. Die künftigen zwölf »Stammhalter« überschreiten den Jordan dann nicht mehr, um sich von dort ihre Frauen zu holen[43].

2.4 Verstärkende Legitimation des Landbesitzes in Zeiten der Landlosigkeit?

Als Volk muss Israel nach seiner Geschichtsdarstellung zwar mehr- fach ohne Land leben und lebt in vielen Epochen aufgrund bewuss- ter Entscheidung außerhalb des Landes, aber das Volk ist nicht ohne Hoffnung auf den Landbesitz denkbar. Selbst das klassische Diasporajudentum vergewissert sich beim Pesach alljährlich der Perspektive: »Nächstes Jahr in Jerusalem!«

So ist es durchaus kein Widerspruch, wenn die eindrucksvollsten Texte über das Land nicht in Zeiten entstanden sind, in denen Israel im Land wohnt und sich fraglos seiner Existenzgrundlage er- freut, sondern in jenen Phasen der Geschichte, in denen Israel aus dem Land vertrieben[44] ist und auf Rückkehr des Volkes in die an- gestammten Gebiete hofft. Viele der bereits angesprochenen Stel- len zeigen, dass dies durchaus doppeldeutig gemeint ist. Einerseits hoffen Menschen, die vertrieben wurden und unfreiwillig im Exil leben, auf Rückkehr, andererseits hofft man im Land, dass das Land wieder seine Bewohner bekommt, diese aber lassen sich mit dem Verlassen ihrer Lebenskontexte Zeit. Um die Güte des Verhei- ßungslandes erfahren zu können, muss man erst einmal in das Land hineinziehen.

---

42   Siehe zu diesem intertextuellen Aspekt, der Abraham und Rebekka mit der Moabiterin Rut verbindet, *I. Fischer*, Rut (HThK.AT), Freiburg ²2005, 176f.

43   Ob hier auch der Diebstahl der Terafim durch Rahel (Gen 31,19–43) eine Rolle spielt, ist nicht ganz klar. Wer die Terafim als Familiengottheiten besitzt, dem steht die Legitimität der Sippe zu (vgl. *Fischer*, Gottesstreiterinnen, 119– 123).

44   Als möglicher Sitz im Leben einiger Texte ist durchaus auch eine Reflexion auf den Untergang des Nordreiches und der Vertreibung Israels aus seinem an- gestammten Wohnsitz anzunehmen. Die Nachkommen der Flüchtlinge aus dem Nordreich reflektieren in Juda ihr Schicksal und versuchen vermutlich erstma- lig, eine »Landtheologie«, die Nord- und Südreich miteinander verbindet, zu ent- werfen.

Abraham und Sara werden in diesen Zeiten zum doppelten Symbol: Sie waren allein, als Gott sie rief, und sind dennoch zu einem Volk geworden (Jes 51,2). Sie waren allein, und dennoch haben sie das Land in Besitz genommen (Ez 33,24)[45]. Die Bezugnahme auf den Erzvater Abraham, die außerpentateuchisch frühestens im Exil beginnt, legitimiert den Landbesitz nicht wie die dtr Theologie durch die Übergabe des Landes JHWHs als Erbteil an Israel, in dem das Volk so lange bleibt, wie es die Gottesgesetze in ihm erfüllt. Sie sieht die Landverheißung als eidliche Zusicherung ohne Bedingung. Wer in das Land gehen will, wird dort wohnen können, das garantiert die Landverheißung an die Erzeltern.

3   Dreifach verbrieft: Es gibt mehrere Gründe, warum Israel Anspruch auf das Land hat

Die biblische Geschichtsdarstellung[46] will die Leser und Leserinnen der Tora davon überzeugen, dass die im Kontext des Auszugs aus Ägypten zugesagte Landgabe nicht die einzige Legitimierung des Landbesitzes darstellt, sondern auf ältere und damit noch ehrwürdigere Anfänge zurückgreifen kann. Der Anspruch auf das Land wird nicht nur mit der Verheißung an die Erzeltern begründet, sondern wird noch weiter, an die Uranfänge der Welt, zurückgebunden.

3.1   Die Landgabe als Verwirklichung primordialer Landverteilung

Während die dtr Theologie die Gabe des Landes als *Landnahme* der in Ägypten[47] zum Volk gewordenen Abrahams- und Jakobsfamilie

---

45   *Cortese*, Terra, 165 hebt hervor, dass sich diese Aussage in Ez im Mund der nicht verschleppten Bevölkerung findet, die aufgrund ihres Verhaltens keinen Anspruch auf das Land hat.
46   Diese Darstellung der Geschichte kann nicht einfach als historisch-faktisch angenommen werden. Eine »Väterzeit« als historische Epoche der Geschichte des Volkes Israels hat es wohl nie gegeben. Die Erzeltern-Erzählungen sind – wie die Genesis insgesamt – als literarischer »Vorbau« vor die Volksgeschichte zu verstehen, die Israel im Gesamt der Völker des Alten Orients und mit seinem Besitzanspruch verankert. Die thematische Verknüpfung der Genesis mit den Büchern Ex–Dtn hat ausführlich M. *Millard*, Die Genesis als Eröffnung der Tora. Komposition und auslegungsgeschichtliche Annäherungen an das erste Buch Mose (WMANT 90), Neukirchen-Vlyun 2001 dargestellt.
47   Ex 1 bestätigt im pentateuchischen Zusammenhang, dass Israel zu einem großen und starken Volk geworden ist. Siehe dazu vor allem die von P gestaltete Erfüllungsnotiz in Ex 1,7, die mit dem Schöpfungsauftrag von Gen 1,28 verbindet

sieht, für die bereits ansässige Völker vertrieben werden müssen, legitimiert die Genesis durch die Vorschaltung der Urgeschichte den Landbesitz als Landzuteilung im Rahmen der universalen Verteilung der bewohnbaren Welt an die Völker der Erde. Die Erzeltern-Erzählungen Gen 12–36 lesen sich dabei als fokussierter Ausschnitt aus der Völkerwelt. Die Völkertafel von Gen 10, die durch die Nachkommen der drei Noachsöhne, Sem, Ham und Jafet, konstruiert wird, ist zugleich der genealogische Ansatzpunkt der Erzeltern: Terach, das letzte Glied des Semitenstammbaumes (Gen 11,10–32), ist gleichzeitig der Vater Abrams, Nahors und Harans. Israels Genealogie erwächst damit aus den urgeschichtlichen Geschlechtern und wird in ihrer Weiterentwicklung kontinuierlich mit den Stammbäumen der umliegenden Völker verknüpft. Die Zuweisung der Länder erhält dadurch den Aspekt einer *primordialen Landverteilung*.

Die Erzeltern-Erzählungen konzentrieren sich mit ihren Familienerzählungen vor allem auf das Werden Israels und der Völker der syropalästinischen Landbrücke: Die Texte, die von Lot und seinen Töchtern handeln, münden in der Gründung von *Ammon* und *Moab* (Gen 19), die Auswanderung Esaus führt zur Entstehung der Völker südlich von diesen, insbesondere zu *Edom* und *Seïr* (Gen 36). Die *Ismaeliter* führen sich auf Hagar zurück (Gen 21; 25,12–18), in der Familie Labans widerspiegelt sich die Gründung *Arams* (Gen 30f). Alle diese Namen, die sich in der Genesis auf Stammväter von Völkern beziehen, sind in der Bibel vor allem als geographische Bezeichnungen bekannt. Wie »Israel« Gründer, Land und Volk zugleich ist, ist dies auch bei den meisten anderen Völkern so. Die Familienerzählungen der Gen spiegeln damit gleichsam eine »historiographische« Geographie wider: Nicht Könige (oder wie heute: Staatsoberhäupter) repräsentieren das Land, sondern ihre Gründungsfiguren. Als Völkergeschichten schreiben die Erzelternerzählungen quasi die theologische Geschichte des Vorderen Orients als Teil der Geschichte der gesamten Schöpfung. Darin nimmt Israel zwar eine Sonderstellung ein, da es ins Land gerufen wird (Gen 12) und aus diesem auch wieder ausziehen muss (Gen 46), aber letztlich ist die Zuteilung aller Länder das Werk ein- und derselben Gottheit, die der Gott Israels ist. Die regionale Nationalgeschichte Israels ist damit ein Ausschnitt aus der Geschichte Gottes mit der gesamten Menschheit, Israels Land nur ein – wenn auch bevorzugter – Teil aller von Gott geschaffenen Länder der Erde. Die Genesis als Universalgeschichte des Kosmos stellt somit das

(vgl. die Tabelle bei E. *Zenger u.a.*, Einleitung in das Alte Testament [KStTh 1,1], Stuttgart ⁶2006, 166).

Werden der Völker anhand ihrer Urahnen dar. Die Geschichten über die Gründungsfiguren[48] repräsentieren die Geschichten der späteren Völker, die, wenngleich sie andere Gottheiten verehren, nach biblischer Sichtweise nie ganz dem Handeln JHWHs entzogen sind: JHWH benützt die Völker als Werkzeuge für oder gegen Israel, gibt ihnen Gebiete oder vertreibt sie daraus und erweist sich so als Herr aller Länder der Erde, weil er sie ja alle erschaffen hat.

3.2   Das Zentrum des Verheißungslandes als reaktiviertes Paradies

Der erste Hinweis auf Israels Einbettung in die Universalgeographie der Urgeschichte findet sich in der Paradiesesgeschichte[49]. Einer der vier Flussarme des im Paradies entspringenden Stromes ist der Gihon, Jerusalems Wasserader par excellence, die sich damit in Gesellschaft der großen Ströme des Zweistromlandes wiederfindet (Gen 2,10–14). Das kostbare, Leben schaffende Nass des Uranfangs im Gottesgarten berührt damit konzeptionell die kultische Mitte[50] des Landes. Das ideelle Zentrum des Verheißungslandes wird damit als exemplarischer Teil des Gottesgartens grundgelegt.
Die Erzeltern-Erzählungen beschreiben das Land nicht näher. Das Land wird zwar visitiert, angeschaut und nach allen Himmelsrichtungen durchwandert (Gen 13,14–18; vgl. 28,13f.), aber es wird weder seine Güte beschrieben noch wird es landschaftlich konkret ausgestaltet. Bäume, wohl heilige Bäume, gestalten die Landschaft (vgl. Gen 12,6; 13,18; 18,1; vgl. Dtn 11,30), wichtig sind Quellen und Brunnen als unabdingbare Lebensquelle im heißen Orient[51] (Gen 16,7.14; 21,19.25–32; 26,13–22; auch in 13,5–11 steht dies

---

48   Die relevanten Ahnen Israels sind nicht nur die Väter, sondern auch die Mütter. Häufig sind die Gründungsfiguren in den namenaufzählenden Genealogien nur die männlichen Ahnen. Wo jedoch ein Erzählansatz in einer Genealogie zur Hervorhebung der sozialen Gruppe eingefügt ist, sind meist auch die Mütter genannt. Siehe dazu ausführlicher *Fischer*, Erzeltern, 40–65.71f.
49   Zu diesem Bezug, der Jerusalem als »Zentrum [...] des Kosmos« installiert, siehe bereits *M Görg*, »Wo lag das Paradies?« Einige Beobachtungen zu einer alten Frage, BN 2 (1977), 13–15, hier 32 sowie *Ch. Dohmen*, Schöpfung und Tod. Die Entfaltung theologischer und anthropologischer Konzeptionen in Gen 2–3 (SBB 17), Stuttgart 1988, 68, der sogar meint, dass in Gen 2,10–14 das Paradies »durch Jerusalem lokalisiert« werde.
50   Ez 47,1–12 verwendet diese theologische Konzeption des Stromes für die Tempelquelle. Siehe dazu ausführlicher *M. Konkel*, Architektonik des Heiligen. Studien zur zweiten Tempelvision Ezechiels (Ez 40–48) (BBB 129), Berlin 2001, 192–201, insbes. die Bezüge zu Gen 1 ebd., 201 sowie bereits *Cortese*, Terra, 165.
51   Quellen, Brunnen und Zisternen gestalten auch außerhalb des Landes Israel die Kulturlandschaft des Alten Orients (vgl. Gen 29,1–10; 30,38–40; 37,24–29).

wohl im Hintergrund). Zum Schwelgen kommen die Genesistexte bei der Beschreibung des Landes nie. Einzig und allein die Jordansenke mit ihrer klimatisch bedingten Ausnahmevegetation wird mit dem Gottesgarten verglichen (Gen 13,10). Ihn aber stellt Abram zur Wahl, und Lot entscheidet sich für die paradiesische Gegend, die sodann aufgrund ihrer moralischen Verderbtheit einer quasi »urgeschichtlichen«[52] Vernichtung anheimfällt (Gen 19,15–29). Diese Darstellung des Landes in der Genesis steht im krassen Gegensatz zu den Texten im Kontext der Landgabe an das Volk, die die Qualität des Landes in den Segensverheißungen eindrücklich und ausführlich beschreiben (Lev 26,3–13; Dtn 28,1–12), Bäche von Milch und Honig fließen (Ex 3,8.17; 13,5; 33,3; Lev 20,24; Num 13,27; 14,8; 16,13f; Dtn 6,3; 11,9; 26,9.15; 27,3; 31,20; Jos 5,6; vgl. Jer 11,5; 32,22; Ez 20,6.15)[53] und Riesentrauben in ihm wachsen lassen (Num 13,23f.).

3.3   Der Zion als Identitätslandschaft des Verheißungslandes

Die späten biblischen Texte, in denen das Land zum Sehnsuchtsort und zur Identifikationslandschaft geworden ist, greifen zur Charakterisierung insbesondere des Zion auf all diese Landsichten im Pentateuch zurück. So wird Zion, wo sich die Volksverheißung an Abraham und Sara erfüllen wird, wie Eden, wie der Garten JHWHs werden, weil dort sowohl die Völker als auch Israel selbst die Weisung JHWHs leben werden (vgl. Jes 51,1–8)[54]. Jerusalem mit seinem einst zerstörten Tempelberg und dem in alle Winde zerstreuten Volk wird durch die göttliche Restauration von Volk und Land zum rekonstruierten Garten Eden (Ez 36,35). Als Reminiszenz an das Paradies wird der Zion damit ein exemplarischer Teil des Erdkreises, so wie er ursprünglich, vor allen von Menschen verursachten Störungen und Zerstörungen, geschaffen wurde. Das Leben im Verheißungsland unter Wahrung der Tora macht den Zion zum exemplarischen Landstrich der Welt, in dem die Regeln des Paradieses befolgt, d.h. die göttlichen Gebote bewahrt werden[55]. Wer im Land nicht nach JHWHs Vorschriften lebt, dem droht – so sagt

---

52   Sintflut und Sintbrand wurden oft miteinander verglichen; so schon *H. Gunkel*, Genesis, Göttingen [7]1966 (Erstauflage 1901), 214f.

53   Joël 4,18 führt diese Metapher noch weiter aus, indem zudem Wasser und Wein im endzeitlichen Zionsstaat in Fülle fließen werden.

54   Zu diesem Text vgl. ausführlich *I. Fischer*, Tora für Israel – Tora für die Völker. Das Konzept des Jesajabuches (SBS 164), Stuttgart 1995, 100–115.

55   Zu dieser zweifelsohne späten Gebotstheologie in der Urgeschichte siehe ausführlich *M. Unger*, Die Paradieserzählung Gen 2/3. Eine exegetische Untersuchung (unveröffentlichte Dissertation), Graz 1994, 248–255.

es der Anfang (Gen 2,16f.; 3,22–24) wie das Ende (Dtn 28,64–68) der Tora – die Vertreibung. Israel wird es so lange im Land gut gehen, wie es nach Gottes Gebot lebt (Dtn 4,40). Noch nie seit dem Tag der Menschschöpfung – so ist Dtn 4,32 überzeugt – hat es eine derart vorbehaltlose Zuwendung Gottes zu einem Volk gegeben. Das Geschehen der Landgabe, die *Israel* zum Volk im Land werden lässt, macht dieses Land mit dem Zion als kultischem und ideellem Zentrum zum exemplarischen Paradies, zum heilen Mikrokosmos im Kosmos der nach der gefallenen Ordnung lebenden Menschheit[56].

* * *

Irmtraud Fischer, geb. 1957, Dr. theol., ist Professorin für Alttestamentliche Bibelwissenschaft an der Universität Graz.

Abstract

This article focusses on the meaning of the term ›land‹ in Genesis' Patriarch's stories. It analyzes statements of the borders of the land, the autochthonal population and how leaving the land is described. Genesis' texts including the divine promise of the land are compared with the concepts of the land in Pentateuch's different theological approaches. Finally, the article illustrates the promise of the land in reference to the creation story: The Torah interprets the giving of the land as fullfillment of an assignement to all nation, but as notalby promise to Israel.

---

56 Solange die Völker noch nicht das vom Zion ausgehende Völkerrecht akzeptieren (vgl. Jes 2,1–5), sind sie noch fern von der Heilsgemeinschaft dieses Ausnahmeortes im Land. Entschließen sie sich jedoch dazu, herrschen weltweit wiederum paradiesische Zustände, wie sie etwa durch das Aufhören des Krieges oder den Tierfrieden avisiert werden.

Ed Noort

»Denn das Land gehört mir, Ihr seid Fremde und Beisassen bei mir« (Lev 25,23)

Landgabe als eine kritische Theologie des Landes

»In the Old Testament there is no timeless space but there is also no spaceless time. There is rather storied place, that is a place which has meaning because of the history lodged there ... This means that biblical faith cannot be presented simply as an historical movement indifferent to place«[1]. Mit diesem Satz faßte Walter Brueggemann vor dreißig Jahre die Bedeutung des Themas »Land« zusammen. Darin wird ihm nicht jeder Exeget zustimmen, aber »ein Aschenbrödel jüdischer und christlicher Theologie«[2] ist das Thema »Land« schon längst nicht mehr. Von W. Janzen[3] wird es ein zentrales Motiv der Hebräischen Bibel genannt, und die Literatur zum Thema ist fast unübersehbar geworden. Das gilt für literarhistorische und speziell für redaktionsgeschichtliche Studien. Auch religionsgeschichtliche Studien thematisieren selbstverständlich das Land. Je mehr aber die Theologie als Versuch, verbindliche Aussagen zu wagen, ins Spiel kommt, desto stärker verschwindet das Thema »Land« hinter dem theologischen Horizont[4].

1 *W. Brueggemann*, The Land. Place as Gift, Promise, and Challenge in Biblical Faith (Overtures to Biblical Theology 1), Philadelphia 1977, 185.
2 *W.D. Davies*, The Territorial Dimension of Judaism, Los Angeles / London 1982, XIII.
3 *W. Janzen*, Land, ABD IV, 143–154, hier 146; *E. Noort*, Een plek om te zijn. Over de theologie van het land aan de hand van Jozua 8,30–35, Kampen 1993, 4; *ders.*, Das Buch Josua. Forschungsgeschichte und Problemfelder (EdF 292), Darmstadt 1998, 249–250.253.
4 Nur zwei willkürliche Beispiele, um dies zu illustrieren. *E.S. Gerstenberger*, der in seinen Theologies in the Old Testament, Minneapolis/MN 2002 ein offenes Auge hat für unterschiedlichste religiöse Formen, thematisiert das Land nicht. *Walter Brueggemann*, der das Land wohl als theologisches Item beschrieb (siehe Anm. 1), kritisierte die Autoren des Jerusalem-Symposiums (siehe Anm. 5), dass sie bei einem historisch-kritischen Ausgangspunkt stehen blieben (CBQ 47 [1985], 384–386), setzt selber in seiner »Theology of the Old Testament. Testimony, Dispute, Advocay«, Minneapolis 1997 bei »Israel's Core Testimony« mit Verheißung und (Land-)Gabe ein (165), macht wichtige Bemerkungen bei »Israel's Countertestimony« über die Verbindung von Landgabe und Gewalt (382), beläßt es aber bei dem Statement: »It is not possible to consider the land promises to the ancestors without at least a reference to the ways in which these promises contin-

Das hat mit der Rezeption in der christlichen Tradition zu tun. Das
Jesuswort aus dem Johannesevangelium: »... die Stunde kommt,
dass ihr weder auf diesem Berg [Garizim] noch in Jerusalem zum
Vater beten werdet ... sondern in Geist und Wahrheit« (Joh 4,21.23)
hat in der Rezeptionsgeschichte eine ungeheure Wirkung gehabt.
Hieronymus paraphrasiert dies folgendermaßen: »Ich wage nicht,
die Allmacht Gottes in enge Grenzen einzuschließen und den auf
einen kleinen Landstrich zu beschränken, den der Himmel nicht
fasst. Die Gläubigen werden jeder für sich nicht nach der Verschiedenheit ihres Wohnortes, sondern nach dem Verdienste des Glaubens gewogen, und die wahrhaftigen Anbeter beten den Vater weder zu Jerusalem noch auf dem Berg Garizim an. Denn Gott ist
Geist, und die, die ihn anbeten, müssen ihn im Geist und in der
Wahrheit anbeten. Der Geist weht, wo er will; die Erde ist des
Herrn und was darinnen ist ... Sowohl von Jerusalem wie von Britannien aus steht der Himmel gleichermaßen offen, denn das Reich
Gottes ist inwendig in euch«[5]. In diesem Geist haben die Haupt-
strömungen der christlichen Theologie über das Land und die
Ortsgebundenheit von Theologie reflektiert und gesprochen.
In diesem Beitrag beschreite ich den folgenden Weg: Erstens gehe
ich auf die Bedeutung des Themas »Land« im Allgemeinen ein und
befrage die drei Felder der Prophetie, der hymnischen Tradition
und der Geschichtserzählungen. Danach versuche ich Konturen einer kritischen »Landtheologie« zu skizzieren und frage nach eigenen Akzenten im Heiligkeitsgesetz, in der priesterlichen Theologie
und im Buch Josua als exemplum deuteronomistischer Theologie.
Dabei ist das Ergebnis, dass jeder Bereich so unterschiedlich mit
dem Thema »Land« umgeht, dass es biblisch gesprochen unhalt-
bar ist, wenn die sich Rezeption auf eine reine Besitzideologie beschränkt.

1.   Propheten und Land

Auch wenn diese Feststellung Verlegenheit hervorrufen mag, ist es
unbestreitbar, dass »Land« zu den wichtigsten Theologumena der
Hebräischen Bibel gehört. Dies gilt schon für die Prophetie.
Amos verbindet das Gericht mit Erdbeben und Verbannung (4,3;
5,27), und in der exilischen Ergänzung 7,10–17 schließt der Spruch

---

ue their force in relation to the contemporary state of Israel« und einem Verweis
zu Israels Realpolitik und zu den Landansprüchen der Palästinenser (169, n. 45).
5   *Hieronymus*, Epist 58,2–4 ad Paulinum presbyterum (CSEL 54), zitiert bei *H.
Donner*, Pilgerfahrt ins Heilige Land, Stuttgart 1979, 13.

gegen König und Priester mit einem Urteil über Israel, das »weg von seinem Boden« (אדמה, 7,11.17) verschleppt wird[6]. Der Spruch gegen Amazja selbst redet vom Tod im »unreinen Land« (אדמה טמאה), führt also bezüglich des Landes die Kategorie rein – unrein ein. Dem steht im gleichfalls exilischen Geschichtsrückblick 2,9–12 die Vernichtung der Amoriter als Heilstat JHWHs für die Inbesitznahme des Landes[7] gegenüber.

Am eindrucksvollsten ist die Bedeutung des Landes bei Hosea sichtbar. In Hos 2,4–17 wird Israel angeklagt, die Gaben des Landes der falschen Gottheit zuzuschreiben (2,10–11), worauf JHWH es in die Wüste zurücklockt, um ihm von dort aus Weinberge zu schenken (2,16–17). Die Bilder von der Wüste als Verlobungszeit und vom Kulturland als Gefährdung durch die Baale, die durch die umstürzende Liebe JHWHs (11,1–11) beseitigt wird, ermöglichen eine Geschichtstheologie, in der mit dem Land und seinen Gaben gerungen wird, und verlangen eine Antwort auf die Frage, wer Gott in Israel sei.

Mit dem Fokus auf Zion/Jerusalem prangert Jesaja den Umgang mit Landbesitz an (5,8), kündigt Vernichtung der Häuser (5,9) und die Verweigerung des Landes an, seinen normalen Ertrag an Wein zu geben (5,10). Die gleiche Thematik beherrscht den Schluss des Berufungsberichtes 6,11, der sekundär in 6,12 um das Motiv der Verbannung erweitert wird. Micha erhebt die gleichen Vorwürfe, und sein unerhörtes, tödliches Urteil über Jerusalem wird mehr als hundert Jahre später noch in Jer 26,18 zitiert. Im Anschluss an Hosea redet auch Jeremia von der Wüstenzeit als der Brautzeit (2,2). Auch hier erfolgt die gleiche Anklage wie bei Hosea (Jer 3,13), aber über das Land wird in höchsten Tönen gesprochen: »Wie gerne nehme ich dich auf unter die Kinder und gebe dir ein kostbares Land (ארץ חמדה), einen Erbbesitz (נחלה), die prächtigste Zierde (צבי צבאות) unter den Nationen« (3,19). So kann man festhalten: »Daran, daß diese Bezeichnung ›mein Erbe‹, die in ihrer häufigen Verwendung schon das Eigenwort Jeremias kennzeichnet, oft fast nicht unterscheidbar vom Land wie vom Volk gebraucht ist, wird erkennbar, wie eng das von Jahwe berufene Volk und das Land, das dieses Gottes Land ist, zusammengehören«[8].

Bei dem im Exil lebenden Priester-Propheten Ezechiel gilt, dass dieses Land JHWHs Land ist und bleibt. Im Spiegel gilt gerade das

---

6 W. *Zimmerli*, Das »Land« bei den vorexilischen und frühexilischen Schriftpropheten, in: G. *Strecker* (Hg.), Das Land Israel in biblischer Zeit. Jerusalem-Symposium 1981 (GTA 25), Göttingen 1983, 33–45.
7 Vgl. Dtn 7,1 und Ri 2,6.
8 *Zimmerli*, Land, 38.

bleibende Eigentum JHWHs als Grund und als Vorwurf für die
Exilierung im Spott der Völker: »Volk JHWHs (עַם יהוה) sind sie,
aber aus *seinem* Land (מארצו) mussten sie wegziehen« (36,20).
Trotz Gericht und neuem Exodus (20,33–38) wird in der Heilszusage die Gefährlichkeit des Landes (»Menschenfresserin«, 36,13)
aufgehoben[9] und die kühnste Metapher eines Lebens aus dem Tod
für die Rückkehr Israels in sein Land aufgeboten (37,1–14).
Schon diese kurzen Bemerkungen machen deutlich, wie groß die
Spannbreite des prophetischen Umgangs mit dem Land ist. Ob nun
wegen des geschehenen Unrechts Gericht und Verbannung ange-
droht und das Ende Israels angekündigt werden (Amos), der Kampf
zwischen JHWH und den Baalen mit Wüstenzeit und Kulturland
verbunden wird (Hosea), der Umgang mit dem Landbesitz ange-
prangert und Verheerung des Landes angesagt wird (Jesaja), Land
und Volk ganz eng zusammengehören, Israel das Land wegen Ungehorsam verlassen muss (Jeremia), selbst in der Verbannung dieses Land Gottes Land bleibt und die Metapher einer Totenauferwe-
ckung die angemessene Form zur Kennzeichnung eine Rückkehr
ins Land ist (Ezechiel) – deutlich ist, dass das Land in vielerlei Gestalt eine (selbst)kritische Rolle in der prophetischen Tradition
spielt.

2.   Das Land in hymnischen Traditionen

Neben den prophetischen Stimmen erscheinen Gabe und Aufgabe
des Landes in den hymnischen Traditionen der Hebräischen Bi-
bel[10]. Deutlicher noch als in den narrativen Teilen wird in diesem
Spiegel der Lieder und Gebete klar, welche Motive im gelebten
Glauben lebendig waren.
Im Lobpreis am Ende von Dtn 33 lautet V. 27: »(Gott), der die ur-
alten Götter erniedrigt und die alten Mächte unterwirft[11], der den
Feind vor dir vertrieben und gesprochen hat: Vernichte! (שְׁמֵד
Hif.)«. Diese göttliche Aktion hat zum Ergebnis: »So wohnte Israel
in Sicherheit, für sich allein; der Quell Jakobs in einem Land voll
Korn und Wein, und sein Himmel träufelt Tau«. Die Götter, die Is-
rael gefährdeten, sind besiegt. Die damit verbundenen Völker sind
vertrieben (גרש), Zukunft ist (wieder) möglich. Das Land ist das

---

9   Vgl. Num 13,32; 14,9.
10   *G.E. Wright*, Introduction, in: *R.G. Boling / G.E. Wright*, Joshua (AB 6),
New York 1982, 13–27; *Noort*, Josua, 18–21.
11   New Revised Standard Version; Begründung bei *C.J. Labuschagne*, Deuteronomium Deel III (POT), Baarn 1997, 314.373.

ideale Land aus Dtn 8,7–9; 11,11–12. Gotteskampf und Gottkönigtum bestimmen in Ex 15 den Bogen vom Exodus bis zur Landgabe[12]. Der als König in seinem Zionsheiligtum thronende und geschichtlich-mythologisch streitende JHWH ist Ziel und Endpunkt des Hymnus. Das Handeln JHWHs – zuerst konkret an »Pharao« (V. 4), dann erweiternd an den »Aufständischen« (V. 7) und schließlich allumfassend am »Feind« (V. 6.9)[13] – macht ihn unvergleichbar: »Wer ist wie du unter den Göttern, JHWH?« (V. 11). Der Zielort ist der Tempelberg, der hier auffälligerweise JHWHs Erbbesitz genannt wird: »Du bringst sie (Israel) hin zum Berg deines Erbbesitzes (הר נחלתך) und pflanzst sie ein an der Stätte deines Thrones, die du, JHWH, gemacht, dem Heiligtum, Herr, das deine Hände gegründet haben« (V. 17). Gebot, bedingte Zusage, Bund oder Schuld – die Stichwörter späterer Landgabekonzeptionen spielen hier keine Rolle. Israel wird aus Ägypten geführt, um im Lichtkreis des im Tempel präsenten JHWH zu leben. Das ist seine Bestimmung, und das wird besungen in einem Hymnus, in dem Stichwörter zu Exodus und Landgabe nur Bausteine sind im größeren Lobpreis.

Das gleiche Motiv der Einpflanzung Israels als Tat JHWHs (Ex 15, 17: נטע) kehrt in einem ganz anderen Kontext zurück im Volksklagelied Ps 44,3[14]. Das Handeln JHWHs – Vertreibung der Völker und Einpflanzung Israels – wird zuerst verstärkt durch die Betonung, dass die Landnahme keine Eigenleistung Israels war: »Denn nicht mit ihrem Schwert gewannen sie das Land, und nicht ihr Arm schuf ihnen den Sieg ...« (44,4; vgl. V. 7). Diese Verneinung einer militärischen Eigenleistung Israels[15] ist hier aber Element der Klage. Trotz der ehemaligen Heilstaten erleidet Israel Niederlagen auf dem Schlachtfeld und ist »Zerstreuung unter die Nationen« ihr Teil (V. 12). Schuld als Erklärung gibt es nicht (V. 9.18.19.21–22). Deswegen fungiert der Verweis nach JHWHs Landgabe als Grund für eine leidenschaftliche Bitte um JHWHs erneute Zuwendung (V. 24–27)[16].

Im frühnachexilischen Geschichtspsalm Ps 78,54–55 wird zweifellos Ex 15,17 benutzt. Auch hier ist das Ziel die Ankunft Israels am

12   *H. Spieckermann*, Heilsgegenwart. Eine Theologie der Psalmen (FRLANT 148), Göttingen 1989, 112.
13   Überzeugend *Spieckermann*, Heilsgegenwart, 108.
14   Vgl. Ps 80,9.
15   Vgl. Jos 24,12.
16   Nach Prüfung aller Möglichkeiten verbindet *G. Kwakkel*, ›According to My Righteousness‹. Upright Behaviour as Grounds for Deliverance in Psalms 7, 17, 18, 26, and 44 (OTS 46), Leiden/Boston 2002, 185–235 den Psalm mit den Ereignissen des Jahres 701.

Berg Gottes: »Er brachte sie zu seinem heiligen Gebiet (גבול קדשׁו),
zu diesem Berg, den seine Rechte erworben hat« (V. 54). Nun sind
es die Völker, die vertrieben und als Erbbesitz (נחלה) verteilt werden (V. 55). Dann nimmt der Psalm aber eine ganz andere Wendung: »Doch sie versuchten und trotzten Gott, den Höchsten
(עליון)[17], und seine Ordnungen beachteten sie nicht« (V. 56). Hö-
hendienst und Götzenbilder sind die Vorwürfe, die in der Verwerfung Schilos (V. 60) einerseits und in der Erwählung Zions (V. 68)
und Davids (V. 70) andererseits resultieren; Landgabe ja, aber in
einem Bogen von der Vertreibung der Völker Kanaans bis zur Vertreibung Gesamtisraels selbst aus dem verheißenen Land. Und da-
zwischen steht das, worum sich alles dreht: der Schuldaufweis Israels (V. 17–20.22.32.36–37.56–58). Es gibt aber Hoffnung auf einen
Davididen, der aufs Neue das Volk weiden wird (V. 70–72). Es ist
aber verhaltene Hoffnung, die hier anklingt.

Dieser kurze Blick auf die hymnische Tradition Israels zeigt, dass
das Sein im Land nie als gegebene Selbstverständlichkeit verstanden wurde. Nie wurde aus der Landgabe ein automatisches Besitz-
recht, losgelöst vom Geber. Nie wurden Erwerb, Besitz und Verlust
des Landes als eine bloße Chronik historischer Tatsachen besungen,
erzählt oder tradiert. Schon die wenigen genannten Texte, die sich
manchmal an der Erzähltradition anlehnen, manchmal auch ganz
eigene Wege gehen, zeigen unterschiedliche Kontexte und Zielrich-
tungen. Bei der Landgabe geht es um das Wohnen im fruchtbaren,
sicheren Gebiet unter dem Schutz JHWHs (Dtn 33). Sie wird Teil
der Verkündigung des auf dem Zion thronenden Gottes (Ex 15). Sie
fungiert als Grund zur Aufrüttelung JHWHs, der sein Erbe grund-
los preisgibt (Ps 44). Sie bleibt Grund zur verhaltenen Hoffnung
nach dem Schuldaufweis und dem Verlust des Landes durch die Erwartung eines neuen Davididen (Ps 78). Sie betont, dass die Landnahme nie eine eigene militärische Leistung Israels war (Ps 44,4.7).

3.   Die Geschichtserzählungen

In den mit den legislativen Teilen verbundenen Geschichtserzählungen bildet das Buch Deuteronomium für unsere Thematik
gleichsam das Zentrum. Hier dreht sich alles um das Wohnen im
Land coram Deo, einerseits als reine Gabe, verbunden mit der Ver-
heißungsstruktur der Patriarchen-Erzählungen, andererseits an
Bedingungen geknüpft, wobei das Sein im Land abhängig gemacht
wird von einem Leben in und mit der Tora. Die Gabe und Be-

---

17   Auch V. 17; vgl. V. 35.

schreibung des guten Landes (Dtn 8,7: הארץ הטובה) sollen Anstoß sein, JHWH nicht zu vergessen, die Rahmenverse (8,1.19.20) aber binden den Verbleib im Land an das Halten der Tora. Mit den Worten von L. Perlitt formuliert: »Landbesitz (ist) nicht mehr Erfüllung von Verheißung, sondern Lohn für die Erfüllung von Gebot. Damit ist das Land zu einer Funktion des Gesetzes geworden. Ohne Gesetzesgehorsam kommt man jetzt nicht nur aus dem Land wieder heraus, sondern gar nicht erst in das Land hinein«[18]. Es ist diese Verbindung von Land und Tora, die als Messlatte dient, um die ganze Erzähltradition von Auszug, Wüstenzug, Landnahme, Landbewohnung und Landverlust zu kommentieren und sinngemäß zu deuten[19]. Dabei reicht die Skala von der Bearbeitung und Intensivierung eines Lebens im Land auf dem verheißenen Erbteil (נחלה) in Ruhe (מנוחה) vor allen Feinden (Dtn 12,9–10) bis zur Wahl zwischen Leben – als einem Leben mit den Geboten, Gesetzen und Rechten (Dtn 30,16) – und Tod, d.h. »umkommen (אבד) und nicht lange in dem Land bleiben« (30,18).

Ein Land, jedoch dieses Land als Unterpfand für ein Leben mit und nach der Tora. Dies alles ist nicht nur Erklärung ex eventu für den Verlust von Staat, Stadt und Tempel, sondern auch Inspiration für einen Neubeginn.

Diese Motive kehren fast alle wieder in den Geschichtserzählungen, die das Kommen in das Land, das Wohnen im Land und den Verlust des Landes thematisieren. Wenn die Patriarchenerzählungen als Vorbau zum Aufenthalt in Ägypten gelesen werden, stehen sie für eine vorläufige, provisorische Landnahme, während das Land erst ihren Nachkommen voll zugesagt wird. Damit ist die Landnahme Israels, wie sie in den Büchern Numeri und Josua erzählt wird, nicht ein beliebiges Ereignis, sondern die Erfüllung einer Verheißung, ja mehr noch eines göttlichen Schwures. In diesem Sinn konstatiert Jos 21,43: »So gab JHWH Israel das ganze Land, das er ihren Vätern zu geben geschworen hatte, und sie nahmen es in Besitz und ließen sich darin nieder«. Unter der Führung Moses wird zuerst versucht, in Kanaan vom Süden her einzudringen. Dieser Versuch misslingt, und jetzt wird die Route über das Ostjordanland gewählt, wo die Königsstraße die von alten Zeiten her bekannte Durchzugsmöglichkeit ist. Sichon von Cheschbon und

---

18   *L. Perlitt*, Motive und Schichten der Landtheologie im Deuteronomium, in: *Strecker*, Land (siehe Anm. 6), 46–58, hier 54. Mit der gleichen Struktur Dtn 6, 10–12 und 6,17–19; von Perlitt so zusammengefasst: »Das ganze reiche Formelgut von Landschwur und Landgabe ist in der früheren Zeit lauter ›Ja und Amen‹, in der späteren Zeit ›Ja, aber!‹« (55).

19   »... genau von der Landnahme bis zum Landverlust ...: eine feine Lesehilfe für alles, was dazwischensteht« (ebd., 47).

Og von Baschan werden geschlagen, damit ihr Land aufgeteilt werden darf. Nach dem Tod Moses führt Josua Israel über den Jordan, und nach der Einnahme Jerichos und Ais wird ganz Kanaan in einer Blitzkampagne zuerst nach Süden und dann nach Norden hin erobert, worauf das Land nur noch verteilt werden muss. Und schließlich kann die oben erwähnte Bilanz von Jos 21,43–45 aufgemacht werden. Einmal im Besitz Israels ist das Land zwar gefährdet, gewinnt aber durch das davidische Königtum an Macht und Ausstrahlung und geht schließlich unter den Schlägen der Großmächte Assyrien und Babylonien verloren. Die Hoffnung auf das Land stirbt aber nicht, und Esra/Nehemia rufen das Bild eines Israels auf, das getreulich nach Juda zurückkehrt. Auch wenn die Chronik das Land nicht in den Mittelpunkt stellt, hat sie doch ein Israel in Blick, das als Teil des persischen Großreiches auf seinem eigenen Boden lebt. Wenn auch eine gewisse Spiritualisierung des Landes in der nachexilischen Zeit nicht zu bestreiten ist, so bleibt das Land selbst Gegenstand der Reflektion und Theologie.

4.   Das Land, die Exegese und das kollektive Gedächtnis

Die oben stehende Skizze fasst in kurzen Worten und in vereinfachten Linien eine kanonische Lektüre der Land-Erzählungen zusammen. Die Fachdiskussion hat aber andere Wege eingeschlagen. Mit der Gründung des Palestine Exploration Fund (1865) wurde der Grundstein gelegt für die Landeskunde[20], die sich nach der Emanzipation der Archäologie Palästinas[21] zu einer Spezialwissenschaft entwickelt hat. Bei der historischen Analyse ist die Kluft zwischen einem »Biblical Israel« und einem »Ancient Israel« immer größer geworden[22]. In der neueren exegetischen Debatte um Pentateuch[23] und DtrG[24] sind im Streit um neue Modelle, Bearbei-

20   Y. *Aharoni*, Das Land der Bibel. Eine historische Geographie, Neukirchen-Vluyn 1984; H. *Donner*, Einführung in die biblische Landes- und Alterumskunde, Darmstadt [2]1988; W. *Zwickel*, Einführung in die biblische Landes und Altertumskunde, Darmstadt 2002.
21   Ergänzungsbedürftig, aber noch immer unübertroffen ist H. *Weippert*, Palästina in vorhellenistischer Zeit (HdA Vorderasien II/1), München 1988.
22   Ph.R. *Davies*, In Search of Ancient Israel (JSOT.S 148), Sheffield [2]1995; ders., Whose Bible Is It Anyway?, London / New York [2]2004; K.W. *Whitelam*, The Invention of Ancient Israel. The Silencing of Palestinian History, London / New York 1996.
23   Th.B. *Dozeman* / K. *Schmid* (ed.), A Farewell to the Yahwist? The Composition of the Pentateuch in Recent European Interpretation, Atlanta 2006.
24   T. *Römer* (ed.), The Future of the Deuteronomistic History, BETL 147, Leuven 2000.

tungen und Redaktionen so viele und unterschiedliche schriftge-
lehrte Hände konzipiert worden, dass sowohl methodisch als auch
inhaltlich ein Konsens noch längst nicht in Sicht ist. An sich ist das
nicht schlimm. Wissenschaft soll die Zeit haben, neue Wege einzu-
schlagen und zu testen, welcher Weg die überzeugendsten Ergebnisse verspricht.

Beim Thema »Land« aber sind die fachwissenschaftlichen Differenzierungen, ob sie nun auf dem Gebiet der historischen Geographie
oder auf exegetischem Gebiet liegen, nicht zu einem breiteren Publikum durchgedrungen. Die Theologie hat sich zu lange damit zufrieden gegeben, dass »es so nicht gewesen ist«. Die oben beschriebene »kanonische« Skizze aber ist die, die sich im kollektiven Gedächtnis eingeprägt hat. Die spezifischen Akzente, die in der prophetischen oder in der hymnischen Tradition hervortreten, spielen
kaum eine Rolle, und dass Israel seine Geschichtserzählungen benutzt, um äußerst selbstkritisch zurückzuschauen, ebensowenig.

Dazu kommt noch etwas anderes. In der Anfangsphase der erzählten Zeit sind die Landnahmetraditionen alle mit Gewalt verbunden,
und entsprechend geht es in der Rezeption dieser Texte nicht nur
um Landbesitz, sondern auch um die Gewalt, mit der das Land erworben wurde. Mehr noch als das Land selbst hat sich der Gewalt-
faktor einen Platz im kollektiven Gedächtnis erobert. Verflochten
mit dem Exodusgeschehen wird JHWH »Krieger« genannt (Ex 15,
3). In der Schlacht mit Amalek verspricht JHWH, »das Andenken
Amaleks unter dem Himmel zu tilgen« (Ex 17,14). Ein Gelübde Israels, eine Stadt der totalen Vernichtung (= dem Bann) preiszuge-
ben, falls JHWH Israel zum Sieg verhilft (Num 21,1–3), wird verwirklicht. Die beiden Könige, Sichon von Heschbon und Og von
Baschan, werden auf göttlichen Befehl hin mit dem Bann belegt
(Num 21,21–30.35). Nach Dtn 7,2.24 sollen die Völker Kanaans
ausgerottet und die Namen ihrer Könige unter dem Himmel aus-
getilgt werden. Nach dem programmatischen Intermezzo des Deuteronomiums wird beim Fall Jerichos exemplarisch exerziert, was
Dtn geboten hatte (Jos 6,21). Ai ergeht es letztlich nicht anders (Jos
8,26). So kann der Satz: »Nichts, was Atem hatte, ließen sie überleben« (Jos 11,14) als Fazit der Eroberungserzählungen gelten.

Auch hier hat die theologische Diskussion vielfältige Formen des
Umgangs mit dem Problem entwickelt[25]. Da sind antithetische Modelle, in dem Altes und Neues Testament gerade anhand dieser
Texte einander gegenübergestellt werden, bzw. Formen allegori-
scher Auslegung, oder man geht von religiöser oder sozialer Schuld

---

25   E. *Noort*, Geweld in het Oude Testament, Delft ²1990; *W. Dietrich* / *Chr.
Link*, Die dunklen Seiten Gottes. Willkür und Gewalt, Neukirchen-Vluyn 1995.

der einheimischen Völker aus. Man findet historisch-apologetische
Erklärungen die Israel als »Kind seiner Zeit« gelten lassen; man betont den nicht historischem Charakter des Bannes bzw. geht von
einer bewussten Imitation der Kriegsterminologie der Besatzungs-
macht Assyrien aus; man verweist auf eine Entwicklung im Denken
und Reden über Krieg und Gewalt oder greift zu religionspsycho-
logischen Erklärungen. Aber auch hier gilt, dass die theologischen
Modelle noch kaum »an die Basis« gedrungen sind.

Im Folgenden können nicht alle Aspekte behandelt werden, und
auch die Rezeptionsgeschichte mit ihren Einseitigkeiten läßt sich
nicht mit einem Schlag umbiegen. Ich möchte drei Textcorpora behandeln, die redaktionsgeschichtlich miteinander verzahnt sind
und jeweils einen eigenen Beitrag zum Umgang mit dem Thema
Land bieten, und daran zeigen, wie die Konturen einer biblischen
Theologie des Landes aussehen könnten.

5.   Die Heiligkeit JHWHs und die sozialen Folgen im Land

Dass das Heiligkeitsgesetz (H; Lev 17–26) sowohl das Bundesbuch
als auch das Deuteronomium (D) neu interpretiert, ist unumstrit-
ten[26]. In der Frage des Verhältnisses von H zur Priesterschrift und
zu deren Fortschreibungen dagegen ist noch längst kein Konsens in
Sicht. Doch mehren sich die Stimmen, die die Mittelposition zwischen D und P, die man H lange Zeit zusprach, durch ein Modell
ersetzen wollen, in dem P von H aktualisiert und uminterpretiert
wird[27].

Einen zentralen Gedanken des Umgangs mit dem Land formuliert
Lev 25,23: »Das Land aber darf nicht für immer verkauft werden,
denn das Land gehört mir, und ihr seid Fremde und Beisassen bei
mir«. Am Schluss einer langen Entwicklung, in der Landverheißung, Landgabe, wohnen im Land und Landverlust im Mittelpunkt
standen, wird das göttliche Eigentum des Landes hervorgehoben.
Dieses Eigentumsrecht bezieht sich auf Land und Israeliten, die mit
einem Verweis auf den Exodus als »Sklaven JHWHs« bezeichnet
werden (Lev 25,55). Innerhalb dieses theologischen Rahmens werden ganz neue Töne hörbar. Das Sabbatjahr hat Lev 25,1–7 mit
Dtn 15 gemeinsam, füllt es aber ganz anders aus. Hatte Ex 23,11

26   A. Cholewiński, Heiligkeitsgesetz und Deuteronomium (AnBib 66), Rome
1976.
27   Chr. Nihan, The Holiness Code between D and P. Some Comments on the
Function of Leviticus 17–26 in the Composition of the Torah, in: E. Otto / R.
Achenbach (Hg.), Das Deuteronomium zwischen Pentateuch und Deuteronomis-
tischem Geschichtswerk, (FRLANT 206), Göttingen 2004, 81–121.

das Erlassjahr auf das Brachliegen (שמט) des Landes bezogen, und verbindet Dtn 15,1–11 die שמטה mit der Sozialproblematik des Schulderlasses, kommt Lev 25,1–7 wieder zurück auf die Thematik von Ex 23 und färbt gleichsam das Land theologisch kräftig ein. Das Land selbst ruht sich aus und feiert ein Sabbatjahr (שבת שבתון) *für JHWH* (25,2.4). Mit dieser Neuaufnahme von Ex 23,11 und mit JHWH als Eigentümer des Landes ist jetzt die Basis geschaffen, um in Lev 25,8 die neue Institution des Jobeljahres einzuführen. Die Sozialproblematik aus Dtn 15 wird erweitert. Mit dem Terminus technicus דרור, »Freilassung, Befreiung«, wird nicht nur das Thema der Schuldspirale durch Darlehen angeschnitten, sondern kommt auch der Bauer, der gezwungen ist, die letzte Konsequenz zu ziehen und sein Land und schliesslich sich selbst zu verkaufen, in den Blick. H.-G. Kippenberg[28] hat in seiner Habilitationsschrift nachgezeichnet, wie solche Verarmungsprozesse im nachexilischen Juda abliefen. Anhand vor allem von Neh 5 und Lev 25 zeigt er die tödliche Negativspirale[29]: Wer durch Missernten, Kriegsgewalt oder andere Ursachen nicht imstande ist, seine Familie zu ernähren, muss dazu übergehen, sein Land oder Haus zu verkaufen. Weil er nicht mehr über Reserven verfügt, leiht er Geld, Getreide, Nahrung. Die Kehrseiten sind Zins und Rückzahlung. Wenn dies nicht gelingt, ist er gezwungen, die Arbeitskraft der Familienmitglieder zu verkaufen. Wenn keine Kinder mehr da sind, um sie zu verpfänden, wird er selbst an einen Israeliten oder Fremden verkauft[30]. Es ist diese Praxis, auf die das Jobeljahrgesetz reagiert. Lev 25,10 fasst zusammen: »(Im Jobeljahr) soll jeder von euch wieder zu seinem Besitz kommen, und jeder soll zurückkehren zu seiner Sippe«.

Was ist hier passiert? Das Land wird kultisch überhöht (Sabbat für JHWH), *damit* die sozial Schwachen zu ihrem Recht kommen. Denn die Rückgabe von Grund, Boden und Besitz im fünfzigsten Jahr, die Konstruktion eines Jobeljahres, ist nur möglich, wenn JHWH Eigentümer des Landes bleibt, sozusagen unter der Schirmherrschaft JHWHs. Umgekehrt gilt, dass das Heiligkeitsgesetz seine Theologie des Landes bewusst auf einer Bearbeitung der ihm vorliegenden Texte des Deuteronomium und des Bundesbuches aufbaut und zugleich Abstand nimmt von den Vorstellungen der Priesterschrift über das Land. Hier, wo sich eine vorläufige Summe der Reflexion über das Land abzeichnet, wird deutlich, dass die ideologi-

---

28   *H.G. Kippenberg*, Religion und Klassenbildung im antiken Judäa. Eine religionssoziologische Studie zum Verhältnis von Tradition und gesellschaftlicher Entwicklung (STUNT 14), Göttingen ²1982, 54–77.
29   Ebd., 56.
30   Ebd., 57.

schen Legitimationen eines mit göttlicher Hilfe als ewigem Besitz eroberten Landes einer Neuinterpretation gewichen sind. Es geht nun um ein sakrales Eigentumsverhältnis, das Solidarität impliziert. JHWH ist und bleibt der Eigentümer des Landes und der darauf wohnenden Israeliten. Eigentumsverhältnisse an Land, Boden und Menschen bleiben deswegen beweglich. Nicht die »Brüdertheologie« von Dtn[31] oder Neh 5 und das dort angeführte Verwandtschaftssystem geben letztendlich den Ausschlag, sondern der Zusammenhang von *JHWHs* Land und *JHWHs* Volk.

6. Die Priester und das Land

Wie aber steht es um das Land in der dem Heiligkeitsgesetz vorangehenden priesterschriftlichen Tradition? Nachdem es lange Zeit so aussah, als ob das Thema »Land« in der Priesterschrift negiert werden konnte, hat Elliger[32] vor einem halben Jahrhundert das Land wieder auf die priesterlich-theologische Agenda gesetzt, und andere folgten ihm[33]. Damit sind zwei neuere Fragenkomplexe verbunden. Erstens: Wo endet die Priesterschrift bzw. erzählt P auch vom Hineinkommen ins Land? Zweitens: Wie verbindet sich die für P charakteristische Präsenztheologie mit dem Land? Die weitreichendste Antwort auf die erste Frage hat N. Lohfink[34] formuliert. Er meint, den Schlusspunkt der Priesterschrift (P^g) in Jos 18,1 finden zu können und sieht einen großen Bogen von der Aufforderung in Gen 1,28 (»Seid fruchtbar und mehrt euch, füllt die

---

31   *L. Perlitt,* »Ein einzig Volk von Brüdern«. Zur deuteronomischen Herkunft der biblischen Bezeichnung »Bruder«, in: *D. Lührmann / G. Strecker* (Hg.), Kirche. Festschrift für Günther Bornkamm, Tübingen 1980, 27–52 = *ders.,* Deuteronomium-Studien (FAT 8), Tübingen 1994, 50–73; *E. Noort,* Nächster (AT), TRE 23, Berlin 1994, 713–716.
32   *K. Elliger,* Sinn und Ursprung der priesterlichen Geschichtserzählung, ZThK 49 (1952), 121–143 = *ders.,* Kleine Schriften zum Alten Testament (TB 32), München 1966, 174–198.
33   Hier ist wichtig *M. Köckert,* Das Land in der priesterlichen Komposition des Pentateuch, in: *D.Vieweger / E.J. Waschke* (Hg.), Von Gott reden. Beiträge zur Theologie und Exegese des Alten Testaments. Festschrift für Siegfried Wagner, Neukirchen-Vluyn 1995, 147–162; *Chr. Frevel,* Mit Blick auf das Land die Schöpfung erinnern. Zum Ende der Priestergrundschrift (HBS 23), Freiburg/Basel/Wien 2000.
34   *N. Lohfink,* Die Priesterschrift und die Geschichte, in: *J.A. Emerton* (ed.), Congress Volume Göttingen 1977 (VT.S 29), Leiden 1978, 189–225 = *ders.,* Studien zum Pentateuch (SBAB 4), Stuttgart 1988, 213–253; *ders.,* Die Schichten des Pentateuch und der Krieg, in: *ders.* (Hg.), Gewalt und Gewaltlosigkeit im Alten Testament (QD 96), Freiburg/Basel/Wien 1983, 51–110 = *ders.,* Studien zum Pentateuch, 255–315.

Erde und *unterwerft sie* [כבש]«) zur Notiz in Jos 18,1 (»und die ganze Gemeinde [עדה] der Israeliten versammelte sich in Schilo und
dort richteten sie das Zelt der Begegnung [אהל מועד] auf, und das
Land war ihnen *unterworfen* [כבש Nif.]«) gespannt. Bei ihm endet
P mit der Erfüllung des letzten Elementes des Schöpfungsauftrags
in einer Kombination von Errichtung des Heiligtums und Unter-
werfung des Landes. Dieser Vorschlag hat sich zu Recht nicht
durchgesetzt[35], weil Jos 18,1 zwar priesterliche Elemente enthält,
es aber nicht gelingt, hier einen gesicherten P^g-Grundbestand zu
finden. Außerdem wird zwar das Heiligtum errichtet, aber die Er-
scheinung der Herrlichkeit (כבוד) JHWHs fehlt[36].
Die Diskussion um das Ende von P ist, nach der vielbeachteten Be-
streitung Perlitts[37], in Dtn 34,5ff. auch nur die Andeutung priesterlicher Elemente finden zu können, nicht verstummt. Das bunte
Spektrum an Vorschlägen neu bestimmter P-Schlüsse reicht von
Ex 29,46 bis Jos 19,51[38]. Dabei ist die alte Debatte um das Verhältnis von Geschichtserzählung und Gesetzespartien neu aufgeflammt.
Denn je weiter P^g in den Sinaibereich zurückgedrängt wird, desto
stärker ändert sich der Charakter von P insgesamt. Die hier vorge-
legte Skizze geht vom Ende von P in Dtn 34,5ff* aus.
Wichtig für unsere Fragestellung ist die Präsenz Gottes in der
Priesterschrift. B. Janowski hat die Heiligtumstheologie in einem
schöpfungstheologischen Rahmen gestellt und von dort aus die Art
der Präsenz Gottes näher beschrieben[39].
Ziel und Herz der Priesterschrift ist der Bau des Heiligtums, nicht
als Selbstzweck, sondern um Begegnung herbeizuführen und
JHWH, unter Israel wohnend, Israels Gott sein zu lassen: »Und ich
werde mitten unter den Israeliten wohnen und ihr Gott sein. Und

35   *J.C. de Vos*, Das Los Judas. Über Entstehung und Ziele der Landbeschreibung in Josua 15 (VT.S 95), Leiden/Boston 2003, 185–208.240–242.268–270; *H.
Seebass*, Versuch zu Josua XVIII 1–10, VT 56 (2006), 370–385.
36   Das könnte zufällig sein, ist aber nicht wahrscheinlich. Die übrigen priester-
lich gefärbten Texte in Jos 4,19; 5,10–12; 14,1f. haben einen fragmentarischen
Charakter und können kaum die Basis für die Annahme einer bis Josua durchlau-
fenden P^g sein.
37   *L. Perlitt*, Priesterschrift im Deuteronomium, ZAW 100 Supplement (1988),
65–87 = *ders.*, Deuteronomium-Studien (FAT 8), Tübingen 1994, 123–143.
38   Eine gute Übersicht bei *Chr. Frevel*, Blick, 70–210.
39   *B. Janowski*, Tempel und Schöpfung. Schöpfungstheologische Aspekte der
priesterschriftlichen Heiligtumskonzeption, in: JBTh 5 (1990), Neukirchen-Vluyn
1990, 37–69 = *ders.*, Gottes Gegenwart in Israel. Beiträge zur Theologie des Alten
Testaments, Neukirchen-Vluyn ²2004, 214–246; *ders.*, Die heilige Wohnung des
Höchsten. Kosmologische Implikationen der Jerusalemer Tempeltheologie, in: *O.
Keel / E. Zenger* (Hg.), Gottesstadt und Gottesgarten. Zur Geschichte und Theologie des Jerusalemer Tempels (QD 91), Freiburg/Basel/Wien 2001.

sie sollen erkennen, dass ich, JHWH, ihr Gott bin, der sie aus dem
Land Ägypten herausgeführt hat, um in ihrer Mitte zu wohnen.
Ich, JHWH, bin ihr Gott« (Ex 29,45–46)[40]. Wenn in Ex 40,34 die
Herrlichkeit (כבוד) JHWHs in der Wolke das Begegnungszelt füllt,
ist dies die Wohnstätte JHWHs auf der Wanderschaft: »...und wenn
sich die Wolke erhob, brachen die Israeliten auf, solange ihre Wanderung dauerte« (Ex 40,36). Mit dieser Funkion hat die Priesterschrift in genialer Weise wörtlich Raum geschaffen. Das Begeg-
nungszelt ist ein Ort, aber nicht fixiert. Es ist ein Raum in der
Mitte Israels, aber nicht per se an ein bestimmtes Territorium gebunden. Die Herrlichkeit JHWHs ist nicht mehr statisch mit dem
Sinai verbunden, sondern sie ermöglicht, Wanderschaft unter ihrer
Führung. Es ist diese Beweglichkeit, die es z.B Ezechiel ermöglicht,
die Herrlichkeit JHWHs *entweichen* zu sehen, wenn Stadt und
Tempel vernichtet werden (Ez 10,18–19; 11,22–23).
Dabei ist die Beweglichkeit nicht oberstes Ziel. Die Wanderschaft
Israels soll ins Land führen, und es kann nicht die Rede davon sein,
dass das Heiligtum die Stelle des Landes einnimmt, wie Köckert
vorschlägt[41]. Der Fokus ändert sich, aber das Land bleibt[42].
Wenn es hier um den Brennpunkt priesterlicher Theologie geht,
wie wirkt dieser sich auf das Thema »Land« aus? Der Mehrungs-
auftrag Gen 1,28 erfährt schon eine erste Erfüllung in der Genealogie von Gen 5. Eine Spezifizierung des Raumes findet dort aber
noch nicht statt, und Köckert hat zu Recht auf die territoriale Dif-
ferenzierung der Menschheit erst nach der Flut hingewiesen[43].
Dreh- und Angelpunkt ist der Bundesschluss mit Abraham in Gen
17. Nicht nur werden Verheißung von Nachkommen (Gen 17,4–6)
und Landgabe (17,8) zusammengebunden, beide werden vielmehr
ausdrücklich im Raum des Bundes verortet. Das heißt aber auch
umgekehrt: Nur im Rahmen des Bundes gibt es Nachkommen, nur
im Rahmen des Bundes Land. In einem klassischen Aufsatz hat W.
Zimmerli[44] auf die Folgen dieser Verbindung hingewiesen. Wenn

---

40   *Köckert*, Land, 149; *Janowski*, Tempel, 52.
41   *Köckert*, Land, 153: »Hier, im Heiligtum, kommt jene bei Abraham anhe-
bende Selbsterschließung Gottes ans Ziel. Das ›auf Begegnung zielende Verweilen‹ Gottes im Zelt hat den Platz eingenommen, den in der vor-priesterlichen
Tradition die Landgabe oder die Hineinführung ins Land inne hatten«.
42   Zu Recht hat *Frevel*, Blick, 359 hier mit Rücksicht auf Ex 6,8 widersprochen.
Das Gleiche gilt für Köckerts These, dass אחזה nicht auf Eigentum, sondern auf
Nutzungsrecht abziele. Die Lösung ist elegant, aber nicht haltbar (ebd., 360, Anm.
33).
43   *Köckert*, Land, 149.
44   W. *Zimmerli*, Sinaibund und Abrahambund. Ein Beitrag zum Verständnis
der Priesterschrift, TZ 16 (1960), 268–280 = *ders.*, Gottes Offenbarung. Gesammelte Aufsätze (TB 19), München ²1969, 205–216.

im Sinaigeschehen Bund und Gebot, Rechtsproklamation und die Möglichkeit des Zerbrechens des Bundes unlöslich mit einander verbunden sind, wählt die priesterliche Tradition einen anderen Weg. In Ex 24 ist sie nur in den V. 15b–18a vorhanden und bahnt den Weg für Ex 25–40*. Dort ist das Thema aber die Gottespräsenz und nicht das Bedingungsverhältnis von Bund und Gebot: »Durch die Umzeichnung bei P will offenbar unabgeschwächt die Aussage erreicht werden: Israel steht im Abrahamsbund«[45]. Auf dieser Linie schreibt P weiter Geschichte. An einer Schaltstelle, in Ex 6, kehrt die Landverheißung zurück, indem Väterbund, Mehrung, Fron, »Erinnerung« des Bundes, Herausführung und Hineinführung in das Land zusammengenommen werden: »Ich werde euch aus der Fron Ägyptens herausführen ... ich werde euch annehmen als mein Volk und euer Gott sein ... und ich werde euch in das Land bringen, das ich Abraham, Isaak und Jakob zu geben geschworen habe und werde es euch zu Besitz (מורשׁה)[46] geben. Ich bin JHWH«[47]. Die Verwirklichung dieser programmatischen Zusage wird nun von seiten des Volkes aufgehalten in der Kundschaftererzählung Num 13[48]. Die Gegner in der Gestalt der Kundschafter charakterisieren das Land in »übler Nachrede«: »Das Land ... ist ein Land, das seine Bewohner frisst« (13,32), während Kaleb (und Josua) dagegen hält (halten) und das Urteil über die Schöpfung (Gen 1,31) jetzt in Bezug auf das Land wiederholt (wiederholen): »... das Land ist sehr, sehr gut« (Num 14,7). Es ist die Ursünde des Nicht-Vertrauens, die hier das Volk spaltet. So kann Num 14,8 das Gegenargument liefern. Selbst wenn das Land gefährlich wäre, ist es JHWH, der mit Israel zieht und das Volk in das Land bringen wird (14,9). Es ist dann auch nicht zufällig, dass diese paradigmatische Erzählung verbunden wird mit der Namensänderung Josuas (13, 16), wobei der Name Hoschea um das theophore Element angereichert wird und so zu יהושׁע/Jehoschua »JHWH ist Rettung« wird[49]. Für die priesterliche Überlieferung ist diese Verweigerung des Volkes zwar paradigmatisch, kann aber Gottes Zusage nicht brechen. Der Bund ist ewig, die Gabe des Landes nicht an Bedingungen ge-

---

45   *Zimmerli*, Sinaibund, 276.278: »Der Sinaibund in seiner alten Gestalt ist P als Grundlage des Gottesverhältnisses fraglich geworden. So wird die ganze Begründung des Bundesstandes in den Abrahamsbund zurückverlegt, der schon nach den alten Quellen ein reiner Gnadenbund gewesen ist«.

46   In P nur hier.

47   Ex 6,6–8*.

48   *E. Noort*, De naamsverandering in Num 13:16 als facet van het Jozuabeeld, in: *F. García Martínez / C.H.J. de Geus / A.F.J. Klijn* (Hg.), Profeten en profetische geschriften. FS A.S. van der Woude, Kampen/Nijkerk 1987, 55–70.

49   Ebd., 67.

knüpft. Und wenn in Num 27,12–23* die Nachfolge Moses angesprochen und geregelt wird, ist die Verwirklichung der Landgabe
greifbar nahe[50]. Das gilt auch für die Landschau, die Moses ge-
währt wird. Im spannungsvollen Nebeneinander von »Schon-Jetzt«
und »Noch-Nicht« darf Mose das ganze Land sehen. »Der Schluß-
stein des Landgebäudes der P^g ist die Schau des gelobten Landes
und darin die Betonung, dass die volle und endgültige Realisierung
der Zusage unmittelbar bevorsteht. Die Gabe des Landes wird nicht
mehr wie im Kundschafterbericht abhängig gemacht von einem
Urteil über das Land, sondern in der Figur des Moses, dem *Vertrauten* Gottes, wird die Gabe des Landes virtuell und visuell antizipiert«[51]. Ist es vorstellbar, dass der Hauptstrom der priesterlichen
Überlieferung mit einem Blick ins Land und dem Tod des Mose
endete? Wenn Kern und Herzstück dieser Überlieferung die Gottespräsenz ist, dann ist das Land die Heilsgabe, in der sich diese
Gottespräsenz (wieder) verwirklichen lässt, der Hintergrund, vor
dem die Begegnung zwischen Gott und Israel stattfinden kann im
Heiligtum, im Land. Dann spiegeln die erfüllte Gottespräsenz am
Sinai, die mitwandernde Herrlichkeit JHWHs im Zelt der Begeg-
nung und der Ausblick aufs Land exakt die Situation wider, in der
Israel sich auf der Schwelle der Rückkehr aus dem Exil befindet.

7.   Im Bann der Deuteronomisten

Die Ansiedlung Israels auf der Landbrücke Palästinas hat sich in
der historischen Analyse vom Systemzwang befreit. Generationen
Studierender lernten die drei Modelle (Alt, Albright, Mendenhall),
die versuchten, die »Landnahme« auf archäologischem oder sozio-
logischem Wege historisch einzuordnen, ohne jedoch damit schon
den historischen Prozessen in heutiger Sicht auf die Spur zu kommen[52]. Denn gegenwärtig ist deutlich, dass es nicht möglich ist, von
der Landnahme zu reden. Vielmehr muss der Akzent auf regionale
Untersuchungen gelegt werden, die imstande sind, Siedlungspro-
zesse einzelner Gruppen zu analysieren[53]. Dabei ist mit einer größeren Kontinuität zwischen Spätbronze- und Eisenzeit zu rechnen
als früher gedacht, sind Brandschichten als Unterstützung der Jo-

---

50   Gegen *Frevel*, Blick und mit *H. Seebass*, Numeri (BK IV/3), Neukirchen-
Vluyn 2007, 218–222 halte ich einen Grundbestand von Num 27,12–23* für P^g.
51   *Frevel*, Blick bezieht diese Sätze auf Dtn 32,48–52* (bei ihm P^g). Aber auch
Dtn 34,1b enthält eine Landschau.
52   *Noort*, Josua, 6–14.
53   *E.J. van der Steen*, Tribes and Territories in Transition (OLA 130), Leuven
2004.

sua-Erzählungen unbrauchbar und haben die großen Surveys der letzten Jahrzehnte durch ihre verbesserte Technik und Fragestellung wichtige Teilergebnisse gebracht. Dass aber gerade in diesem Abschnitt, in dem es um das Buch Josua gehen soll, eine Bemerkung zur archäologischen Problematik nötig ist, zeigt, dass die Fixierung auf Erzählungen, wie sie in dieser biblischen Schrift vorkommen, noch am meisten unter einer historistischen, die Texte als direkten Reflex historischer Fakten nehmenden Deutung zu leiden haben[54].

Soweit wir literarisch hinter den Erzählungen des Josuabuches zurückschauen können, stehen Stammesgruppen und ein Heiligtum am Anfang der Überlieferung, in diesem Fall Benjamin und Gilgal. Es handelt sich um eine Reihe regional sehr begrenzte Erzählungen mit nur teilweise ätiologischem Charakter. Diese ätiologischen Bemerkungen schlagen eine Brücke von der erzählten Zeit zur Zeit der Erzählers und beanspruchen so Realität. Obwohl die Städte, die später die Symbole für Israels Landnahme werden, in der erzählten Zeit archäologisch nicht nachweisbar sind, ist die Ost-West-Achse, die in Jos 2–9 die Bühne für Josua bereitstellt, sehr wohl ein militärisch wichtiges Territorium. Aus diesen Erzählungen wächst in deuteronomistischer Perspektive die Eroberung ganz Kanaans durch das gesamte Israel unter der Führung Josuas. Streckenweise liest sich das Josuabuch als die Ausführung der im Deuteronomium angekündigten Landeroberung. N. Lohfink[55] und E. Otto[56] haben deswegen, jeder auf seine Weise, wieder versucht, eine dtr Landeroberungserzählung (DtrL) zu rekonstruieren, die die militärische Eroberung in den Mittelpunkt stellt, in der die einheimische Bevölkerung mit dem Bann (חרם) geschlagen, das Land in Besitz genommen (ירשׁ) und verteilt wird. Otto sieht im hexateuchischen Entwurf das sichere Wohnen Israels in seinem Land als Ziel der Schöpfungs- und Weltgeschichte. Dieses Land umfasst auch Nord-Israel mit Sichem als Zentrum (Jos 24) und dient als Gegenentwurf zur Nehemia-Denkschrift[57]. Die Pentateuch-Redaktion »cut off the

---

54   Das wird auch nicht viel besser, wenn die Archäologen einsteigen: *I. Finkelstein / N.A. Silberman*, The Bible Unearthed. Archaeology's New Vision of Ancient Israel and the Origin of Its Sacred Texts, New York 2001; *W.G. Dever*, Who Were the Early Israelites and Where Did They Come From?, Grand Rapids 2003.

55   *N. Lohfink*, Kerygmata des Deuteronomistischen Geschichtswerkes, in: *J. Jeremias / L. Perlitt* (Hg.), Die Botschaft und die Boten (FS H.W. Wolff), Neukirchen-Vluyn 1981, 87–100, hier 93.

56   E. Otto, The Pentateuch in Synchronical and Diachronical Perspectives, in: *Otto/Achenbach* (Hg.), Deuteronomium, 29–32 (dort weitere Literatur, sonst *E. Otto*, Pentateuch, Deuteronomium, Landnahme, Krieg usw. in RGG[4]).

57   *Otto*, The Pentateuch, 30.

Book of Joshua from Deuteronomy and reduced the Hexateuch to a
Pentateuch, because the theme of the land should no longer function as culmination and purpose of Israel's salvation history«[58].
Mit dem Mosetod als Schluss des Pentateuchs bleibt die Erfüllung
der Landgabe offen und rückt die von Mose verschriftlichte Tora in
den Mittelpunkt[59].
Exemplarisch kann aber die Theologie des Landes und dessen Erwerb im Rahmen des Josuabuches deutlich gemacht werden an der
Kernerzählung des Landnahmezyklus, der Eroberung Jerichos.
Die Erzählung hat eine Ausnahmeposition in der Hebräischen Bibel. Rahab, die Heldin aus Jos 2, kommt nur dort und in Jos 6 vor,
Josua wird mit der Verfluchung Jerichos (Jos 6,26) nur noch 1Kön
16,34 genannt. Weitere Verweise fehlen[60]. Innerhalb des Josuabuches gibt es sterotype Formulierungen: »... er tat mit der Stadt X,
wie er mit Jericho und seinem König getan hatte«[61] und eine ab-
weichende Darstellung des Jericho-Geschehens in 24,11: »... und die
Herren von Jericho« – es folgt eine Völkerliste – »kämpften gegen
euch ...« Um Kampf ging es nun gerade nicht in Jericho.
Im weiteren Kontext gibt es also eine geringe Vernetzung. Dagegen läuft im Aufbau von Jos 2ff. alles auf Jericho zu. Nicht nur die
Rahab-Erzählung, die nur mühsam in Jos 6 integriert ist, sondern
auch und vor allem die Kapitel 3 und 4 mit dem Durchzug durch
den Jordan. Am Westufer angekommen, ist Israel in seinem neuen
Land. Beschneidung (5,2–9), Passa und Aufhören des Manna (5,
10–12 sowie die Begegnung mit dem Heerführer JHWHs (5,13–15)
deuten das Neue der Situation an und bereiten zugleich das Außer-
gewöhnliche in Jos 6 vor[62]. Im Endtext wird diese Erzählung von
sieben Reden strukturiert: JHWH zu Josua (V. 2–5), Josua zu den
Priestern (V. 6), 3-mal Josua zum Volk (V. 7.10.16–19), Josua zu
den Kundschaftern (V. 22), Josua und die Verfluchung Jerichos (V.
26). Diese Reden umfassen *sieben* Handlungen, wobei die aus den
V. 2–5 zu einem Block gehören und die Anordnungen für den ersten bis siebten Tag wiedergeben[63]. Dazu kommen zwei Kommen-

---

58   Ebd., 32.
59   Wer die zahlreichen Beiträge zur neueren Hexateuch- und Pentateuchdebat-
te überschaut, stellt fest, dass noch viel Wasser den Jordan hinunter fließen muss,
ehe ein neuer Konsens möglich wird.
60   Evtl. Sach 14,10 (*E.J.C. Tigchelaar*, Prophets of Old and the Day of the End
[OTS 35], Leiden 1995).
61   Jos 8,2; 9,3; 10,1.28.30; 12,9; 24,11.
62   Für eine detaillierte Analyse vgl. *E. Noort*, De val van de grote stad Jericho:
Jozua 6. Kanttekeningen bij diachronische und synchronische benaderingen,
NThT 50 (1996), 265–279.
63   V. (2–5.)8–9.11.12–14a.14b.15–16.20–21.

tare, die nicht mehr zur direkten Ausführung gehören: V. 25.27.
Wenn nicht nur das Sechs- bzw. Sieben-Tage-Schema das Feld beherrscht, sondern auch noch *sieben* Priester auf *sieben* Hörnern blasen, erreicht die Zahl *sieben* einen Sonderstatus. Die Zahl »sieben« kommt zweimal sieben Mal in Jos 6 vor.

Auffällig ist der Aufbau der beiden Themen, die erst am Ende der Erzählung eingesetzt werden: Rahab und der Bann. In seiner Rede zum Volk beschränkt Josua sich nicht auf den einfachen Imperativ »Schreit!«, was nicht nur angekündigt wurde (V. 10), sondern auch der Situation angemessen wäre. Er widmet sich zwei Themen, die im Gotteswort V. 2–5 nicht zur Sprache gekommen waren: Die Stadt wird חרם sein und Rachab, die Hauptdarstellerin aus Jos 2, wird gerettet werden. Einmal eingeführt, kommen beide Themen immer abwechselnd zur Sprache: der Bann in den V. 16.17a; Rahab in V. 17b; der Bann in V. 18(.19). Die nächste Rede beschäftigt sich mit Rahab (V. 22). In den beiden Reden, sieht man sie zusammen, wechseln sich die beiden Themen ab (Bann – Rachab – Bann – Rachab). In den Ausführungsnotizen sieht es nicht anders aus: zuerst Rahab (V. 23), dann der Bann (V. 24) und schließlich der Kommentar zu Rahab mit der ätiologischen Formel (V. 25), also die Themenfolge Rahab – Bann – Rahab.

Die Erzählung hat eine Fächerstruktur, die sich am roten Faden von Ankündigung oder Befehl und Ausführung entlang entfaltet. Es werden jeweils Elemente hinzugefügt, die vorher nicht da waren. Wenn etwa Josua in V. 7 zum Volk spricht, ist plötzlich die Rede von bewaffneten Kriegern, die vor der Lade hergehen werden. Dieser Platz war aber sowohl im Gotteswort (V. 4a) als auch in Josuas Rede zu den Priestern (V. 6b) den Priestern mit den Widderhörnern vorbehalten). Die Ausführung in V. 8 belässt die Priester auch dort, fügt aber hinzu, dass die Lade direkt hinter ihnen kommt und platziert die bewaffneten Krieger vor die Priester. Sodann werden weitere Plätze nicht nur vor der Lade besetzt, sondern auch dahinter. Zum ersten Mal taucht in V. 9b eine Nachhut auf, in Konkurrenz zu den Priestern. Diese Erweiterung wird für den zweiten Tag wiederholt und bestätigt (V. 12–14).

In der nächsten großen Rede Josuas wird der Bann thematisiert. Nach V. 17a ist die Stadt und alles, was sie enthält, חרם. V. 18 erweitert die Mitteilung um eine Warnung, dass das Lager Israels nicht zu חרם werden soll. V. 21 beschreibt den Bann in der umfassendsten Form, die so nur noch in 1Sam 15 zu finden ist. Der Abschluss dieser umfassenden Vernichtung ist das Feuer, in dem Jericho untergeht (V. 24).

Eine solche Erweiterung gilt auch Rahab. V. 17 geht es um Rahab und ihr Haus, V. 22 um alle, die zu ihr gehören. V. 23 spricht dann von Vater, Mutter, Brüdern, allen, die zu ihr gehören, und ihrer ganzen Sippe. Und diese ansteigende Linie wird gekrönt von der ätiologischen Formel: »... und sie blieb in Israel wohnen bis auf den heutigen Tag« (V. 25).

Wenn aber der Endtext ein solches Bild offensichtlich sorgfältiger Komposition vermittelt, gibt es dann eine zwingende Notwendigkeit, den Text auch diachron zu lesen?

Zum Zentrum der Erzählung, dem In-sich-Zusammenfallen der Mauer (V. 20), führen zwei Stränge, die in V. 20 nebeneinanderstehen, einander aber de facto ausschliessen. Die V. 10.16.20 gehen davon aus, dass Josua den Befehl zum Schreien gibt nach einer Phase absoluter Stille. Dagegen ist V. 20b der Meinung, dass das große Kriegsgeschrei nach dem Blasen der Hörner stattfindet, vorbereitet von V. 5aβ. Der Weg zum Ziel, dem Fall der Mauer, wird unterschiedlich beschrieben. Innerhalb des Gotteswortes wird mit V. 4aα die Anordnung für die 6 Tage (V. 3) und den siebten Tag (V. 4b) unterbrochen durch die Information über die sieben Priester. Sie sind eingefügt worden, denn V. 4aβ greift zurück auf V. 3b. So auch in V. 6. In den V 7.8 drängeln sich die unterschiedlichen Gruppen der Priester, der Krieger und der Nachhut um einen Platz bei der Lade. Ab V. 16 wird der Erzählfaden gleichfalls unterbrochen. Nach dem Befehl Josuas: »Schreit!« wird die Ausführung erst in V. 20 erzählt. Wir haben es also sicherlich mit einer gewachsenen Erzählung zu tun. Im Laufe der Zeit ist die Überlieferung über den Fall Jericho bunter geworden. In einer Grunderzählung fiel die Stadt dadurch, dass man sechs Tage lang um sie herumging und am siebten Tag ein Kriegsgeschrei nach dem Blasen der Hörner anhob, wodurch die Mauern in sich zusammenfielen. Diese Grunderzählung wurde deuteronomistisch bearbeitet. Josua spielt darin die Hauptrolle; er befiehlt den Priestern, die Lade zu tragen; das Volk soll auf seinen Befehl hin schreien (V. 6.7.10). Die Bannvorstellung und die Ausführung des Bannbefehls gehen auf sein Konto. Die V. 17 und 25 sowie V. 26 gehören zu einer späteren Bearbeitung wie auch das Motiv der sieben Priester.

Welche Tendenzen verraten diese Stadien? Von Anfang an war die Erzählung über Jericho eine Wundergeschichte. Eine »gereinigte« ältere Version, die es auf eine profane Eroberung ankommen lässt, steht nicht zur Verfügung. Wohl wird die Erzählung auf zwei Weisen geändert. Einerseits bekommt sie eine Zentralfunktion in der Struktur von Jos 1–12. Hier, am Anfang des Eroberungszyklus, wird eine Erzählung präsentiert, in der die Gabe des Landes auf keinerlei Weise zusammenhängt mit militärischer Macht oder Strategie. Nichts ist hier abhängig vom Wollen, von der Kraft oder der Macht Israels. Diese Tendenz hat Jos 24,12 zu Recht gedeutet mit der Aussage: »Das geschah nicht durch dein Schwert und nicht durch deinen Bogen«. Das Land ist eine Gabe, aber auch in der erzählerischen Struktur Josuas ist es eine kritische Größe und nicht statischer Besitz. Denn Jos 5 macht klar, dass hier nicht ein normales Volk in ein normales Land einzieht. In Verbindung mit den Schilderungen im Buch Deuteronomium zieht ein Volk durch den Jordan »mit der geschriebenen Tora unter dem Arm«. Beschneidung und Passa machen dieses Land zur räumlichen Dimension der Tora. Auf dieser Linie werden Land und Tora verbunden bleiben und sich selbst gegenseitig bedingen.

So wird selbst in den vereinfachenden Linien dieser Skizze deutlich, dass Gabe, Besitz und Verlust des Landes nie Selbstzweck waren. Immer ging es dabei auch um (soziale) Verantwortung, um Ethik und ein Leben mit den Geboten, um die Präsenz Gottes oder um die eigene Identität. Denn auch der Platz im eigenen Land, der den Deuteronomisten so wichtig war, stand in einem größeren Kontext. Ihnen ging es um die Gabe des Landes – im Buch Josua noch fast ungetrübt –, die als Gegenstück zu dem Verlust des Landes als von diesem Gott geschenktes Land aufkeimende Hoffnung für die Zukunft bot.

* * *

Ed Noort, geb. 1944, Dr. theol., ist Professor für Alt-Hebräische Literatur und Religionsgeschichte Alt-Israels an der Rijksuniversiteit Groningen.

Abstract

The article first addresses the meaning of the theme ›land‹ in the Hebrew Bible by evaluating this theme in three main areas; prophetic traditions, hymnic traditions and ›historical‹ narratives. Then it sketches the contours of a critical ›theology of the land‹ by questioning recognizable and identifiable accents within the Holiness Code, Priestly Theology and in the book of Joshua as an example of Deuteronomistic Theology. The article finds that each corpus conceives the theme of ›land‹ so differentially that from a biblical point of view one cannot convey a reception only based on an ideology of possession. The concept of YHWH's everlasting ownership of the land enables a critical theology focussing on the ethical conditions for living in the land.

Kathrin Liess

»Die auf JHWH hoffen, werden das Land besitzen« (Psalm 37,9)

Zur Landthematik in den Psalmen

Land, Gott und Volk Israel gehören im Alten Testament eng zusammen. Mit der Verheißung an Abraham in Gen 12,1: »Geh aus deinem Land und aus deiner Verwandtschaft und aus dem Haus deines Vaters in das Land, das ich dir zeigen werde!« beginnt die wechselvolle (Land-)Geschichte Israels, die von Landverheißung, Landgabe und Landverlust geprägt ist. Von den Landverheißungen in den Erzelternerzählungen[1], über deren Erfüllung in der Landnahme und der Landverteilung in der dtn-dtr Tradition[2] bis hin zur Verarbeitung des Landverlustes in der Exilszeit[3] und der Verheißung einer erneuten Rückführung in das Land in der prophetischen Überlieferung[4] durchzieht die Landthematik den alttestamentlichen Kanon. Auch die Psalmen greifen die Landthematik auf vielfältige Weise auf; Themen wie Landverheißung, Landgabe und Landverlust prägen nicht nur die Geschichtsrückblicke in den Geschichtspsalmen oder Klageliedern des Volkes, sondern werden auch in anderen Psalmen(gattungen) auf je unterschiedliche Weise rezipiert und aktualisiert. Diese Rezeption und Aktualisierung der Landthematik soll im Folgenden in drei Teilen an ausgewählten Psalmen untersucht werden: I. Erinnerung an die Landgabe (Klagelieder des Volkes Ps 44; 80; Geschichtspsalmen 78; 105), II. Verheißung des Landes (Ps 37 u.a.) und III. Metaphorisierung des Landes (Ps 16; 73; 142). Dabei stellt sich insbesondere die Frage nach dem jeweiligen Kontext, der Bedeutung und der Funktion der Landaussagen in den Psalmen.

I. Erinnerung an die Landgabe

Die Psalmen blicken in ihren Geschichtsdarstellungen auf die Landnahme/-gabe als ein heilsgeschichtliches Ereignis der Vergangen-

---

1 Vgl. Gen 12,1.7; 13,17; 15,7.18; 17,8; 26,3; 28,13.
2 Zur Landverteilung s. Jos 13–19.
3 Vgl. z.B. Jer 5,19; 16,13; Ez 11,16; 12,15; 20,23 u.ö.
4 Vgl. z.B. Jer 3,18; 21,6; 30,3; Ez 20,41; 34,13 u.o.

heit zurück[5]; jedoch nicht aus rein historischem Interesse, vielmehr aktualisieren und vergegenwärtigen sie im Gebet diese vergangenen Geschehnisse für die jeweilige Gegenwart. Welche Bedeutung hat diese Erinnerung an die einstige Landgabe für die gegenwärtige Situation der Psalmenbeter/innen?

1. Klagelieder des Volkes

Die Klagelieder des Volkes setzen sich mit der gegenwärtigen Lebenssituation des Volkes Israels auseinander und thematisieren dabei die vergangene Heilsgeschichte. Innerhalb dieser Geschichtsrückblicke ist die Erinnerung an die Landgabe/-nahme neben Exodus, Schilfmeer und Wüste ein zentrales Element. Dabei greifen die Psalmen unterschiedliche Traditionen der alttestamentlichen Landtheologie auf, wie im folgenden exemplarisch an den Klageliedern des Volkes Ps 44 und 80 gezeigt wird.

In *Ps 80* wird die Landthematik mit dem Motiv des Weinstocks formuliert, das die Geschichte des Volkes Israel vom Exodus (9a) über die Landgabe (9b) bis zur Ausbreitung des davidischen Großreiches (10–12) schildert[6]:

9   Einen Weinstock hast du aus Ägypten ausgerissen.
    Du hast Völker vertrieben und ihn eingepflanzt.
10 Du hast (einen Weg) bereitet vor ihm,
    und er hat seine Wurzeln geschlagen und das Land erfüllt.
11 Bedeckt wurden Berge von seinem Schatten
    und von seinen Zweigen die Zedern Gottes.
12 Er streckte aus seine Triebe bis ans Meer,
    bis zum Strom seine Schösslinge.

Ps 80 nimmt die Tradition von Israel als »Pflanzung« Gottes auf (נטע) und bezieht sie auf die Landgabe (vgl. Ex 15,17[7]; 2Sam 7,10;

---

5   Zu den Geschichtsdarstellungen in den Psalmen s. *D. Mathias*, Die Geschichtstheologie der Geschichtssummarien in den Psalmen (BEATAJ 35), Frankfurt a.M. 1993; *Th. Hieke*, Der Exodus in Psalm 80. Geschichtstopik in den Psalmen, in: *M. Vervenne* (ed.), Studies in the Book of Exodus. Redaction – Reception – Interpretation (BEThL 126), Leuven 1996, 551–558.
6   Zur Geschichtstopik in Ps 80 s. *Hieke*, Exodus (s.o. Anm. 5); zur Gliederung s. *M. Emmendörffer*, Der ferne Gott. Eine Untersuchung der alttestamentlichen Volksklagelieder vor dem Hintergrund der mesopotamischen Literatur (FAT 21), Tübingen 1998, 125. Zur umstrittenen Datierung s. *F.-L. Hossfeld / E. Zenger*, Psalmen 51–100 (HThKAT), Freiburg u.a. 2000, 457f (vorexilischer Primärpsalm als Reflex auf den Untergang des Nordreiches); *Th. Hieke*, Psalm 80 – Praxis eines Methodenprogramms. Eine literaturwissenschaftliche Untersuchung mit einem gattungskritischen Beitrag zum Klagelied des Volkes (ATSAT 55), St. Ottilien 1997, 413ff (nach 722); *Emmendörffer*, Gott, 124 mit Anm. 244 (Exilszeit).
7   Zu Ex 15,17 s. unten S. 53.

Jer 32,41; Jes 60,21; Ps 44,4), indem V. 9–12 das Bild eines pracht-
vollen, fest verwurzelten Weinstocks mit schattenspendenden
Zweigen und weit ausgestreckten Trieben und Sprossen (V. 12: שלח
pi.; vgl. Jer 17,6; Ez 17,6) entwerfen, das die überdimensionalen
Ausmaße des Landes in vertikaler (V. 11: vom Mittelmeer bis an
den Euphrat; vgl. Dtn 11,24; Jos 1,4) und horizontaler Hinsicht (V.
12: höher als die höchsten Bäume, die Zedern) beschreibt[8]. Diese
metaphorische Rede von Israel als »Pflanzung« Gottes bringt in
besonderer Weise die Fürsorge Gottes für sein Volk zum Ausdruck
(vgl. Jes 5,2), die sich in der einstigen Landgabe gezeigt hat. Davon
hebt sich die gegenwärtige Situation des Volkes kontrastiv ab, wie
die Weiterführung des Pflanzenbildes zeigt:

13 Warum hast du seine Mauern eingerissen,
    dass alle ihn abpflücken, die des Weges vorübergehen,
14 dass ihn abfrisst das Wildschwein aus dem Wald
    und das Getier des Feldes ihn abweidet?

In dieser Situation der Fremdherrschaft und der Verwüstung des
Landes dient die Erinnerung an die vergangene Landgabe und die
Fürsorge Gottes für seinen »Weinstock Israel« der Stärkung und der
Ermutigung der gegenwärtigen Psalmenbeter zu neuer Hoffnung,
so dass diese – ausgehend vom Rückblick auf die einstige Landgabe –
abschließend um erneute Zuwendung Gottes bitten können[9]:

15 Gott der Heerscharen, kehre doch zurück,
    blicke vom Himmel und sieh,
    und nimm dich dieses Weinstocks an
16 und festige, *was deine Rechte gepflanzt hat* (נטע),
    den Sohn, den du hast stark werden lassen für dich.

Mit dem Pflanzenbild rekurriert V. 16 auf V. 9 (נטע). Indem es ausdrücklich heißt, Gottes »Rechte«, d.h. die Hand Gottes, die in besonderer Weise Ausdruck des Schutzes und der Zuwendung ist
(vgl. V. 18), habe Israel gepflanzt, betont der Vers, dass Gott *selbst*
dem Volk das Land gegeben hat, und appelliert damit an seine erneute Fürsorge. Neben der kontrastiven (einstige Landgabe – jetziger Verlust) und der ermutigenden Funktion (Stärkung des Beters)
hat der Rekurs auf die Landgabe hier auch eine appellative, die Bitte verstärkende Funktion.

---

8 S. dazu *M. Metzger*, Zeder, Weinstock und Weltenbaum, in: Ernten, was man
sät (FS K. Koch), hg. von *D.R. Daniels / U. Gleßmer / M. Rösel*, Neukirchen-
Vluyn 1991, 197–229, hier 219, der darauf hinweist, dass dem Weinstock hier
Wesensmerkmale eines Baumes zugeschrieben werden.
9 Vgl. *Hossfeld/Zenger*, Psalmen 51–100 (s.o. Anm. 6), 463.

Diese Aspekte prägen auch die Landthematik in dem Klagelied des Volkes *Ps 44*[10], das innerhalb des heilsgeschichtlichen Rückblicks V. 2–9[11] an die Landgabe erinnert und dabei mit der Vorstellung vom »Pflanzen« und »Ausbreiten« wie Ps 80 auf die Pflanzenmotivik anspielt (נטע // שלח pi.; vgl. Ps 80,9.12)[12]:

2 Gott, mit unseren Ohren haben wir gehört, unsere Väter haben uns erzählt
  ein Werk, das du getan hast in ihren Tagen, in den Tagen der Vorzeit
3 – du, deine Hand: Völker hast du vertrieben (ירש hif.), sie aber eingepflanzt (נטע),
  Schaden hast du Nationen zugefügt, sie aber hast du ausgebreitet (שלח pi.).
4 Denn nicht mit ihrem Schwert haben sie das Land in Besitz genommen (ירש),
  und ihr Arm hat ihnen nicht geholfen,
  sondern deine Rechte und dein Arm und das Licht deines Angesichts,
  denn du hattest Wohlgefallen an ihnen.

Der einleitende V. 2 qualifiziert die Landgabe als eine Heilstat »in den Tagen der Vorzeit/Urzeit« (קֶדֶם)[13], die im Erzählen und Hören für die aktuelle Generation vergegenwärtigt wird (vgl. Ps 78,3f; Dtn 6,20–25). Diese uranfängliche Heilstat der Landgabe beschreiben V. 3–4 mit dtn-dtr geprägter Sprache und Motivik: V. 3 greift mit der Korrespondenz von ירש hif. und q. die Vorstellung der Vertreibung/Vernichtung der früheren Bevölkerung durch JHWH auf (ירש hif. »jemanden vernichten, so dass sein Besitz übernommen werden kann«[14]), erst danach kann Israel das Land in Besitz

---

10 Die Datierung und der historische Hintergrund sind umstritten: *Emmendörffer*, Gott (s.o. Anm. 6), 105 datiert den Psalm in die Exilszeit; *F.-L. Hossfeld / E. Zenger*, Die Psalmen. Psalm 1–50 (NEB 29) Würzburg 1993, 272 unterscheiden zwischen V. 2–9 als vorexilischem Bittpsalm und V. 10–27 als Fortschreibung (exilischer Volksklagepsalm); vgl. *W. Beyerlin*, Innerbiblische Aktualisierungsversuche: Schichten im 44. Psalm, ZThK 73 (1976) 446–460, hier 453ff. *B. Weber*, Werkbuch Psalmen I. Die Psalmen 1 bis 72, Stuttgart/Berlin/Köln 2001, 205 geht von einem einheitlichen Psalm aus vorexilischer Zeit aus, der möglicherweise im Zusammenhang assyrischer Landbesetzungen entstanden sei.
11 Zur Textgliederung s. *Hossfeld/Zenger*, Psalmen 1–50 (s.o. Anm. 10), 217; *Emmendörffer*, Gott (s.o. Anm. 6), 106.
12 Zu שלח im Kontext der Pflanzenmotivik s. Ps 80,12; Jer 17,8; Ez 17,6.
13 Zur Bedeutung von קדם s. *K. Koch*, Qädäm – Heilsgeschichte als mythische Urzeit im Alten (und Neuen) Testament, in: *ders.*, Spuren des hebräischen Denkens. Beiträge zur alttestamentlichen Theologie. Gesammelte Aufsätze, Bd. 1, hg. von *B. Janowski / M. Krause*, Neukirchen-Vluyn 1991, 248–280, hier 254ff.
14 *N. Lohfink*, Art. יָרַשׁ, ThWAT 3 (1982) 953–985, hier 961; vgl. Dtn 4,38; 9, 3ff; 11,23; 18,12 u.ö.

nehmen (אֶרֶץ שׁ יֵרֵשׁ)[15]. Das Verb יֵרֵשׁ q., »in Besitz nehmen«, ein »theologische[r] Schlüsselbegriff« in dem »dtr Darstellungsgefüge« von Dtn 1 – Jos 22[16], erinnert an die kriegerische Landnahme durch Eroberungen, doch betont Ps 44, dass das Volk das Land nicht aus eigener Kraft erlangt hat, sondern es allein JHWH verdankt[17]. Gottes Stärke und Macht (»Rechte« // »Arm«), aber auch seine gnädige Zuwendung (»Licht des Angesichts«)[18] haben Israel geholfen. Mit den anthropomorphen Ausdrücken »seine Rechte«, sein »Arm« und sein »Angesicht«, die u.a. auf die Auszugstradition[19], aber auch auf die Jerusalemer Tempeltheologie (»Licht des göttlichen Angesichts«[20]) anspielen, unterstreicht Ps 44 die göttliche Initiative, so dass sich das dem Psalm zugrunde liegende Konzept eher als Land*gabe* denn als Land*nahme* bezeichnen lässt. Auch in der Begründung für die Heilsgabe des Landes, »denn du hattest Wohlgefallen an ihnen (רצה)«, klingt, wenn auch anders formuliert, eine dtn Vorstellung an: die Landgabe aufgrund der Erwählung Israels (Dtn 4,37f; 7,8ff)[21]. Im Unterschied zu Ps 80 ist die Landthematik in Ps 44 also stärker am Konzept der dtn-dtr Landtheologie orientiert.

Fragt man nach der Bedeutung der Landthematik im Kontext von Ps 44, so hat sie eine zweifache Funktion: Die Erinnerung an die Landgabe soll Vertrauen wecken und an Gottes erneute Hilfe appellieren. Im näheren Kontext V. 2–9 mündet die heilsgeschichtliche Erinnerung an die Landgabe an die Väter (»*sie* haben erzählt«) in das persönliche Bekenntnis des gegenwärtigen Beters: »Du bist *mein* König, Gott« (V. 5a), das den Ausgangspunkt für das Vertrauen auf JHWHs erneute Hilfe in der aktuellen Situation der Fremdherrschaft bildet (V. 6–8) und abschließend zum Lobpreis

---

15   Zur Korrespondenz von יֵרֵשׁ q. und hif. vgl. Dtn 9,3–5; 11,23; 18,12.14; Jos 23,5; Ri 11,23f.

16   *Lohfink*, Art. יָרַשׁ (s.o. Anm. 14), 970; vgl. Dtn 1,8; 2,21; 4,1.5.22; 6,18; 8,1; 11,8; Jos 1,15; 23,5. Zum kontrastiven Motivzusammenhang »Vertreibung« der Völker – »Einpflanzen« Israels s. bes. Ps 80,9.

17   Nach *K. Seybold*, Die Psalmen (HAT I/15), Tübingen 1996, 181 könnte V. 4 die Absicht verfolgen, alle »naheliegenden Gedanken an gewaltsame Eroberungen mit dem Schwert zurückzudrängen«.

18   Nach *Emmendörffer*, Gott (s.o. Anm. 6), 110 Anm. 201 sei »Angesicht« hier im strafenden und vernichtenden Sinne gebraucht. Dem widerspricht jedoch die tempeltheologisch geprägte Verbindung mit der Lichtmotivik als Symbol des Lebens und der Zuwendung Gottes; vgl. Ps 4,7; 80,4.8.20 u.ö.

19   Die Herausführung wird im Dtn häufig mit JHWHs »Arm« (und »Hand«) verbunden; vgl. Dtn 4,34; 5,15; 7,19; 9,29; 11,2; 26,8; s. dazu *F.J. Helfmeyer*, Art. זְרוֹעַ, ThWAT 2 (1977) 650–660, hier 653.

20   Vgl. Ps 4,7; 80,4.8.20 u.ö.

21   Vgl. *Emmendörffer*, Gott (s.o. Anm. 6), 110f.

der gegenwärtigen Gemeinde führt (»*wir* rühmen« // »preisen«; V. 9)[22]. Dabei wird aus dem vorangehenden Rückblick auf die Landgabe (V. 2–4) der Aspekt der Feindvertreibung durch Gottes Hilfe (V. 3) für die Gegenwart neu akzentuiert (V. 6–8): Mit Gottes Hilfe sollen die feindlichen Völker im Land erneut besiegt werden. Die Gegenüberstellung von einstiger Landgabe und jetziger Situation wird durch V. 10–27 weiter verschärft: Dem einstigen Landbesitz steht die gegenwärtige Vertreibung aus dem Land gegenüber (V. 12f); Israel lebt »in der Finsternis« und am »Ort der Schakale«, d.h. im »Nicht-Land« der Wüste (V. 20), und erlebt den Landverlust als Todeserfahrung (vgl. V. 26: »hinabgebeugt zum Staub ist unser Leben«)[23]. Gegenüber Ps 80 wird dieser Kontrast von Einst und Jetzt durch die Verortung der Landgabe in der heilvollen »Urzeit« (קֶדֶם) intensiviert: »... zwischen dem glücklichen קֶדֶם und der Jetztzeit des Psalmisten [klafft] ein Graben. Was nunmehr auf Dauer bevorsteht (נֶצַח), ist durch Not und Unheil geprägt und nicht mehr durch urzeitliches Heil«[24]. Die Funktion der heilsgeschichtlichen Erinnerung an die Landgabe besteht in dieser Situation im Appell[25] an Gottes rettendes Eingreifen (V. 24–27), der sich über den Begriff עֶזְרָה »Hilfe« (V. 27a) auf das synonyme Leitwort ישע zurückbezieht, das die vergangene Heilstat (V. 4)[26] und die aktuelle Bitte um »Rettungstaten« Gottes für Jakob (V. 5b) auch sprachlich verbindet. Damit verschränken sich in dem Psalm drei Zeitebenen: die Erinnerung an die vergangene Landgabe in der Heilszeit (קֶדֶם; V. 2), die Beschreibung der gegenwärtigen Notlage (כָּל־הַיּוֹם; V. 16.23) und die Bitte für die Zukunft, dass diese Situation nicht »für immer« (נֶצַח; V. 24) andauern, sondern Gott wie einst retten möge. Die Bitte um Gottes Rettung steht am Psalmenschluss; daraus erklärt sich, warum am Psalmenbeginn beim Rückblick auf die Landgabe der Fokus auf Gottes Rettung durch seine Stärke (»Rechte« // »Arm«) und seine lebenspendende Zuwendung (»Angesicht«) gelegt wird: Nicht aus eigener Kraft kann Israel sich helfen, sondern es kann nur auf JHWHs Hilfe vertrauen.

---

22 V. 2–9 zeichnen sich durch eine Rahmenstruktur aus, indem die Erzählung der Väter in den Lobpreis der gegenwärtigen Generation mündet; zur Struktur in V. 2–9 s. *Beyerlin*, Aktualisierungsversuche (s.o. Anm. 10), 449f.
23 Diese Aussagen beziehen sich auf die Erfahrung des Exils; vgl. *Hossfeld/Zenger*, Psalmen 1–50 (s.o. Anm. 10), 272; der historische Hintergrund ist jedoch umstritten, s. oben S. 50, Anm. 10.
24 *Koch*, Qädäm (s.o. Anm. 13), 258.
25 Vgl. ebd., 255.
26 Im antithetischen Parallelismus membrorum bezieht sich das Verb in V. 4a auch auf die Aussage in V. 4b.

2.   Geschichtspsalmen

Wie in den Klageliedern des Volkes ist auch in den Geschichtspsalmen die einstige Landgabe ein wichtiges Element der Erinnerung.
Eine besonders breite Darstellung der Geschichte Israels vom Aufenthalt in Ägypten über den Untergang des Nordreichs bis zur
bleibenden Erwählung des Südreichs bietet *Ps 78*[27]. Innerhalb dieses Geschichtsbogens folgt im Anschluss an die Schilderung der
ägyptischen Plagen (V. 40–51) die klassische Zusammenstellung
von Exodus, Schilfmeerereignis und Wüstenführung (V. 52–53),
die in die Landgabe mündet (V. 54f)[28]:

54   Er brachte sie hinein (בוא hif.) zu seinem heiligen Gebiet,
     zum Berg, den seine Rechte erworben hat.
55   Er vertrieb vor ihnen Völker und verteilte sie mit der Messschnur
     als Erbbesitz (בְּחֶבֶל נַחֲלָה),
     und er ließ wohnen in ihren Zelten die Stämme Israels.

V. 54f verbinden traditionsgeschichtlich verschiedene Konzeptionen der Landtheologie:

a)   V. 54 knüpft mit der Hineinführung ins Land (בוא hif.) zum
Gottesberg, den JHWH erworben hat, an das Moselied Ex 15,1–18
an, das den Weg von Ägypten zum Zion beschreibt[29]:

Du brachtest sie hinein (בוא hif.) und pflanztest sie ein auf dem Berg dei-
     nes Erbbesitzes,
der Stätte deines Thrones, die du, JHWH, gemacht hast,
das Heiligtum, Herr, das deine Hände gegründet haben. (Ex 15,17)

---

27   Vom Inhalt her ist Ps 78 ein Geschichtspsalm; s. *Hossfeld/Zenger*, Psalmen 51–100 (s.o. Anm. 6), 420. Berücksichtigt man die Einleitung V. 1–8, so lässt
sich auch von »Lehrgedicht« (ebd., 420) oder »Geschichts-Weisung« sprechen; s.
B. Weber, Psalm 78. Geschichte mit Geschichte deuten, ThZ 56 (2000) 193–214,
hier 194.
28   S. dazu *Mathias*, Geschichtstheologie (s.o. Anm. 5), 89ff; zur Gliederung s.
Hossfeld/Zenger, Psalmen 51–100 (s.o. Anm. 6), 425f.
29   Vgl. *Mathias*, Geschichtstheologie (s.o. Anm. 5), 94; *Hossfeld/Zenger*, Psalmen 51–100 (s.o. Anm. 6), 437f; *H. Spieckermann*, Heilsgegenwart. Eine Theologie der Psalmen (FRLANT 148), Göttingen 1989, 144. In Ps 78 ist umstritten, welcher Berg gemeint ist: Silo, das »alte ephraimitische Stammesheiligtum auf dem
Gebirge« (*Seybold*, Psalmen [s.o. Anm. 17], 311f), das efraimitische Gebirge (*E.
Lipiński*, Art. נחל, ThWAT 5 [1986] 342–360, hier 359), der Zion (*Spieckermann*,
Heilsgegenwart, 144; *Mathias*, Geschichtstheologie [s.o. Anm. 5], 94; *H.-J. Kraus*,
Psalmen 2: Psalm 60–150 [BK XV/2], Neukirchen-Vluyn ⁶1989, 710) oder auch
der Sinai (nach *Weber*, Psalm 78 [s.o. Anm. 27], 196, Anm. 12 schillert die Aussage doppelsinnig zwischen Sinai und Zion). Die Parallelität zu Ex 15 spricht m.E.
dafür, dass der Zion gemeint ist, auch wenn dieser nicht explizit benannt wird.

Dieser traditionsgeschichtliche Hintergrund erfährt jedoch angesichts des zerstörten Tempels »exilisch-deuteronomistisch bedingte Umakzentuierungen«[30], indem Ps 78 die Formulierungen von Ex 15,17 variiert und das Heiligtum nicht explizit erwähnt: Nicht die »Stätte deines Thronens« (מָכוֹן לְשִׁבְתְּךָ), das Heiligtum (מִקְדָּשׁ) auf dem Zion (vgl. 15,13 אֶל־נְוֵה קָדְשֶׁךָ), sondern »sein heiliges Gebiet« (גְּבוּל קָדְשׁוֹ), der »Berg« (הַר) werden als Ziel der Landnahme genannt:

»Nicht mehr das Jerusalemer Heiligtum kann wie in Ex 15,17 Ziel der Landnahme sein, denn gerade die Zerstörung des Tempels ist das theologisch zu bewältigende Problem. Vielmehr wird jetzt gut deuteronomistisch allein dem Land und (als pars pro toto) dem Tempelberg die theologische Würde zuteil, die sich vorher Volk, Land, Tempelberg und Tempel teilen mußten (vgl. Ex 15,13.17).«[31]

b)   V. 55 nimmt die dtn-dtr Vorstellung einer Vertreibung der Urbevölkerung des Landes auf (גרשׁ pi.)[32] und verbindet diese mit der Tradition der Landverteilung durch das Auswerfen der Messschnüre (חֶבֶל + נפל hif.), die in Jos 13ff geschildert wird und auch ikonographisch belegt ist. So zeigt beispielsweise eine ägyptische Grabmalerei die Feldereinteilung und -vermessung durch das Auswerfen der »Stricke« (*nwḥ*)

Ägyptische Grabmalerei; späte 18. Dyn.[33]

---

30   *Spieckermann*, Heilsgegenwart (s.o. Anm. 29), 145. Diese Perspektive ergibt sich – auf der synchronen Ebene – auch aus der Klage über die Zerstörung des Tempels in den Nachbarpsalmen 74,3–7; 79,1.
31   Ebd., 145.
32   S. dazu *Hossfeld/Zenger*, Psalmen 51–100 (s.o. Anm. 6), 438; vgl. Ex 23,28–31; 33,2; 34,11; Jos 24,18 u.ö.

Ps 78,55 modifiziert diese Vorstellung sprachlich, indem die Völker selbst mit der Messschnur verteilt (vgl. Jos 23,4) und Israel als Erbbesitz (נַחֲלָה) gegeben werden[34]; gemeint ist jedoch, dass Israel deren Land erhält.

Die Rezeption und Neuakzentuierung der Landthematik von Ex 15 mit dtn-dtr Sprache und Theologie erklärt sich aus der zeitgeschichtlichen Situierung des Psalms, in der die Erinnerung an die Landnahme als Weg zum (Tempel-)Berg der Bewältigung aktueller Erfahrungen dient[35]. Die Funktion des Rekurses auf die Landnahme ergibt sich in Ps 78 vor allem aus der Einleitungsstrophe V. 1–8[36] mit der weisheitlichen Lehreröffnung, die unter dem »Einfluß der sogenannten Erinnerungskultur deuteronomisch-deuteronomistischer Kreise«[37] steht: Sie fordert die gegenwärtige Generation zum Hören und Erzählen der »Ruhmestaten« und »Wunder« Gottes auf und verbindet damit die Mahnung, diese Taten nicht zu vergessen (V. 7), sondern sie durch Erinnern (vgl. V. 35 זכר) zu vergegenwärtigen und an die zukünftige Generation weiterzugeben. Der Rückblick auf die Geschichtstaten JHWHs, zu denen auch die Landgabe zählt (V. 54f), ruft in der gegenwärtigen Lage das Volk auf, auf Gott zu vertrauen und ihn nicht zu vergessen, denn das hieße, die gleichen Fehler zu begehen wie die Generation der »Väter« (V. 8ff).

Erinnerung spielt auch in dem *Geschichtspsalm 105* eine wichtige Rolle, hier jedoch nicht in erster Linie als Erinnerung des Volkes, sondern als Gedenken Gottes. Die Verse zur Landthematik (V. 8–11.42–45) bilden eine Inklusion, die durch das Thema »Gedenken Gottes« zusammengehalten wird (זכר V. 8.42)[38]. Durch diese

---

33 Die Abb. stammt aus *O. Keel*, Die Welt der altorientalischen Bildsymbolik und das Alte Testament. Am Beispiel der Psalmen, Göttingen [5]1996, 207 Abb. 311. Vgl. Jos 17,5; Am 7,17; Mi 2,5; s. *H.-J. Fabry*, Art. חבל, ThWAT 2 (1977) 699–705, hier 704f.

34 Vgl. *Mathias*, Geschichtstheologie (s.o. Anm. 5), 104; zu den Völkern als Israels s. Jos 23,4; Ps 2,8. נַחֲלָה

35 Zur Datierung s. *Mathias*, Geschichtstheologie (s.o. Anm. 5), 69f (»exilische, wahrscheinlich eher nachexilische Zeit als Entstehungszeit des Psalms und seiner Bearbeitungen«); vgl. *Hossfeld/Zenger*, Psalmen 51–100 (s.o. Anm. 6), 429; *Spieckermann*, Heilsgegenwart (s.o. Anm. 29), 140 Anm. 14; 146. Anders *B. Weber*, Werkbuch Psalmen II. Die Psalmen 73–150, Stuttgart 2003, 52 (vorexilische, frühdeuteronomische Ansetzung um 700 v.Chr).

36 Zu V. 1–8 s. *Th. Hieke*, »Weitergabe des Glaubens« (Ps 78,1–8). Versuch zu Syntax und Struktur von Ps 78, 49–62, hier 57ff; zur Funktion der Belehrung s. *Weber*, Psalm 78 (s.o. Anm. 27), 316; *Hieke*, Exodus (s.o. Anm. 5), 555.

37 *Hossfeld/Zenger*, Psalmen 51–100 (s.o. Anm. 6), 433.

38 S. dazu *Mathias*, Geschichtstheologie (s.o. Anm. 5), 132. Die Inklusion wird durch weitere Stichwortaufnahmen verstärkt: דָּבָר (8.42); אַבְרָהָם (9.42); אֶרֶץ + ל + נתן (11.44).

psalmübergreifende Inklusion ergibt sich ein Spannungsbogen von der Landverheißung an die Väter (V. 8–11) zur Landgabe an das Volk (V. 44), der alle anderen Geschehnisse, den Weg der Erzeltern durch Kanaan, Israels Aufenthalt in Ägypten, den Exodus und die Wüstenwanderung, umfasst. Die Landthematik, die den gesamten Psalm mit dem Leitwort אֶרֶץ durchzieht (V. 7.11.16.23.27.30.32.35. 36.44), lässt sich in drei Abschnitten beschreiben:

a)   *Die Landverheißung an die Väter (V. 8–11)*: Ps 105 hebt sich von den bisher besprochenen Psalmen ab, indem er geschichtlich bereits bei der Landverheißung an Abraham, Isaak und Jakob einsetzt:

8   Er gedachte für immer seines Bundes,
     des Wortes, das er geboten hat für tausend Generationen,
9   den er geschlossen hat mit Abraham,
     und seines Eides für Isaak.
10   Er richtete ihn auf für Jakob als Satzung,
     für Israel als ewigen Bund,
11   indem er sprach: »Dir werde ich geben das Land Kanaan
     als euren zugelosten/zugemessenen Erbbesitz (נַחֲלָה).«

Inhalt des »Bundes« (בְּרִית) und des »Schwurs, Eids« (שְׁבוּעָה) ist nach V. 11 die Landzusage. Damit greifen V. 8–11 zurück auf die Erzelternüberlieferung; vergleichen lassen sich besonders der Bund mit Abraham (Gen 15,7–21) mit der Übereignung des Landes (נתן אֶרֶץ) als Bundeszusage sowie die Erneuerung dieser Verheißung an Isaak in Gen 26,3–6 (Landzusage als »Eid«)[39]. Darüber hinaus ist die formelhafte Wendung »das Land, das JHWH dir als Erbbesitz geben wird« (נתן אֶרֶץ + Subj. JHWH + נַחֲלָה) besonders in der dtn-dtr Literatur belegt, die mit dem Begriff נַחֲלָה betont, »daß Israel das Land nur auf Grund der Vergabe seines Gottes besitzt und sein Anspruch darauf einzig in der Zusage Jahwes begründet ist«[40]. Die Wendung בְּרִית עוֹלָם, in der die priesterliche Bundeskonzeption anklingt[41], hebt schließlich die ewige Gültigkeit der Landverheißung hervor.

---

39   Vgl. Gen 24,7; 50,24; Ex 13,5.11; 33,1; Num 11,12; 14,23 u.ö. und bes. in der dtn-dtr Tradition Dtn 1,8.35; 6,10.18.23; 7,13; 8,1; 10,11; 11,9.21; 26,3.15; 28,11; 30,20; u.ö.
40   *G. Wanke*, Art. נחלה, THAT 2 ([5]1995) 55–59, hier 57; vgl. *E.-J. Waschke*, Art. Land, RGG[4] 5 (2002) 53–55, hier 54. Vgl. Dtn 4,31.38; 12,9; 15,4; 19,10; 20, 16; 21,23; 24,4; 25,19; 26,1; 1Kön 8,36 u.ö.
41   Vgl. Gen 9,16; 17,7.

b)   Die »Land-Erfahrungen«[42] Israels (V. 12–41): An die Landverheißung schließt sich die Beschreibung einzelner Phasen der Geschichte Israels an, die durch das Leitwort אֶרֶץ miteinander verbunden sind und die Erfahrungen des Volkes auf seinem Weg ins Land
schildern. Im Einzelnen lassen sich vier Abschnitte unterscheiden:

V. 12–15:   Aufenthalt eines noch kleinen Teils Israels als »Schutzbürger,
            Fremdling« (גֵּר) und als umherziehende Gruppe ohne eigenen
            Landbesitz im Land Kanaan
V. 16–22:   Landerfahrung Josefs im Land Ägypten
V. 23–38:   Israel als »Fremdling« im Land Ägypten; Volkwerdung,
            »Land-Plagen« (vgl. V. 27.30.32.35.36) und Exodus
V. 39–41:   Israels Aufenthalt in der Wüste als »Nicht-Land«[43].

Eingerahmt von der Inklusion Landverheißung (V. 8–11) – Landgabe (V. 42–45) erscheinen diese einzelnen »Land-Erfahrungen«
als »Stationen auf dem Weg zur Erfüllung der Landverheißung«[44].

c)   Die Landgabe (V. 42–45): Die Landverheißung V. 8–11 wird
am Psalmenschluss wieder aufgenommen, indem Gott seines »Wortes« (vgl. V. 8), d.h. seines Bundes und seiner Zusagen gedenkt
(זכר; vgl. V. 8):

42   Ja, er gedachte (זכר) seines heiligen Wortes,
     an Abraham, seinen Knecht,
43   und führte sein Volk heraus (יצא hif.) in Freude,
     in Jubel seine Erwählten.
44   Er gab (נתן) ihnen die Länder der Völker,
     und das (mühsam) Erworbene der Nationen sollen sie in Besitz neh-
     men (ירשׁ),
45   damit sie seine Satzungen beachten
     und seine Weisungen bewahren – Preist JH!

V. 43f belegen den Motivzusammenhang von Herausführung (יצא
hif. als Terminus technicus für den Exodus; vgl. V. 37) und Landgabe. Die Erfüllung der Landverheißung wird in V. 44 aus zwei
Perspektiven geschildert: An die Übereignung des Landes durch
JHWH, die Landgabe (נתן + Subj. JHWH; vgl. V. 11), schließt sich
die Inbesitznahme Israels, die Landnahme (ירשׁ אֶרֶץ + Subj. Israel),
an. Damit liegt Ps 105 die charakteristische dtn-dtr Verbindung
von נתן und ירשׁ zugrunde, die in Dtn 1,8; 10,11 und Jos 21,43f je-

---

42   Mathias, Geschichtstheologie (s.o. Anm. 5), 147; vgl. 139ff.
43   Ebd., 147. צִיָּה (V. 41) ist im Sinne von אֶרֶץ צִיָּה zu verstehen und bezeichnet
die Wüste; vgl. Ps 63,2; 107,35; Jes 41,18; 53,2; Jer 2,6; 51,43 u.ö.
44   Ebd., 132.

weils auf den Land-Schwur (שבע nif.; vgl. Ps 105,9) an die Väter
bezogen ist[45]. Auch der abschließende Finalsatz, »damit sie seine
Satzungen beachten und seine Weisungen bewahren« (תּוֹרָה // חֹק),
zeigt die dtn-dtr Prägung von Ps 105[46]: Das Ziel, der Zweck der
Landgabe ist das Bewahren der Gebote; dieses wird jedoch nicht als
Voraussetzung, sondern als die angemessene Reaktion Israels auf
die Heilsgabe des Landes verstanden.

Aus diesem Schlussvers ergibt sich die Funktion der Landthematik
in Ps 105: Der Finalsatz soll zur Beachtung der Weisungen Gottes motivieren[47]. Darüber hinaus zielt die Erinnerung an die Landverheißung und -gabe auf den Lobpreis Gottes als Herrn der »ganzen *Erde*« (Leitwort: אֶרֶץ; V. 7), wie die hymnische Rahmung des
Psalms (V. 1–7 und V. 45 הַלְלוּ־יָהּ [vgl. V. 3]) zeigt, die die Inklusion
Landverheißung – Erfüllung umgreift. In diesem Lob Gottes eröffnen sich Perspektiven für die aktuellen Psalmenbeter: »V. 45 hält
die Erfahrungen Israels mit dem Land gewissermaßen offen. Hier
können die Zeitgenossen des Psalmisten ihre eigenen Erfahrungen
anbinden.«[48] Im Psalm geschilderte »Land-Erfahrungen« wie das
Leben als »Fremdling« (V. 12.23) können transparent sein für die
eigene zeitgeschichtliche Situation unter Fremdherrschaft oder im
Exil[49]. Die einstige Landverheißung und deren Erfüllung in der
Landgabe werden so zum Zuspruch für die Gegenwart und zur Zu-
kunftshoffnung, dass Gott zu seiner einstigen Zusage steht. Deshalb betont V. 10 mit dem Konzept des »ewigen Bundes« die ewige
Gültigkeit der Landverheißung.

II. Verheißung des Landes

1. Die Landverheißung für die »Armen« und »Gerechten« (Ps 37)

Kaum ein Psalm ist so sehr von der Landthematik geprägt wie der
nachexilische, weisheitliche Ps 37[50]. Die Verheißung des Landes

---

45   S. dazu *Lohfink*, Art. יָרַשׁ (s.o. Anm. 14), 972. Vgl. auch Gen 15,7f (ירשׁ) und
8 (נתן אֶרֶץ).
46   Zu den verschiedenen Verknüpfungen von Land und Tora im Dtn s. *P. Diepold*, Israels Land (BWANT 95), Stuttgart u.a. 1972, 90ff.
47   Vgl. *Weber*, Psalm 78 (s.o. Anm. 27), 319.
48   *Mathias*, Geschichtstheologie (s.o. Anm. 5), 148.
49   Zur Datierung des Psalms in die exilisch-nachexilische Zeit s. *Seybold*, Psalmen (s.o. Anm. 17), 414.
50   Zur Datierung s. *H. Irsigler*, Die Suche nach Gerechtigkeit in den Psalmen
37, 49 und 73, in: *ders.*, Vom Adamssohn zum Immanuel. Gastvorträge Pretoria
1996 (ATSAT 58), St. Ottilien 1997, 71–100, hier 72f.78 mit Anm. 11; *Hossfeld/*

zieht sich leitmotivisch durch den gesamten Psalm und wird jeweils dem Ergehen der Gottlosen gegenübergestellt:

8 Lass ab vom Zorn und lass den Grimm!
   Ereifere dich nicht! (Es führt) nur zum Übeltun.
9 Denn die Übeltäter werden ausgerottet werden;
   aber die auf JHWH hoffen – sie werden das Land besitzen (יִרַשׁ אֶרֶץ).
10 Und noch kurze Zeit, und ein Gottloser ist nicht mehr da;
   und siehst du dich um nach seiner Stätte, so ist er nicht mehr da.
11 Aber die Gebeugten werden das Land besitzen (יִרַשׁ אֶרֶץ),
   und sie werden sich laben/freuen an der Fülle des Heils.

Die Landverheißung יִרַשׁ אֶרֶץ, »sie werden das Land in Besitz nehmen, besitzen« (vgl. V. 22.29.34), wird in Wendungen wie etwa נַחֲלָתָם לְעוֹלָם תִּהְיֶה »ihr Erbbesitz wird für immer bestehen« (V. 18) oder שְׁכָן אֶרֶץ / לְעוֹלָם »im Land bzw. für immer wohnen« (V. 3[51].27. 29) variiert. Diesen Formulierungen liegen drei geprägte Wendungen bzw. Begriffe zugrunde:

יִרַשׁ אֶרֶץ	»das Land in Besitz nehmen, besitzen« als geprägte Wendung aus der dtn-dtr Landtheologie[52];
נַחֲלָה	»Erbbesitz« als Terminus technicus für den Landbesitz, der die Unveräußerlichkeit des Landes bezeichnet[53]; die dtn-dtr Literatur betont mit diesem Terminus, dass das Land Gabe Gottes und nicht Israels eigener Verdienst ist[54];
שְׁכָן אֶרֶץ	»im Land wohnen« als Anspielung auf die geprägte Wendung יָשַׁב/שְׁכָן לְבֶטַח »(im Land) sicher wohnen« (vgl. Dtn 12, 10; 33,12.28 u.ö.)[55].

Ps 37 nimmt diese geprägten Wendungen und Begriffe auf, modifiziert sie jedoch in charakteristischer Weise: Während die Landzusagen in der dtn-dtr Tradition dem ganzen Volk gelten, schränkt Ps 37 die Verheißung auf die »Gerechten« (צַדִּיקִים; vgl. V. 12.16.17.21.

Zenger, Psalmen 1–50 (s.o. Anm. 10), 229; zur Gliederung (V. 1–11.12–26.27–40) s. C. *Sticher*, Die Rettung der Guten durch Gott und die Selbstzerstörung der Bösen. Ein theologisches Denkmuster im Psalter (BBB 157), Berlin/Wien 2002, 38f; *Hossfeld/Zenger*, Psalmen 1–50 (s.o. Anm. 10), 230f.
51   Zur Übersetzungsproblematik von V. 3, der sich als Imperativ: »Wohne im Land« oder als Verheißung: »so wirst du im Land wohnen« wiedergeben lässt, s. ebd., 234; nach Zenger ist die zweite Variante wahrscheinlicher; vgl. *Irsigler*, Suche (s.o. Anm. 50), 77 (kommissiver Sprechakt der Verheißung).
52   S. dazu oben S. 50f.
53   S. dazu unten S. 63.70f.
54   S. oben S. 56.
55   Vgl. unten S. 68, Anm. 90.

25.30.39) ein[56]. Sie gilt den »Gebeugten, Demütigen« (V. 11 עֲנָוִים),
den »Elenden und Armen« (V. 14 אֶבְיוֹן // עָנִי), denen, die »auf
JHWH hoffen« (V. 9), den »Vollkommenen, Redlichen« (V. 18
תְּמִימִם) und den »Gesegneten JHWHs« (V. 22).

Umstritten ist, ob Armut hier als sozialer Status[57] oder primär als »reli-
giös-ethische Qualifizierung« gemeint ist, wie H. Irsigler betont: »… als
ʿanawīm V. 11 sind die Gerechten nicht zuerst die sozial Armen, sondern
die vor JHWH Gebeugten, Demütigen«[58]. Der Psalm scheint beides zu
meinen: Die »Armen und Elenden« werden explizit als Adressaten der
Landverheißung genannt (V. 14), V. 16.19.25 könnten auf soziale Verar-
mung und drohende Hungersnot deuten, zugleich sind die entsprechenden (z.T. weisheitlichen) Parallelbegriffe »die Gerechten«, »die Vollkommenen«, »die auf JHWH hoffen« oder die »Gesegneten JHWHs« offen
für ein weiteres Verständnis und eine Neuinterpretation.
Mit der Frage nach den Adressaten ist die Frage nach dem situativen
Hintergrund des Psalms verbunden. Im Unterschied zu den dtn-dtr Landaussagen leben die JHWH-Frommen im Land Israel; gemeint ist also
keine neue Landnahme oder -eroberung, vielmehr scheinen sie das Land
nicht zu besitzen oder ihr Bleiben im Land scheint gefährdet zu sein[59].
Nach Irsigler kann Neh 5,1–3 exemplarisch den Hintergrund des Psalms
beleuchten: Den Bauern droht Landverkauf in Zeiten der Hungersnot
(Neh 5,3; vgl. Ps 37,19.25), und ihre Felder und Weinberge gehören anderen (Neh 5,5).

Mit der Einschränkung der Landverheißung auf die JHWH-Treuen
geht in Ps 37 ein Bedeutungswandel der geprägten dtn-dtr Wendung יִרֹשׁ אֶרֶץ einher, auf den N. Lohfink aufmerksam gemacht hat:
Die Bedeutung von ירשׁ habe sich seit dem Exil von »einer punktu-
ell-ingressiven Bedeutung (›in Besitz nehmen‹)« zu einer durativen
Bedeutung »besitzen, sich des Besitzes erfreuen« gewandelt[60]. Darauf weisen in Ps 37 neben dem Stichwort ענג hitp. »sich laben,
freuen« (V. 11) die mit den Landaussagen verbundenen Temporal-
angaben לְעוֹלָם (V. 18: »ihr Erbbesitz wird für immer bestehen«;

---

56   Vgl. *F.-L. Hossfeld*, Die Metaphorisierung der Beziehung Israels zum Land
     im Frühjudentum und Christentum, in: Zion. Ort der Begegnung (FS L. Klein
     [BBB 90]), hg. von *F. Hahn u.a.*, Bodenheim 1993, 19–33, hier 24.
57   S. ebd., 24; *Hossfeld/Zenger*, Psalmen 1–50 (s.o. Anm. 10), 229.235.
58   *Irsigler*, Suche (s.o. Anm. 50), 78.
59   S. *Sticher*, Rettung (s.o. Anm. 50), 45; *Irsigler*, Suche (s.o. Anm. 50), 77;
     Seybold, Psalmen (s.o. Anm. 17), 155f; vgl. *Lohfink*, Art. יָרַשׁ (s.o. Anm. 14), 982f:
     »Es mag schon sein, daß konkret Kleinbauern gemeint sind, die bei sich steigern-
     den Klassenunterschieden in Gefahr sind, ihr Land an die Großgrundbesitzer zu
     verlieren«.
60   Vgl. *Lohfink*, Die Bedeutungen von hebr. *jrš qal* und *hif*, BZ NF 27 (1983)
     14–33, hier 24; *ders.*, Art. יָרַשׁ (s.o. Anm. 14), 959.

vgl. V. 27) und לָעַד (V. 29: »für immer [im Land] wohnen«) hin[61].
ירש אֶרֶץ erscheint »bei aller konkreten Bedeutung doch zugleich
eine Art Kurzformel für das ›Heil‹ in allen seinen Dimensionen zu
sein.«[62] Dass die Landverheißung in Ps 37 nicht allein auf den konkreten Landbesitz zielt, sondern Teil einer umfassenden Heilszusage ist, zeigt besonders die Beschreibung der Lebensqualität im
Land sowie der Gottesbeziehung der JHWH-Frommen. Die Landzusage schließt die *Lebensqualität* im Land ein[63]:

Aber die Gebeugten werden das Land besitzen (ירש אֶרֶץ),
und sie werden sich laben/freuen (ענג hitp.) an der Fülle des Heils (שָׁלוֹם).
(V. 11)

ענג hitp. »sich an etw./jem. laben, erquicken, freuen« und שָׁלוֹם
»Heil, Wohlergehen; Frieden« charakterisieren die Lebensfreude
und -fülle im verheißenen Land. Dabei kann der Begriff ענג zunächst einen ganz konkreten, materiellen Bedeutungshintergrund
haben, wie die geläufigen Parallelausdrücke שׂבע »sich sättigen«
und אכל »essen« zeigen (vgl. Jes 55,2; 66,11). So spricht V. 19 von
Sättigung (שׂבע) in Zeiten der Hungersnot[64]. Die Aussage in V. 11
geht jedoch über diese konkrete Bedeutung hinaus, denn der Begriff ענג hitp. kann auf die *Gottesbeziehung* übertragen werden. Die
Freude am Land (V. 11) wird über eine Stichwortverbindung mit
der Freude/dem Sich-Laben an JHWH parallelisiert (V. 4; vgl. Hi
22,26; 27,10; Jes 58,14):

Labe/erfreue dich (ענג hitp.) an JHWH,
und er wird dir geben die Wünsche deines Herzens.

Freude am Land und Freude an JHWH – beides gehört nach Ps 37
eng zusammen[65], so dass der Landbesitz Ausdruck einer besonderen *Gottesnähe* der Gerechten ist. Dabei geht es besonders um die
beständige und bleibende Gottesbeziehung der צַדִּיקִים und עֲנָוִים:
JHWH verläßt seine Frommen nicht (V. 25.28), und sie finden
Festigkeit und Halt in ihm (V. 17.23f.31). So wie dem Gerechten
Landbesitz »für immer« zugesprochen wird (V. 18.29)[66], so hat
auch seine Gottesbeziehung für immer Bestand.

61   Vgl. Ex 32,13; s. auch *Lohfink*, Bedeutungen (s.o. Anm. 60), 24f.
62   *Lohfink*, Art. יָרַשׁ (s.o. Anm. 14), 983.
63   Vgl. *Hossfeld*, Metaphorisierung (s.o. Anm. 56), 24.
64   Zur Sättigung im Landkontext vgl. auch Dtn 8,10.12.
65   Vgl. die ähnliche Korrelation in Ps 16 über das Stichwort נָעִים, das die
Lieblichkeit des Landes (V. 6) und die Lieblichkeit/Wonnen, die der Beter in Gottes Nähe erfährt (V. 11) beschreibt; zu Ps 16 s. unten.
66   Zu נַחֲלָה als unveräußerlicher Besitz s. unten S. 70f (Ps 16).

Dieser letztgenannte Aspekt ist besonders wichtig, wenn man nach der Bedeutung der Landthematik im Gesamtkontext des Psalms fragt. Blickt man zunächst auf die mögliche Hintergrundsituation des Psalms, so reagiert Ps 37 mit der Landverheißung an die Armen und Gerechten auf ein soziales Problem seiner Zeit: Denen, die kein Land besitzen oder die ihr Land zu verlieren drohen, wird der dauerhafte Besitz des Landes zugesagt. Doch zugleich geht es in Ps 37 um mehr: um »ein existentielles und theologisches Problem der angefochtenen Jahwetreuen«[67]. Es geht um die Frage der Gerechtigkeit Gottes, um die bleibende Gültigkeit des Tun-Ergehen-Zusammenhangs, der in Ps 37 angesichts der Not des JHWH-Treuen (vgl. V. 14.32) zu zerbrechen droht. So ist die Landthematik eingebunden in eine theologische Grundfrage, auf die dieser Psalm eine Antwort geben will.

Zwar ergeht es dem Frevler in der Gegenwart gut, während der JHWH-Treue in Bedrängnis lebt; blickt man jedoch in die Zukunft (אַחֲרִית), auf das (Lebens-)Ende der Frevler (V. 13 יֹמוֹ כִּי־יָבֹא[68]), so hat der Tun-Ergehen-Zusammenhang Bestand. Während diese vergehen, erwartet den JHWH-Frommen eine heilvolle Zukunft[69]:

34 Hoffe auf JHWH und halte dich an seinen Weg,
    er wird dich erhöhen, um das Land in Besitz zu nehmen,
    wenn die Gottlosen ausgerottet werden, wirst du (es) sehen.
    ...
37 Halte dich an den Vollkommenen und sieh auf den Aufrichtigen,
    denn die Zukunft/das Ende ist für einen solchen Mann Heil/Wohlergehen (שָׁלוֹם; vgl. V. 11).
38 Aber die Abtrünnigen werden allesamt vertilgt,
    die Zukunft/das Ende der Gottlosen wird ausgerottet.

Diese stereotype Gegenüberstellung »Land besitzen« – »ausgerottet werden«[70] stammt aus der weisheitlichen Tradition:

67 *Irsigler*, Suche (s.o. Anm. 50), 79.
68 Vgl. 1Sam 26,10; s. *Hossfeld/Zenger*, Psalmen 1–50 (s.o. Anm. 10), 235. Vgl. die Antithese zu Ps 37,18.
69 Ps 37 bezieht sich – im Unterschied zu Ps 73 – auf eine innerweltliche Zukunft, und nicht auf eine Zukunft nach dem irdischen Leben; s. *Irsigler*, Suche (s.o. Anm. 50), 79.81.
70 Bei der Beschreibung des Ergehens der Gottlosen steht die Landmotivik jeweils in Kontrast zu Vergänglichkeitssemantik (vgl. V. 2f.18–20.34–36). Das, was auf dem Land scheinbar gut gedeiht, vom Gras (V. 2) über die »Pracht der Auen« (V. 20) bis zum höchsten Baum, der Zeder (V. 35), vergeht. Diese Vegetationsmotivik gipfelt schließlich in der leitmotivischen Aussage der »Ausrottung der Gottlosen«, die ebenfalls einen vegetativen Hintergrund hat: Wie ein Baum werden sie »abgeschnitten, gefällt werden« (כרת: V. 9.22.28.34.38; vgl. Dtn 19,5; 20,19f; Jes 37,24; 44,14; Ez 31,12; Hi 14,7 u.ö.).

21   Ja, die Aufrichtigen werden im Land wohnen (שְׁכָן־אָרֶץ),
      und die Vollkommenen werden in ihm übrigbleiben,
22   aber die Gottlosen werden aus dem Land ausgerottet werden,
      und die Treulosen werden daraus herausgerissen werden.
      (Prov 2,21f)

Fragt man abschließend, warum Ps 37 zur Beantwortung der Frage
nach der Gültigkeit des Tun-Ergehen-Zusammenhangs und damit
auch der Frage nach der Gültigkeit der Gottesbeziehung auf die
Landthematik zurückgreift, so lassen sich zwei Gründe festhalten:
Zum einen erklärt sich die Landverheißung an die Gerechten und
Armen aus der sozialen Situation der Zeit, zum anderen erscheint
die Landtheologie von ihrer Bedeutung und ihren Implikationen
her besonders geeignet, das Vertrauen in eine dauerhafte Gültigkeit der Verheißungen zu wecken. So bezeichnet der grundlegende
Landterminus נַחֲלָה den unveräußerlichen, dauerhaften Landbesitz[71], wie u.a. die Verbindung mit Ewigkeitsbegriffen zeigt (V. 18.
29). Darüber hinaus korreliert die Landzusage in der alttestamentlichen Theologie immer wieder mit der Zusage des Gottesverhältnisses; so z.B. in den priesterlichen Landverheißungen (vgl. z.B.
Gen 17,7f; Ex 6,7f)[72]. Auch die Landverheißungen in Ps 37 sind
eingebunden in die Schilderung einer engen Gottesbeziehung der
JHWH-Treuen, die die Basis bildet für das Vertrauen und die
Hoffnung, dass JHWH sie in der Situation der Bedrängnis bewahrt
und rettet (V. 24f.28.32f.39f), so dass der Tun-Ergehen-Zusammenhang bleibenden Bestand hat. Auch in den folgenden Psalmen
steht die Landverheißung im Zusammenhang der Errettung des
Beters.

2.   Die Landverheißung als Ausdruck der Rettung (Ps 25; 61; 69)

Die Aktualisierung der Landmotivik in Ps 37, für die die Einschränkung der Landverheißung auf die Gerechten bei gleichzeiti-
ger Ausweitung der Bedeutung von יָרַשׁ אֶרֶץ im Sinne einer umfassenden Heilzusage charakteristisch ist, liegt auch Ps 25 und 61
zugrunde. Im weisheitlichen Ps 25 gilt die Landverheißung denen,
»die JHWH fürchten«:

71   Vgl. *Wanke*, Art. נחלה (s.o. Anm. 40), 56; s. dazu auch unten S. 70f.
72   Zur Verschränkung des Themas Land mit einem besonderen Gottesverhältnis s. *M. Köckert*, Das Land in der priesterlichen Konzeption des Pentateuch, in:
Von Gott reden. Beiträge zur Theologie und Exegese (FS S. Wagner), hg. von *D.
Viewger / E.-J. Waschke*, Neukirchen-Vluyn 1995, 147–162, hier 152: »Gott sagt
sich selbst als Israels Gott zu und bestimmt mit der Gabe des Landes den Lebensraum, in dem er Israel nahe bleibt.«

12 Wer ist der Mann, der JHWH fürchtet?
    Er wird ihn unterweisen in dem Weg, den er wählen soll.
13 Seine Leben(skraft) (נֶפֶשׁ) wird im Guten (טוֹב) bleiben (לִין),
    und seine Nachkommen werden das Land besitzen (יִרַשׁ אֶרֶץ).
14 Die Gemeinschaft JHWHs gilt denen, die ihn fürchten,
    und sein Bund, um (ihn) ihnen kundzutun.

Die Bedeutung der Landzusage ergibt sich aus ihrer kontextuellen
Einbindung in den Psalm: Die allgemeingültigen, weisheitlich geprägten Aussagen über Gott und über die Gottesfürchtigen (V. 8–
10.12–14: JHWH 3. Sg.) werden umschlossen von den Bitten des
Beters (V. 1–7.11.16–22: direkte Anrede JHWHs), in denen sich
seine Notsituation widerspiegelt. In diesem Zusammenhang wird
die Landaussage, die sich über die Gegenwart hinaus auf die kommenden Generation erstreckt, zur Grundlage der Hoffnung auf
Rettung. Für den Gottesfürchtigen gilt die Heilszusage, er werde
»im Guten bleiben, weilen«, d.h. ihm ist ein gutes Leben und bleibendes Lebensglück verheißen. Was טוֹב impliziert, kann der sprach-
liche Bezug zu V. 8 (»JHWH ist gut«) verdeutlichen: das Gute/das
Glück ergibt sich aus der Gottesbeziehung dessen, der seinen Lebensweg an JHWH orientiert (vgl. das Wegmotiv in V. 8f.12)[73]. Er
lebt in der »Gemeinschaft«, im »vertrauten Umgang« (V. 14 סוֹד)
mit Gott. Zugleich nimmt der Psalm mit טוֹב einen Begriff auf, der
ebenso zur Qualifizierung des Landes dienen kann (vgl. die dtn
Wendung אֶרֶץ טוֹבָה / אֲדָמָה)[74].
Ps 61,6 schränkt in gleicher Weise den Landbesitz auf die Gottesfürchtigen ein:

Ja, du, Gott, hast gehört auf meine Gelübde,
du hast (mir) Erbbesitz derer gegeben, die deinen Namen fürchten.

Diese Landaussage steht im Kontrast zu der Eingangsbitte V. 1–5.
Der Beter, der aus der Peripherie des Landes, vom »Rand/Ende der
Erde« als Bereich des Todes, zu JHWH ruft (V. 3), beschreibt mit
der Landmotivik seine Rettung als Anteilgabe am Landbesitz der
Gottesfürchtigen. Damit wird die Landgabe zum Ausdruck der
Rettung aus Todesnot[75] und zugleich der Reintegration in Gemein-

---

73   Ps 91,1 bringt mit dem Verb לִין, wörtlich »übernachten«, im übertragenen
Sinne »bleiben, weilen, ruhen«, die Gottesnähe explizit zum Ausdruck: »wer im
Schatten des Allmächtigen bleibt/weilt«. Zur Bedeutung טוֹב von s. *K. Liess*, Der
Weg des Lebens. Psalm 16 und das Lebens- und Todesverständnis der Individual-
psalmen (FAT II/5), Tübingen 2004, 123ff.
74   Dtn 1,25.35; 3,25; 4,21f; 6,18; 8,7.10; 9,6; 11,17; Jos 23,13.15f u.ö.
75   Vgl. *Hossfeld/Zenger*, Psalmen 51–100 (s.o. Anm. 6), 175.

schaft, so dass der Landbesitz hier über die Errettung hinaus auch eine soziale Funktion hat.

Das Thema »›Landgabe‹ als Ausdruck von Rettung«[76] prägt auch *Ps 69*. Das Klagelied eines Einzelnen mit breit entfalteter Klage (V. 1–14ab) und Bitte (V. 14cd–30) mündet am Psalmenschluss in das Lob Gottes (V. 31–37). An das individuelle Lobgelübde des Einzelnen (V. 31–34) schließt sich das universale Lob des ganzen Kosmos (V. 35–37) an:

35 Preisen sollen ihn Himmel und Erde,
    die Meere und alles, was in ihnen wimmelt.
36 Ja, Gott wird Zion retten (ישׁע hif.) und (wieder) aufbauen die Städte Judas;
    und sie werden sich dort niederlassen und es in Besitz nehmen/besitzen (ירשׁ).
37 Und die Nachkommen seiner Knechte werden es als Erbbesitz erhalten (נחל),
    und die seinen Namen lieben, werden darin wohnen.

Ps 69 aktualisiert die Landthematik in exilisch-(früh)nachexilischer Zeit[77], indem er die Wiederherstellung des Zion und der Städte Judas verheißt, die mit neuem Landbesitz (ירשׁ) und neuer Landverteilung (נחל) verbunden ist. Auf dem Hintergrund der Erfahrung des Landverlustes wird dabei besonders das dauerhafte Bleiben im Land (שׁכן // ישׁב) über Generationen hinaus betont.

Als Adressaten der Landverheißung wird wie in den vorangehenden Psalmen nicht explizit das Volk als ganzes erwähnt, sondern die Landverheißung gilt den »Knechten« Gottes, denen, »die seinen Namen lieben«[78]. Im jetzigen Psalmenkontext korrelieren diese Bezeichnungen mit weiteren Namen für die JHWH-Treuen wie »die Gebeugten, Demütigen« (עֲנָוִים V. 33; vgl. Ps 25,9; 37,11), »die Gott Suchenden« (דרשׁ V. 33) und die »Armen, Elenden« (אֶבְיוֹנִים V. 12; vgl. Ps 37,14). »Gegen Ende des Exils wird in den Zusätzen in Ps 69,36f. die *naḥ^alāh* auf Zion und die Städte Judas eingeschränkt als Erbteil für die JHWH-Treuen.«[79]

76 Ebd., 175.
77 Bei V. 35–37 handelt es sich um eine Fortschreibung aus exilisch-(früh-)nachexilischer Zeit. s. dazu ebd., 266f; *N.Tillmann*, »Das Wasser bis zum Hals!« Gestalt, Geschichte und Theologie des 69. Psalms (MThA 20), Altenberge 1993, 248f; *Seybold*, Psalmen (s.o. Anm. 17), 267.270.
78 Zu יהוה / שֵׁם אהב als Bezeichnung der JHWH-Frommen vgl. Ps 5,12; 31,24; 97,10; Jes 56,6 u.ö. Semantisch vergleichbar ist ירא (vgl. Ps 25,12.14; 61,6); vgl. *E. Jenni*, Art. אהב, THAT I (⁵1994) 60–73, hier 71.
79 *Lipiński*, Art. נָחַל (s.o. Anm. 29), 354; vgl. *Lohfink*, Art. יָרַשׁ (s.o. Anm. 14), 983.

Welche Bedeutung hat diese Landverheißung im Kontext des gesamten Psalms, der ja in erster Linie ein Klagegebet eines Einzelnen
ist? Wie hängen individuelle und kollektive Perspektive zusammen? Eine Antwort ergibt sich aus der Strukturbeobachtung, dass
das Leitwort יָשַׁע »retten« alle drei Psalmenteile – Klage, Bitte und
Lobgelübde – verbindet (V. 2.14 [יֵשַׁע].35) und so die Rettung des
Einzelnen mit der Rettung Zions/der Gemeinde korreliert[80]. Für
den einzelnen Psalmenbeter bedeutet dies, dass seine individuelle
Not- und Rettungserfahrung in einem größeren Zusammenhang
steht, denn »jedes individuelle Leid eines einzelnen wird umgriffen
von Gottes universalem Heilswillen«[81]. Auf der anderen Seite bedeutet dies für die Gruppe der Psalmenbeter in exilisch-(früh)nach-
exilischer Zeit, dass aus der Erfahrung individueller Rettung Hoffnung auf die Rettung Zions und der Gemeinde erwachsen kann. So
wie Gott den Einzelnen aus seiner persönlichen Not erlöst, so wird
er auch dem zerstörten Zion/Juda und den Psalmenbetern helfen,
indem er neuen und bleibenden Landbesitz verheißt. Die Errettung
des Einzelnen kann so der Vergewisserung der exilisch-(früh)nach-
exilischen Gemeinde dienen.

III. Metaphorisierung des Landes

In den Psalmen 16; 73 und 142 wird mit der Landterminologie eine einzigartige Gottesprädikation formuliert, indem JHWH als
»(Land-)Anteil« des Beters bezeichnet wird. In besonders entfalteter Weise findet sich diese metaphorische Gottesaussage im Zentrum des nachexilischen Vertrauensliedes *Ps 16*[82]:

5 JHWH ist der Teil meines (Land-)Anteils (חֵלֶק) und meines Bechers,
   du bist der, der mein Los (גּוֹרָל) hält.
6 Die Messschnüre (חֶבֶל) sind mir auf liebliches Land gefallen,
   auch der Erbbesitz (נַחֲלָה) gefällt mir.

Den traditionsgeschichtlichen Hintergrund dieser Vertrauensäuße-
rungen bildet die Landverteilung (vgl. Jos 13–21): Während sich
die Ausdrücke גּוֹרָל »Los« und חֶבֶל »Messschnur« auf den Vorgang

---

80 Diese Korrelation wird unterstrichen durch die Bezeichnung des Beters (V.
18) wie auch der Gemeinde (V. 37) als עֶבֶד. Diese Selbstbezeichnung kann Ausdruck der Angewiesenheit auf Gott sein; der Beter wendet sich als »Knecht« an
JHWH, von dem er Rettung erwartet; s. *H.Ringgren u.a.*, Art. עֶבֶד, ThWAT 5
(1986) 982–1012, hier 1000.
81 *Tillmann*, Wasser (s.o. Anm. 77), 135; vgl. *Kraus*, Psalmen (s.o. Anm. 29),
646.
82 Zur Landmetaphorik in Ps 16,5–6 s. *Liess*, Weg (s.o. Anm. 73), 155ff.

der Landzuteilung durch das Los beziehen, bezeichnen חֵלֶק »(Land-)
Anteil« und נַחֲלָה »Erbbesitz« das zugeteilte Land. Indem in Ps 16
nicht das zugeloste Land, sondern Gott selbst als »(Land-)Anteil«
und »Erbbesitz« eines Menschen bezeichnet werden kann, erhalten
diese Landtermini metaphorische Bedeutung[83].

Ein wichtiges Beispiel für diese Metaphorisierung der Landterminologie
stellt die sog. Levitenprärogative dar: Da die Leviten bei der Landverteilung keinen Anteil am Land erhalten haben, gilt JHWH als ihr »(Land-)
Anteil«: »Ich bin dein (Land-)Anteil (חֵלֶק) und dein Erbbesitz (נַחֲלָה) inmitten der Israeliten« (Num 18,20)[84]. Diese Aussage ist zunächst rein materiell zu verstehen, denn ohne Landbesitz sind die Leviten auf die Ernährung
durch Opferanteile angewiesen:

> Und das soll ihr Erbbesitz (נַחֲלָה) sein: Ich bin ihr Erbbesitz (נַחֲלָה); und
> Grundbesitz sollt ihr ihnen nicht geben in Israel, denn ich bin ihr
> Grundbesitz. Und das Speiseopfer und das Sündopfer und das Schuld-
> opfer sollen sie essen, und alles Banngut in Israel soll für sie sein. (Ez
> 44,28f)

Über die materielle Versorgung hinaus erhält die Zusage »JHWH ist ihr
(Land-)Anteil« eine metaphorische Bedeutung und beschreibt die besondere Gottesnähe der Leviten: das »Angebot einer ganz besonderen Lebensgemeinschaft mit Gott«[85].

In Ps 16 charakterisiert die Landmetaphorik die besondere Gottesgemeinschaft des Beters. JHWH hält das »Los« des Beters, d.h. dessen Lebensschicksal in seinen Händen: »der Beter kann auf JHWH
vertrauen, weil er in ihm seinen tragenden Lebensgrund hat«[86],
weil Gott selbst sein »(Land-)Anteil« und »Erbbesitz« ist. So wie
das Land die Lebensgrundlage, aber auch der Ort der Geborgenheit
und Heimat sein kann, so ist JHWH als »(Land-)Anteil« für den
Beter Lebensgrund und Zuflucht, wie es bereits am Beginn des
Psalms heißt: »ich berge mich in dir« (חסה ב)[87].

---

83   Zur Metaphorisierung des Landes s. *Hossfeld*, Metaphorisierung (s.o. Anm.
56); *Liess*, Weg (s.o. Anm. 73), 155ff.

84   Vgl. Dtn 10,9; Jos 13,14.33; Sir 45,22 und 4Q418 81, Z. 3.

85   G. *von Rad*, »Gerechtigkeit« und »Leben« in der Kultsprache der Psalmen
(1950), in: *ders.*, Gesammelte Studien zum Alten Testament (TB 8), München 1958, 225–247, hier 243; vgl. H.-J. *Hermisson*, Sprache und Ritus im altis-
raelitischen Kult. Zur »Spiritualisierung« der Kultbegriffe im Alten Testament
(WMANT 19), Neukirchen-Vluyn 1965, 110.

86   W. *Dommershausen*, Art. גּוֹרָל, ThWAT 1 (1973) 991–998, hier 997.

87   Bei der Wendung חסה ב »Zuflucht suchen *in*; sich bergen *in*« verweist die
Präposition ב noch auf den konkreten Raum, in dem ein Mensch Zuflucht sucht.
Aus dieser »konkreten Raumbestimmung« entwickelt sich jedoch – durch die Ver-
bindung der Präposition mit JHWH – eine neue Bedeutung: »... die Person Gottes

Die Landmotivik bleibt nicht auf V. 5–6 beschränkt, sondern durchzieht den gesamten Psalm. Ausdrücke, die in der traditionellen Landtheologie im Zusammenhang mit dem Land stehen können, sind in Ps 16 auf der konnotativen Ebene miteinander verflochten: טוֹב »gut« (V. 2), שֹׁכֵן לָבֶטַח »sicher wohnen« (V. 9), שָׂבַע »Sättigung« und נָעִים »lieblich« (V. 6.11). טוֹב und נָעִים charakterisieren in der traditionellen Landmotivik die Qualität des Landes (vgl. Gen 49,15: »Und er sah die Ruhe, dass sie gut war, und das Land, dass es lieblich war«)[88], und שָׂבַע kann sich im Landkontext auf das Sattwerden an der Fülle und Fruchtbarkeit des Landes beziehen (vgl. Lev 25,19; 26,5)[89].

In Ps 16 umschreiben diese Ausdrücke die Lebensqualität und -fülle, die dem Beter aus seinem Leben mit JHWH als »(Land-)Anteil« und »Erbbesitz« erwachsen. Auch שֹׁכֵן לָבֶטַח »sicher wohnen« ist eine aus den dtn-dtr Landtexten bekannte syntagmatische Verbindung, die das »sichere Wohnen« im Land beschreibt[90], in Ps 16,9 (»mein Fleisch wird sicher wohnen‹«) in Verbindung mit בָּשָׂר aber ebenfalls metaphorisch zu verstehen ist und die Sicherheit und Geborgenheit in Gott bezeichnet.

Sowohl Ausdrücke aus der Tradition der Landzuteilung (גּוֹרָל, חֵלֶק, נַחֲלָה, חֶבֶל) als auch die Wendung שֹׁכֵן לָבֶטַח sowie Adjektive, die die Qualität des Landes schildern (טוֹב, נָעִים), werden in Ps 16 also metaphorisiert und auf JHWH übertragen. Man könnte daher im Hinblick auf die Landthematik in Ps 16 auch von einem *Metaphernfeld* sprechen, das den Psalm durchzieht. Dabei zeichnet sich dieser Psalm durch eine Verschränkung von Land- und Tempelterminologie aus: Die Semantik beider Bereiche überlappt sich, wie besonders die Ausdrücke טוֹב und נָעִים zeigen, die sowohl auf das Land als auch auf den Tempel bezogen werden können[91]. Wie חסה

(wird) zu einem Schutzraum in übertragenem Sinne und damit gewissermaßen zu einem ›Raum zweiten Grades‹« (E. *Jenni*, Die hebräischen Präpositionen, Bd. 1: Die Präposition Beth, Stuttgart/Berlin/Köln 1992, 195). Auf diese Weise wird ein ursprünglich lokaler Ausdruck zu einem relationalen Ausdruck, zu einem »Verb der Gottesbeziehung« (ebd., 195, Anm. 72), das die Gottesnähe beschreibt. JHWH selbst wird als *Schutzraum*, als *Lebensraum* bezeichnet.

88   Vgl. Dtn 1,25.35; 3,25; 4,21.22; 6,18; 8,7.10; 9,6; 11,17 u.ö.

89   Neben den begrifflichen Bezügen zum Metaphernfeld »Land« bezieht sich V. 11 jedoch besonders auf die tempeltheologische Bildwelt; s. dazu *Liess*, Weg (s.o. Anm. 73), 248ff.

90   Vgl. Lev 25,18f; 26,5; Dtn 12,10; 33,12.28; Jer 23,6; 33,16; Ez 28,26; 34,25. 28; 38,8.11.14; 39,26.

91   Das synonyme, psalmenübergreifende Wortpaar טוֹב // נָעִים verschränkt die beiden Bildbereiche Tempel und Land, denn semantisch können diese Ausdrücke beide Lebensbereiche beschreiben (zum Land vgl. z.B. Gen 49,15; s. auch oben S. 64, Anm. 74; zum Tempel vgl. z.B. Ps 27,4.13)

zum »Verb der Gottesbeziehung«[92] wird, so werden חֵלֶק und נַחֲלָה zu »Nomen der Gottesbeziehung«: JHWH selbst ist für den Beter die Lebensgrundlage und der »Lebensraum«, das »liebliche Land« (נְעִימִם; V. 6), in dem ihm größte Lebensfülle zuteil wird. Was dieses angesichts der Todesproblematik bedeutet, führen V. 10–11 aus. Ort der Lebensfülle ist die Gottesnähe im Tempel mit seinen »Wonnen/Lieblichkeiten« (נְעִימוֹת):

10 Ja, du wirst mein Leben nicht der Unterwelt überlassen,
    du wirst nicht zulassen, daß dein Frommer die Grube sieht.
11 Du zeigst mir den Weg des Lebens:
    Sättigung mit Freuden bei deinem Angesicht,
    Wonnen in deiner Rechten für immer.

Was in Ps 16,5–6 mit Hilfe der Tradition der Landverteilung breit entfaltet ist, fassen die Psalmen 142 und 73 jeweils prägnant in der Wendung »JHWH ist mein (Land-)Anteil« (חֵלֶק) zusammen. In dem Klagelied eines Einzelnen *Ps 142* bildet diese Vertrauensaussage das Zentrum des Psalms (V. 6), das von zwei Klageteilen gerahmt wird (V. 4–5.7–8a) und abschließend in ein Lobgelübde mündet (V. 8b):

6 Ich schreie zu dir, JHWH, ich sage: Du bist meine Zuflucht (מַחְסֶה),
    mein (Land-)Anteil (חֶלְקִי) im Land der Lebenden (אֶרֶץ הַחַיִּים).
7 Höre auf meine Klage, denn ich bin sehr gering geworden,
    rette mich von meinen Verfolgern, denn sie sind stärker als ich.
8 Führe heraus aus dem Kerker mein(e) Leben(skraft) (נֶפֶשׁ),
    damit ich preise deinen Namen;
    um mich werden sich scharen die Gerechten,
    denn du hast an mir gehandelt.

Im Zusammenhang mit der vertrauensvollen Anrede »Du bist meine Zuflucht« beschreibt die Vertrauensaussage »Du bist mein (Land-)Anteil« die bleibende Gottesbeziehung und die Hoffnung auf eine Rettung aus dem Tod mitten im Leben, wie ihn der Beter in Feindbedrängnis (V. 4.7), sozialer Isolation (V. 5) und Gefangenschaft (V. 8) erfährt.
Auffällig ist dabei insbesondere die Verschränkung von Landterminologie (אֶרֶץ; חֵלֶק) und tempeltheologischer Sprache (מַחְסֶה), die auch für Ps 16 charakteristisch ist und die einen Hinweis auf die »Verortung« der Rede von Gott als »(Land-)Anteil« gibt: Das Bekenntnis חֶלְקִי (יְהוָה) wie auch die Wendung »im Land der Lebenden« sind eng mit der Erfahrung Gottes als Schutz*raum* im Hei-

---

92 *Jenni*, Beth (s.o. Anm. 87), 195, Anm. 72; vgl. oben S. 67, Anm. 87.

ligtum, dem Ort der Rettung und höchsten Lebensfülle, verbunden[93].

Auch in dem weisheitlichen *Ps 73* steht die Gottesprädikation »Gott ist mein (Land-)Anteil« in einem Vertrauensbekenntnis (V. 23–26):

23   Ich aber bin *ständig* bei dir,
         du hast mich an meiner rechten Hand ergriffen,
24   nach deinem Rat leitest du mich,
         und auf Ehren/Herrlichkeit hin wirst du mich (zu dir) nehmen.
25   Wen habe ich im Himmel (außer dir)?
         Und neben dir habe ich kein Gefallen auf der Erde.
26   Vergeht auch mein Fleisch und mein Herz [, Fels meines Herzens],
         so ist (doch) mein (Land-)Anteil (חֶלְקִי) Gott *für immer*.

Durch die beiden Nominalsätze »Ich aber bin *ständig* bei dir« (23a) und »Mein (Land-)Anteil ist Gott *für immer*« (26b), die über eine synonyme Stichwortverbindung (תָּמִיד »ständig« // עוֹלָם »für immer«) aufeinander bezogen sind, wird dieses einzigartige Vertrauensbekenntnis gerahmt: Die Gottesprädikation »Gott ist mein (Land-)Anteil für immer« fasst auf diese Weise abschließend die neue Hoffnung des Beters auf eine Lebensgemeinschaft mit Gott auch jenseits der Todesgrenze prägnant zusammen. Dem Hinschwinden des ganzen Menschen am Lebensende steht – eingeleitet mit *Waw adversativum* – kontrastiv die Aussage gegenüber, dass Gott »für immer« der (Land-)Anteil des Beters bleibt. Damit formuliert der Beter die Zuversicht, dass seine Gottesgemeinschaft das Vergehen von Fleisch und Herz überdauert und auch jenseits des Todes Bestand hat, wenn Gott ihn zu sich nimmt (V. 24b)[94].

Nimmt man die Psalmenbelege Ps 16,5–6; 73,26 und 142,6 zusammenfassend in den Blick, so ergibt sich ein motivgeschichtlicher Zusammenhang, denn die Vertrauensaussage »JHWH ist mein (Land-)Anteil« steht jeweils im Kontext von Lebens- und Todesmetaphorik: In dem individuellen Klagelied Ps 142 wird diese Vertrauensaussage zur Grundlage für die Hoffnung auf eine punktuelle Errettung aus dem Tod mitten im Leben; in dem Vertrauenslied Ps 16 drücken חֵלֶק und נַחֲלָה das Vertrauen auf dauerhafte Bewahrung vor dem Tod aus (vgl. V. 10f), und Ps 73 schließlich

---

93   Zum Bezug der Wendung »Land der Lebenden« auf das Heiligtum s. *F. Hartenstein*, Das Angesicht JHWHs. Studien zu seinem höfischen und kultischen Bedeutungshintergrund in den Psalmen und in Exodus 32–34 (FAT 55) Marburg 2000, 92ff.
94   Zum Lebens- und Todesverständnis von Ps 73 s. *Liess*, Weg (s.o. Anm. 73), 342ff.

verbindet mit חֵלֶק die Bewahrung durch JHWH auch über den Tod
hinaus. Damit entfalten die Psalmenbelege – in Auseinandersetzung mit dem Problem des Todes – das Motiv des beständigen
Landbesitzes, das in den traditionellen Landzusagen mit חֵלֶק und
נַחֲלָה verbunden ist: So wie der Landbesitz als unverlierbar gilt[95], so
gilt die Gottesgemeinschaft auch angesichts des Todes – sei es der
Tod mitten im Leben oder am Ende des Lebens – als unverlierbar,
wenn JHWH als חֵלֶק und נַחֲלָה erfahren wird. Wie der Landanteil
die Lebensgrundlage darstellt, so wird JHWH für den Beter als חֵלֶק
zur *Lebensgrundlage* angesichts des Todes.

IV. Schluss

Der Überblick über die Rezeption der Landthematik in ausgewählten Psalmen zeigt einen vielfältigen Umgang mit dieser Motivik.
Vorgegebene Landtraditionen, wie besonders die dtn-dtr Landtheologie, aber auch andere Konzeptionen wie die Landverheißung als
»Schwur« an die Väter, werden sprachlich aufgegriffen, modifiziert
und erhalten ihre spezifische Funktion im Kontext des jeweiligen
Psalms.
In den *Klageliedern des Volkes* (Ps 44; 80) und den *Geschichtspsalmen* (Ps 78; 105) kann die Erinnerung und Vergegenwärtigung der
einstigen Landgabe zum Trost und zur Grundlage der Hoffnung
auf Rettung in der aktuellen zeitgeschichtlichen Situation (Fremdherrschaft, Landverlust) werden. Der Rekurs auf das frühere Heilshandeln kann dabei – als Kontrastmotiv zur gegenwärtigen Situation und als »Verschärfung der Klage«[96] – als Appell an Gottes rettendes Eingreifen (Ps 44; 80), aber auch als Belehrung der gegenwärtigen wie zukünftigen Generation (Ps 78) oder als Lobpreis
Gottes (Ps 105) dienen.
In dem weisheitlichen *Ps 37* erfährt die Landthematik eine Neuakzentuierung, indem die Landverheißung auf die »Armen« und
»Gerechten« begrenzt und zur Bekräftigung der bleibenden Gültigkeit des Tun-Ergehen-Zusammenhangs herangezogen wird. Dabei wird die Landzusage mit der Hoffnung auf Rettung aus der
Notsituation verbunden (Ps 39,40), ein Zusammenhang, der weitere Psalmen geprägt hat (Ps 25; 61; 69).
In *Ps 16; 73* und *142* wird die Landterminologie in der Gottesprädikation »JHWH ist mein (Land-)Anteil« metaphorisiert. Das se-

---

95   Vgl. *Lipiński*, Art. נָהֵל (s.o. Anm. 29), 356f.
96   *Hieke*, Exodus (s.o. Anm. 5), 555; vgl. 554ff zu weiteren Funktionen der Geschichtsrückblicke.

mantische Innovationspotential der Metapher[97] zeigt sich darin,
dass diese Gottesaussage im Kontext der jeweiligen Psalmen die
bleibende Gottesgemeinschaft als Lebensgrundlage des Beters beschreibt und damit die Hoffnung auf Rettung und Bewahrung angesichts des Todes, mitten im Leben oder am Ende des Lebens, zum
Ausdruck bringt.
Trotz aller Unterschiede in der Rezeption der Landmotivik zeigt
sich doch ein gemeinsamer Grundgedanke, der die entsprechenden
Psalmen prägt: Die Aktualisierung der Landthematik zielt immer
auf die Bedeutung für die Gegenwart und die konkrete Situation
des jeweiligen Psalmenbeters. Dabei sind zwei Aspekte wichtig:
Zum einen gilt das Land nach alttestamentlichem Verständnis als
Ort der Gemeinschaft mit Gott – ein Gedanke, der auch der Landmotivik in den Psalmen zugrunde liegt: »Sowohl in den konkreten
Aussagen über das Land als auch im metaphorischen Verständnis
geht es jeweils um die Verortung des Gottesglaubens. Das ›Land‹
ist der Bereich, in dem gestaltetes Leben in der Gemeinschaft mit
Gott möglich wird.«[98] Deshalb wird der Landverlust in den Klageliedern des Volkes gegenüber der einstigen Landgabe umso
schmerzlicher erfahren, deshalb verbindet Ps 37 die Verheißung
des Landes mit einem besonderen Gottesverhältnis der Gerechten,
und deshalb können Ps 16 und 73 die Landmotivik auf Gott selbst
übertragen und damit eine dauerhafte Gottesgemeinschaft beschreiben. Zum anderen ist der Gedanke der Rettung durch Gott
ein entscheidendes Moment für die Aktualisierung der Landmotivik in den Psalmen. Die Erwähnung der Landgabe kann deshalb in
das Lob Gottes münden:

12   Und er gab ihnen ihr Land als Erbbesitz,
     als Erbbesitz für Israel, sein Volk.
13   JHWH, dein Name (bleibt) für immer,
     JHWH, dein Gedenken von Generation zu Generation!
14   Ja, JHWH wird seinem Volk Recht verschaffen,
     und über seine Knechte wird er sich erbarmen. (Ps 135,12–14)

---

97   Zur »semantischen Innovation« der Metapher s. *P. Ricœur*, Die lebendige
Metapher. Mit einem Vorwort zur dt. Ausgabe, München 1986, II.
98   *W. Kraus*, Das »Heilige Land« als Thema einer Biblischen Theologie, in:
ders., Frühjudentum und Neues Testament im Horizont Biblischer Theologie
(WUNT 162), Tübingen 2003, 251–274, hier 273.

Kathrin Liess, geb. 1971, Dr. theol., ist Wissenschaftliche Assistentin im Fachbereich Altes Testament an der Evangelisch-Theologischen Fakultät der Universität Tübingen.

Abstract

By receiving and actualizing the theme ›land‹ in different ways the Book of the Psalms illustrates the meaning of the topic for the particular reality of the praying men. In the dirges of the folk (Ps 44, 80, et al.) and in the psalms of history (Ps 78, 105, et al.) the fomer giving of the land converts to the hope of the land in the awareness that the land is lost. In wisdom psalms like Ps 37 the promise of the land is limited to poor and rightous people. By promising homestead the validity of the *Tun-Ergehen-Zusammenhang* is approved and a notably relation to God is augured. Ps 16, 73 and 142 present a unique predication about God: The term ›JHWH is my portion of inheritance‹ contains a metaphorical terminology of the land, which expresses the prayer's lasting relation to God in view to affliction and death.

J. Cornelis de Vos

Die Bedeutung des Landes Israel in den jüdischen Schriften der hellenistisch-römischen Zeit

1 Einleitung

Welche Rolle spielt das Thema »Land«[1] in den jüdischen[2] Schriften der hellenistisch-römischen Zeit? Das ist die Frage, die im Folgenden aufgenommen wird. Dazu ist den Wandlungen des Themas »Land« sowohl hinsichtlich seiner Relevanz als auch seines konkreten Bezugs nachzugehen.

Im Alten Testament[3] spielt das Land bekanntlich eine herausragende Rolle. Das zeigt sich zum einen in der Fülle der Texte, die das Land betreffen; man denke an die Texte zu Landverheißungen, Landnahme, Landverteilung und auch zum Verlust des Landes, zur Wegführung aus dem Land und Rückkehr dorthin. Zum anderen gibt es eine besondere, historisch und theologisch geprägte Beziehung zum Land, die mit der Trias »Gott – Volk – Land« zusammengefasst werden kann[4]. Doch wie gingen Juden mit diesem Erbe

---

1 Im Folgenden bezieht sich »Land«, wenn nicht anders erwähnt, immer auf das, was gemeinhin »Land Israel / Palästina« genannt wird. Diese Bezeichnungen wiederum sind ungenaue Wiedergaben einer Größe, deren politische und ideologische Grenzen wechselten und für deren Territorium es umgekehrt in unterschiedlichen Zeiten und aus unterschiedlichen Perspektiven heraus viele Benennungen gab.

2 Das, was wir jetzt als »Judentum/jüdisch« beschreiben, gehörte für das damalige Verständnis zum ἔθνος-Begriff; für Religion gab es keinen Oberbegriff; vgl. dazu detailliert S. *Mason*, Jews, Judaeans, Judaizing, Judaism. Problems of Categorization in Ancient History, in: JSJ 38 (2007), 457–512.

3 Der Terminus »Altes Testament« ist bekanntlich nicht unproblematisch, aber das sind die Alternativen »Erstes Testament«, »Alter/Erster Bund« oder »die Schriften des Ersten Bundes« auch nicht. Der Terminus »Hebräische Bibel« träfe in diesem Aufsatz nicht immer zu, weil ich mich – wie man es auch in der untersuchten Zeit zu tun pflegte – meistens auf die LXX beziehe. »Jüdische Bibel« wäre zum Teil angemessen, doch diese Bibel war später gleichzeitig die Bibel der Christen, und der Begriff sollte für diese Zeit aus heuristischen Gründen nicht angewandt werden. Darum benutze ich den von meiner Tradition vorgegebenen Begriff »Altes Testament«, ohne dabei das Alte Testament gegenüber dem Neuen oder Juden gegenüber Christen disqualifizieren zu wollen.

4 Forscher wie William D. Davies und Walter Brueggemann betrachten »Land« sogar als *das* Hauptthema des Alten Testaments; vgl. *W.D. Davies*, The Gospel

um, wenn es durch geistige, politische und politisch-geographisch Umwälzungen einen anderen Stellenwert bekommen hatte? Das konkrete Land wird relativiert, und an seine Stelle tritt oftmals eine gewandelte Vorstellung des Landes Israel, sofern es nicht gänzlich negiert wird[5].

Die Bewertung des Landes in den jüdischen Schriften der hellenistisch-römischen Zeit – so meine These – ist in Relation zu den Themen »Gottesnähe« und »Gruppenidentität« zu sehen, wobei Gottesnähe und Gruppenidentität wichtiger sind als das Land. Das Land ist vor allem *Ereignisraum* für die Nähe Gottes und *Identitätsraum* für das Volk Gottes. Für Nähe Gottes und Gruppenidentität braucht man einen physisch und/oder mental verstandenen Raum[6], und Raum ist dem Land als Größe übergeordnet.

Angesichts der Fülle der Quellen ist keine umfassende Behandlung des Themas möglich. Die Quellen, auf die ich mich beziehen werde, sind die Septuaginta, die Werke Philos und Josephus' sowie die Schriften, die in der Sammlung *Jüdische Schriften aus hellenistisch-römischer Zeit* erschienen sind[7]. Diese Quellen decken den Zeitraum von etwa dem 3. Jh. v.Chr. bis zum 1./2. Jh. n.Chr. ab, wobei gesagt werden muss, dass die Datierungen vieler Schriften aus hellenistisch-römischer Zeit leider unsicher bleiben.

and the Land. Early Christianity and Jewish Territorial Doctrine, Berkeley 1974; ders., The Territorial Dimension of Judaism, Minneapolis, MN 1991 [1982]; W. Brueggemann, The Land. Place as Gift, Promise, and Challenge in Biblical Faith (Overtures to Biblical Theology 1), Minneapolis, MN ²2002.

5   Um Schlüsse *e silentio* zu vermeiden, bespreche ich hauptsächlich die gegebenen Wertaussagen zum Land. In einzelnen Fällen ist aber nachweisbar, dass solche auffälligerweise fehlen, z.B. in Philos Kommentar zu Gen 12 (s.u. S. 91) sowie in der Stephanusrede (Apg 7,2–53), auf die ich nicht weiter eingehen kann.

6   Vgl. zur Bedeutung von »Raum« R. Gehlen, Welt und Ordnung. Zur soziokulturellen Dimension von Raum in frühen Gesellschaften (Religionswissenschaftliche Reihe 8), Marburg 1995; ders., Art. Raum, in: HrwG IV (1998), 377–398 sowie die Beiträge von K. Bieberstein, Die Pforte der Gehenna. Die Entstehung der eschatologischen Erinnerungslandschaft Jerusalems, in: B. Janowski / B. Ego (Hg.), Das biblische Weltbild und seine altorientalischen Kontexte (FAT 32), Tübingen 2001, 503–539 und B. Janowski, »Du hast meine Füße auf weiten Raum gestellt« (Psalm 31,9). Gott, Mensch und Raum im Alten Testament, in: A. Loprieno (Hg.), Mensch und Raum von der Antike bis zur Gegenwart (Colloquium Rauricum 9), Leipzig 2006, 35–70, die zeigen, welche Funktionen mythischer, symbolischer Raum bzw. Erinnerungslandschaften haben können.

7   W.G. Kümmel / H. Lichtenberger (Hg.), Jüdische Schriften aus hellenistisch-römischer Zeit, Gütersloh 1973ff. Die meisten dieser Werke sind auf Griechisch überliefert, auch wenn etliche davon ursprünglich auf Hebräisch oder Aramäisch verfasst wurden. Auf den griechischen Werken liegt mein Hauptaugenmerk. Daher werden die Schriften vom Toten Meer überwiegend ausgegliedert. Streng genommen könnte man auch große Teile des Neuen Testaments zu dieser Gruppe rechnen. Dazu vgl. jedoch die Beiträge im vorliegenden JBTh.

2 Der Umgang mit dem Erbe der alttestamentlichen »Landtheologie«[8]

2.1 Relativierung der Bedeutung des konkreten Landes

Die enge Verknüpfung von Gott, Volk und Land, wie sie im Alten Testament gegeben ist, bekommt in den jüdischen Schriften aus hellenistisch-römischer Zeit oftmals durch Relativierung des konkreten Landes Israel einen anderen Stellenwert. Dafür dürften drei Gründe anzugeben sein: 1. die Zerstörung des Tempels, durch die die Präsenz Gottes im Land gefährdet zu sein schien; 2. hellenistischer Kosmopolitismus sowie bestimmte hellenistische körper- und materiefeindliche philosophische Strömungen; 3. ein Leben in der jüdischen Diaspora.

Auf Kosmopolitismus und körper- bzw. materiefeindliche philosophische Strömungen der hellenistischen Zeit sei hier nur hingewiesen. Beide Aspekte werden im weiteren Verlauf für viele Beispiele den Hintergrund bilden. Auf Tempelzerstörung und Diasporasituation möchte ich etwas ausführlicher eingehen.

Die Zerstörungen des Ersten und des Zweiten Tempels haben Israel jeweils in tiefe Krisen gestürzt[9]. Der Tempel galt – sieht man von einigen kritischen Stimmen im Alten Testament ab[10] – als Wohnort Gottes und somit als Garant für die Präsenz Gottes in der Mitte seines Landes und unter seinem Volk. Die naheliegende Schlussfolgerung war dann auch: Ist der Tempel nicht mehr da, hat Gott uns verlassen. Und umgekehrt heißt es sogar: Gott hat uns verlassen, und darum ist der Tempel nicht mehr da[11]. Diese Situ-

---

8   »Landtheologie« steht zwischen Anführungszeichen, weil es *die* alttestamentliche Landtheologie nicht gibt. Es gibt aber eine Fülle von mehr oder weniger theologisch geprägten *Landtheologien*, die ich mit diesem Begriff bezeichne. Vgl. *J.C. de Vos*, Art. Land, in: Das wissenschaftliche Bibellexikon im Internet (www.wibilex.de) (erscheint 2009).

9   In mehreren jüdischen Schriften nach 70 n.Chr. wird die Zerstörung des Zweiten Tempels – auch in fiktiver Retrojektion auf die Zerstörung des Ersten Tempels – aufgearbeitet. Vgl. u.a. 4Esr, 2Bar, 3Bar, LibAnt und zur Thematik *B. Ego*, Von der Jerusalemer Tempeltheologie zur rabbinischen Kosmologie. Zur Konzeption der himmlischen Wohnstatt Gottes, in: Mitteilungen und Beiträge der Forschungsstelle Judentum an der theologischen Fakultät Leipzig 12–13 (1997), 36–52 und *J. Hahn / C. Ronning* (Hg.), Zerstörungen des Jerusalemer Tempels. Geschehen – Wahrnehmung – Bewältigung (WUNT 147), Tübingen 2002.

10   Z.B. 1Kön 8,27; Jes 66,1 (vgl. Apg 7,48). Nach 1Kön 8 (z.B. V. 29) ist der Tempel der Ort, an dem sich Gottes Präsenz ereignen kann, während »Gott selbst« im Himmel wohnt.

11   In die Richtung scheint 2Makk 5,17 zu weisen, wenn es heißt: »... denn er [sc. Antiochus IV.] erkannte nicht, dass wegen der Verfehlungen derer, die die Stadt [sc. Jerusalem] bewohnten, der Herr für eine kurze Weile zürnte und des-

ation kann in mehreren Schriften der Hintergrund für eschatologische Vorstellungen eines neuen Jerusalem mit einem neuen Tempel sein[12].

Juden in der Diaspora wohnten, wie das Wort besagt, in der Zerstreuung außerhalb des Landes Israel. Dadurch waren sie abgeschnitten von einer Lebenssituation, in der Gott, Volk und Land eng miteinander verknüpft waren.

Darum wird das Leben in der Diaspora oft als Exil, als Vertreibung aus der Heimat, empfunden[13]. Bemerkenswert ist ein Zitat aus dem *Aristeasbrief* (2. Jh. v.Chr.): Der ägyptische König Ptolemaeos fragt einen der jüdischen Weisen, die bei ihm in Alexandrien zu Besuch sind:

(…), wie er Liebe zum Vaterland (φιλόπατρις) empfinden könne. »Wenn man sich vorstellt«, antwortete der, »daß es schön ist, in der Heimat (ἐν ἰδίᾳ) zu leben und zu sterben. Das Exil (ξενία) bringt dagegen den Armen Verachtung und den Reichen Schande, als wären sie wegen einer Schlechtigkeit verbannt worden. Wenn du allen Gutes erweist, wie du dies dauernd tust, weil Gott dir Ansehen bei allen verschafft, wirst du deine Vaterlandsliebe (φιλόπατρις) zeigen« (Arist 249)[14].

Bedenkt man, dass der Aristeasbrief mit seiner Gründungslegende der Septuaginta in erster Linie die Diasporajuden anspricht, dann ist es bezeichnend, dass die Diaspora hier als Weilen in der Fremde, als Exil (ξενία) beschrieben wird, auch wenn der jüdische Weise zum Oberhaupt des Diasporalandes, dem ägyptischen König, spricht. Genau dies passt aber zur theologischen Absicht des Aristeasbriefes: Der Brief befürwortet einerseits eine gewisse *Akkultu-*

halb eine Nichtachtung der heiligen Stätte eintrat.« Nach ParJer 1,8; 3,2; 4,2f öffnen Engel Gottes den Babyloniern die Tore Jerusalems wegen der Sünden des Volkes Israel, *damit* diese in die Stadt hineingehen und diese vernichten können.

12   Man sollte sich allerdings vor Zirkelschlüssen hüten, bei denen eine Datierung nach einer Tempelzerstörung vorausgesetzt wird aufgrund der Vorstellungen eines eschatologischen neuen Jerusalem. Das Vorkommen dieses Themas in den Qumranschriften zeigt, dass das Motiv auch andere Hintergründe haben kann; vgl. zu den »Neues Jerusalem«-Texten von Qumran L. *DiTommaso*, The Dead Sea New Jerusalem Text. Contents and Contexts (TSAJ 110), Tübingen 2005.

13   Vgl. zu den Termini vor allem J. *Kiefer*, Exil und Diaspora. Begrifflichkeit und Deutungen im antiken Judentum und in der hebräischen Bibel (Arbeiten zur Bibel und ihrer Geschichte 19), Berlin 2005. Oft wird als Ursache für das Exil oder dessen Verlängerung die Sünde des Volkes genannt; vgl. als spätes Beispiel (1. Jh. n.Chr.) Vitae Prophetarum III 19: »Und er [Ezechiel] sagte ihnen voraus, dass ihretwegen [der Stämme Dan und Gad (V. 17)] das Volk nicht zurückkehren werde in sein Land, sondern sie in Medien bleiben werden bis zum Ende ihres Irrtums.« (Übers. von A.M. *Schwemer*, Vitae Prophetarum [JSHRZ 1], Gütersloh 1997, 535–658.)

14   Übers. von N. *Meisner*, Aristeasbrief (JSHRZ 2), Gütersloh 1973, 35–87.

ration, eine Anpassung an die Kultur des fremden Landes[15], nicht
jedoch die *Assimilation*, ein Aufgehen in dieser Kultur[16], was für
die Juden in Alexandrien die griechische gewesen wäre[17]. Vielmehr
will der Aristeasbrief, dass die Juden am Gesetz Gottes festhalten,
was gerade durch das Griechische der Septuaginta, die Sprache vieler Diasporajuden, ermöglicht wurde[18]. Dazu kommt im weiteren
Verlauf des Aristeasbriefes eine starke Ausrichtung auf Jerusalem,
seinen Tempeldienst und den Hohenpriester[19]. Das Land Israel
selbst spielt eine auffallend untergeordnete Rolle; Jerusalem und
sein Kult sind wichtiger als das Land[20].
Flavius Josephus (37 – ca. 100 n.Chr.) beschreibt in seiner Apologie
des Judentums die Wohnlage der Juden in Alexandrien auf eine mit
Urlaubsprospekten vergleichbare Weise: Sie wohnen am Strand im
schönsten Teil Alexandriens (εἰς κατοίκησιν τὸ κάλλιστον)[21].
Das hätte Josephus nicht geschrieben, wenn er die Diasporasituation missbilligt hätte – schließlich wohnte er selber in Rom. Mehr
noch, er berichtet, dass die Juden dort als Alexandriner bezeichnet
werden, und er lässt sich auch nicht die Bemerkung entgehen, dass
ausgerechnet die Ägypter – auch Apion, gegen dessen antijüdische
Argumente er sich wendet, ist einer – gerade kein Bürgerrecht in
Alexandrien bekommen haben[22].

15   So *G. Schimanowski*, Der Aristeasbrief zwischen Abgrenzung und Selbst-
darstellung, in: *P.W. van der Horst u.a.* (Hg.), Persuasion and Dissuasion in Early
Christianity, Ancient Judaism, and Hellenism (Contributions to Biblical Exegesis
& Theology 33), Leuven / Dudley, MA 2003, 45–64 und *ders.*, Juden und Nichtjuden in Alexandrien. Koexistenz und Konflikte bis zum Pogrom unter Trajan (117
n.Chr.) (MJSt 18), Münster 2006.
16   *E.S. Gruen*, Diaspora. Jews amidst Greeks and Romans, Cambridge, MA
2002.
17   Alexandrien war eine griechisch-makedonische Polis auf ägyptischem Boden.
18   Vgl. dazu *Schimanowski*, Aristeasbrief.
19   Arist 83–120. Das mag durch die Querelen um Onias IV. und sein Heiligtum in Leontopolis veranlasst sein; vgl. dazu *Meisner*, Aristeasbrief, 43.
20   Shmuel Safrai hat diese Ausrichtung auch für viele andere Schriften der be-
sagten Zeit herausgearbeitet (vgl. *ders.*, Die Wallfahrt im Zeitalter des Zweiten
Tempels [FJCD 3], Neukirchen-Vluyn 1981 sowie *ders.*, Relations between the
Diaspora and the Land of Israel, in: *ders. / M. Stern* [Hg.], The Jewish People in
the First Century. Historical Geography, Political History, Social, Cultural and
Religious Life and Institutions [CRI 1], Assen 1974, 184–215). Bezeichnend ist
auch der spätere Begriff »Zionismus« mit seinem Rückgriff auf den Zion und
nicht auf das Land.
21   Josephus, Ap II 33–39, hier 34. Vgl. zu Contra Apionem neuerdings *J.M.G.
Barclay*, Against Apion. Translation and Commentary (Flavius Josephus, Translation and Commentary 10), Leiden/Boston 2007 und *F. Siegert*, Flavius Josephus,
»Über die Ursprünglichkeit des Judentums« [Contra Apionem] (SIJD 6/1–2), Göttingen 2008.
22   Josephus, Ap II 41.

Anders wird die Diaspora im Buch *Tobit* bewertet, zumindest theo-
retisch. Das Buch spielt fiktiv im assyrischen Exil. Es stammt aus
dem 3. oder 2. Jh. v.Chr. und kann damit Zeuge einer Diasporasituation im seleukidischen Kernland sein. Im sogenannten biogra-
phischen Rückblick Tobits (1,3–22) bekundet dieser, dass er, als er
noch im Land lebte, als einziger unter seinen Stammesgenossen an
Jerusalem festhielt und zu den Festtagen dorthin pilgerte, um den
Kultvorschriften gemäß zu opfern[23]. Doch als er später im Exil ist,
merkt man nur noch wenig vom Kult. Was bleibt, sind die Leit-
sätze des Buches: Wahrheit, Gerechtigkeit und Barmherzigkeit
(1,3), göttliche Gaben, die auch im Ausland gelebt werden können.
An die Stelle des Kults scheint das Gebet zu treten[24]. Der fromme
Tobit und sein gleichermaßen frommer Sohn Tobias zeigen, dass
man auch im fremden Ausland Gott treu sein kann und soll und
dass man über das Gebet und – bezeichnend für das Tobitbuch –
durch einen Engel Gottes Verbindung zu Gott haben kann.
Die Diaspora selbst wird aber in einem Gebet Tobits (3,1–6) als
Strafe für das Nicht-Einhalten des Gesetzes Gottes gesehen:

Und ich habe deine Satzungen nicht befolgt, und du gabst uns dahin zu
Plünderung und Gefangenschaft und Tod und zu Vorwurf, zu Gerede und
zum Spott vor allen Völkern, unter die du uns zerstreut hast (Tob 3,4)[25].

Vor seinem Tod spricht Tobit die Hoffnung aus, dass die Israeliten
einst wieder nach Israel zurückkehren können:

Und Gott wird sich ihrer wieder erbarmen, und Gott wird sie zurückbrin-
gen in das Land Israel, und sie werden das Haus [sc. den Tempel] wieder
erbauen, aber nicht wie das erste, bis zu der Zeit, da die Zeit der Weltzei-
ten (ὁ χρόνος τῶν καιρῶν) erfüllt wird. Und danach werden sie alle zurückkehren aus ihrer Gefangenschaft und werden Jerusalem ehrenvoll erbauen, und das Haus Gottes wird in ihm gebaut werden (...) (Tob 14,5)[26].

Doch gerade Tobits frommer Sohn Tobias zieht auf dessen Rat
hin[27] nicht nach Israel, sondern mit seiner Familie nach Ekbatana

---

23   Tob 1,4–8.
24   Es gibt auffallend viele Gebete in Tobit; vgl. dazu B. *Ego*, Buch Tobit
(JSHRZ 2), Gütersloh 1999, 870–1007, hier 894f.
25   Zitiert nach G[II], dem längeren und im Vergleich zum kürzeren G[I] wahrscheinlich älteren griechischen Tobittext. Siehe die Einleitung bei *Ego*, Tobit, von
der auch die Übersetzung stammt. Text nach R. *Hanhart* (Hg.), Tobit (Septuaginta 8.5), Göttingen 1983; vgl. zudem die Tobit-Synopse bei C.J. *Wagner*, Polyglotte
Tobit-Synopse. Griechisch, Lateinisch, Syrisch, Hebräisch, Aramäisch. Mit einem
Index zu den Tobit-Fragmenten vom Toten Meer (MSU 28), Göttingen 2003.
26   Bruchstücke dieses Verses auf Aramäisch finden sich in 4Q198 Fragm. 1.
27   Tob 14,4.8.9.

in Medien zu seinen Schwiegereltern und »lebt da noch lange und glücklich«[28]. Ein Leben als Israelit in Medien war anscheinend kein Problem, oder anders gesagt: Die Diasporasituation scheint gegeben zu sein, und man findet sich damit ab, während eine Rückkehr ins Land erst in ferner Zukunft für möglich gehalten wird. Auch in der Diaspora ist Gott bei seinem Volk. Das ganze Buch Tobit zeugt davon, dass man durch frommes Leben und Gebet auch außerhalb des Landes diese Gottesnähe erfahren kann[29].

Im Buch Tobit sind also folgende Motive nebeneinander zu finden: 1. Exil als Strafe; 2. Hoffnung auf Rückkehr bzw. Heimkehr; 3. Möglichkeit der Gottesnähe in der Diaspora; 4. ein anscheinend unbesorgtes Weiterleben in der Diaspora. Offensichtlich gilt auch in der Diaspora der Grundsatz: *ubi bene, ibi patria* »Wo es gut ist, dort ist das Vaterland«[30].

Ähnlich wie im Tobitbuch stehen bei dem jüdischen Philosophen *Philo von Alexandrien* (ca. 20 v.Chr. – ca. 50 n.Chr.) die Bedeutung des aktuellen Vaterlands (in seinem Fall: Alexandria in Ägypten) und die Orientierung auf Jerusalem als kultische Mitte in gewisser Spannung zueinander. Die Aufgabe, in Jerusalem zu opfern, z.B. sei schwer, wenn man dafür das Vaterland verlassen müsse,

denn wer das Opfer nicht reinen Sinnes bringen will, der brächte es auch kaum über sich, Vaterland, Freunde und Verwandte zu verlassen und in die Fremde zu gehen; vielmehr kann er nur, weil ihn der Zug zur Frömmigkeit mächtig fortreißt, die Entfernung von den Menschen ertragen, die durch Bande der Freundschaft und des Blutes aufs engste mit ihm verbunden und zu Teilen seines eigenen Ichs geworden sind (SpecLeg I 68)[31].

Doch Jerusalem zieht. Für Philo ist es nicht weniger als die μητρό-πολις der Juden, die Mutterstadt, in seinen Worten: »die heilige

---

28   Tob 14,12–15.
29   Beate Ego weist auf die vielen intertextuellen Bezüge zum nur beschränkt im Land spielenden Buch Genesis hin und schlussfolgert, »daß auch eine Existenz außerhalb des Landes Israel unter der Führung Gottes möglich ist. Gottes Gegenwart bei seinem Volk ist somit nicht auf das Land Israel begrenzt, sondern hat universalen Charakter« (*dies.*, Tobit, 897; vgl. 901).
30   Die Phrase *ubi bene, ibi patria* ist in antiken Quellen nirgends textlich belegt, geht laut G. *Büchmann* / P. *Dorpert*, Geflügelte Worte und Zitatenschatz, Zürich o.J. [Neuausgabe], 201 wahrscheinlich aber auf Cicero zurück, der in *Tusculanae Disputationes* V 37,108 sagt: *patria est, ubicumque est bene.* Aristophanes, *Plutos*, 1151 käme als Quelle auch noch in Betracht. Dort heißt es: πατρὶς γάρ ἐστι πᾶσ' ἵν' ἂν πράττῃ τις εὖ.
31   Vgl. auch VitMos II 232. Übersetzungen der Philozitate nach L. *Cohn* / P. *Wendland* (Hg.), Die Werke Philos von Alexandrien, Berlin ²1962.

Stadt, wo der heilige Tempel des höchsten Gottes steht.«[32] Im gleichen Atemzug kommt er aber wieder auf das Vaterland der Juden zu sprechen, das sich überall befinden kann:

> Was sie (...) von ihren Vätern, Groß- und Urgroßvätern und den Voreltern noch weiter hinauf als Wohnsitz übernommen haben, das halten die einzelnen für ihr Vaterland (Flacc 46).

Philo hat sich kaum für das konkrete Land Israel und für das konkrete Jerusalem interessiert[33]. Einmal nur war er dort, und zwar um »im väterlichen Heiligtum zu beten und zu opfern« (εἰς τὸ πατρῷον ἱερὸν ἐστελλόμην, εὐξόμενός τε καὶ θύσων). Doch dies erwähnt er nur beiläufig im Kontext seiner Beschreibung der syrischen Küstenstadt Askalon[34]. Auch das Thema »Land« in seiner Bibel[35] war für ihn in praktischer Hinsicht von relativ geringer Bedeutung, und er weiß es in der Regel zu spiritualisieren oder zu universalisieren, z.B. da, wo er über das sogenannte Garbenfest (δράγμα) schreibt[36]: Die Erstlingsgaben des Landes werden im Land für das Land (χώρα) dargebracht, zugleich aber für die ganze Erde (ἡ συμπάση γῆ). Das Land und die ganze Erde verbindet Philo daraufhin mit dem jüdischen Volk einerseits und der Menschheit andererseits, wobei gilt, dass das Volk der Juden – über das Land sagt er nichts mehr – einen Priesterstatus für die ganze Menschheit einnimmt. Der Priesterstatus zeichnet sich dadurch aus, dass dieses Volk in der platonischen Perspektive Philos, indem es das Gesetz lebt, vernünftig, nicht »fleischlich« ist[37]. Nimmt man

32   Jerusalem bleibt die kultische Hauptstadt. In dem Sinne unterscheidet sich der Begriff »Metropolis« von dem der Umwelt. Vgl. dazu *P.W. van der Horst*, Philo's Flaccus. The First Pogrom. Introduction, Translation, and Commentary (Philo of Alexandria Commentary Series 2), Leiden/Boston 2003, 140–144, bes. 142.
33   Vgl. als Einleitung *S. Sandmel*, Philo of Alexandria. An Introduction, New York 1979; *K. Schenck*, A Brief Guide to Philo, Louisville, KY 2005, und zur hiesigen Thematik *B. Schaller*, Philon von Alexandreia und das »Heilige Land«, in: *G. Strecker* (Hg.), Das Land Israel in biblischer Zeit (GThA 25), Göttingen 1983, 172–187. Das Land kommt vor allem in LegGai vor; vgl. dazu die Beschreibung ebd., 175–179. Zum Thema »heiliges Land« bei Philo s.u. S. 90.
34   Prov II 64. *Schaller* bemerkt dazu: »So äußert sich keiner, der vom Land der Väter begeistert ist, dem es Wesentliches bedeutet« (ebd., 174). Die Nicht-Achtung des Landes durch Philo hat auch damit zu tun, dass im Hellenismus, und insbesondere in der von Philo beanspruchten Nachfolge Platos kurz gesagt »dem Geistigen« eine höhere Bedeutung zugemessen wurde als dem Konkreten, das als vorläufig und minderwertig galt.
35   Mit Einschränkung: Die Bücher, die auf die Tora folgen, haben für ihn kaum Bedeutung und werden nie ausgelegt.
36   SpecLeg II 162ff. Für weitere Beispiele s.u.
37   SpecLeg II 163.

diese Worte Philos über den durch das Gesetz vernünftigen Juden ernst, muss man nicht im Land selbst leben, sondern dann reicht das Halten des Gesetzes, das überall in der Welt möglich ist. Zudem schreibt er seinem Volk einen hohen Rang zu, was positiv auf das Selbstbewusstsein und die Identität der jüdischen Diasporagemeinden wirkt. Dass sich viele Juden in der Diaspora befinden, ist bei Philo übrigens auch keine Schande, denn seiner Meinung nach kann das eine Land, μία χώρα, das große Volk (πολυανθρω-πία) nicht fassen[38] – ein Hinweis auf den großen Erfolg des jüdischen Volkes in der damaligen Perspektive[39].

Als bisheriges Ergebnis kann festgehalten werden: Schriften *aus* der Diaspora (Philo, Josephus), eine Schrift *für* die Diaspora (Arist) sowie eine Schrift *über* die Diaspora (Tob) zeigen, dass man nicht direkt auf das Land, sondern auf Jerusalem als kultische Mitte ausgerichtet ist, während gleichzeitig ein Leben in der Diaspora als unproblematisch oder angenehm erfahren wird. Das betrifft auf Grund der Datierungen der Schriften die Zeit vom 3. oder 2. Jh. v.Chr. (Tob) bis zum 1. Jh. n.Chr. (Josephus). Diese Konstante ist bemerkenswert, weil es innerhalb dieser Zeitspanne viele politische und geistige Umwälzungen gab.

2.2   Antworten auf die Relativierung des konkreten Landes

Es gibt verschiedene Antworten auf die Relativierung des konkreten Landes: 1. Idealisierende Antworten: Wie bereits im Alten Testament wird das Land gerade dann idealisiert, wenn es durch Überfremdung seine Selbstverständlichkeit verloren hat und/oder wenn man nicht (mehr) im Land wohnt. Es kann z.B. ein heiliges Land eine eschatologische Größe oder unrealistisch ausgedehnt werden. 2. Ausbleibende Antworten: Die Bedeutung des Landes kann abgeschwächt oder sogar übergangen werden. Das sehen wir vor allem bei Philo und in gewissem Sinne auch bei Josephus. 3. Ersatzantworten: Landkonzepte können sich wandeln. Im Unterschied zu den idealisierenden Antworten, bei denen das konkrete Land die Haftpunkte bietet, wird bei den Ersatzantworten das Land durch einen anderen konzeptionellen Raum ersetzt.

2.2.1   *Idealisierende Antworten*
Ist in 1Makk (Ende 2. Jh. v.Chr.) das Territorium, das die Makkabäer Judas, Jonathan und Simon als das ihre betrachten, relativ

---

38   Mos II 232; vgl. auch Flacc 45.
39   Vgl. auch Ps-Hekataios Frgm. 1 bei Josephus, Ap I 194f sowie *B. Halpern-Amuru*, Land Theology in Josephus' Jewish Antiquities, in: JQR 71 (1997), 221–229, bes. 208, 211 und 214.

übersichtlich[40], was der Realität zu entsprechen scheint, so wird im etwas späteren Genesis-Apokryphon (1. Jh. v. oder 1. Jh. n.Chr.) beschrieben, wie Abraham in einer Vision einen Gang um das Land herum macht, das sich vom Euphrat bis hin nach Ägypten erstreckt[41] – ein Rückgriff nicht nur auf Genesis, sondern auch auf deuteronomisch-deuteronomistische Vorstellungen eines sogenannten »Euphratischen Israel«.[42]

Im Buch Jubiläen (2. Jh. v.Chr.) wird das Land Israel zur religiösen Mitte, zum ὀμφαλός der ganzen Erde, wörtlich:

Und er [Noach] erkannte, dass der Garten Eden das Heilige des Heiligen sei und Wohnung des Herrn und der Berg Sinai die Mitte der Wüste und der Berg Zion die Mitte des Nabels der Erde. Und diese drei, dieses gegenüber jenem, sind zu Heiligtümern geschaffen (Jub 8,19)[43].

In Büchern wie 4Esr und 2Bar (beide 1. Jh. n.Chr.) wird das Land zu einer messianischen, eschatologischen Größe[44], möglicherweise in Reaktion auf die Tempelzerstörung[45]. Und so sind mehr Beispiele idealisierender Antworten zu geben[46]. Ich möchte an dieser Stelle auf das Konzept des »heiligen Landes« etwas ausführlicher eingehen, ein Konzept, das im Alten Testament schon angelegt, doch nicht expliziert ist[47].

Die Septuaginta scheint an einigen Stellen über den MT hinaus die Heiligkeit des Landes zu betonen. Sie übersetzt in Ex 3,5 die Wendung אדמת־קדש, den Ort der Gottesoffenbarung an Mose, mit γῆ ἁγία[48], scheint also den Boden auf ein Land auszuweiten, denn sie hätte auch das Wort χώρα benutzen können, das eher auf einen

---

40   Vgl. dazu D. Mendels, The Land of Israel as a Political Concept in Hasmonean Literature. Recourse to History in Second Century B.C. Claims to the Holy Land (TSAJ 15), Tübingen 1987, 47–56, bes. 48–50.

41   1QApGen 21,8–19.

42   Vgl. z.B. Dtn 11,24 und Jos 1,4.

43   Vgl. zu dieser Stelle J. Laaksonen, Jesus und das Land. Das Gelobte Land in der Verkündigung Jesu, Åbo 2002, 104–109 sowie meine Rezension zu dieser Monographie in JSJ 36 (2005), 358–360.

44   Vgl. dazu D.J. Harrington, The »Holy Land« in Pseudo-Philo, 4 Ezra, and 2 Baruch, in: Emanuel. Studies in Hebrew Bible, Septuagint, and Dead Sea Scrolls (FS E. Tov) (VT.S 94), hg. von S.M. Paul u.a., Leiden / Boston 2003, 661–672.

45   Doch s.o. Anm. 12.

46   Z.B. 1Hen, vor allem 26, oder PsSal 17, eine Reaktion auf Pompeius' Einmarsch in Jerusalem (63 v.Chr.).

47   Des Öfteren kommen heilige Orte und Stätten vor (vgl. u.a. Gen 28,16–19; Ex 3,5) und manchmal ist vom »heiligen Boden« die Rede (Sach 2,16; Ex 3,5). Vgl. auch Texte wie Lev 26,11; Dtn 32,8[LXX]; Num 35,33f; Jos 22,19 (s.u. Anm. 68); Jes 14,2; Hos 9,3 und Ps 78,54.

48   Wie auch Philo, Fug 163.

kleineren begrenzten Raum hinweist[49]. Doch allzu große Bedeutung kann man dieser Beobachtung nicht zumessen, denn erstens benutzt die Septuaginta viele unterschiedliche Begriffe, um אדמה wiederzugeben[50], zweitens setzt sie γῆ fast beliebig ein für nahezu alle Wörter im semantischen Feld von »Raum«, »Boden« und »Land«[51], und drittens hat das Wort γῆ selber ein breites Bedeutungsspektrum von »Boden« bis zur »ganzen Welt«[52].

Interessanter wird es da, wo sie מקום durch γῆ ersetzt, wo also aus einem »Ort« (τόπος) »Land« wird wie in Ex 23,20. Dort sagt Gott zu Mose: »Siehe, ich sende einen Engel vor dir her, um dich auf dem Weg zu behüten und dich zu dem Ort zu bringen, den ich bestimmt habe.« Der letzte Teil wird von der Septuaginta mit εἰς τὴν γῆν ἥν ἡτοίμασά σοι übersetzt. Damit hat sie wohl den »Ort, den Gott dir bestimmt hat«[53], auf das ganze Land ausgeweitet.

Zwei Verse weiter, in Ex 23,22, heißt es dann im MT:

Wenn du auf seine [sc. des Engels] Stimme hörst und alles tust, was ich dir sage, so will ich deiner Feinde Feind und deiner Widersacher Widersacher sein.

In der Septuaginta erscheint der Vers aber folgendermaßen:

Wenn ihr wirklich auf meine Stimme hört und du alles tust, was ich dir gebiete, und ihr meine Verfügung bewahrt, werdet ihr mir ein Eigentumsvolk von allen Volksstämmen sein; mein ist nämlich die ganze Erde! Ihr aber sollt für mich ein königliches Priestergemeinwesen und ein heiliger Volksstamm sein. Diese Worte sollst du den Israeliten sagen. Wenn du wirklich auf meine Stimme hörst und alles tust, was ich dir sage, werde ich deinen Feinden in Feindschaft begegnen und mich deinen Widersachern entgegenstellen[54].

---

49   Vgl. *H.G. Liddell u.a.*, A Greek-English Lexicon, Oxford 1996, durchges. Aufl. (im Folgenden: LSJ), s.v. χώρα.
50   אדמה kann u.a. mit γαῖα, γῆ, χθών, χῶμα und χώρα wiedergegeben werden; vgl. *E. Hatch / H.A. Redpath*, A Concordance to the Septuagint and the Other Greek Versions of the Old Testament (Including the Apocryphal Books), Grand Rapids, Mi. ²1998. Sach 2,16 LXX übersetzt sachlich richtig אדמת־קדש mit γῆ ἁγία.
51   Für mehr als 30 Begriffe; vgl. *Hatch/Redpath*, Concordance, s.v. γῆ.
52   Vgl. LSJ, s.v. γῆ. Ein viertes Argument wäre, dass dieses »heilige Land« am Sinai und damit außerhalb des Landes Israel läge.
53   Worauf im MT מקום hinweist, ist umstritten: entweder auf das ganze Land (so z.B. *C. Houtman*, Exodus, Bd. 3 [HCOT], Leuven 2000, 273f) oder auf ein Heiligtum (so z.B. *C. Dohm*, Exodus 19–40 [HThK], Freiburg i.Br. 2002, 192f). Am meisten überzeugt mich letzteres, da מקום sonst untypisch verwendet wäre.
54   Übers. in Anlehnung an *M. Karrer / W. Kraus* (Hg.), Septuaginta Deutsch, Bd. 1: Das griechische Alte Testament in deutscher Übersetzung, Stuttgart 2009. Der übersetzte Text ist der von Rahlfs-Hanhart (*A. Rahlfs / R. Hanhart* [Hg.], Septuaginta. Id est Vetus Testamentum graeca iuxta LXX interpretes. Editio alte-

Das heißt, dass die Septuaginta mit diesem bekannten Zitat aus Ex 19,5f das Land, das Gott bereitet hat (V. 20), zu einem heiligen Land macht, indem sie das darin wohnende Volk zu einem Eigentum Gottes, zu einem heiligen Volk macht. Wenn das so ist, haben wir indirekt eine ins 3. Jh. v.Chr. zu datierende[55] und damit recht frühe Bezeugung für die Heiligkeit des Landes.

Die erste explizite Erwähnung eines »heiligen Landes« findet sich in 2Makk 1,7, im sogenannten ersten Festbrief[56] (124 v.Chr.). Die Juden in Jerusalem und im jüdischen Lande schreiben den Juden in Ägypten (1,1) anlässlich des Tempelweihfestes (1,9). Innerhalb dieses Briefes zitieren die Absender einen früheren Brief (144/143 v.Chr.), und darin heißt es:

Unter dem König Demetrius[57], im Jahre 169[58], haben wir Juden euch geschrieben: »Auf dem Höhepunkt der auf uns einstürmenden Drangsal dieser Jahre, seitdem Jason und seine Anhänger abfielen vom heiligen Lande (ἀπὸ τῆς ἁγίας γῆς) und[59] vom Königtum[60] (...)« (2Makk 1,7f)[61].

In diesem Schreiben sowie in dem darin zitierten Brief fällt vor allem auf, wie vieles nicht gesagt wird[62]. Im zitierten Brief z.B. wird

---

ra, Stuttgart 2006). In der Göttinger Ausgabe findet sich ein kurzer, dem MT ähnlicher Text (*J.W. Wevers* [Hg.], Exodus [Septuaginta, 2.1], Göttingen 1991).

55   *F. Siegert*, Zwischen Hebräischer Bibel und Altem Testament. Eine Einführung in die Septuaginta (MJSt 9), Münster 2001, 42.

56   Zu dieser Bezeichnung vgl. *E.J. Bickerman*, A Jewish Festal Letter of 124 B.C.E. (Studies in Jewish and Christian History 86/1), Leiden/Boston 2007 [1933], 408–431. In 2Makk ist übrigens vieles heilig, nicht nur das Land, sondern auch Gott, Jerusalem, die heilige Stätte, der Tempel, der Sabbat, der heilige Tag, die Gesetzgebung, das Volk, ein Schwert.

57   Gemeint ist Demetrius II. Nikator (145–140.129–126/5 v.Chr.).

58   Der seleukidischen Zeitrechnung = 144/143 v.Chr.

59   Die Konjunktion καί deutet auf eine enge Verbindung zwischen »heiligem Land« und »Königtum (Gottes)« hin; vgl. die nächste Anm.

60   Ob βασιλεία sich auf das irdische oder das himmlische Königtum bezieht, ist nicht mit Sicherheit zu bestimmen, doch aufgrund des Kontextes ist letzteres wahrscheinlicher (vgl. außerdem 2Makk 2,17 sowie die treffende Übersetzung der Guten Nachricht: »Nachdem Jason und seine Leute sich von Gott, unserem König, losgesagt und sich dagegen aufgelehnt hatten, daß dieses Land ihm gehört«). Es ist sogar mit der Möglichkeit zu rechnen, dass es im zitierten Brief auf den seleukidischen Herrscher Antiochus IV. bezogen war, im zitierenden Brief aber auf oder *auch* auf das himmlische Königtum bzw. Gott; siehe *C. Habicht*, 2. Makkabäerbuch (JSHRZ 1), Gütersloh 1976, 164–285, hier 201, Anm. 7e.

61   Übersetzung in Anlehnung an *Habicht*, 2. Makkabäerbuch; eigene Modifikationen: »vom heiligen Lande« (Habicht: »von der gottgeweihten Erde«) und »vom Königtum« (Habicht: »vom Königtum [Gottes]«).

62   Vgl. für die folgende tendenzkritische Analyse *J.A. Goldstein*, II Maccabees. A New Translation with Introduction and Commentary (AncB 41a), Garden City, NY 1983, z.St.

nicht von den »Freveltaten« Antiochus' IV. geredet, nur von Jason, dem Hohenpriester. Jonathan A. Goldstein vermutet, dass die Schreiber des Briefes damit die Juden in Ägypten indirekt kritisierten: War nicht Jason aus der Familie der Oniaden, und war es nicht Onias IV., der den schismatischen Tempel in Leontopolis gegründet hatte[63]? Die Gründung dieses Tempels wäre dann mit dem Abfall Jasons vom heiligen Land zu vergleichen, der sich nach Goldstein auf einen ähnlichen Vorfall bezieht: Jason soll nach Ammanitis zu seinem Cousin Hyrkanos geflohen sein, der in ʿIrāq el-Emīr ebenfalls einen schismatischen Tempel gebaut haben soll[64]. Auch das restliche Schreiben kann man als Anklage gegen die Juden in Ägypten betrachten:

Möge er euch ein Herz geben, ihn [Gott] zu verehren und seine Wünsche von ganzem Herzen willig zu erfüllen. Möge er seinem Gesetz und seinen Geboten euer Herz öffnen und Frieden schaffen. Möge er eure Bitten erhören, sich mit euch versöhnen und euch nicht verlassen in der Stunde der Not (2Makk 1,3–5).

Dies kann man so lesen, dass die Juden in Jerusalem und Judäa meinten, dass ihre Bundesgenossen (V. 2) das Erwünschte nicht erfüllten. Die Formulierung »So bitten wir jetzt inständig für euch« (V. 6) klingt danach überheblich. Wenn dann direkt darauf im zitierten Brief der Terminus »heiliges Land« fällt, ist damit eher polemisch ausgedrückt, dass die in Ägypten wohnenden Juden nicht im heiligen Land wohnen. Die Absender wollen sagen: »Nur wir haben den richtigen Tempel, und nur darum ist unser Land heilig.« War nicht die Bekanntgabe des Datums der Tempelweihe der Anlass des Briefes[65]? Bei genauerer Betrachtung gibt es im Brief auch

---

63   Vgl. Josephus, Ant XII 388; XIII 62–73.285; XX 236; Bell I 33; VII 423–436.

64   2Makk 4,26. So *Goldstein*, II Maccabees, 148 und detailliert *ders.*, The Tales of the Tobiads, in: Christianity, Judaism and Other Greco-Roman Cults, Bd. 3: Judaism Before 70 (FS M. Smith) (Studies in Judaism in Late Antiquity 12), hg. von *J. Neusner*, Leiden 1975, 85–123. Die Ansicht, dass Hyrkanos in Ammanitis einen Tempel gebaut hat, beruht auf einer Verbindung der Angaben bei Josephus, Ant XII 230–233, der über Bauwerke Hyrkanos', nicht aber über einen Tempel schreibt und der Deutung des Komplexes Qaṣr el-ʿAbd in ʿIrāq el-Emīr als Tempel (vgl. *N.L. Lapp*, Art. ʿIrāq el-Emīr, in: NEAEHL II [1993], 646–649 und *M. Hengel*, Judentum und Hellenismus. Studien zu ihrer Begegnung unter besonderer Berücksichtigung Palästinas bis zur Mitte des 2. Jh.s v.Chr, Tübingen ³1988, 496–503). Habicht dagegen vermutet, dass mit dem Abfall des Hohenpriesters Jason dessen Hellenisierungstendenzen gemeint sind (vgl. 2Makk 4,7–22 u.ö.); *Habicht*, 2. Makkabäerbuch, z.St.

65   Übrigens werden im ersten Festbrief weder der Tempel noch das Chanukkafest erwähnt, vielleicht, weil die Autorität der palästinischen Juden oder ihrer Lei-

viele Anspielungen auf Bibeltexte, die größtenteils im Kontext von
Schuld und Sünde stehen[66]. Doch weder dies noch das Thema
»Land« werden im Brief näher ausgeführt. In V. 2 z.B. heißt es:
»Möge Gott euch wohltun und seines Bundes mit Abraham gedenken sowie seiner treuen Diener Isaak und Jakob.« Damit wird zunächst Verbundenheit zwischen den palästinischen und den ägyptischen Juden zum Ausdruck gebracht. Doch in Lev 26,42, worauf
angespielt wird, heißt es nicht nur: »Und ich werde meines Bundes
mit Jakob gedenken und meines Bundes mit Abraham«, sondern
auch: »und werde des Landes gedenken.« Das »Land« bezieht sich
in Lev 26,42 eindeutig auf das Land Israel[67], während Gott die
Sünder ins Land der Feinde getrieben hat (Lev 26,40f). Alle in diesen intertextuellen Bezüge mitgesetzten Unterstellungen haben die
ägyptischen Juden sicherlich verstanden[68].

ter den ägyptischen gegenüber nicht selbstverständlich war. (Es spricht in V. 1
auch keine Autorität, sondern Juden sprechen ihre jüdischen Geschwister an.) Der
Tempel ist dafür aber ein Hauptthema des ganzen 2. Makkabäerbuchs und dürfte der Anlass für die Voranstellung des ersten Festbriefes gewesen sein. Ein mit
»Chanukka« verwandter Terminus wird möglicherweise, um eine Assoziation mit
dem Jerusalemer Tempel zu vermeiden, bewusst vermieden; stattdessen taucht der
Begriff σκηνοπηγία auf (vgl. auch 2Makk 1,18 innerhalb des zweiten Festbriefes),
in der LXX normalerweise die Übersetzung von סכה (»Laubhüttenfest«), hier jedoch mit der Monatsangabe Kislew, die zum Chanukkafest gehört. Die übliche
Bezeichnung für das Chanukkafest in den Makkabäerbüchern ist ἐγκαινισμός
(1Makk 4,56.59; 2Makk 2,9.19; vgl. ἐγκαινίζω), in der LXX die übliche Übersetzung von חנכה (»Altarweihe«; vgl. u.a. Num 7,10f.84); vgl. *J.C. VanderKam*, Art.
Dedication, Feast of, in: AncBD II (1992), 123–125.
66   Vgl. die Liste bei *Goldstein*, II Maccabees, 141ff: Jer 32(LXX: 39),39; 33(40),
8–9; Lev 26,42; Dtn 4,29–31; 1Kön 8,30.34.36.39.49f par; 2Chr 28,9. Die meisten
Stellen, auf die angespielt wird, haben mit Schuld, Strafe und Buße zu tun, die
Stellen aus 1Kön und Chr mit dem Ort, den Gott auserwählt hat, dem Tempel.
67   Vgl. auch Jer 32,41; 1Kön 8,34.36.
68   Nebenbei sei auf eine strukturähnliche Geschichte im Alten Testament verwiesen. In Jos 22,9–34 wird beschrieben, wie die transjordanischen Stämme, die
ihren cisjordanischen Geschwistern bei der Eroberung des Landes Kanaan geholfen haben, wieder zu ihren Erbteilen ins Transjordanland zurückkehren. Auf ihrem Heimweg bauen sie am Jordan einen Altar (V. 10). Das aber kommt alles andere als gut an bei den cisjordanischen Volksgenossen, und es kommt fast zum
»Bürgerkrieg«. In diesem Zusammenhang hören wir über ein »heiliges Land«
avant la lettre, wenn es heißt: »Haltet ihr das Land eures Erbes für unrein, so
kommt herüber ins Land, das JHWH gehört, wo die Wohnung JHWHs steht, und
empfangt Erbteil unter uns; aber lehnt euch nicht auf gegen JHWH und gegen uns,
dass ihr euch einen Altar baut außer dem Altar JHWHs, unseres Gottes« (Jos 22,
19). Es ist klar, dass hier das Land mit polemischer Intention als Land, »das JHWH
gehört, wo die Wohnung JHWHs steht«, bezeichnet wird. Das Bauen eines anderen
Altars ist wie das Bauen eines anderen Tempels (in Leontopolis) eine Auflehnung
gegen Gott. (Das Verb מרד »auflehnen, rebellieren« wird in der LXX von Jos 22,19
mit ἀποστάτης γίνομαι und ἀφίστημι wiedergegeben, wie überhaupt die Über-

Im sogenannten zweiten Festbrief des 2. Makkabäerbuchs (1,10b – 2,18), der auch wieder von den Juden aus Jerusalem und Juda an die Juden in Ägypten gerichtet ist (1,10b), geht es erneut um das Tempelweihfest[69]. Nach der Aufforderung, es in Ägypten mitzufeiern, folgt eine Anspielung auf Ex 19,6:

Gott ist es ja, der sein ganzes Volk errettet und allen das Erbland gegeben hat, das Königtum und die Priesterschaft und die Heiligung, so wie es das Gesetz versprochen hat. Denn wir setzen unsere Hoffnung auf Gott, dass er sich unser bald erbarmen und uns aus aller Welt wieder zusammenführen wird an die heilige Stätte. Denn aus großen Nöten hat er uns herausgerissen und den Ort gereinigt (2Makk 2,17–18).

Weniger deutlich als im ersten Festbrief, aber doch augenscheinlich wird mit dem Erbland[70] das Land Israel angesprochen und mit der Reinigung des Ortes die Reinigung des Tempels[71]. Die Phrase »aus aller Welt wieder zusammenführen an die heilige Stätte« verbindet auf noch deutlichere Weise, auch wenn es nicht explizit gesagt wird, das Land Israel mit dem Tempel.

Im Buch der Weisheit (spätes 2. oder 1. Jh. v.Chr.) wird nach einer Erklärung für die Vertreibung der Kanaanäer aus dem Land gesucht (Weish 12,3–7). V. 3 liefert sie indirekt. Dort wird zu Gott gesagt: »Als du den früheren Bewohnern deines heiligen Landes ($\tau\tilde{\eta}\varsigma$ $\dot{\alpha}\gamma\dot{\iota}\alpha\varsigma$ $\sigma\sigma\upsilon$ $\gamma\tilde{\eta}\varsigma$[72]) Feind warst«, und darauf folgt ein Sündenkatalog der Kanaanäer. Damit wird indirekt gesagt, dass das Land Gott gehört und seine Bewohner gerecht sein müssen. Die Kanaanäer sind es nicht, also sind die Israeliten, so der Gedankengang, die rechtmäßigen Einwohner von Gottes Land[73]. Der Begriff »heiliges Land« wird hier also in apologetischer Abzweckung gebraucht.

Nach 4Esr, einem apokalyptischen Werk aus dem 1. Jh. n.Chr., wird das heilige Land, sobald der Messias kommt, ein Refugium für das Volk Gottes sein[74]. Hier scheint eine Zeit durch, in der die Ju-

---

setzungen mit $\dot{\alpha}\varphi\dot{\iota}\sigma\tau\eta\mu\iota$ vorherrschen. Das erinnert an den Abfall [$\dot{\alpha}\pi\acute{\epsilon}\sigma\tau\eta$] Jasons [2Makk 1,7].)

69   Hier $\varkappa\alpha\vartheta\alpha\rho\iota\sigma\mu\acute{o}\varsigma$ = »(Tempel-)Reinigung«.

70    $K\lambda\eta\rho o\nu o\mu\acute{\iota}\alpha$ ist in der LXX normalerweise die Übersetzung von נַחֲלָה, dem »unveräußerlichen Erbbesitz« der israelitischen Stämme (so *F. Horst*, Zwei Begriffe für Eigentum [Besitz]: נַחֲלָה und אֲחֻזָּה, in: Verbannung und Heimkehr [FS W. Rudolph], hg. von *A. Kuschke*, Tübingen 1961, 135–156).

71   Der Begriff »Heiligung« bezieht sich wahrscheinlich nicht auf den Tempel; vgl. *Goldstein*, II Maccabees, 188.

72   Vgl. $\tau\iota\mu\iota\omega\tau\acute{\alpha}\tau\eta$ $\gamma\tilde{\eta}$ in V. 7.

73   Vgl. *R.L. Wilken*, The Land Called Holy. Palestine in Christian History and Thought, New Haven 1992, 31f.

74   *Hurrington*, »Holy Land«, 667.

däa von den Römern erobert war, nach 4Esr eine Folge der Sünden
des Volkes. Die Rede von einem »heiligen Land« betont einerseits
die Größe und Treue Gottes, der dem Volk das Land als Gabe an-
vertraut hat, und anderseits in einer Zeit der Krise die Hoffnung
auf bessere Zeiten.

Philo hat trotz seiner Allegorisierungen das Land Israel nie ganz
aus den Augen verloren. Vor allem in seinen späteren Schriften
zeigt er, wahrscheinlich unter dem Eindruck der Verfolgung der
Juden in Alexandrien (38 n.Chr.), Kenntnis der Bedrängnis der Juden im Land Israel[75]. Hauptsächlich in diesen Schriften markiert er
das Land als »heiliges Land«, was in *Legatio ad Gaium* (i.e. Caligula) durchaus apologetisch gemeint ist[76].
In einem Kommentar zu Lev 23,10 schreibt er:

Deshalb hat auch Moses ein besonderes Fest für die Garbe eingesetzt, nur
nicht für jede, sondern für die aus dem heiligen Land [ἀπὸ τῆς ἱερᾶς
γῆς]. »Wenn ihr«, heißt es nämlich, »in das Land kommt, das ich euch
gebe, und erntet seine Ernte, sollt ihr Garben als Erstlingsopfer eurer
Ernte zu dem Priester bringen« (Som II 75).

Allerdings wird dieses heilige Land in den folgenden Zeilen massiv
spiritualisiert:

Das heißt aber: Wenn du kommst, mein Geist, in das Land der Tugend,
(...). Und es heißt:»das Erstlingsopfer der Ernte eurer selbst«, und nicht
des Landes, darbringen, auf daß wir uns selber mähen und ernten, indem
wir alle schönen, nährenden und vortrefflichen Triebe zum Opfer bringen
(Som II 76–77)[77].

75   Z.B. LegGai 188f.198–260.288–320.
76   Vgl. u.a. LegGai 205: »Die Ascaloniten aber haben eine unversöhnliche und
unerbittliche Feindschaft gegen die Juden im Heiligen Land, ihre Grenznachbarn.«
LegGai 330: »Denn es drohte keine unerhebliche Gefahr, (...) nicht allein für die
Bewohner des Heiligen Landes, sondern die Juden überall in der Welt.« Vgl. die
Beschreibung bei *Schaller*, Philo, 175–177: »Beachtenswert ist, daß Philon gerade
in diesen Zusammenhängen mehrfach den von ihm sonst äußerst selten verwen-
deten Begriff ›Heiliges Land‹ benutzt (...)«. Für »heiliges Land« benutzt Philo die
Begriffe ἱερὰ γῆ und ἱερὰ χώρα (ἱερὰ γῆ: Her 293; Som II 75; vgl. Mig 28: »das
väterliche Land des heiligen Logos«; ἱερὰ χώρα: SpecLeg IV 215; LegGai 202; 205;
330 und vgl. Som I 127. Zu ἁγία γῆ vgl. Fug 163). Für Philo war der Terminus
ἱερός offensichtlich nicht problematisch, was er wegen der Assoziation mit dem
heidnischen Kult in der Septuaginta und später im Neuen Testament wurde, die
beide stattdessen fast durchgehend ἅγιος benutzen (vgl. *H. Balz*, Art. ἅγιος κτλ.,
in: EWNT I [1980], 38–48).
77   Vgl. dazu *H.-C. Goßmann*, Das Land der Verheißung. Studien zur Theologie des Landes im Alten Testament und ihrer Wirkungsgeschichte in frühjüdischen und frühchristlichen Texten, Schenefeld 2003, 59: »Wenn das ›Land‹ etwas
bezeichnet, das allen Menschen offen steht, die entsprechend der Tugend leben,

2.2.2   Ausbleibende Antworten

Häufig aber übergeht Philo die Landthematik. In seinen *Quaestiones in Genesim* springt er etwa von Gen 10 zu Gen 15 und lässt somit die Landverheißung an Abraham in Kapitel 12 aus[78]. Da, wo er die Stellen bespricht, in denen Gott als Gott der Landverheißung erscheint, spiritualisiert er das Land[79].

Den Kommentar zu Gen 12 holt er in *De Abrahamo* 62–66 nach, doch dort zeigt er gleichfalls kein Interesse am Land Israel:

Als ihn [Abraham] ein göttlicher Befehl traf, das Vaterland, die Verwandtschaft und das väterliche Haus zu verlassen und auszuwandern, beschleunigte er die Abreise, wie wenn er aus der Fremde in die Heimat zurückkehrte und nicht vielmehr aus der Heimat in die Fremde ziehen sollte; denn er hielt die schnelle Ausführung des Gebotenen für gleichbedeutend mit der vollständigen Erfüllung. (…) Abraham aber zog sogleich, wie es ihm befohlen wurde, mit wenigen oder auch allein hinaus und wanderte mehr mit der Seele als mit dem Körper, da himmlische Liebe über seine Zuneigung zu Sterblichen den Sieg davontrug (…) (Abr 62–67).

Über das Land Kanaan schreibt Philo nichts, wohl aber über Abrahams Gottesgehorsam, über seine seelische Wanderung und vor allem über die vertraute Heimat im Zweistromland[80]. Abraham scheint hier zwei »Heimaten« zu haben, eine konkrete in Chaldäa und eine seelische in Kanaan. Dies dürfte Philos Projektion seiner zwei »Heimaten« Alexandrien und Israel sein.

Flavius Josephus hatte eine zwiespältige Sicht des Landes. Als Pensionär der Flavier in Rom schreibend, war er realistisch wie auch gewissermaßen loyal genug, um zu verstehen, dass es keine Möglichkeit gab, die Autonomie des Landes nach dem Sieg des Titus (70

---

und das umgekehrt denjenigen, die sich in ihrer Lebensführung nicht von der Tugend leiten lassen, nicht offen steht, ist damit die alttestamentliche Vorstellung vom Land als Gabe Gottes an das Volk Israel aufgegeben, weil es nun Angehörigen dieses Volkes, die nicht tugendhaft leben, nicht mehr zugänglich ist.« Eine ähnliche Stelle finden wir in *Quaest in Ex* 2,13 zu Ex 23,20: »(…) And the second thing was the entry into the land, (that is) an entry into philosophy, (which is), as it were, a good land and fertile in the production of fruits, which the divine plants, the virtues, bear.« (Übersetzung von *R. Marcus*, Philo. Supplement II: Questions and Answers on Exodus [Loeb Classical Library], Cambridge/London 1961 [1953]); vgl. dazu *Schaller*, Philon, 173 mit Anm. 9.

78   Möglich ist, dass Philo ein Lektionar kommentiert hat, in dem Gen 12 nicht vorkam. Auch dieses Phänomen wäre bereits aussagekräftig. Allerdings ist über die Hintergründe von Philos Genesiskommentar zu wenig bekannt.

79   Vgl. z.B. seinen Kommentar zu Gen 15,7 in Quaest in Gn III 1, nach dem »Land« ein symbolischer Name für Weisheit ist. Vgl. zur Sache *Sandmel*, Philo, 102ff und *Schaller*, Philon, 173.

80   Vieles davon habe ich nicht zitiert.

n.Chr.) wiederherzustellen. Gleichzeitig schrieb er eine Geschichte
der Juden, die selbstverständlich zu einem großen Teil im Land
spielte[81]. Josephus vermeidet in seinen Darstellungen aber jede direkte Verknüpfung von Gott, Volk und Land. Stattdessen schreibt
er nach hellenistischer Art biographisch über große Gestalten wie
Abraham und Mose. Diese Menschen nun lenkt Gott mit seiner
πρόνοια[82] – auch das ein hellenistischer Zug. Durch die πρόνοια
Gottes kommt Israel unter Josua in sein Land, doch Landnahme
und Landverteilung werden nur sehr verkürzt wiedergegeben[83].
Der Begriff »heiliges Land« kommt nie vor[84], und auch sonst
scheint das Land bei Josephus keinen theologischen Wert zu haben.
Eher wird Gottes Macht universalisierend ausgeweitet, wie sich in
seiner Darstellung der Geschehnisse in Jos 22 zeigt. Nach der Eroberung und Verteilung des Landes Kanaan ziehen die transjordanischen Stämme wieder in ihr Gebiet zurück. Josua sagt dann:

Meint nicht, dass ihr, nachdem ihr den Fluss überquert habt, außerhalb
von Gottes Machtbereich seid. Überall [πανταχοῦ] ja seid ihr in seinem
Bereich, und vor seiner Macht und seinem Gericht daraus wegzurennen
ist unmöglich (Ant V 109).

Für Josephus als apologetischen Historiker hatte das Land zwar
nicht theologischen, wohl aber historischen und politischen Wert.
In diesem Rahmen wird es zu einem nationalem Symbol idealisiert[85]. Josephus behauptet, dass das Land immer jüdisch war und
dies auch weiterhin sein soll[86] – weitgehend so formuliert, dass
Rom geschont wird. Doch gleichzeitig schließt er eine Diaspora-
Existenz nicht aus[87]. Wie Philo arbeitet er, gut hellenistisch, mit
dem Kolonien-Konzept (ἀποικία[88]), wobei Israel das Mutterland
bleibt[89] und Jerusalem die μητρόπολις, die Mutterstadt[90]. Und wie

---

81 Vgl. *D. Mendels*, From the Territorial to the A-Territorial (After the Roman
Occupation), in: *ders.*, The Rise and Fall of Jewish Nationalism, New York 1992,
243–275, hier 263f.
82 S. dazu *B. Halpern-Amaru*, Land and Covenant in Josephus' Jewish Antiquities, in: *dies.*, Rewriting the Bible. Land and Covenant in Post-Biblical Jewish
Literature, Valley Forge 1994, 95–115 und *dies.*, Land Theology.
83 Ant V 80–89; vgl. dazu *Halpern-Amaru*, Land Theology.
84 Nur in Bell IV 163 redet Josephus vom heiligen Berg der Samaritaner.
85 So *Halpern-Amaru*, Land Theology, 275 Anm. 68.
86 *Mendels*, Territorial, 246–251.
87 Ebd., 264.
88 Ant I 110–112.120.216.255; X 223; Ap II 38. Beispielhaft ist Ant I 120, wo
Josephus dieses Konzept auch auf die Opfer der »babylonischen Sprachverwir-
rung« anwendet.
89 Belege bei *Halpern-Amaru*, Land Theology, 228.
90 Vgl. z.B. Ant III 245.

bei Philo ist πολυανθρωπία, die Größe der Bevölkerung, ein Grund für die Auswanderung[91].

2.2.3 Ersatzantworten

Bildete bei den idealisierenden Antworten das konkrete Land Israel den Haftpunkt der Überlegungen, haben die Anfragen an die alttestamentliche Landtheologie auch zu Ersatzantworten geführt, in denen neue »Räume« ein »neues Land« bilden. Die Beispiele, die schon genannt wurden, stellen in gewisser Hinsicht bereits Wandlungen dar: 1. Jerusalem wird gesehen als symbolische kultische Mitte, von der her das Land erst seine Bedeutung bekommt. 2. »Heiliges Land« ist ein Konzept der Überhöhung, das, wenn es nicht polemisch oder apologetisch gebraucht wird, ein Mantelkonzept für das Herkunftsland ist. Somit ist es Ursprungsland der Tradition, einschließlich von Kult und Gesetz der Juden in der Diaspora. Jerusalem und in zweiter Linie das Land bieten eine gemeinsame Mitte und Ausrichtung für Juden und sind damit Bestandteil dessen, was die Juden zu einem ἔθνος macht, auch außerhalb des Landes Israel.

In den Ersatzantworten geht es weiterhin um Raum, jedoch mit stärkerer Distanz zum konkreten Land. Wichtig bleibt der gemeinsame Raum als Bestandteil der Gruppenidentität. Dieser Raum wird auf verschiedene Weisen konzipiert und bietet wie im Alten Testament den Kontext, in dem sich Gottesnähe ereignen kann.

Die Qumrangemeinde versteht sich in Rückgriff auf Ez 20,34f nun als das Volk, das von Gott aus der Wüste ins verheißene Land hineingeführt wird. Als dieses verheißene Land betrachtet sie ein kleines Stück Land in der Wüste Judas am Toten Meer, in das sie sich zurückgezogen hat. In Opposition zum Jerusalemer Tempel sah sich die Gemeinschaft aus Qumran selbst als »Tempel« Gottes[92]. Nimmt man nun dieses umgrenzte Stück Land und den konstruierten »Tempel«, in dem sich Gottesnähe ereignen kann, zusammen, so hat man ein imaginäres heiliges Land.

Philo versichert sich auf ganz besondere Weise der Nähe Gottes, indem er den Tempel ins Kosmische verlegt. Er schreibt in seiner Abhandlung über das Heiligtum:

---

91 Vgl. Ant I 110 und vgl. XIII 142. Vgl. auch *Halpern-Amaru*, Land Theology, 228.

92 1QS 20,10.14; 5,6; 8,5f; 9,5f. Vgl. auch G. *Klinzing*, Die Umdeutung des Kultus in der Qumrangemeinde und im Neuen Testament (StUNT 7), Göttingen 1971, 174) und J. *Gnilka*, 2 Korinther 6,14–7,1 im Lichte der Qumranschriften und der Zwölf-Patriarchen-Testamente, in: Neutestamentliche Aufsätze (FS J. Schmid), hg. von J. *Blinzler u.a.*, Regensburg 1963, 86–99, hier 61–65. Vgl. im Neuen Testament vor allem 2Kor 6,14 – 7,1 sowie 1Kor 3,16f; 6,19.

Als das höchste und wahrhafte Heiligtum der Gottheit ist das ganze Weltall zu betrachten, das zum Tempelraum den heiligsten Bestandteil der Welt, den Himmel, hat (SpecLeg 1.66)[93].

Eine weitere Ersatzantwort besteht darin, dass der Bezug des Namens »Israel« auf das *Volk* statt auf das Land betont wird. Die Bezeichnung »Israel« enthielt ja von Anfang an beide Konnotationen: »Volk« und »Land«.

So gibt es in der Septuaginta zu Jesaja mehrere interessante Änderungen des hebräischen Textes. In Jes 19,24f[MT] z.B. steht:

ביום ההוא יהיה ישראל שלישיה למצרים ולאשור
ברכה בקרב הארץ
אשר ברכו[94] יהוה צבאות לאמר
ברוך עמי מצרים
ומעשה ידי אשור ונחלתי ישראל

An jenem Tag wird Israel der Dritte sein zu Ägypten und zu Assur,
ein Segen inmitten der Erde.
Denn JHWH Zebaoth segnet es[95]:
»Gesegnet sei Ägypten, mein Volk,
und Assur, meiner Hände Werk, und Israel, mein Erbe.«

Im hebräischen Original sind Ägypten und Assur beide neben Israel gesegnet, und beide sind sie das Werk der Hände Gottes. In der Septuaginta jedoch wird die Aussage subtil umgewandelt:

τῇ ἡμέρᾳ ἐκείνῃ ἔσται Ἰσραηλ τρίτος ἐν τοῖς Ἀσσυρίοις καὶ ἐν τοῖς Αἰγυπτίοις
εὐλογημένος ἐν τῇ γῇ
ἣν εὐλόγησεν κύριος σαβαωθ λέγων
Εὐλογημένος ὁ λαός μου ὁ ἐν Αἰγύπτῳ καὶ ὁ ἐν Ἀσσυρίοις καὶ ἡ κληρονομία μου Ἰσραηλ.

An jenem Tag wird Israel der Dritte sein unter den Assyrern und unter den Ägyptern,

---

93   So hat er den Tempel überall in seiner Nähe. Einen Paragraphen weiter bespricht Philo dann das irdische Heiligtum, von denen es nur eines geben darf, weil es ja nur einen Gott gibt. Vgl. auch Josephus, Ap II 193.
94   *R. Hanhart*, Das Land in der spätnachexilischen Prophetie, in: *Strecker*, Land Israel, 126–140, hier 132 und 138 Anm. 22 liest mit der LXX ברכה statt ברכו.
95   Nach *W.A.M. Beuken*, Jesaja 13–27 (HThKAT), Freiburg 2007, 177, bezieht sich das Suffix יו in ברכו auf Israel, daher die Übersetzung »es«. Es kann sich aber auch proleptisch auf die drei Völker beziehen, die in V. 25 alle gesegnet werden; vgl. die Lutherübersetzung: »wird sie segnen«.

gesegnet auf der Erde,
die der HERR Zebaoth segnete:
»Gesegnet sei mein Volk, das in Ägypten und das unter den Assyrern
[ist], und mein Erbteil Israel.«

Nicht mehr Ägypten und Assur, sondern Israel, das *unter den Assyrern* und *unter den Ägyptern* wohnt, ist gesegnet. Überall auf
Erden, also nicht gebunden an das Land Israel, ist das Volk Israel
gesegnet und ein Erbteil Gottes[96]. Außerdem scheint sich der Segen des HERRN Zebaoth auf die Erde zu beziehen, sodass der Segen
über das Volk Israel inmitten der Völker Assur und Ägypten zugleich zum Segen für die ganze Erde wird.
Wiederum eine andere Ersatzantwort besteht darin, das »Gesetz«,
den νόμος – so übersetzt die Septuaginta das hebräische תורה – als
Raum zu sehen, in dem Gott gleichzeitig anwesend und verborgen
ist. Dieses Gesetz wird als das Eigene Israels und als sein Privileg
betont. An manchen Stellen begegnet das Gesetz sogar als »Erbteil
der Väter«[97], womit es eine räumliche Konnotation erhält.
Im deuterokanonischen Buch *Baruch* geht es um das Exil, das beklagt wird. Laut Bar 3,9 – 4,4 ist der Grund für das Exil, dass Israel
die »Quelle der Weisheit« (3,12) verlassen hat. Aus dem Verlauf
wird deutlich, dass diese Quelle der Weisheit nichts anderes ist als
das Buch der Gebote Gottes, die Tora. In diesem Buch hat Gott seine Kenntnis, seine Weisheit, verborgen, und dieses Buch hat er nur
dem Volk Israel offenbart. Alle Nicht-Israeliten sind auf der Suche
nach der Weisheit, aber sie finden sie nicht, weil sie die Tora nicht
empfangen haben. Damit gibt das Buch *Baruch* Israeliten in der
Diaspora Mut und Selbstvertrauen: Sie haben das Buch mit dem
Gesetz Gottes, das übrigens ständig studiert werden muss, damit
sie die Weisheit der Gebote entdecken und darin letztlich zu Gottes
Weisheit und damit zu Gott selbst kommen[98]. Bar 3,9 – 4,4 ist, in
Anlehnung an Hiob 28, von topologischen Begriffen durchzogen.
Das Gesetz wird somit ein Raum, in dem sich Gottesnähe ereignen

---

96   Nur der Vaticanus hat vor κληρονομία noch γῆ, was aber von einer späteren Hand korrigiert wurde. Γῆ passt hier auch wirklich nicht. Erst »die drei«,
Theodotion, Aquila und Symmachus, haben den ursprünglichen Sinn wiederher-
gestellt. S. *J. Ziegler* (Hg.), Isaias (Septuaginta 14), Gottingen ²1967, z.St. und vgl.
Hanhart, Land, 139 Anm. 36 sowie *J. Ziegler*, Untersuchungen zur Septuaginta
des Buches Isaias (ATA 12.3), Münster 1934 und *L. Prijs*, Jüdische Traditionen in
der Septuaginta, Hildesheim 1987 [Leiden 1948].
97   Z.B. in Vitae Prophetarum (VP) IV 18; vgl. dazu *A.M. Schwemer*, Nomos
und Diatheke, in: *F. Avemarie / H. Lichtenberger* (Hg.), Bund und Tora (WUNT
92), Tübingen 1996, 67–109, hier 81f.
98   Vgl. dazu *J.C. de Vos*, »You Have Forsaken the Fountain of Wisdom«. The
Function of Law in Baruch 3:9–4:4, in: ZAR 13 (2007), 176–186.

kann, und übernimmt damit die Funktion des Tempels oder des Landes.

Bei allen Antworten auf die Relativierung des konkreten Landes geht es in erster Linie also nicht um Land oder Raum, sondern um die Nähe Gottes. Um diese zu ermöglichen, greift man zu räumlichen Vorstellungen, denn nur in einem »Raum« können Gott und Volk sich begegnen. Auf diese Weise ist dann doch die alttestamentliche Einheit von Gott, Volk und Land – Land in übertragenem Sinne – aufrechterhalten.

3 »Land« ist nicht gleich Land

Aus dem Obigen wird deutlich, dass es viele, oft spiritualisierende Antworten auf die Anfrage an die Landtheologie gibt und Land nicht immer »Land« ist. Spiritualisierung[99] setzt einen Prozess voraus, in dem sich eine konkrete zu einer vergeistigten Sicht entwickelt. Die zwei Pole, der konkrete und der geistige, müssen aufeinander bezogen sein, um von einem Prozess sprechen zu können. Die Pole können allerdings nur selten eindeutig als entweder konkret oder spiritualisiert bestimmt werden. Im Alten Testament z.B. haben die vielfältigen Beschreibungen des Landes zwar den Anschein, konkret zu sein, reichen aber in gewissem Maße über das Konkrete hinaus: zum einen durch ihre Einbindung in größere theologische Komplexe, in denen sie einen theologischen Stellenwert bekommen – das Land wird zum Symbol –, zum anderen durch die Tatsache, dass sich die Landbeschreibungen als Mischung von Ideal und Wirklichkeit nie auf konkret-historische Gegebenheiten beziehen[100]. Natürlich kann man eine *konkretere* und eine *stärker vergeistigte* Konzeption eines Begriffes unterscheiden. Die alttestamentlichen Beschreibungen der Grenzen und Orte des Landes Israel im Josuabuch wirken *eher* konkret, und die Beschreibungen des Landes bei Philo wirken *eher* spiritualisiert.

Die Frage aber ist, ob »Spiritualisierung« der angemessene Begriff ist. Frank-Lothar Hossfeld bevorzugt den Begriff »Metaphorisierung«, denn

[e]ine Metapher bewahrt die Spannung zwischen einem Wort in seiner Lexembedeutung und seinem konterdeterminierenden Kontext. Die »Me-

---

99 Vgl. *A. Solignac*, Art. Spiritualität, in: HWP IX (1971, neubearb. Aufl.), 1415–1422.
100 Vgl. *J.C. de Vos*, Das Los Judas. Über Entstehung und Ziele der Landbeschreibung in Josua 15 (VT.S 95), Leiden/Boston 2003.

taphorisierung« bezeichnet dann das Ineinanderschieben mehrerer Bedeutungsebenen und Konnotationen mit einem bestimmten Begriff[101].

»Metaphorisierung« ist ein brauchbarer Begriff und zudem geeigneter als der vor allem im Kontext des jüdisch-christlichen Dialogs belastete Begriff »Spiritualisierung«. Eine Metapher hat immer mindestens zwei Ebenen, eine Sachebene und eine Bildebene. Durch eine Metapher kann das, was man schwer ausdrücken kann, mit Hilfe von besser verständlichen, irdisch und materiell konnotierten Begriffen verbalisiert werden, ohne dass das eine Vorrang hat vor dem anderen, also ohne dass das Geistige Vorrang hat vor dem Materiellen oder umgekehrt[102]. Beide Pole, der konkrete und der geistige, können in einer Metapher mitschwingen. Hossfeld weist zu Recht darauf hin – und die obigen Beispiele bestätigen dies –, dass bereits im Alten Testament dort, wo von »Land« die Rede ist, immer auch mitschwingt, dass das Land die Stätte für die Begegnung mit Gott ist[103]. Für die hellenistisch-römische Zeit lässt sich zuspitzen: Wenn Juden nicht im Land wohnen oder das Land Israel aus verschiedenen Gründen nicht der unmittelbare Ort der Gottesbegegnung ist, treten andere »Räume« der Gottesbegegnung an dessen Stelle.

4   Fazit

In den jüdischen Schriften der hellenistisch-römischen Zeit spielt das konkrete Land eine sehr untergeordnete Rolle. Wenn das Land betont wird, wird es konzeptionell überhöht: als eschatologische Größe oder spirituelle »Heimat«. Die besprochenen Stellen, in denen von einem »heiligen Land« die Rede ist, sind apologetisch oder polemisch. Wichtiger als das Land ist Jerusalem, konkret und/oder symbolisch, als eine gemeinsame kultische Mitte und damit Ori-

---

101 *F.-L. Hossfeld*, Die Metaphorisierung der Beziehung Israels zum Land im Frühjudentum und im Christentum, in: Zion. Ort der Begegnung (FS L. Klein) (BBB 90), hg. von *F. Hahn u.a.* (Hg.), Bodenheim/Hain 1993, 19–33, hier 23. Zugleich will auch Hossfeld so die negativen Konnotationen vermeiden, die mit der Rede von Spiritualisierung gegeben sind, insofern ja hier meist das geistige Verständnis als ein »höheres« dem »niederen« gegenübergestellt wird; vgl. auch *W. Kraus*, Das »Heilige Land« als Thema einer biblischen Theologie, in: *ders.* / *K.-W. Niebuhr* (Hg.), Frühjudentum und Neues Testament im Horizont Biblischer Theologie (WUNT 162), Tübingen 2003, 251–275, hier 254.
102 Etwas, auf das *Friedrich-Wilhelm Marquardt* hinweist (Die Juden und ihr Land [Gütersloher Taschenbücher 189], Gütersloh 1986, 22–23.24–25). Vgl. zum Begriff »Metapher« *H. Weinrich*, Art. Metapher, HWP V (1971, neubearb. Aufl.) 1179–1186; *Ph. Löser u.a.*, Art. Metapher I–III, RGG⁴ (2002) 1165–1168.
103 *Hossfeld*, Metaphorisierung, 23.

entierung der Juden, im Land selbst wie auch in der Diaspora. Das Land wird des Öfteren durch andere, neu konzipierte »Räume« ersetzt, in denen sich eben diese Gottesnähe ereignen kann, ohne dass der Mensch im Land oder Tempel sein muss. Daraus wird deutlich, dass nicht das Land, sondern die Gottesnähe an erster Stelle steht. Das traf auch für das Alte Testament bereits zu, doch war dort das Land als Ort der Gottesbegegnung in gewissem Sinne selbstverständlicher als in der hellenistisch-römischen Zeit.

In den aufgeführten Textbeispielen geht es implizit oder explizit immer um die Nähe zu Gott: Jerusalem ist die gemeinsame kultische Mitte (Aristeasbrief, Tobit, Philo), der Ort, wo der Tempel steht oder stand, wo Gottes Anwesenheit sich ereignete und ereignen kann. Das heilige Land ist ein Land, das mit dem Tempel und mit Gott verknüpft gesehen wird (Ex^{LXX}, 2Makk, Weish, 4Esra, Philo). Gott segnet sein Volk, er ist mit ihm auch in der Diaspora (Jes^{LXX}). Gott hat seinen Tempel im Universum (Philo), oder die heilige Gemeinschaft bildet einen »Tempel« (Qumran); man findet Gott im Gesetz (Baruch) oder erreicht ihn über ein frommes Leben nach dem Gesetz (Tobit), dem Gesetz, das auch für Philo und im Aristeasbrief von großer religiöser und sozialer Bedeutung ist; über Gebet und Engel kann man Kontakt zu Gott haben (Tobit). Diese Tendenzen erstrecken sich durch Zeit, Gattung und Inhalt der Texte hindurch.

Somit kann für das Judentum der hellenistisch-römischen Zeit festgehalten werden: 1. Die Juden dieser Zeit, wo auch immer sie sich befanden, brauchten einen Raum der Gottesnähe, dessen nähere Ausgestaltung sich zwischen den Polen des Konkret Materiellen bis hin zur völligen Spiritualisierung bewegen konnte. 2. Die gemeinsame Erfahrung der Nähe Gottes ermöglichte eine gemeinsame Identität. 3. Die gemeinsame Identität bildete einen Raum, in dem sich Nähe Gottes ereignen kann[104].

---

104 Wenn man diese Alternativen, das Land als Ort der Gottesbegegnung oder der Ereignisraum der Gottesbegegnung als eine Art »Land«, nicht als einander ausschließende Gegensätze sieht, nicht als Annektierung oder Aneignung des Landes Israel (in welcher Weise auch immer), sondern als Modelle, als Metaphern, die beide das gleiche Ziel haben, nämlich die erstrebte Gottesbegegnung auszudrücken, sehe ich hierin große Chancen für den jüdisch-christlichen Dialog.

J. Cornelis de Vos, geb. 1966, Dr. theol., ist Wissenschaftlicher Assistent für Judaistik und Neues Testament am Institutum Judaicum Delitzschianum in Münster.

Abstract

The actual land of Israel only plays a subordinate role in Jewish literature of the Hellenistic-Roman period. When highlighted, it is conceptualised as an eschatological entity or a spiritual »homeland«. More important than the land of Israel is Jerusalem, real and/or symbolic, as a common cultic centre of and orientation for all Jews, both in Israel and in the diaspora. The land of Israel is often substituted by mentally constructed spaces, in which the presence of God can occur without the need of being present in the land or the temple. Not the land but the presence of God is ranked first.

Paul-Gerhard Klumbies

Das Konzept des »mythischen Raumes« im Markusevangelium

1. Erzählter Raum

Jede Erzählung schafft sich den Raum für die in ihr erzählte Handlung[1]. Der Raum, in dem das erzählte Geschehen stattfindet, ist Teil der erzählten Welt und wird den Anforderungen der Erzählung entsprechend konstruiert. Zwischen der Handlung und dem sie umgebenden Raum besteht ein Korrespondenzverhältnis, das auf einer Konstruktionsleistung des Erzählers aufbaut. Die mit der Erzählung verbundenen räumlichen Gegebenheiten tragen dazu bei, dass die erzählten Ereignisse ihren Lauf so nehmen können, wie es die Handlungsabfolge vorsieht. Hinweise auf Landschaften, Orts- und Richtungsangaben kopieren keine außertextliche Realität gedanklich in die Erzählung hinein. Der Wert geographischer und topographischer Angaben in einer Erzählung liegt in ihrem Beitrag zur Erschaffung der die Handlung beinhaltenden erzählten Welt.

Entsprechend sind sie als Motive zu lesen, mit denen die Erzählung sich den zu ihr gehörenden Raum durch eine Selektion aus verschiedenen denkbaren Raumkoordinaten schafft. Die Raumangaben sind Bedeutungsträger im Blick auf die erzählte Handlung. Ebenso tragen sie zur Charakterisierung der auftretenden Personen bei[2]. Der erzählte Raum ist wie die Erzählung selbst eine kreative Leistung des Erzählers.

Das gilt auch für das Markusevangelium. Zu einer Reihe der bei Markus vorkommenden Ortsangaben gibt es archäologische Er-

---

1 K. *Backhaus*, Spielräume der Wahrheit: Zur Konstruktivität in der hellenistisch-reichsrömischen Geschichtsschreibung, in: *ders.* / G. *Häfner*, Historiographie und fiktionales Erzählen. Zur Konstruktivität in Geschichtstheorie und Exegese (BThSt 86), Neukirchen-Vluyn 2007, 1–29, hier 20 formuliert im Blick auf das konstruktive Moment antiker Historiographie: »Jeder Erzählvorgang setzt eine imaginäre Welt, die ihren eigenen Sinnregeln folgt«.
2 N. *Würzbach*, Erzählter Raum. Fiktionaler Baustein, kultureller Sinnträger, Ausdruck der Geschlechterordnung, in: Erzählen und Erzähltheorie im 20. Jahrhundert (FS W. Füger), hg. von J. *Helbig*, Heidelberg 2001, 105–129, hier 122.

kenntnisse[3]. Viele Angaben gehören zu den gesicherten geographischen Wissensbeständen moderner Atlanten und Stadtpläne. Dass damit nicht zwingend »objektive« Tatsachenkenntnisse wiedergegeben sind, zeigt die Perspektivität von Wahrnehmung in der Kartographie[4]. Die weitgehend verloren gegangene Kartographie der Griechen und Römer hatte wenig Interesse an der bloßen Wiedergabe »räumlicher Umweltgegebenheiten«[5]. Der Blick auf mittelalterliche Karten führt vor Augen, wie theologische Überzeugungen in kartographische Gestaltung umgesetzt wurden. Die theologische wie politische Gewichtigkeit des »Heiligen Landes«[6] fand ihren Niederschlag darin, dass Israel auf den Landkarten dieser Zeit überdimensional groß gezeichnet wurde[7]. Weltkarten des 12. und 13. Jahrhunderts waren jerusalemzentriert[8]. Die mittelalterlichen map-

3   Vgl. *E.M. Meyers / J.F. Strange*, Archaeology, the Rabbis, and Early Christianity, Nashville 1981, 31–61; *W. Bösen*, Mehr als eine freundliche Gesprächspartnerin. Zur Bedeutung der Archäologie für die neutestamentliche Exegese, in: *M. Küchler / K.M. Schmidt* (Hg.), Texte – Fakten – Artefakte. Beiträge zur Bedeutung der Archäologie für die neutestamentliche Forschung (NTOA 59), Fribourg/ Göttingen 2006, 161–195. Zur Wahrnehmung des Jerusalemer Tempels als Mittelpunkt der Welt im Alten Testament und im antiken Judentum vgl. *M. Tilly*, Jerusalem – Nabel der Welt. Überlieferung und Funktionen von Heiligtumstraditionen im antiken Judentum, Stuttgart 2002, 15–30.240–252.
4   Vgl. moderne Weltkarten, die sich auf Einkommensverhältnisse, Energieverbrauch, Bildungsniveau, Gesundheitsversorgung etc. beziehen. Deren Umfang und Bedeutung stehen z.t. in scharfem Kontrast zu der an der Gesamtfläche bemessenen Größe eines Landes. Vgl. Atlas der Globalisierung. Le Monde diplomatique, Berlin, 2., durchges. Aufl. 2006.
5   *R. Talbert*, Art. Kartographie, DNP 14 (2000), 853–860, hier 853.
6   Zur Bedeutung des »heiligen Grabes« für die Legitimation mittelalterlicher Herrschaftsinteressen vgl. *O.B. Rader*, Grab und Herrschaft. Politischer Totenkult von Alexander dem Großen bis Lenin, 10. Kaiser Friedrich II. und das Grab des Erlösers, München 2003, 192–206 und *P.-G. Klumbies*, Weg vom Grab! Die Richtung der synoptischen Grabeserzählungen und das »heilige Grab«, in: JBTh 19 (2004), Neukirchen-Vluyn 2005, 143–169, hier 143–144.167–169.
7   *D. Lecoq*, Die ältesten Karten des Heiligen Landes, in: Das Heilige Land (WUB 4), Stuttgart 1997, 53–59, hier 53.57.
8   *I. Baumgärtner*, Visualisierte Welträume. Tradition und Innovation in den Weltkarten der Beatustradition des 10. bis 13. Jahrhunderts, in: *H.-J. Schmidt* (Hg.), Tradition, Innovation, Invention. Fortschrittsverweigerung und Fortschrittsbewußtsein im Mittelalter (Scrinium Friburgense 18), Berlin / New York 2005, 231–276, hier 255–258. Zur Bedeutung der Kreuzzüge für diese Entwicklung vgl. *dies.*, Die Wahrnehmung Jerusalems auf mittelalterlichen Weltkarten, in: *D. Bauer / K. Herbers / N. Jaspert* (Hg.), Jerusalem im Hoch- und Spätmittelalter. Konflikte und Konfliktbewältigung – Vorstellungen und Vergegenwärtigungen (Campus Historische Studien 29), Frankfurt a.M. 2001, 271–334, hier 294–310. Vgl. auch *P.D.A. Harvey*, Europa und das Heilige Land, in: *I. Baumgärtner / H. Kugler* (Hg.), Europa im Weltbild des Mittelalters. Kartographische Konzepte (Orbis mediaevalis), Berlin 2008, 135–142.

pae mundi basieren auf der Verbindung der religiösen Überzeugung der von Gott geschaffenen geordneten Welt mit ihrem diesseitigen irdischen Aufbau. Die geometrischen Formen Linie, Zentrums- und Strahlenkreis, Dreieck und Kreuz geben ihre Ordnung im Zusammenspiel mit der entsprechenden Zahlensymbolik wider[9].
In der Markusforschung hat die Einsicht, dass Ortsangaben Qualitäten zum Ausdruck bringen, bereits Tradition. Die Vergegenwärtigung der markinischen Raumkoordinaten dient der Erweiterung des Verständnisses der ältesten Jesuserzählung insgesamt.

2. Die Raumthematik in der Markusforschung

E. Lohmeyer hat die These vom doppelten Ursprung der ältesten christlichen Gemeinde vertreten[10]. Er geht von der Beobachtung aus, dass die Überlieferungen von Erscheinungen des Auferstandenen in den neutestamentlichen Evangelien sowohl in Galiläa als auch in Jerusalem lokalisiert sind[11]. Dieses Nebeneinander weise auf unterschiedliche Überlieferungsstränge zurück. Die Tradition galiläischer Erscheinungen begründe die Existenz einer christlichen Gruppe in Galiläa. Die jerusalemischen Erscheinungen erklären die Sammlung einer christlichen Gemeinde in Jerusalem. Nach Lohmeyer spiegelt die Würdigung Galiläas als Stätte der Erscheinungen wider, dass diese Region der Herkunfts- und bevorzugte Wirkungsraum Jesu und seiner Jünger war. Analog dazu liegt die Dignität Jerusalems darin, der Ort der Passion und des Sterbens Jesu zu sein[12].
Zu unterscheiden sind in Lohmeyers Studie eine historische und eine literarische Perspektive. In historischer Hinsicht bildeten laut Lohmeyer die frühen Christen in Galiläa und Jerusalem zwei unterschiedlich profilierte »Christentümer« mit eigenständigen christologischen Ansätzen aus[13].

---

9   *B. Englisch*, Ordo orbis terrae. Die Weltsicht in den Mappae mundi des frühen und hohen Mittelalters (Vorstellungswelten des Mittelalters 3), Berlin 2002, 499–502.510–511.
10   *E. Lohmeyer*, Galiläa und Jerusalem, Göttingen 1936, 84.104. Zur Rezeption der These Lohmeyers durch Lightfoot, Marxsen und Kelber vgl. *E. van Eck*, Galilee and Jerusalem in Mark's Story of Jesus: A Narratological and Social Scientific Reading (HTS.S 7), Pretoria 1995, 12–17.
11   Diese Tatsache hatte bereits in der Forschung vor Lohmeyer zu einer Debatte über die Frage geführt, ob die Urgemeinde ihr Zentrum möglicherweise in Galiläa statt in Jerusalem besessen hätte (vgl. *Lohmeyer*, Galiläa, 8–9).
12   Vgl. ebd., 5–9.97.100.
13   Ebd., 81–83. Die galiläische Richtung des urchristlichen Glaubens gründet sich »auf Menschensohn-Erwartung und Armen-Anschauung, auf Gesetzge-

Der literarische Entwurf des ältesten Evangeliums, in dem Mk
theologische Aussagen an geographische Angaben knüpft, präsentiert dagegen ein Spannungsverhältnis zwischen beiden Lokalitä-
ten, das auf die theologische Subordination Jerusalems unter Galiläa hinausläuft. Galiläa gilt für Mk als »das heilge Land des Evangeliums«[14], zu dem auch die Umgebung »(b)is hinauf nach Cäsarea
Philippi«[15] gehört. Demgegenüber wird schon in 3,22 und 7,1 Jerusalem zum »Herd der Feindschaft gegen Jesus«, denn von dort
kommen die Gegner Jesu. »Jerusalem, die heilige Stadt, ist der Ort
der Sünde und des Todes.«[16] Demgegenüber kommt Jerusalem bei
Lk insbesondere aufgrund der dort stattfindenden Verleihung des
Geistes zentrale Bedeutung zu[17]. Durch die Auferstehung und die
Geistausgießung wird Jerusalem zum Ursprung und zur »Mitte der
urchristlichen Gemeinde.«[18]
In Lohmeyers Bewertung erscheint Jerusalem im Markusevangelium als eine Durchgangsstation. Zu fragen ist, ob der Raum, der der
markinischen Jesuserzählung zugrunde liegt, tatsächlich in der Opposition zwischen Galiläa und Jerusalem aufgeht. Zu überprüfen
ist auch der für Lohmeyer erkenntnisleitende Gedanke, demzufolge
die Geistthematik ein Spezifikum der mit Jerusalem verbundenen
frühchristlichen Theologie und ihrer Entfaltung im Lukasevangelium und der Apostelgeschichte darstellt.
E. Malbon untersucht den erzählten Raum und seine mythische Bedeutung. Sie interessiert sich nicht für die Erzählerintention, sondern für die literarische Bedeutung der Raumangaben im Rahmen
der Gesamterzählung[19]. Sie erhebt die Gegensätze im geopoliti-
schen, topographischen und architektonischen Raum und fragt nach
deren Vermittlung[20]. Die Basis für die registrierten Oppositionen
bildet der Grundkonflikt zwischen Chaos und Ordnung des Lebens.
Der »Weg« als die entscheidende Mittlerinstanz hält die Gegensät-

---

horsam und Nachfolge Jesu«, die jerusalemische Richtung auf den »Glauben an
den Messias Jesus und … (die) Erfahrung des Heiligen Geistes« (ebd., 78).
14   Ebd., 28–29, Zitat 29.
15   Ebd., 31. Auf die Gefahr einer Vereinnahmung Galiläas aufgrund weltan-
schaulicher Prämissen weist *M. Leutzsch*, Jesus der Galiläer, in: Jesus der Galiläer
(WUB 24), Stuttgart 2002, 7–13 hin. Vgl. auch *K.-H. Ostmeyer*, Armenhaus oder
Räuberhöhle? Galiläa zur Zeit Jesu, ZNW 96 (2005), 147–170, hier 169.
16   *Lohmeyer*, Galiläa, 34.
17   Vgl. ebd., 24. Jerusalem ist »die Stätte des Geistempfangs« (ebd., 92). Die
»Tatsache des Geistes« ist »an Jerusalem und die dort beheimatete Messias-An-
schauung geknüpft« (ebd., 96).
18   Ebd., 92.
19   *E.S. Malbon*, Narrative Space and Mythic Meaning in Mark (BiSe 13), Sheffield ([1]1986) [2]1991, 2.
20   Ebd., 39–40.96–97.107.114.133.

ze zusammen[21]. Das Unterwegssein dominiert gegenüber der Ankunft. Das dynamische Moment, der Prozess der Bewegung, ist das strukturierende Prinzip der markinischen Raumgestaltung[22]. Aus Malbons Beschreibung der mythischen Verknüpfungen sind die interpretativen Folgerungen für das Verständnis der Einzelperikopen zu ziehen. Darüber hinaus ist auf die Bedeutung der Richtungen im markinischen Raum zu achten.

3. Der Aufbau des mythischen Raums

In mythischer Wahrnehmung stellt der Raum keine wertneutrale Größe dar, die lediglich geographisch zu vermessen wäre. Der mythische Raum ist ein »Organ der Welterklärung«[23]. Orte und Richtungen treten aufgrund von Vorentscheidungen auseinander, die grundlegenden Wertungen entspringen. Den Ausgangspunkt bildet die prinzipielle Abgrenzung zwischen heilig und profan. Die Kardinaldifferenz innerhalb des mythischen Raums resultiert aus der Unterscheidung zwischen Tag und Nacht, Licht und Dunkelheit. Die Orientierung im Raum erfolgt dem Lauf der Sonne entsprechend von Osten her. Die Lichtverhältnisse qualifizieren im Zusammenwirken mit der Trennung zwischen heilig und profan die Orte und Richtungen im mythischen Raum. Nord, Süd, Ost, West sind mit Qualitäten besetzte Richtungsangaben. Günstige sind von ungünstigen Orten zu unterscheiden, Leben spendende von lebensbedrohenden. Grenzüberschreitungen und Territorienwechsel konfrontieren mit den numinosen Eigentümern und Wächtern dieser Regionen. Sie bedürfen ritueller Regelungen. Konflikte um Orte sind stets auch Ausdruck des Kampfes numinoser Mächte um diese Räume[24]. Räumliche Nachbarschaft impliziert auch inhaltliche Beziehung. Der Ort einer Begebenheit sagt etwas über den Charakter eines Geschehens aus und gehört zur Sache selbst[25].

---

21   Ebd., 154.165. In der Feststellung diverser Oppositionen unter Hervorhebung der Bedeutung des Weges berührt sich Malbons Ansatz mit dem von *B. van Iersel*, Leggere Marco, Milano 1989, 42.44.
22   *Malbon*, Space sieht durch Mk 14,28 und 16,7 das Unterwegssein hervorgehoben (167), durch Mk 13,29 aber auch das Ankunftsmotiv benannt (168).
23   *Th. Knoppe*, Die theoretische Philosophie Ernst Cassirers. Zu den Grundlagen transzendentaler Wissenschafts- und Kulturtheorie, Hamburg 1992, 141.
24   Vgl. *K. Hübner*, Die Wahrheit des Mythos, München 1985, 159–173; *ders.*, Art. Mythos I. Philosophisch, TRE XXIII (1994) (Studienausgabe 2000), 597–608, hier 601.
25   *E. Cassirer*, Philosophie der symbolischen Formen, 2. Teil: Das mythische Denken (PsF II), Darmstadt, [9]1994, 67.115.

4. Die Richtungen im markinischen Raum

a) Galiläa und der See Genezareth: Das Zentrum im Norden

Die für das Markusevangelium zentrale Kategorie des Weges stellt in 1,2 die erste Ortsangabe der gesamten Schrift dar[26]. Flankiert wird das Wegmotiv von der Wüstenthematik, die in 1,3 und 1,4 sowie in 1,12.13 erscheint und die Ansage Deuterojesajas mit dem Wirken Johannes' des Täufers und Jesu verklammert. Die Wüste als erste lokalisierbare geographische Angabe beinhaltet zugleich eine Ostorientierung des Geschehens, denn sie legt den Anfang der Handlung an das Ostufer bzw. in das Gebiet östlich des Jordans[27]. Die Anziehungskraft des Täufers lässt nach 1,5 die Menschen aus südlicher bzw. südwestlicher Richtung aus Judäa und Jerusalem herbeiströmen.

Die Angabe des Jordans dient nicht in erster Linie als topographischer Hinweis. Sowohl der Zusatz ποταμός in 1,5 als auch der direkte Hinweis auf das Wasser in 1,10 rücken das Element des Wassers als der Qualität des Flusses in den Vordergrund. Als Ort der Taufe steht der Hinweis auf den Jordan in 1,5 und 9 zwischen den Verweisen auf die Wüste in 1,3.4 und 12.13, so dass ein spannungsvolles Gegenüber entsteht, das seinen unmittelbaren Niederschlag in den gegenläufigen Geschehnissen an beiden Orten findet. Die Wüste repräsentiert den Ort des gefährdeten Lebens und der Bedrohung. In ihr halten sich vorzugsweise die widergöttlichen Dämonen auf. Aus ihr ergehen der prophetische Ruf (1,3) und die Predigt des Täufers (1,4). Sie ist der Ort der initialen Begegnung Jesu mit dem Satan (1,12.13). Demgegenüber ist der mit dem Hinweis auf das Fließen bzw. das Wasser des Flusses verbundene Jordan ein Ort spirituellen Geschehens, an dem sich Gottes Gegenwart im Modus von Bußruf und Sündenvergebung (1,4) sowie in intensivierter Weise als herabsteigender Geist und Himmelsstimme realisiert (1,10.11).

Jesus wird mit zwei Richtungsangaben, die etwas über seine Herkunft und seine Zugehörigkeit aussagen, in die Handlung eingeführt. Er kommt aus seinem im Westen gelegenen Heimatort Nazareth an die in – heilvoller – östlicher Richtung befindliche Taufstätte. Dort erfährt er seine »Initiation« und empfängt vertikal von

---

26   Außer in dem Zitat aus Mal 3,1 in Mk 1,2 verwendet Markus ὁδός in Mk 1,3; 2,23; 4.4.15; 6,8; 8,3.27; 9,33.34; 10,17.32.46.52; 11,8; 12,14. Sämtliche Raumangaben bei Markus werden tabellarisch aufgelistet bei *van Eck*, Galilee, 248–257.
27   Vgl. *Ph. Gruson / M. Baudry*, Jordantal und Totes Meer, in: Das Heilige Land (WUB 4) Stuttgart 1997, 2–7, hier 3.

oben den göttlichen Geist. Im Anschluss an den Einsetzungsakt beginnt er seine öffentliche Wirksamkeit in Galiläa. Hier verortet der Erzähler Jesu programmatische Botschaft (1,15) und lässt Jesus am See Genezareth seine ersten Anhänger sammeln (1,16–20). Mit Kapharnaum als dem ersten und bis einschließlich Mk 4 einzig namentlich genannten Ort des Wirkens Jesu verbinden sich mehrere Motive. Die dortige Synagoge wird zum Ort der Auseinandersetzung Jesu mit einem unreinen Geist. Jesus, der Geistträger und Repräsentant Gottes, begibt sich zum ersten Mal in die direkte Konfrontation mit einem Trabanten des Obersten der Dämonen, den er in Gestalt des Satans in der Wüste getroffen hat (1,12.13). Ein zentrales Leitmotiv des Markusevangeliums, der Kampf des göttlichen mit widergöttlichen Geistern, wird auf diese Weise erzählerisch eingeführt. Von Kapharnaum aus verbreitet sich die Kunde von Jesus in »ganz Galiläa« (1,28), von hier aus sucht Jesus die Synagogen »in ganz Galiläa« auf (1,39), in diese Gegend kommen die Leute »von überall her« (1,45; 2,13). 3,7.8 bringt die Mittelpunktstellung der Region auf den Punkt, indem hier der Aufenthaltsort am See in seiner Magnetwirkung auf die Menschen auch aus entfernten Gegenden zusammengefasst wird. Die Reihenfolge der Aufzählung erfolgt unter Auslassung Samariens zunächst in Nord-Süd-Richtung: Galiläa, Judäa, Jerusalem und Idumäa. Danach wendet sich die Perspektive nach Osten auf Peräa und abschließend nach Nordwesten auf die Umgebung von Tyrus und Sidon. Auf diese Weise werden die Inhalte von Mk 1–4 mit einem weiten Adressatenkreis verbunden. Ihre Bedeutung wird auf keinen festgelegten Personenkreis und keine in besonderer Weise hervorgehobene Region begrenzt. Unter der galiläischen Perspektive gibt es keine besondere Dignität bestimmter Orte, Landesteile oder Personen, an die sich die Verkündigung bevorzugt richtet. Diese Offenheit in territorialer und personeller Hinsicht entspricht dem Charakter der Erzählungen in 2,1 – 3,6 als Ätiologien geltender Normen ebenso wie dem prinzipiellen Charakter der Gottesreichverkündigung in Form von Gleichnissen in Mk 4[28]. Sie demonstriert die universale Perspektive des nach 70 schreibenden christlichen Erzählers.

Der Abstecher an das Ostufer des Sees mit der Problematik einer Lokalisierung von 5,1–17 in Gerasa – oder Gadara[29] oder Gerge-

---

28   Zur Untersuchung von Mk 2,1 – 3,6 und Mk 4 vgl. im einzelnen *P.-G. Klumbies*, Der Mythos bei Markus (BZNW 108), Berlin / New York 2001, 160–212.

29   Zur genauen Lokalisierung von Gadara vgl. *Th.M. Weber*, Gadara – Umm Qes I Gadara Decapolitana. Untersuchungen zur Topographie, Geschichte, Architektur und der Bildenden Kunst einer »Polis Hellenis« im Ostjordanland (ADPV 30), Wiesbaden 2002, 12–16.

sa[30] – und dem Besuch in der Dekapolis (5,20) bedeutet in geographischer Hinsicht eine Erweiterung der in 3,7.8 aufgezählten Gegenden und Richtungen. Die Mittelpunktstellung des Sees Genezareth findet damit ihre Abrundung durch die Integration des östlich befindlichen Raums, und es entsteht ein quasi kreisförmig angelegtes Großgebiet, das die Grenzen Galiläas überschreitet[31]. Die Auseinandersetzung des Geistträgers Jesus mit dem widergöttlichen Geist findet auch in der hellenistisch-römisch geprägten Dekapolis[32] statt.

Während an den Seeufern Jesu Wirken von Erfolg begleitet bleibt (5,21–43), stößt er bei einer Exkursion westwärts in seine Heimatstadt Nazareth auch in der dortigen Synagoge auf Ablehnung (6,1–6). Das Motiv »Synagoge« bleibt im Markusevangelium durchgängig mit Widerstand gegen Jesus verbunden[33].

Die Herodes-Johannes-Episode in 6,14–29 blendet einen Ortswechsel in den Erzählfaden ein. Zwar liefert die Erzählung keine explizite Lokalisierung des Festortes und des Gefängnisses des Täufers. Nicht auszuschließen ist jedoch, dass bei der Leserschaft ein Wissen um die historischen Schauplätze, etwa die Festung Machärus als Ort der Hinrichtung des Johannes am Ostufer des Toten Meeres[34], vorauszusetzen ist.

Mit 6,30ff wird das Geschehen wieder in der Umgebung des Sees lokalisiert. Von Bethsaida (6,45) am Nordufer des Sees gelangt das Boot mit den Jüngern und schließlich auch Jesus in südwestlicher

---

30   Wahrscheinlich hat es sich um den heute Kursi genannten Ort am Ostufer des Sees gehandelt. Zur Einschätzung, welcher der genannten Orte unter historischer Perspektive gemeint sein könnte, vgl. *R. Pesch,* Das Markusevangelium, Erster Teil. Einleitung und Kommentar zu 1,1 – 8,26 (HThK II/1), Freiburg/Basel/Wien ⁵1989, 285. Zu den topographischen Problemen im Zusammenhang der drei Ortsangaben vgl. auch *C. Cebulj,* Topographie und Theologie im Neuen Testament. Anmerkungen zu einer komplexen Beziehung am Beispiel der Dekapolis, BN 105 (2000), 88–99, hier 91–93.

31   Daraus ist nicht zu schließen, dass Mk bewusst oder aus Unkenntnis den See Genezareth zum Mittelpunkt Galiläas erklärt. Anders *D.-A. Koch,* Inhaltliche Gliederung und geographischer Aufriss im Markusevangelium, NTS 29 (1983), 145–166, hier 151–153.

32   Die Dekapolis ist weder geographisch noch verwaltungstechnisch ein abgeschlossenes Gebiet (*R. Wenning,* Art. Dekapolis, RGG⁴ II [1999], 635).

33   Das gilt für 1,21–28 ebenso wie für 3,1–6. Auch in der summarischen Aussage von 1,39 werden die Synagogen Galiläas als Orte beschrieben, an denen böse Geister hausen, die von Jesus ausgetrieben werden. Die übrigen drei Belege für das Wort »Synagoge« bei Mk fügen sich diesem Bild ein. 1,29 wird der Begriff verwendet, um den Übergang zu einer neuen Szene herzustellen; 12,39 werden die Synagogen im Rahmen einer Distanzierung von jüdischen Schriftgelehrten und in 13,9 als Ort zukünftiger Geißelungen erwähnt.

34   Nach JosAnt 18,119.

Richtung nach Genezareth (6,53) an das Westufer des Sees. Der zusammenfassende Hinweis auf »jene ganze χώρα« (6,55) und die Dörfer, Städte und Gehöfte, in die Jesus hineingeht, deutet darauf hin, dass die Handlung weiter in dieser Gegend stattfindet. Mit 7, 24 wird ein neuer Richtungsimpuls gesetzt. Jesus zieht in das nordwestlich gelegene syrophönizische Umland von Tyrus. Dort bringt er wie bereits im »heidnischen« Gerasa einen Dämon zum Verschwinden. Auch außerhalb Galiläas erweist sich der Geist, den Jesus zu verbreiten angetreten ist, wiederum als siegreich (7,29. 30)[35].

Die Ortsangaben in 7,31 zeigen Jesus auf einer Art Rundreise[36], die ihn weiter in das Umfeld hellenistisch-römischer Städte bringt[37]. Sein Weg führt zunächst aus dem Gebiet von Tyrus nach Sidon im Norden, dann zurück nach Süden und Südosten. Während die Speisungsgeschichte in 6,30–44 an der galiläischen Wirkungsstätte Jesu stattfindet, ist die Speisungserzählung in 8,1–10 in einer wüstenhaften Randzone der hellenisierten Dekapolis (V. 4) angesiedelt. In beiden Regionen und Milieus gibt sich der markinische Jesus als Spender einer Brotgabe zu erkennen, die auf ihn selbst zurückverweist[38].

Die Überfahrt über den See, die im Westen in Dalmanutha ihr Ziel findet (8,10), kündigt einen Szenenwechsel an. Mangelndes Erkenntnisvermögen der Pharisäer (8,11–12) und Verständnislosigkeit der Jünger, die während einer weiteren Bootsfahrt, diesmal in das an Nordspitze des Sees gelegene Bethsaida, sichtbar wird (8,13–

---

35 Zum Kampf der konkurrierenden Geister bei Mk vgl. *P.-G. Klumbies*, Jesus im Markusevangelium, in: https://kobra.bibliothek.uni-kassel.de/bitstream/urn: nbn:de:hebis:34-2007012916885/3/KlumbiesJesusMarkusevangelium.pdf.

36 *T. Schmeller*, Jesus im Umland Galiläas. Zu den markinischen Berichten vom Aufenthalt Jesu in den Gebieten von Tyros, Caesarea Philippi und der Dekapolis, BZ NF 38 (1994), 44–66, hier 47 insistiert darauf, dass »zumindest auch theologisches Interesse bei dieser Wegbeschreibung im Spiel ist«.

37 Auffallend ist, dass der markinische Jesus bevorzugt die ländlichen Gegenden aufsucht. Vgl. *C. Breytenbach*, Mark and Galilee: Text World and Historical World, in: Galilee through the Centuries. Confluence of Cultures, ed. by *E.M. Meyers*, Duke Judaic Studies Series Volume 1. Second International Conference on Galilee in Antiquity, Winona Lake, Indiana 1999, 75–85, hier 77–80; *S. Freyne*, Galilee, Jesus and the Gospels. Literary Approaches and Historical Investigations, Dublin/Philadelphia, 1988, 41; *ders.*, Jesus and the Urban Culture of Galilee, in: *ders.*, Galilee and Gospel. Collected Essays (WUNT 125), Tübingen 2000, 183–207, hier 187.

38 In beiden Erzählungen finden sich eucharistische Anklänge, die der christologischen Explikation Jesu dienen. Die beiden Speisungen sollen »wohl auf das Miteinander von juden- und heidenchristlichen Gemeinden zur Zeit des Evangelisten verweisen«. *A. Merz*, Das »Meer von Galiläa« und die Jesusbewegung, in: Jesus der Galiläer (WUB 24), Stuttgart 2002, 32–39, hier 39.

21), münden in einer mythischen Episode, deren Gegenstand die Blindheit Jesus gegenüber ist (8,22–26)[39]. Von Bethsaida aus bewegt sich der Handlungsfaden weiter in direkter Nordausrichtung nach Cäsarea Philippi. Ihre Pointe bezieht diese Lokalisierung daraus, dass Cäsarea Philippi mit Tyrus der Jerusalem entferntest liegende Ort ist, aus dessen Umgebung eine Szene mit Jesus erzählt wird[40]. Jenseits der Grenze Galiläas, im größten Abstand zu Jerusalem formuliert Petrus sein Christusbekenntnis. Dieses wird von Jesus mit einem Schweigegebot belegt und anschließend durch die erste Leidensankündigung interpretiert. Als Petrus sich dieser Auslegung verweigert, tritt ihm Jesus mit Vehemenz entgegen (8,33). Die Massivität des Vorgehens Jesu wird vom späteren Jerusalemer Verhör her in 14,61.62 transparent. Die Paradoxie einer auf den Tod Jesu gründenden Christologie findet bei Mk ihren erzählerischen Ausdruck in der Distanz zwischen Jerusalem – der Stadt, die die traditionelle jüdische Heilserwartung symbolisiert – und Cäsarea Philippi, das für hellenisierte Kultur und Religion steht und politisch und geographisch nicht zu Galiläa gehört[41].

Fernab im Norden ist auch die Verklärungsszene auf dem Berg in 9,2–8 verortet[42]. Der Zuspruch der Sohnschaft in 9,7 stellt eine innere Beziehung zwischen Tauf-, Verklärungs- und Todesort Jesu her[43]. Seine zweite, wiederum vom Unverständnis der Jünger begleitete Leidensankündigung spricht Jesus in Galiläa aus (9,30–31). Nach dem Auftakt in der »heidnischen« Region von Cäsarea Philippi wird die mit Jesu Passion verknüpfte »Jerusalemer« Christologie nun in Beziehung zum jüdischen Galiläa gesetzt. Kapharnaum, das konflikträchtige Dorf, wird nach 1,21 und 2,1 in 9,33 zum dritten und letzten Mal ausdrücklich erwähnt. Wieder spielt

---

39   Vgl. *P.-G. Klumbies*, In Stufen zur Einsicht. Die Blindenheilung Mk 8, 22–26, in: Biblische Geschichten erlebt, erzählt, gedeutet für Schule, Kirche, Erwachsenenbildung (FS H. Heinemann), hg. von *J. Heumann*, Oldenburg 2006, 52–56.

40   *Schmeller*, Umland, 50 weist darauf hin, dass 8,27ff zwar oft zum Verständnis des markinischen Messiasgeheimniskonzepts herangezogen worden sei, man sich aber nicht »um ein Verständnis der auffälligen Lokalisierung« bemüht habe.

41   Nach *G. Guttenberger*, Why Caesarea Philippi of all Sites? Some Reflections on the Political Background and Implications of Mark 8:27–30 for the Christology of Mark, in: *M. Labahn / J. Zangenberg* (Hg.), Zwischen den Reichen: Neues Testament und Römische Herrschaft (TANZ 36), Tübingen 2002, 119–131, hier 128 positioniert Mk Jesus mit dieser Lokalisierung in politischer Absicht als König der Juden im Kontrast zu Agrippa II.

42   Vermutlich ist topographisch an das Hermon-Gebirge zu denken. Aber »numinose Orte (können) ... überhaupt nicht in den profanen Raum eingebettet werden«. Sie sind »von Menschen nur unter besonderem numinosen Beistand zu betreten« (*Hübner*, Wahrheit, 165).

43   Vgl. Mk 1,11; 15,39.

sich dort eine spannungsbeladene Szene ab. Nach der Auseinandersetzung von 1,21–28 und dem stummen Disput mit den Schriftgelehrten in 2,6–10 zeichnet sich in 9,33–37 mit der Frage nach der hierarchischen Ordnung ein Konflikt unter den Jüngern selbst ab. Weitere aggressionsträchtige Themen sind in 9,38–50 angelagert. Ohne die mythische Bedeutung der Nordausrichtung überzustrapazieren, lässt sich sagen, dass das Wirken Jesu im Norden unter unwirtlichen, weil konfliktuösen Bedingungen stattfindet.

In Mk 1–9 ist der See Genezareth der Omphalos der erzählten Welt[44]. Die Exkursionen Jesu in verschiedene Himmelsrichtungen – ergänzt durch den Zustrom vieler Menschen aus unterschiedlichen Gegenden – setzen Richtungspfeile, die in der Summe einem Strahlenkreis nahekommen. Der Raum verwandelt sich dadurch jedoch nicht in ein christliches Großgaliläa[45]. Die Regionen werden in ihrer Verschiedenheit zum Ziel der Bemühung Jesu, den göttlichen Geist in alle Richtungen und an alle Orte zu tragen[46]. Mit 10,1 erfolgt die geographische Neuausrichtung der Erzählung nach Süden. Jesus begibt sich nach Judäa und Peräa. Die dritte Leidensankündigung in 10,32–34 bezieht sich bereits direkt auf Jerusalem. Die von der Passion und dem Tod Jesu her entwickelte Christologie des Mk richtet damit nacheinander das hellenisierte Umland, Galiläa und Jerusalem auf die Auferweckungsbotschaft aus. Das nordöstlich von Jerusalem gelegene Jericho wird in 10,46 zum Ausgangspunkt für Jesu Weg nach Jerusalem.

b)   Die Ost-West-Linie ab Mk 11

Während die Nord-Süd-Ausrichtung des Markusevangeliums als »geographische Grundachse«[47] breit thematisiert ist, ist die Ost-West-Orientierung, die insbesondere innerhalb der erweiterten Passionsgeschichte ab Kap. 11 zu beobachten ist, kein Thema der Forschung. Dabei sind bereits in Mk 1–10 verschiedentlich Bewegungen in west-östlicher Richtung festzustellen[48]. Sie dokumentieren in Mk 5 und 7 die Hinwendung Jesu zu Menschen in Regionen

---

44   Nach mythischer Vorstellung bezeichnet der Omphalos nicht eine geometrische Mitte, sondern drückt die zentrale Bedeutung eines Ortes aus. Vgl. C. *Aufarth*, Art. Omphalos, DNP 8 (2000), 1201–1202.

45   So *Lohmeyer*, Galiläa, 27. Vgl. im Unterschied dazu *Cebulj*, Topographie, 93.94.

46   F.G. *Lang*, »Über Sidon mitten ins Gebiet der Dekapolis«. Geographie und Theologie in Markus 7,31, ZDPV 94 (1978), 145–160, hier 160.

47   K. *Scholtissek*, Von Galiläa nach Jerusalem und zurück. Zur theologischen Topographie im Markusevangelium, in: Oleum Laetitiae (FS B. Schwank), hg. von G. *Bruske* / A. *Huendler-Kläsener*, Münster 2003, 56–77, hier 60.

48   5,1; 7,31; 8,1–10. Dazu zählt auch 6,17–29.

mit vorwiegend nichtjüdischer Bevölkerung. Erst ab Mk 11 wird jedoch deutlicher ein absichtsvolles Wechselspiel zwischen West und Ost fassbar. Der mythisch mit Unheil und Tod konnotierte Westen und der Osten als Land des Heils kennzeichnen den inneren Charakter der mit Jerusalem verbundenen Ereignisse. Jesu erste geschilderte Bewegung führt ihn in südwestlicher Richtung auf der Straße zwischen Jericho und Jerusalem nach Bethphage und Bethanien. Am Ostrand Jerusalems, in der Nähe des Ölbergs (11,1), bereitet er seinen Einzug in die Stadt vor. Die in Mk 11 erzählte Handlung ist eng mit Richtungswechseln verbunden. Jesus bewegt sich mehrfach zwischen Bethanien und Jerusalem hin und her. Dadurch erscheinen die geschilderten Ereignisse jeweils unter einer West- bzw. Ostperspektive.

Der Westweg konfrontiert Jesus jedes Mal mit dem Thema »Fruchtlosigkeit«. Dies betrifft parallel sowohl das Treiben im Jerusalemer Tempel als auch den Feigenbaum. Beide demonstrieren eine vordergründige Lebendigkeit, die für den markinischen Jesus eine Form von Auszehrung darstellt. Jesu tägliche Rückkehr in den Osten dokumentiert die Distanzierung von diesem Geschehen, die auch in seinem aggressiven Verhalten den Geschäftsleuten im Tempel wie dem fruchtlosen Baum gegenüber zum Ausdruck kommt[49]. Im Tempel gerät Jesus in eine unfruchtbare weil letztlich ergebnislose Diskussion (11,27–33) mit jüdischen Autoritäten über seine Vollmacht. Am gleichen Ort führt er die Kontroversgespräche in Mk 12.

Der Weg aus dem Tempel heraus führt Jesus wiederum nach Osten, diesmal auf den Ölberg (13,3). Jesu Worte vom Ende und dem kommenden Gericht erfolgen aus der mit Heil konnotierten östlichen Position im direkten Gegenüber zu dem im Westen in unheilvoller Richtung gelegenen Tempel. Ebenfalls unter dem Richtungsaspekt in inhaltlicher Distanz zu Jerusalem befindet sich das östlich gelegene Bethanien. Dort findet die Salbung Jesu statt, die das kommende Unglück des Sterbens Jesu und dessen gleichzeitige soteriologische Bedeutung miteinander verschmelzen lässt. Judas geht in die Stadt, d.h. nach Westen, mythisch: in das Reich des Todes, um den Verrat an Jesus zu vollziehen (14,10–11). Zur Vorbereitung des Passamahls schickt Jesus anschließend zwei seiner Jünger »in die Stadt«, (14,13.16). Am Abend geht auch Jesus mit den Zwölfen nach Westen (14,17). Der Einbruch der Dunkelheit und die unheilsträchtige Richtung lassen unter mythischem Aspekt einen düsteren Fortgang erwarten.

---

49   Zur Parallelführung der Erzählstränge in 11,11–25 vgl. *Klumbies*, Mythos, 243–249.

Nach der Mahlfeier geht Jesus mit den Jüngern ein letztes Mal vor seinem Tod in Richtung Osten an den Stadtrand zum Ölberg. Dort kündigt er mit seiner Auferweckung und seinem Vorangehen nach Galiläa (14,28) die Vollendung seines Weges an. Gedanklich-verbal zieht er dabei eine Linie in Richtung Norden. In der sich zuspitzenden Situation kurz vor seiner Festnahme wird Galiläa, der Herkunftsort Jesu, zum Zukunftsort der Gemeinschaft des Auferweckten mit den Jüngern. Aus dem sich abzeichnenden Passionsgeschehen in Jerusalem heraus eröffnet sich eine galiläische Perspektive. In der realen Erzählwelt bleibt die erzählte Handlung allerdings zunächst im Osten am Rande Jerusalems lokalisiert (14,32–52).

Zum Verhör vor dem Hohenpriester wird Jesus zurück auf westlichem Weg stadteinwärts geführt (14,53). Die Westausrichtung, die das verhängnisvolle Geschehen in sich trägt, wird ab jetzt bis zum Tod Jesu in 15,37 nicht mehr durchbrochen.

In der Verhörszene dienen die Kleinräume der deutenden Bewertung der Situation. Markus stellt mittels einer Verschachtelung[50] eine Beziehung zwischen Petrus und Jesus her. Während Jesus drinnen verhört wird, befindet sich Petrus draußen im Hof. Die ursprünglich petrinischen Worte aus 8,29: σύ εἶ ὁ χριστός lösen in 14,61 im Munde des Hohenpriesters das Todesurteil gegen Jesus aus. Im selben Augenblick geht Petrus draußen vom Hof in den Vorhof und sichtbar auf Distanz zu Jesus und zu seinem eigenen Bekenntnis[51].

Damit findet die für das Markusevangelium zentrale Frage nach dem inneren Grund des Sterbens Jesu ihre Antwort. Jesus stirbt an dem Ressentiment, das sich aus dem Wechselspiel von Erhöhung und Erniedrigung speist. Der markinische Jesus ist die gesamte Handlung hindurch gegen die Erhöhung seiner Person angegangen und hat alle Versuche, ihn zu exponieren, als dämonische Ansinnen von sich gewiesen. In herausgehobener Weise hat er dabei gerade Petrus in 8,30 zurechtgewiesen. Nun wird er selbst ein Opfer des zerstörerischen Mechanismus, den aufzulösen er angetreten war[52].

Die finale Frage des Hohenpriesters wird in 14,60 durch eine signifikante Bewegung im Raum eingeleitet. Der Hohepriester steht auf εἰς μέσον und besetzt die Mittelpunktstellung im Raum. Jesus gerät in eine Randposition. Unter umgekehrten Vorzeichen fand

---

50   Mk 14,53–54.55–65.66–72. *Scholtissek*, Galiläa, 64: »(I)m Prozeß gegen Jesus kulminieren« »christologische Fragen, die in Galiläa aufbrechen«.

51   Vgl. die Ringkomposition in Mk 14,53.54 und 14,66–72. Durch sie wird die Verhör- von der Verleugnungsszene umrahmt und auf diese Weise interpretiert.

52   Zu der Frage, worin die Tödlichkeit des Christusbekenntnisses begründet liegt, vgl. *Klumbies*, Mythos, 256–267.

ein solcher Positionswechsel bereits in 3,1–6 statt. Dort wurde der Wendepunkt der Erzählung ebenfalls mit dem Ausdruck εἰς (τὸ μέσον) eingeleitet (3,3). In dem Moment, in dem der Mensch mit der trockenen Hand von Jesus in die Mitte gebeten wurde, wurde er aus einer Rand- zu einer Zentralfigur der Erzählung. Statt seiner gerieten die zuvor bestimmenden Personen an die Peripherie. Die räumliche Veränderung zu Ungunsten Jesu ab 14,60 wird durch eine Variierung im Gebrauch von πάλιν noch verstärkt. In der Mehrzahl der 28 Fälle, in denen Mk das Adverb verwendet, ist Jesus das Subjekt einer mit πάλιν verknüpften Handlung. Nach 14,60 wird dies nie mehr der Fall sein. Wieder und wieder hatte sich Jesus bei Mk um etwas bemüht. Nun signalisiert die Übertragung des Adverbs an das Reden des Hohenpriesters und später an das Geschrei des aufgebrachten Pöbels (15,13): Das Gesetz des Handelns ist Jesus aus den Händen genommen und auf seine Feinde übergegangen[53].

c) Die West-Ost-Perspektive der Sterbeszene Mk 15,33–39

Für das Verständnis der Sterbeszene Jesu kommt den Lichtverhältnissen in 15,33–39 besondere Bedeutung zu. Die Darstellung wird in V. 33 mit einer »All«-Aussage eröffnet. Die dreistündige Finsternis, die in der Mitte des sechs Stunden umfassenden Leidens Jesu am Kreuz beginnt, erfasst ὅλην τὴν γῆν. In mythischer Weise wird zum Ausdruck gebracht: Es ist die dunkle Stunde der Menschheit. Sie steht soeben im Begriff, den Gottessohn zu töten. Die Lichtverhältnisse entsprechen dem inneren Gehalt des finsteren Geschehens[54]. Ihre Grenze findet die Dunkelheit an dem Ausruf Jesu in V. 34. Die Finsternis endet in dem Moment, in dem Jesus seine letzten Worte hervorstößt und wenige Augenblicke später stirbt. Die wiedergekehrte Helligkeit charakterisiert den Tod Jesu als ein lichtes Geschehen.
Die durch die Beleuchtung zum Ausdruck gebrachte soteriologische Interpretation des Todes Jesu wird gestützt durch die Angaben zu den Räumen und Richtungen in 15,35–39. Insgesamt vier Hinweise finden sich. In V. 35 drückt die Bezeichnung der Schaulustigen als »Dabeistehende« aus, dass diese Leute in keiner eindeutigen

---

53 Letztmalig ist in 14,39.40 ein Handeln Jesu mit πάλιν verknüpft. In 15,13 begegnet das Adverb überhaupt zum letzten Mal. Aufschlussreich ist, dass es dort Verwendung findet, obwohl keine Wiederholung ausgesagt ist. Vgl. ebd., 140–143: πάλιν: Die Wiederkehr des Gleichen bei Markus.
54 Nach Mk 13,24 ist die unter Zitierung von Jes 13,10 angesagte Verfinsterung der Sonne das Signal für die Ankunft des Menschensohns. Daran erinnern sich die Leser bzw. Hörer in 15,33.

räumlichen Zuordnung zu Jesus stehen. Ihre äußere Richtungslosigkeit entspricht ihrer inneren Teilnahmslosigkeit. Dieses Desinteresse erfährt vom Ende der Szene in V. 39 her eine Pointierung. Dadurch, dass der Centurio durch die gleiche substantivierte partizipiale Verbform zunächst ebenfalls als Dabeistehender eingeführt wird, wird ein Rückbezug zu V. 35 hergestellt. Die Differenz ergibt sich aus der räumlichen Zuordnung durch den Zusatz ἐξ ἐναντίας αὐτοῦ in V. 39. Die Stellung des Hauptmanns im Raum wird präzisiert. Er steht dem Gekreuzigten direkt gegenüber. Eine Betonung gewinnt die Aussage zusätzlich dadurch, dass unter historischem Gesichtspunkt Jesus vermutlich eher an einem Hochkreuz hängend zu denken ist[55]. Die geradlinige innere Haltung des Centurio, die explizit in seinen anschließenden Worten zum Ausdruck kommt, wird durch seine klare Positionierung im Raum augenfällig[56].

Das Zerreißen des Tempelvorhangs von oben bis unten in V. 38 bildet einen direkten Rekurs auf die Taufszene in 1,9–11. An beiden Stellen wird das Verb σχίζειν verwendet, und die auf »oben« und »unten« bezogenen Richtungsangaben verweisen auf die Beziehung zwischen Himmel und Erde. Die Verknüpfung beider Szenen stellt erzählerisch einen Gesamtzusammenhang her. Bei der Hinrichtung Jesu in Jerusalem vollendet sich das Werk, das damals in Galiläa begann. An der Hinrichtungsstätte Golgotha, dem außerhalb der zweiten Stadtmauer am westlichen Stadtrand Jerusalems gelegenen Ort des Unheils, kommt zum Ziel, was an der Taufstätte am östlichen Jordanufer seinen Anfang nahm. V. 38 sprengt die Geschlossenheit der Szene. Eingeblendet wird ein Geschehen im Tempel, das die handelnden Personen nicht sehen können. Die Leserschaft wird auf einen Sachzusammenhang hingewiesen.

In West-Ost-Perspektive, von der Stätte offenkundigen Unheils her, wird im Blick auf den traditionellen Ort des Heils eine Gottes-

---

55 M. *Ebners* an sich nicht ausgeschlossene Erläuterung, dass Jesus in Bodenhöhe am Kreuz befestigt gewesen sein könnte (Im Schatten der Großen. Kleine Erzählfiguren im Markusevangelium, BZ NF 44 (2000), 56–76, hier 69), gäbe zwar eine historisch plausible Erklärung dafür ab, dass der Centurio auf Augenhöhe mit Jesus stand. Aber der mythisch-theologischen Aussage würde die Spitze genommen. Im Übrigen scheint die Verwendung des Verbs καθαιρέω – herabnehmen – in V. 36 eher auf eine erhöhte Anbringung am Kreuz hinzudeuten.

56 Eine schräg noch oben weisende Linie wäre in diesem Moment mythischer Logik folgend unmöglich. Denn »schräg« stehen nur »schräge Typen« – die Dabeistehenden in V. 35 sind ein Beleg dafür. Kritisch gegenüber der Auffassung, dass die Aussage des Hauptmanns ein Bekenntnis darstellt, ist R. *Kampling*, Henker – Zeuge – Bekenner? Fragen zur Auslegung von Mk 15,39, in: *ders.*, Im Angesicht Israels. Studien zum historischen und theologischen Verhältnis von Kirche und Israel, hg. v. M. *Blum* (SBB 47), Stuttgart 2002, 3–20.

aussage gemacht. Die Hinrichtung Jesu zieht Konsequenzen für das Gottesverständnis nach sich. Wer Gott ist, erschließt sich für die christliche Leserschaft des Mk vom Tod Jesu her. Für die Raumkonzeption ist wesentlich, dass diese Szene von den klassischen mythischen Richtungskonnotationen abweicht. Eigentlich hätte der Untergang Jesu im Westen aus der östlichen Heilsperspektive geschildert werden müssen. Aus Sicht des im Osten befindlichen Heils und damit aus Tempelperspektive endet Jesus in einer Katastrophe. Die Umkehrung der mythischen Richtung interpretiert sowohl die Heilserwartung als auch die Gottesvorstellung vom Tod Jesu her neu. Durch die Änderung des Richtungssinns vermeidet Mk, dass die Geschichte Jesu als ganze zu einem Mythos vom Sterben und Auferstehen wird. Die soteriologische Interpretation des Todes Jesu erfolgt unter Aufgreifen mythischer Elemente, aber sie macht die Jesusgeschichte nicht zu einem Mythos.

Das Bekenntnis des römischen Centurio in V. 39 beinhaltet eine Antwort auf die Frage nach dem Verbleib des Geistes, den Jesus in V. 37 im Moment seines Todes ausgehaucht hat. Aufgrund des konstitutiven Zusammenhangs von Bekenntnisbildung und Geistempfang zeigt die Reaktion des Hauptmanns, dass der Geist, der Jesus bei seiner Taufe von Gott vertikal von oben verliehen wurde und den er die gesamte Erzählung hindurch im Kampf gegen dämonische Geister zu verbreiten trachtete, sich horizontal unter die Menschen auszubreiten begonnen und den römischen Offizier als ersten erfasst hat. Anders als von Lohmeyer vertreten ist gerade die Sterbeszene Jesu bei Markus von besonderer Bedeutung für die Pneumatologie. Am markinischen Karfreitag ereignet sich ein pfingstliches Geschehen, und das gemeindebildende Bekenntnis zu Jesus als dem Gottessohn stellt bereits eine Form des Osterglaubens dar[57].

Die Jerusalemer Sterbeszene Jesu beinhaltet bei Mk einen doppelten theologischen Impuls: Erstens wird der Gottesbegriff vom Sterben Jesu her christologisch-soteriologisch qualifiziert und zweitens die weitergehende Christenheitsgeschichte als pneumatologisch begründet dargestellt. Damit bindet das Markusevangelium seine theologische Pointe an Jerusalem. Jerusalem wird zum Ausgangsort einer eigenständigen christlichen Identitätsbestimmung.

---

57   Während Jesus in seiner galiläischen Wirkungsphase verschiedene Regionen aufsucht, kommen bei seiner Jerusalemer Passion die Menschen zu ihm, und zwar wiederum aus unterschiedlichen Gebieten: Simon von Kyrene aus Nordafrika (15, 21), Maria Magdalena und die anderen Frauen aus Galiläa (15,40.41), Joseph von Arimathäa (15,43) aus Judäa. Vgl. E. *Malbon*, Galilee and Jerusalem: History and Literature in Marcan Interpretation, CBQ 44 (1982), 242–255, hier 250.

d) Die Rückkehr von Süden nach Norden in Mk 16,1–8

Die Funktion von 16,1–8 im Erzählganzen besteht darin, das Jerusalem-Geschehen in die galiläische Welt zu tragen. Beide Zentren der Gesamterzählung gehören wie die Brennpunkte einer Ellipse zusammen.

Im Eingang von 16,1–8 spielen wie schon in der Sterbeszene die Lichtverhältnisse eine herausgehobene Rolle. Die vier Zeitangaben in V. 1 und 2 kündigen einen Neuanfang an und deuten auf einen Akt der Neuschöpfung voraus. Die Verortung des angelus interpres auf der das Günstige verheißenden rechten Seite in V. 5 deutet auf eine gute Kunde hin. Der Engel weist die Frauen darauf hin, dass sie den Auferweckten am falschen Ort suchen. Die Perikope verankert das nach traditioneller Überlieferung nicht ortsgebundene Auferweckungsbekenntnis erstmals in einem leeren Grab. Gleichzeitig verkündet die weiß gekleidete Gestalt, dass das Sehen des Auferweckten nicht auf einem Jerusalemer Friedhof, sondern in der galiläischen Heimat der Frauen und Jünger erfolgen wird. Die Lokalisierung und Historisierung des Auferweckungsbekenntnisses durch seine Verankerung im Grab Jesu wird theologisch durch die Biographisierung dieses Bekenntnisses in der Balance gehalten. Das Jerusalemer Auferweckungsbekenntnis wird auf eine in Galiläa zukünftig stattfindende Erfahrung bezogen.

Räumlich wird damit ein Richtungspfeil von Süd nach Nord gesetzt. Die seit Kapitel 11 mit den Bewegungen um und in Jerusalem verbundene Ost-West-Ost-Ausrichtung wird verlassen. Die Erzählung knüpft an die für Mk 1–10 charakteristische Nord-Süd-Achse an, diesmal in umgekehrter Richtung. Das Gebiet der bisher erzählten Welt wird in die theologische Perspektive von 15,33–39 und 16,6.7 eingebunden.

Fasst man Galiläa in 16,7 als eine Chiffre für »Heimat«, bildet der Vorverweis zugleich eine Brücke aus der erzählten in die reale Welt der Gemeinde und deutet über den galiläischen Kontext hinaus. Auch den Leserinnen und Lesern des Mk ist die Verheißung gegeben, Jesus in der Heimat, in »ihrem« Galiläa, zu begegnen.

5. Markinische Raumgestaltung und römische Limitation

Jerusalem ist – entgegen Lohmeyers einseitigem Urteil[58] – nach Mk 15,37.39 vor allem die Stadt der Geistausbreitung und des ersten Jesu Tod inkludierenden Bekenntnisses aus Menschenmund. In

---

58 Die Antithese zwischen Galiläa und Jerusalem bei Lohmeyer ist auch nach Auffassung von *Schmeller*, Umland, 51 überbetont.

Jerusalem beginnt – allerdings unter dem Kreuz – die christliche Gemeindebildung. Diese theologische Leistung narrativ vollbracht zu haben, ist nicht erst das Verdienst des Lukas und der Apostelgeschichte.

Die pneumatologische Dimension besitzt für das Markusevangelium von Anfang an strukturierende Bedeutung. Bereits der Täufer weist auf den Geist als die zentrale mit dem kommenden Jesus verbundene Qualität hin. Die Taufe Jesu bestätigt seine Ankündigung. Das Wirken des Geistträgers Jesus in Galiläa sowie den angrenzenden stärker hellenisierten Nachbarregionen ist von Erfolgen und mit ihnen einhergehender, wachsender Anfeindung verknüpft. Mit seinem Tod in Jerusalem beginnt der bis in die Gegenwart des Erzählers und darüber hinaus anhaltende Siegeszug des göttlichen Geistes, der von Jesus auf die Menschen übergegangen ist. Galiläischer Tauf- und Jerusalemer Todesort sind durch die Geistthematik verbunden. Die Pneumatologie ist das Einheit stiftende Band der markinischen Jesuserzählung und die zentrale inhaltliche Verklammerung des Markusevangeliums.

Die erzählten Räume sind funktional unterschieden. Im Laufe der Erzählung verbinden sich mit Galiläa und Jerusalem unterschiedliche Akzente. Aber alle Räume bleiben Funktionen einer soteriologisch-christologischen Geisttheologie. Dies gilt auch für die außergaliläischen hellenisierten Gebiete, in denen Jesus wirkt.

Jerusalem ist als Stätte der Hinrichtung Jesu einerseits der Gegenort zu Galiläa. Dort hat sich die Heilszeit angekündigt und wird ihre eschatologische Erfüllung finden. Andererseits ist Jerusalem die Stadt, in der sich die Lebensgeschichte Jesu heilstiftend vollendet. Die soteriologische Bewertung des Jerusalemer Todes Jesu impliziert, dass Galiläa gegenüber Jerusalem zwar der Ort der endzeitlichen Heilsankündigung aber gleichzeitig auch der der Nicht-Vollendung der Lebensgeschichte Jesu bleibt. Das mit Galiläa verbundene Nicht-Vollendungsmotiv könnte auch die Einsprengsel und Splitter erklären, die sich in die ansonsten positive Darstellung Galiläas bei Mk mischen[59]. Da Jesus über den durch Galiläa und Jerusalem markierten Raum hinaus heilvoll gewirkt hat, ist anstelle einer Dualität der Räume eher von einer Dreigliedrigkeit des Raumes bei Mk zu sprechen.

---

59   Dazu zählen sowohl die Verwerfung Jesu in Nazareth durch seine eigenen Verwandten (3,31–34) als auch der wiederholte Widerstand jüdischer Autoritäten gegen Jesus, wie etwa der der Schriftgelehrten in 2,6.7 und 3,22 und der der Pharisäer in 2,16.24; 7,1ff; 8,11 sowie in Verbindung mit den Herodianern in 3,6; 8,15; 12,13. Vgl. auch *Schmeller*, Umland, 51, Anm. 52: Es wird »heruntergespielt, daß Jesus in Galiläa auch Ablehnung (6,1–6a) und in Jerusalem auch Offenheit erfährt (vgl. Mk 12,28–34).«

Im Zusammenspiel mit dieser Dreiregionalität reklamieren die vier Himmelsrichtungen im Markusevangelium die Gesamtheit des Raumes für die Ausbreitung des göttlichen Geistes Jesu. Das Sterben Jesu ist ein die gesamte Welt betreffender Vorgang, die Gottesgegenwart nicht an geographische Räume, sondern an das Bekenntnis und die Erfahrung der Begegnung mit dem Auferweckten geknüpft. Mit der galiläisch-jerusalemischen Geschichte Jesu hat das weltweite Geschehen begonnen, dessen Vollendung in Mk 13, 27 angekündigt wird.

Charakteristisch für die markinische Darstellung ist die große Nord-Süd-Ausrichtung, die durch den Süd-Nord-Impuls in 16,1–8 komplettiert wird. Die Passionsgeschichte folgt dagegen einer Ost-West-Ost-Ausrichtung. Sie gibt dem Markusaufriss eine Geographie in Kreuzform. Dies entspricht der sakralen Raumordnung, die in die römische Limitation Eingang gefunden hat[60]. Sie führt auf die etruskische Aufteilung des Himmels in Kreuzform zurück, die die Voraussetzung für die Deutung von Himmelszeichen darstellt.

Diese etruskische Technik ist »in die Religion und das Ingenieurwesen der Römer eingegangen«[61]. Die Beziehung zwischen Vermessungsarbeit und kultischer Prozedur und damit die Nachwirkung der alten mythisch konzipierten Weltordnung zeigt sich auch darin, dass die Feldmesser ursprünglich vermutlich Hilfskräfte der für Grenzziehungen zuständigen Auguren waren[62]. In späterer Zeit verdrängt der Agrimensor den Auguren aus der praktischen messtechnischen Tätigkeit und beschränkt ihn auf seine priesterliche Aufgabe[63]. Die Landvermessung reflektiert die »kosmische() Ordnung auf die Erde«[64].

---

60   Zum Hintergrund vgl. *C. Schubert*, Land und Raum in der römischen Republik. Die Kunst des Teilens, Darmstadt 1996, 5–12.
61   *M. Haase*, Art. Limitation I. Etruskische Voraussetzungen, in: DNP 7 (1999), 233. Allerdings wird der Einfluss der etruskischen Prämissen auf die Praxis der römischen Landvermessung kontrovers diskutiert. Vgl. *W. Hübner*, Himmel und Erdvermessung, in: *O. Behrends / L. Capogrossi Colognesi* (Hg.), Die römische Feldmeßkunst. Interdisziplinäre Beiträge zu ihrer Bedeutung für die Zivilisationsgeschichte Roms (AAWG.PH, 3. Folge 193), Göttingen 1992, 140–170, hier 144–145; *U. Heimberg*, Römische Landvermessung. Limitatio (Kleine Schriften zur Kenntnis der römischen Besetzungsgeschichte Südwestdeutschlands 17), Stuttgart 1977, 36–37.
62   *J. Burian*, Art. Feldmesser, in: DNP 4 (1998), 457–458, hier 457.
63   *O. Behrends*, Bodenhoheit und privates Bodeneigentum im Grenzwesen Roms, in: *O. Behrends / L. Capogrossi Colognesi* (Hg.), Die römische Feldmeßkunst. Interdisziplinäre Beiträge zu ihrer Bedeutung für die Zivilisationsgeschichte Roms (AAWG.PH 3, Folge 193), Göttingen 1992, 192–280, hier 201.230.
64   *H. J. Schulzki*, Art. Cardo, kardo, in: DNP 2 (1997), 984–985, hier 985.

Grundlage der römischen Landvermessung war ein rechtwinkliges Achsenkreuz[65], dessen waagerechte x-Achse, der Cardo, von Süd nach Nord und dessen senkrechte y-Achse, der Decumanus, von Ost nach West verlief[66]. Die ursprüngliche, möglicherweise in etruskische Zeit zurückreichende Richtung des Decumanus verlief von Ost nach West, während in späterer Zeit die Orientierung nach Osten erfolgte. Entsprechend teilt der Decumanus die Welt in eine rechte und eine linke Hälfte[67], in die südlich gelegene Tag- und die im Norden liegende Nachthälfte; der Cardo gliedert sie in eine Sonnenaufgangs- und eine Sonnenuntergangsseite. Da der Gegensatz von Tag und Nacht elementarer ist als der von Morgen und Abend, kommt der Ost-West-Linie der Vorrang vor der Süd-Nord-Linie zu[68]. Der Decumanus, durch den die primäre Teilung vorgenommen wird, geht dem Cardo voraus[69]. Er stellt die Hauptlinie dar[70].

Die markinische Raumkonzeption spiegelt die Grundsätze der römischen Limitation wider. Aufschlussreich ist, dass die für die markinische Geistthematik wichtige Stadt Gerasa mit ihrer strengen Axialität ein Paradebeispiel für die stadtgestalterische Umsetzung der Limitation darstellt[71]. In dem von Rom grundgelegten

---

65　*H.-P. Kuhnen*, Art. Limitation II. Römische Feldmessung, in: DNP 7 (1999), 233–236, hier 234.235; *A. Schulten*, Art. Decumanus, RE IV (1901), 2314–2316, hier 2315.

66　*H.-J. Schulzki*, Art. Decumanus, in: DNP 3 (1997), 354; *Behrends*, Bodenhoheit, 199: Der cardo ist »der große Querbalken des die Bodenordnung tragenden Kreuzes«, der decumanus »der den Querbalken teilende Hauptbalken«. Vgl. auch *Cassirer*, PsF II, 124: »Mit dieser Schneidung und Kreuzung der beiden Linien, des decumanus und des cardo, … schafft sich das religiöse Denken sein erstes grundlegendes Koordinatenschema.«

67　*Schulten*, Decumanus, 2315.

68　*Hübner*, Himmel, 147.158.160. In der Praxis traten freilich die grundsätzlichen Orientierungen hinter den örtlichen Anforderungen des Geländes zurück, und es kam zu Variationen hinsichtlich der Blickrichtungen (vgl. *E. Fabricius*, Art. Limitatio, RE XIII [1926], 672–701, hier 685–688).

69　*Hübner*, Himmel, 157.

70　Ursprünglich ist vermutlich der Cardo die Hauptlinie gewesen. In historischer Zeit begegnet er aber nur als sekundäre Linie (*A. Schulten*, Art. Cardo, RE III [1899], 1587–1588, hier 1587).

71　Mk 5,1–20. Vgl. die Grundrisszeichnung bei *T. Leisten*, Art. Gerasa, in: DNP 4 (1998), 949–951, hier 950, die die Ausrichtung von Decumanus und Cardo samt Parallelstraßen zeigt. Nach Leisten erfolgte der Ausbau der Stadt in nachaugusteischer Zeit, im 2. Jh. erhielt er einen zusätzlichen Schub. *G. Theißen*, Lokalkolorit und Zeitgeschichte in den Evangelien. Ein Beitrag zur Geschichte der synoptischen Tradition, Freiburg (Schweiz) / Göttingen ²1992, 115 datiert die Schaffung eines rechtwinkeligen Stadtgrundrisses mit Cardo und Decumanus auf die zweite Hälfte des 1. Jh.s n.Chr. Zu Stadtanlagen und Landvermessung im griechischen und römischen Einflussbereich vgl. *Schubert*, Land, 13–87.

Koordinatensystem für den Raum beginnt sich der göttliche Geist Jesu weltweit auszubreiten. Die bei Mk theologisch bedeutsame Kategorie des Weges ist eingezeichnet in eine mythisch fundierte, aus dem Sakralen abgeleitete Raumvorstellung, die in der römischen Zivilisation Grundlage profaner Landvermessung wurde[72]. Die Verknüpfung von religiöser Überzeugung und kartographischer Darstellung in den mittelalterlichen mappae mundi hält eine Einheit der Weltanschauung fest, die in der mythisch geprägten Raumkonzeption des Markusevangeliums bereits grundgelegt ist. Dem Markusevangelium selbst gilt nicht das Land als »heilig«, wohl aber ist der Raum mythisch strukturiert.

* * *

Paul-Gerhard Klumbies, geb. 1957, Dr. theol., ist Professor für Biblische Wissenschaften unter besonderer Berücksichtigung des Neuen Testaments am Institut für Evangelische Theologie der Universität Kassel.

Abstract

The conception of space in the Gospel of Mark is aligned to the coordinate of the mythical room. To the same time it mirrors the axioms of the Roman surveying. Since Ernst Lohmeyer's investigation ›Galiläa und Jerusalem‹ the north-south-orientation of the Gospel was frequently discussed. In contrast the west-east-perspective was not observed, which is relevant especially for the Passion story. It opens a new dimension of Mark's concept of space. Using a cross shaped geography, whose origins go back to the Etruscan's sacral order of space, Mark announces Jesus' life and death as event of salvation with global relevance.

---

72   »Alte religiöse Muster, die Orientierungspunkte setzen, verbinden sich hier mit neuem Wissen, praktischer Erfahrung und pragmatischem Einsatz rationaler Funktionen.« (*Schubert*, Land, 12).

Martin Vahrenhorst

Land und Landverheißung im Neuen Testament

Chana Safrai zum Gedenken

In den letzten Jahren mehren sich die Stimmen, die einige der im Neuen Testament gesammelten Schriften nicht nur vor dem Hintergrund oder im Kontext des zeitgenössischen Judentums lesen möchten, sondern als genuin jüdische Schriften, die auch mit ihrem Bekenntnis zu Jesus, dem Christus, eine jüdische Position vertreten[1]. Dieses Anliegen reagiert auf die Erkenntnis, dass das Judentum in den Jahrhunderten um die Zeitenwende alles andere als eine monolithische Größe war[2]. In dieser Zeit gab es weder eine normative »Synagoge«, der eine »Kirche« als deviante Gruppe hätte gegenüberstehen können, noch gab es eine Instanz, die für »das Judentum« hätte sprechen und eine Trennung von der »Kirche« vollziehen können.

Bis zum Ende des ersten Jahrhunderts – also zur Zeit der Entstehung der Schriften des Neuen Testaments – und noch darüber hinaus glich das »Judentum« eher einem Flickenteppich, der sich aus ganz unterschiedlichen jüdischen Gruppen zusammensetzte, wobei dieses Bild mehr Harmonie suggeriert, als man für diese Zeit voraussetzen darf. Nicht wenige dieser jüdischen Gruppen standen in einem Konkurrenzverhältnis zueinander und stritten äußerst vehement um die rechte Gestaltung jüdischen Lebens im Angesicht des Gottes Israels. Andere hatten ihr Leben längst in einiger Distanz vom Land Israel eingerichtet und nahmen darum an den Irrungen und Wirrungen, die dort im Jüdischen Krieg und in den Jahren davor bzw. danach herrschten, nur geringen Anteil. Jesusgläubige Gemeinden – oder zumindest einige davon – verstanden sich als

*   Ich danke Martin Karrer und Klaus Wengst für ihre Hinweise zu diesem Beitrag.
1   Einen guten Überblick vermitteln die Beiträge in Matthew and the Didache, hg. von *H. van de Sandt*, Assen 2005 und Matthew, James and the Didache. Three Documents from the Same Jewish-Christian Milieu?, hg. von *H. van de Sandt / J. Zangenberg*, Leiden 2009 (im Erscheinen).
2   Vgl. die knappe Zusammenstellung der wichtigsten Beobachtungen bei *J. Frey*, Das Judentum des Paulus, in: *O. Wischmeyer* (Hg.), Paulus. Leben – Umwelt – Werk – Briefe, Tübingen 2006, 5–43, hier 18f.

Teil dieses Referenzrahmens und beteiligten sich im Namen Jesu und unter Berufung auf ihn am Ringen um die Herzen ihrer jüdischen Zeitgenossen.

Wenn das hier in aller Kürze skizzierte Bild in etwa zutreffend ist, dann sind die Schriften des neutestamentlichen Kanons als Quellen für die Entwicklung des frühjüdischen Denkens von herausragender Bedeutung. Die in der Forschung vorherrschende Fragerichtung, die jüdische Texte vor allem zur Erhellung des Hintergrundes neutestamentlicher Texte heranzieht, wäre dann um die Frage zu erweitern, welche Informationen sich aus dem Neuen Testament über das ihm zeitgenössische Judentum gewinnen lassen. Im Blick auf das Thema dieses Bandes wäre dann also zu fragen: Was verraten die Texte des Neuen Testaments über die Rezeption der biblischen Landverheißungen und die Bedeutung des Landes Israel im ersten Jahrhundert nach der Zeitenwende? Dieser Frage soll im vorliegenden Beitrag nachgegangen werden.

I.   Die Landthematik im Neuen Testament – ein erster Überblick

Zu Beginn unserer Untersuchung der Landthematik im Neuen Testament soll gleichsam das Terrain abgesteckt werden, das es dabei zu sondieren gilt[3]. Es ist zu klären, wo und in welcher Form die Landthematik im Neuen Testament überhaupt begegnet.

1.   Begriffliche Vorklärungen

Das Land Israel gehört zum Grundbestand der Verheißungen, die Abraham und seine Nachkommen von Gott empfangen haben: »Dir und deinen Nachkommen will ich dieses Land geben«, heißt es gleich zu Beginn der Abrahamerzählung in Gen 12,7, nachdem zuvor die Nachkommens- und Segensverheißung ergangen war (Gen 12,2f). Sie wird in der Genesis vielfach wiederholt (Gen 13,15;

---

3   In den letzten Jahrzehnten sind einige einschlägige Beiträge erschienen, auf die schon hier verwiesen werden soll: *W. Davies*, The Gospel and the Land. Early Christianity and Jewish Territorial Doctrine, London 1974; *G. Strecker*, Das Land Israel in frühchristlicher Zeit, in: *ders.* (Hg.), Das Land Israel in biblischer Zeit. Jerusalem-Symposium 1981 (GTA 25), Göttingen 1983, 188–200; *W. Kraus*, Eretz Jisrael. Die territoriale Dimension in der jüdischen Tradition als Anfrage an die christliche Theologie, in: Kirche und Volk Gottes (FS J. Roloff), hg. von *M. Karrer / W. Kraus / O. Merk*, Neukirchen-Vluyn 2000, 19–41; *W. Kraus*, Das »Heilige Land« als Thema einer Biblischen Theologie, in: Frühjudentum und Neues Testament im Horizont Biblischer Theologie (FS. N. Walter), hg. von *ders. / K.-W. Niebuhr* (WUNT 162), Tübingen 2003, 251–274.

15,7.18; 17,8) – auch von bzw. gegenüber Abrahams Nachfahren (Gen 24,7; 28,4.13 u.ö.). Die zentralen Gestalten der Pentateucherzählung empfangen die gleiche Verheißung erneut (Ex 6,4), und Josua kann in Jos 21,34 und 45 auf ihre Erfüllung zurückblicken: »Es war nichts dahingefallen von all dem guten Wort, das der Herr dem Hause Israel verkündigt hatte. Es war alles gekommen.«
Der im Blick auf die Landthematik einschlägige Sprachgebrauch ist im hebräischen und im griechischen Text ausgesprochen einheitlich: Das, was Gott verheißt, wird אֶרֶץ bzw. γῆ genannt. Das erleichtert die Suche nach neutestamentlichen Rezeptionen dieser Verheißung. Befragt man die Konkordanz, so bekommt man die Auskunft, dass sich das Wort γῆ 250-mal in den Schriften des Neuen Testaments findet, wobei die überwiegende Mehrzahl der Belege allerdings die Bedeutung »Erde/Welt« trägt. Diese Mehrdeutigkeit des Begriffs begleitet die Untersuchung der Landthematik und erschwert sie.
In dieser Untersuchung wollen wir uns vor allem an dieser Begrifflichkeit orientieren. Das hat den Vorteil, dass sich so eine einigermaßen sichere Textbasis ergibt. So kann vermieden werden, bestimmten Schriften eine Kritik an der Landthematik zu unterstellen, obwohl sie vom Land ganz einfach nur schweigen[4]. Der Nachteil dieses am Sprachgebrauch der Texte orientierten Vorgehens liegt dabei auf der Hand: Texte, in denen die Landverheißung möglicherweise im Hintergrund steht, ohne dass direkt davon die Rede ist, treten so nicht in den Blick (z.B. Lk 1,73ff).

2.   Das *Land* (γῆ) als Gegenstand der Verheißung

Orientiert man sich wie beschrieben am Sprachgebrauch der biblischen Landverheißungen, so findet man *zunächst* nur bei Matthäus, Lukas und dem auctor ad Hebraeos einen klaren Bezug zum Land der Verheißung. Dabei handelt es sich einmal um geographische Angaben (Mt 2,6.20.21; 4,15; 9,26.32; 11,24; 27,45; Lk 4,25), die – wie am Beispiel des Matthäusevangeliums exemplarisch zu zeigen sein wird – auch theologisch auswertbar sind[5]. Bei anderen Texten ist es unklar, ob sie sich auf die gesamte Erde oder auf das Land Israel beziehen: Kündigt Jesus einen weltweiten Krieg an oder einen, der in Israel ausbrechen wird (Mt 10,34 par;

---

4   Vgl. *Davies*, 335; *Strecker*, 190; *Kraus*, Land, 267f.
5   Vgl. dazu J. *Zangenberg*, Pharisees, Villages and Synagogues. Observations on the Theological Significance of Matthew's Geography and Galilee, in: Logos – Logik – Lyrik. Engagierte exegetische Studien zum biblischen Reden Gottes (FS K. Haacker), hg. von *V.A. Lehnert* / *U. Rüsen-Weinhold* (Arbeiten zur Bibel und ihrer Geschichte 27) Leipzig 2007, 151–169, hier 151ff.

Lk 12,49)? Bezweifelt er, dass der Menschensohn Glauben auf Erden oder in Israel finden wird (Lk 18,8)? Soll man mit der Lutherübersetzung davon ausgehen, dass eine große Not auf Erden ausbrechen wird, oder wird diese Not – was wegen der parallelen Erwähnung Jerusalems und des jüdischen Volkes wahrscheinlicher ist – vor allem Israel betreffen (Lk 21,23)? Nicht zuletzt ist bis heute umstritten, ob die Sanftmütigen nach Mt 5,5 das Land oder das Erdreich erben werden und ob es sich bei den im Mt 5,13 Angesprochenen um Salz des Landes oder um Salz der Erde handelt[6].

Einen direkten und eindeutigen Bezug zur biblischen Landverheißung stellen mit dem Wort γῆ wie gesagt nur Lukas (Apg 7,3.4; 13,19) und der Hebräerbrief her (Hebr 11,9). Matthäus spricht – im Neuen Testament singulär – vom Land Israel (γῆ Ἰσραήλ [2,20]). Damit kann man in aller Vorläufigkeit feststellen, dass die Landverheißung, die in der Tora doch einiges Gewicht hat, in den Schriften des Neuen Testaments quantitativ gesehen eher spärlich rezipiert wird.

3.   Das Land als Gegenstand der *Verheißung (ἐπαγγελλία)*

Der Sprachgebrauch von Hebr 11,9, der das Land der Verheißung explizit nennt (γῆ τῆς ἐπαγγελίας), lädt nun zu einer Gegenprobe ein: An welchen Stellen werden die Verheißungen an die Väter überhaupt erwähnt – und was ist dort Gegenstand der Verheißung?

Wiederum ist es Lukas, der mit der Thematik des Auszugs aus Ägypten und dem Weg durch die Wüste die Landverheißung explizit in den Blick nimmt (Apg 7,17). Paulus rekurriert, wenn er von ἐπαγγελίαι spricht, hingegen ausdrücklich nur auf die Väterverheißungen, ohne dass dabei die Landverheißung eine eigene Rolle spielte. Ihm geht es vor allem um die Nachkommensverheißung (Röm 4,13ff; 9,8f; Gal 3,16ff; 4,23.28).

Dass Paulus die Landverheißung durchaus auch im Blick hat, wird man aus der Formulierung Röm 9,4 und sicher auch aus Röm 15,8 folgern dürfen. Beide Texte sprechen von den empfangenen Verheißungen, die Israel auszeichnen, im Plural. Gegenstand der Verheißungen sind Nachkommenschaft, Land und Segen. Nichts nötigt dazu, den Fokus an diesen Stellen zu verengen. Gerade Röm

---

6   Wahrscheinlich ist, dass der Verfasser des Epheserbriefes, wenn er das Gebot der Elternehrung aus Ex 20,12 // Dtn 5,16 zitiert (6,2f), nicht an ein langes Leben im verheißenen Land, sondern an ein langes Leben auf Erden denkt. Zumindest werden seine überwiegend nichtjüdischen Adressaten diesen Satz so gelesen haben (vgl. *U. Schnelle*, Einleitung ins Neue Testament, Göttingen [5]2005, 353).

15,8, ein Text, der das Noch-nicht-abgegolten-Sein der Verheißungen bewusst macht, erwartet unter Berufung auf Gottes Verlässlichkeit (ἀλήθεια = אמת)[7] die Einlösung der Verheißungen, die Gott den Vätern gegeben hat. Dazu müsste die Landverheißung streng genommen auch gehören, wenngleich sie nicht explizit genannt wird und in den Zukunftsszenarien, die Paulus gelegentlich malt (vgl. 1Thess 4,16f; 1Kor 15,23–28), sonst keine ausdrückliche Rolle spielt.

Eine interessante Akzentverschiebung betrifft nun die einzige eindeutige Anspielung auf die Landverheißung bei Paulus: Abraham und seine Nachkommen sollen »Erben der Welt« sein (τὸ κληρονόμον αὐτὸν εἶναι κόσμου) – und nicht Erben des Landes (Röm 4,13), wie es im LXX-Pentateuch formuliert wird (κληρονομῆσαι τὴν γῆν [Gen 28,4; 15,7; Ex 23,30; Lev 20,34 u.ö.]). Diese Akzentverschiebung – wie auch die Konzentration auf die Nachkommensverheißung – wird weiter unten auszuwerten sein.

Der auctor ad Hebraeos spielt auf die Landthematik an, wenn er von der verheißenen Ruhe (κατάπαυσις) für das Volk Gottes spricht (Hebr 4,1 u.ö.). Auch in Hebr 11,8–10 kommt er darauf zu sprechen. Um die Segens- und Nachkommensverheißung geht es ihm hingegen im Kontext von Hebr 6,15 und 11,17. Auch diese Texte verdienen im Fortgang eine nähere Betrachtung.

Als Zwischenergebnis dieses Überblicks bleibt also zunächst festzuhalten, dass allein Lukas und der Autor des Hebräerbriefes die Landverheißung *ausdrücklich* aufgreifen. Es spricht einiges dafür, dass auch Matthäus diese Tradition rezipiert. Paulus kennt sie, deutet sie aber im Sinn seines Anliegens, (auch) Nichtjuden in den Raum der Abrahamsverheißungen zu integrieren, von einer Land- zu einer Weltverheißung um. Andere neutestamentliche Autoren verorten die Jesusgeschichte im Land Israel bzw. in unterschiedlichen Teilen davon – jeweils mit eigenen theologischen Akzenten.

4.   Halachische Reflexe der Landthematik im Neuen Testament

Die Landthematik spielt nun in den Traditionen, die zur Zeit des Neuen Testaments in den Gruppen des Judentums überliefert wurden, nicht nur in Gestalt der Landverheißung eine Rolle. Die Tora Israels kennt in ihrer mündlichen und schriftlichen Gestalt Gebote, deren Erfüllung in besonderer Weise an das Leben im Land Israel gebunden ist: »אינה נוהגת אלא בארץ / כל מצוה שהיא תלויה בארץ« (Jedes Gebot, das am Land hängt, gilt nur im Land [mQid 1,8]).

---

7   Vgl. *K. Haacker*, Der Brief des Paulus an die Römer (ThHK 6), Leipzig 1999, 296.

Möchte man den neutestamentlichen Umgang mit der Landthematik möglichst umfassend in den Blick nehmen, so muss man auch Reflexe dieser halachischen Traditionen berücksichtigen.

Hier wäre zum Beispiel an Mt 23,23 zu denken, einen Text, der vom Gebot der Verzehntung von Agrarprodukten aus dem Land Israel spricht. Der matthäische Jesus kritisiert die Befolgung dieses Gebotes, das die von ihm angesprochenen Pharisäer und Schriftgelehrten sogar über die Vorgaben der schriftlichen Tora hinaus beachten, mit keinem Wort. Mit seinem Urteil: »Doch dies sollte man tun und jenes nicht lassen« bekräftig er vielmehr diese Praxis, fordert aber ganz auf der Linie von Mt 5,20 ein »Mehr« an Gerechtigkeit, das in der gleichzeitigen Beachtung der βαρύτερα τοῦ νομοῦ, der schwerwiegenderen Gebote der Tora, besteht[8].

Traditionen, die den Bereich der Reinheitshalacha, soweit sie sich auf die Reinheit des Landes bezieht[9], streifen, finden sich in Mt 1,19 und Joh 19,31. Josef beabsichtigt, sich von seiner Verlobten zu trennen, weil er sie aufgrund ihrer Schwangerschaft verdächtigt, mit einem anderen Mann geschlafen zu haben. Damit bewegt er sich auf der Basis von Dtn 24,4, einem Gebot, das es dem »betrogenen« Ehemann untersagt, mit seiner Frau weiter Umgang zu haben, »damit du nicht Sünde über das Land bringst …«, wie dort begründend ausgeführt wird. Matthäus wertet Josefs Absicht, sich von seiner Verlobten zu trennen, positiv, indem er ihn einen Gerechten (δίκαιος) nennt. Die genannten halachischen Aspekte lassen erkennen, dass das Land Israel für Matthäus eine besondere Bedeutung hat. Das stützt die oben vorgeschlagene Interpretation von Mt 5,5 und 5,13, die γῆ im Sinne von »Land Israel« versteht.

In Joh 19,31 wird davon erzählt, dass die Leichname der Gekreuzigten nicht über den Sabbat am Kreuz hängen bleiben sollten. Am Sabbat hätte man sie nicht abnehmen dürfen, und sie wären über Nacht am Kreuz hängen geblieben. Das ist aber nach Dtn 21,23

8 Vgl. M. Vahrenhorst, Ihr sollt überhaupt nicht schwören. Matthäus im halachischen Diskurs (WMANT 95), Neukirchen-Vluyn 2002, 247f.342f.
9 Die Reinheitshalacha kreist allerdings primär um den Tempel, dessen Heiligkeit vor dem Kontakt mit verunreinigenden Faktoren zu schützen ist. Damit tritt eine mögliche Erweiterung des hier zu verhandelnden Themas in den Blick, nämlich Jerusalem und der Tempel. Die Besonderheit des Landes Israel kann in den Tradition des Judentums natürlich aus der Heiligkeit Jerusalems abgeleitet werden (vgl. mKel 1). Traditionsgeschichtlich handelt es sich jedoch um zwei unterschiedliche Vorstellungen, die unabhängig voneinander untersucht zu werden verdienen. Dieser Ansatz wird zusätzlich dadurch gerechtfertigt, dass die Besonderheit Israels in der rabbinischen Literatur vor allem in einer Zeit an Bedeutung gewann, in der Jerusalem längst keine jüdische Stadt mehr war. Wären die Motive »heilige Stadt« und »heiliges Land« unlösbar miteinander verbunden gewesen, so wäre dieses Phänomen nicht zu erklären (vgl. dazu unten unter VI.).

untersagt, »auf dass du das Land nicht unrein machst«. Johannes übt keine Kritik an dieser Halacha und ihrer Befolgung. Im Gegenteil, Jesu Sympathisanten befolgen sie[10].

Das Zusammenleben von Juden und Nichtjuden im Land Israel, das in der Apostelgeschichte thematisiert wird, gehört, wie weiter unten ausführlicher zu zeigen sein wird, ebenfalls ins Umfeld der Landthematik.

Schon jetzt kann aber festgehalten werden, dass die genannten halachischen Reminiszenzen keine Abstriche an der praktischen Relevanz der Heiligkeit des Landes erkennen lassen. Die Gebote, die sich aus der Besonderheit des Landes Israel ergeben, werden – wie wir in aller Kürze gesehen haben – durchgehend befolgt und in keiner Weise kritisiert. Das lässt Rückschlüsse auf die Auffassung zu, die Autoren wie Matthäus, Johannes und Lukas vom Land Israel hatten – ohne dass sie eine solche expressis verbis zum Thema machen.

Dieser erste Überblick über die Landthematik im Neuen Testament gibt die Richtung für den weiteren Verlauf unserer Studie vor: Es sollen zunächst ausdrückliche Aufnahmen der Landverheißungen untersucht werden, wie sie sich im Matthäusevangelium (II.), der Apostelgeschichte (III.) und im Hebräerbrief finden (IV.). In diesem Zusammenhang wird auch die lukanische Lösung der Frage, wie jesusgläubige Juden und Nichtjuden im Land Israel miteinander leben können, zu besprechen sein. Danach richten wir unser Augenmerk auf die paulinische Rezeption bzw. Nichtrezeption dieses biblischen Motivs (V.). In einem letzten Schritt versuchen wir ein Fazit, das zugleich den Bogen zur Behandlung der Landthematik in anderen Schriftcorpora des frühen Judentums schlägt (VI.).

II.   Die Landthematik im Matthäusevangelium

Bei der Besprechung der Texte, die die halachischen Rekurse auf das Land Israel erkennen lassen, stellte sich heraus, dass Matthäus ganz offensichtlich die Vorstellung teilt, das Leben im Land Israel erfordere die Befolgung bestimmter Gebote (Reinheit des Landes [Mt 1,19]; Verzehntung der Produkte des Landes [Mt 23,23]). Überhaupt spielt das Land Israel in seinem Evangelium eine besondere Rolle. In der Vorgeschichte lässt Matthäus seinen Jesus den Weg des Volkes Israel aus Ägypten ins Land nachvollziehen (Mt 2,15.20). Matthäus ist dabei der einzige neutestamentliche Au-

---

10   Vgl. *M. Vahrenhorst,* Johannes und die Tora. Überlegungen zur Bedeutung der Tora im Johannesevangelium, KuD 54 (2008), 14–36.

tor, der vom »Land Israel« (γῇ Ἰσραήλ [2,20]) spricht[11] und damit
terminologisch und inhaltlich[12] dem sich im rabbinischen Judentum entwickelnden Sprachgebrauch (אֶרֶץ יִשְׂרָאֵל) nahesteht. Jesu Lebensgeschichte wird durch diese Erzählelemente ebenso wie schon
durch den Stammbaum (Mt 1,1–17) in der Geschichte Gottes mit
seinem Volk Israel verortet. Matthäus macht zudem deutlich, dass
sich in Jesus ein Heilshandeln Gottes ereignet, das dem des Exodus
entspricht[13]. In den ersten beiden Kapiteln des Evangeliums wird
so die biblische Trias: Gott Israels – Volk Israel – Land Israel sichtbar.
Der Anfang des Wirkens Jesu führt ihn nach Galiläa. Matthäus
stellt das als Erfüllung von Jes 8,23f dar. In der Forschung wird dabei großes Gewicht auf das Syntagma »Galiläa der Heiden« gelegt,
das man eventuell als Hinweis auf die spätere Mission an allen
Völkern deuten könnte[14]. Das Wirken des matthäischen Jesus beschränkt sich (vor Ostern) allerdings ganz bewusst auf Israel (vgl.
Mt 10,5f; 15,24)[15]; das spräche gegen diese Zuspitzung. Möglicherweise sind es gerade die anderen Glieder dieses Verses, die seine
Anwendung auf das Wirken Jesu befördert haben, liegt doch Nazareth im Stammesgebiet Sebulons und Kapernaum in dem Nafta-
lis[16]. Für Jürgen Zangenberg, der in der Erwähnung der Gebiete
neben Galiläa den theologischen Schwerpunkt des Reflexionszita-
tes sieht, ergibt sich für Matthäus daraus die Möglichkeit, das eigentliche Galiläa mit den Nachbarregionen im Norden und Osten
zu verbinden: »Ultimately, the reference to these traditional territories serves a similar purpose as the ›Land of Israel‹ in 2,22f: Matthew sees Jesus' activity as fulfilment of divine promises«[17]. Ver-
gleicht man den geographischen Aufriss des Matthäusevangeliums

---

11   Vgl. *Zangenberg*, 157f.
12   Im Vergleich zum Markusevangelium lässt sich zeigen, dass Jesus niemals
das Land Israel verlässt, was seiner Sendung zu den »verlorenen Schafen des Hauses Israel« (Mt 10,6) präzise entspricht. Israel umfasst dabei recht genau die Gegenden, die auch im rabbinischen Judentum als Israel gelten (vgl. *Zangenberg*,
164).
13   Der matthäische Text nötigt nicht dazu, an dieser Stelle von einer »Überbie-
tung« zu sprechen (so Kraus, Land, 259). Matthäus stellt lediglich eine Korrespondenz her, die er aber nicht mit einer Wertung – bzw. Abwertung des Exodusgeschehens – versieht.
14   Vgl. z.B. *U. Luz*, Das Evangelium nach Matthäus (Mt 1–7) (EKK I/1), Neukirchen-Vluyn u.a. 1992, 171; *M.A. Chancey*, The Myth of a Gentile Galilee
(SNTS.MS 118), Cambridge 2002, 173.
15   So zutreffend *P. Fiedler*, Das Matthäusevangelium (ThKNT 1), Stuttgart
2006, 96.
16   Vgl. *Fiedler*, 96.
17   Vgl. *Zangenberg*, 161.

mit dem seiner markinischen Vorlage, so lässt sich in der Tat feststellen, dass der matthäische Jesus sein Wirken deutlich stärker auf das Land Israel konzentriert[18]. Das spräche zum einen dafür, den Genitiv »der Heiden« als Teil eines Bibelzitates nicht überzubewerten[19]. Zum anderen zeigt sich, dass das Land Israel als Wohngebiet des Volkes Israel für Matthäus von besonderer Bedeutung ist.

Wie schon erwähnt, ist das Verständnis von Mt 5,5 und Mt 5,13 umstritten. Meint γῆ in diesen Versen das Land Israel oder die ganze Welt? Die bisher gemachten Beobachtungen lassen es nicht unwahrscheinlich erscheinen, dass Matthäus hier in erster Linie das Land Israel im Blick hat. In der neueren Literatur zum Matthäusevangelium schwingt das Pendel der Interpretation von Mt 5,5 jedenfalls hin zu einer Deutung von γῆ im Sinne von »Land«. Dafür werden folgende Argumente vorgebracht: 1. Matthäus stellt unmittelbar vor der Bergpredigt einen klaren Bezug zum Land Israel her (4,25). 2. Mt 5,5 spielt auf Ps 37,11 an. Die Wendung »ירשו ארץ« (Luther: Sie »werden das Land erben«) wird in 4Q 171 3,11 mit dem Ausdruck »ירשו את הר מרום ישראל« (Maier: Sie »werden in Besitz nehmen die Berghöhe Israels«) gedeutet, was dafür spräche, dass man im antiken Judentum diesen Vers nicht »global« gedeutet hat[20]. 3. Matthäus ergänzt im Vergleich zu seinen Quellen einen

---

18   Mk 7,24 könnte man beispielsweise so verstehen dass Jesus die ὅρια von Tyrus, also die Grenze zu dieser Stadt, überschreitet. Demgegenüber wahrt Matthäus Distanz: Sein Jesus hält sich lediglich in der »Gegend« auf, könnte also im Land Israel geblieben sein. Das ist allerdings nicht sicher (vgl. *U. Luz*, Das Evangelium nach Matthäus (Mt 8–17) (EKK I/2), Neukirchen-Vluyn u.a. 1990, 433 und *W.D. Davies / D.C. Allison*, The Gospel According to Matthew II, Matthew VIII–XVIII (ICC), Edinburgh 1994, 546f). In Mt 8,34 fällt das Fehlen der markinischen Notiz Mk 5,20 auf, nach der der Geheilte in der Dekapolis von Jesu Tat berichtet. Diese Differenz könnte damit erklären, dass Matthäus Jesu Wirksamkeit auf das Judentum beschränken möchte (vgl. *Zangenberg*, 165).

19   In der zeitgenössischen und späteren jüdischen Literatur wird »Galiläa der Heiden« immer im historischen Kontext des Jesajabuches verstanden und dient nie zur Beschreibung des gegenwärtigen Galiläas (vgl. *Chancey*, 170ff).

20   *H. Lichtenberger*, »Im Lande Israel zu wohnen wiegt alle Gebote der Tora auf«. Die Heiligkeit des Landes und die Heiligung des Lebens, in: *R. Feldmeier / U. Heckel* (Hg.), Die Heiden. Juden, Christen und das Problem des Fremden, Tübingen 1993 (WUNT 70), 92–107 deutet diesen Text im Licht von 4Q 171 3,10: »Seine Deutung bezieht sich auf die Gemeinde der Armen [...] Erbe der ganzen Welt«. Er folgert: »Damit werde das Land schon nicht mehr konkret gefasst als das Land Israel; die Gesegneten sind Erbe der ganzen Welt, deren Mittelpunkt aber ist Jerusalem und der Tempel« (97). Die Zuspitzung auf Jerusalem ergibt sich in 4Q 171 3,11 in der Tat deutlich aus der Fortsetzung »ובקודש יתעמנו« (Maier: »am Berg] seines Heiligtums sich ergötzen«). In Zeile 10 findet sich an der Stelle, an der Lichtenberger »der ganzen Welt« liest, jedoch eine Lücke. Damit ergibt sich die Möglichkeit, das Land doch ganz konkret zu verstehen – allerdings zugespitzt

Artikel, meint also ein bestimmtes Land[21]. 4. Zusätzlich kann man noch auf die lateinische Übersetzung von Did 3,7 hinweisen, die »sanctam terram« bietet[22].

Gegenargumente sind nach wie vor der insgesamt uneinheitliche Gebrauch von γῆ im Evangelium und die Tendenz zur Ausweitung der Verkündigung Jesu über die Grenzen des Landes und jüdischer Adressaten hinaus (vgl. Mt 28,19)[23].

Die Diskussion um das Verständnis von 5,13 zeigt eine ähnliche Entwicklung wie die um 5,5: Das Syntagma ἅλας τῆς γῆς kann vom biblischen Sprachgebrauch her mit »Salz der Erde« und »Salz des Landes« (Israel) übersetzt werden. Für die erste Übersetzung spräche die Parallelität zum Licht der Welt (5,14). Es läge damit ein synonymer Parallelismus vor. Möglich wäre aber auch eine Zwei-stufung: Die Gemeinde ist zuerst Salz für das Land Israel und da-nach auch Licht für die ganze Welt. Dieses Verständnis korrespon-diert mit der Entwicklung des matthäischen Missionsverständnis-ses von Mt 10,5f hin zu 28,19. Zunächst ist die Gemeinde allein zu Israel gesandt, später wird der Auftrag entschränkt, so dass er sich auf alle Völker bezieht[24]. Blickt man im Licht der hier vorgeschla-genen Interpretation auf Mt 5,5 zurück, so könnte ein uneindeu-tiges Verständnis von γῆ an Plausibilität gewinnen: Die Adressaten der matthäischen Seligpreisungen werden auf der Linie von Ps 37, 11 das Land Israel erben – aber damit ist es nicht genug. Der Kreis

auf Jerusalem. Das Syntagma יירשו ארץ findet sich nun nicht nur in Ps 37, sondern auch in Jes 60,21. In der frühen rabbinischen Auslegung (mSan 10,1) wird damit begründet, dass ganz Israel Anteil an der kommenden Welt hat. Der Traktat De-rech Eretz (Perek Shalom 20) liest Ps 37,1 als Beleg dafür, dass Gott demjenigen, der den Frieden liebt, diese und die kommende Welt zum Erbe gibt. Die das Mat-thäusevangelium umgebende jüdische Auslegung des Textes spricht demnach nicht so eindeutig für die eine oder die andere Übersetzung.

21   Dieses Argument entfällt, wenn Matthäus auf Jes 60,21 anspielt, denn dort bietet die LXX »κληρονομήσουσιν τὴν γῆν«.

22   Vgl. J. Nolland, The Gospel of Matthew (NIGTC), Grand Rapids / Cam-bridge 2005, 202; Fiedler, 111f. Das Verhältnis von Didache und Matthäusevange-lium ist gegenwärtig in der Diskussion. Vgl. dazu die Beiträge in H. van de Sandt (Hg.), Matthew and the Didache: Two Documents from the Same Jewish-Chris-tian Milieu?, Assen 2005.

23   Vgl. Davies/Allison, 450.

24   Vgl. dazu P. Soltés, »Ihr seid das Salz des Landes, das Licht der Welt«. Eine exegetische Untersuchung zu Mt 5, 13–16 im Kontext (EHS, Reihe 23, Theologie 782), Frankfurt/M. u.a. 2004, 267ff und M. Vahrenhorst, Die Bergpredigt als Weisung zur Vollkommenheit. Noch ein Versuch, die Struktur und das Thema der Bergpredigt zu finden, in: Logos – Logik – Lyrik. Engagierte exegetische Stu-dien zum biblischen Reden Gottes (FS K. Haacker), hg. von V.A. Lehnert / U. Rüsen-Weinhold (Arbeiten zur Bibel und ihrer Geschichte 27), Leipzig 2007, 115–136, hier 131f.

der Jünger Jesu wird sich über Israel hinaus erweitern, und darum werden sie schließlich die ganze Welt in Besitz nehmen. Matthäus erwiese sich somit als in der Tradition der biblischen Landverheißung fest verwurzelt, er könnte diese in einem zweiten Schritt aufgrund seines Verständnisses des Weges der Verkündigung zuerst in Israel, aber dann auch über Israel hinaus erweitern.

Nimmt man ernst, dass Matthäus wahrscheinlich für eine Gemeinde geschrieben hat, die nicht unbedingt im Land Israel lebte, sondern – wie in der Regel vermutet wird – in Antiochia, so fällt diese Konzentration auf das Land Israel auf. Dient sie dazu, seine Leserinnen und Leser darauf hinzuweisen, wo ihr Glaube »geerdet« ist – ganz gleich, wo sie leben? Schließlich steht das Land ja nicht für sich, sondern verweist auf die Beziehung von Gott und seinem Volk, in die auch die Gemeindeglieder aus den Völkern hineingenommen sind[25].

III. Die Landthematik in der Apostelgeschichte

In den beiden großen Geschichtsrückblicken der Apostelgeschichte (Apg 7,2ff; 13,15ff) lässt Lukas seine Protagonisten Stephanus und Paulus auf die Bedeutung des Landes in der Geschichte Israels – und in seiner Gegenwart – eingehen.
Stephanus beginnt seinen Gang durch die Geschichte im Anschluss an Gen 12 mit der Berufung Abrahams und seiner Reise nach Haran. Dann fährt er fort: »Und als sein Vater gestorben war, brachte Gott ihn von dort herüber in das Land, in dem ihr nun wohnt, aber er gab ihm kein Eigentum darin, auch nicht einen Fuß breit, und verhieß ihm, er wolle es ihm und seinen Nachkommen zum Besitz geben, obwohl er noch kein Kind hatte« (Apg 7,4f).
Die Nachkommens- und Landverheißung sind in diesem Geschichtsrückblick ebenso eng miteinander verbunden wie in der Genesis. Noch interessanter ist an Stephanus' Rückgriff auf diese biblischen Vorgaben, dass er einen unmittelbaren Bezug zur Gegenwart der jüdischen Adressaten dieser Rede herstellt. Das Land, das Abraham und seinen Nachkommen verheißen wurde, ist das Land, »in dem ihr nun wohnt«.
Dass die gegenwärtige Existenz im Land Israel sich als Erfüllung der göttlichen Verheißung darstellt, wird im weiteren Verlauf der Rede noch deutlicher: Stephanus bezeichnet den Beginn des Exodusgeschehens als Zeit, auf die die Verheißung zielt (ὁ χρόνος τῆς ἐπαγγελίας [Apg 7,17]). Die Erfüllung dieser Verheißung

---

25 Ähnlich *Zangenberg*, 168.

kommt dann mit der Landnahme zum Abschluss (Apg 7,45) – und die Konsequenz daraus, das Leben im Land, dauert eben bis in die Gegenwart an, die Stephanus im Blick hat.

Der Abschluss der Rede nimmt die Geschichte Israels seit dem Exodus primär als Geschichte fortgesetzten Ungehorsams gegenüber Propheten und Tora wahr (Apg 7,51–53), der auch die kultischen Vollzüge Israels nicht unangetastet lässt. Das Stiftszelt (σκηνή), das es bis zur Zeit des durchweg positiv gewerteten Davids gab, der dafür einen Zeltplatz suchte (σκήνωμα), ist davon noch unberührt (Apg 7,44–46), der salomonische Tempel hingegen (δέ) wird mittels einschlägiger biblischer Traditionen in seiner Bedeutung relativiert, weil Gott bekanntermaßen eigentlich nicht in Häusern wohnt (Jes 66,1f), was ja schon der Ersterbauer des Tempels, Salomo, wusste (vgl. 1Kön 8,27).

Der Duktus Landverheißung – Erfüllung der Verheißung – Leben im Land der Verheißung wird dabei keiner Kritik unterzogen. Lukas scheint selbstverständlich davon auszugehen, dass jüdisches Leben im Land Israel als Erfüllung der an die Erzväter ergangenen göttlichen Verheißung zu werten ist[26].

Auf der gleichen Linie liegt die kurze Bemerkung in der Rede, die der lukanische Paulus in der Synagoge der Diasporagemeinde im kleinasiatischen Antiochia hält: Paulus beginnt seinen Rückblick auf die Geschichte Israels mit der Erwählung der Erzväter, die sich in Ägypten im Großwerden des Volkes und im Exodusgeschehen konkretisiert (Apg 13,17). Das Exodusgeschehen findet seinen Abschluss, indem Gott dem Volk Israel das Land zum Erbe gibt (κατεκληρονόμησεν τὴν γῆν [Apg 13,19]). Dieses Grunddatum der Geschichte Israel ist für den lukanischen Paulus somit ein selbstverständlicher Bestandteil des Weges Gottes mit seinem Volk, der in dieser Rede in besonderer Weise auf die Erwählung Davids und seines Geschlechts, aus dem dann Jesus stammt, zuläuft (Apg 13,22f).

Fasst man diesen Befund zusammen, so zeigt sich, dass Lukas die Landverheißung als integrales Moment des Repertoires göttlicher Verheißungen kennt und rezipiert. Entsprechend stellt sich für ihn der Weg des biblischen Israels ins Land als Erfüllung der Verheißung dar. Für Lukas handelt es sich dabei aber nicht nur um ein Geschehen der Vergangenheit, das keine Auswirkungen auf die Gegenwart hätte. Im Gegenteil: Jüdisches Leben im Land Israel will im Licht der biblischen Verheißungen verstanden werden und ist Teil ihrer Erfüllung.

---

26 Anders bewerten *Davies*, 336 und *Strecker*, 191 die Stellung der Stephanus-rede zur Landthematik, sie sehen hier eine »klare Ablehnung«.

Ganz auf der Linie der bisher nachgezeichneten lukanischen Landtheologie liegt die Interpretation des Aposteldekrets (Apg 15,20.29) als »Ausdruck ›judenchristlicher Theologie des Landes‹«, wie sie z.B. von Wolfgang Kraus vorgeschlagen wurde. Ging die ältere Forschung davon aus, dass die Bestimmungen dieses Dekrets auf dem Hintergrund der noachidischen Gebote (vgl. tAZ 8,4) zu verstehen seien[27], sucht man deren traditionsgeschichtlichen Hintergrund gegenwärtig eher in den Fremdenbestimmungen von Lev 17 und 18. W. Kraus fasst im Anschluss an J. Wehnert[28] die Parallelen zwischen diesen beiden Kapiteln und dem Aposteldekret wie folgt zusammen: »Neben der rituellen Abzweckung stimmt auch die Reihenfolge der Anordnungen zwischen Apg 15,29; 21,25 und Lev 17f überein: Lev 17,8f, kein falscher Opferdienst / 17,10.12, kein Genuss von Blut / 17,13.15, kein Genuss von nicht ausgebluteten, verendeten oder gerissenen Tieren / 18,26, keine Unzucht«[29].
Die genannten Gebote aus dem sog. Heiligkeitsgesetz haben ihre Besonderheit darin, dass sie auch für Nichtjuden, die im Land Israel wohnen, gelten. Sie zielen darauf, das Land vor Verunreinigungen zu schützen, wie sie nach Lev 18,25ff unter den ursprünglichen Bewohnern des Landes an der Tagesordnung waren: »denn alle solche Gräuel haben die Leute dieses Landes getan, die vor euch waren, und das Land wurde unrein (ותטמא הארץ [Lev 18,27])«. Wenn die Kreise, die hinter dem Aposteldekret stehen, zumindest aber Lukas auf diese Gebote zurückgreifen, so versuchen sie damit das Zusammenleben von jüdischen und nichtjüdischen Jesusanhängern im Land Israel nach dem Modell von Israel und Beisassen (גרים) zu gestalten. »Die Auflagen des Aposteldekrets könnten somit Minimalanforderungen an Heidenchristen darstellen, die im Land lebten, um die rituelle Reinheit judenchristlicher Gemeindeglieder zu gewährleisten«[30]. Im Hintergrund steht dabei die Vorstellung, dass um der Heiligkeit des Landes Israel willen besondere Schutzbestimmungen zu beachten sind, die in abgestufter Weise für alle – auch für nichtjüdische – Bewohner dieses Landes gelten. Lukas macht diese Vorstellung zur Grundlage seiner Verhältnisbestimmung von Juden- und Heidenchristen, zumindest entspricht sie seiner Ekklesiologie, »wonach die Heiden als eine Art ›christli-

---

27   Literaturhinweise finden sich bei *W. Kraus*, Zwischen Jerusalem und Antiochia. Die »Hellenisten«, Paulus und die Aufnahme der Heiden in das endzeitliche Gottesvolk (SBS 179), Stuttgart 1999, 146, Anm. 87.
28   Vgl. *J. Wehnert*, Die Reinheit des »christlichen Gottesvolkes« aus Juden und Heiden. Studien zum historischen theologischen Hintergrund des sogenannten Aposteldekrets (FRLANT 173), Göttingen 1997, 241ff.
29   *Kraus*, Jerusalem, 147.
30   *Kraus*, Jerusalem, 153.

che‹ Proselyten (jedoch ohne Beschneidung) in das Gottesvolk aufgenommen werden«[31].

Sahen wir schon bei unserer Besprechung von Apg 7,4, dass die
Besonderheit des Landes Israel für Lukas kein Thema der Vergangenheit ist, so zeigt sich die praktische – halachische – Relevanz
dieser Vorstellung in Apg 15 für das Zusammenleben von jüdischen und nichtjüdischen Jesusanhängern im Land Israel. Um der
Heiligkeit der im heiligen Land ansässigen Gemeinde willen haben
letztere sich an die Standards zu halten, die die Tora von Heiden,
die im Land leben, erwartet. Dieses Modell wird dann nach der
Darstellung des Lukas auch in der Diaspora zu Anwendung gebracht, um das Zusammenleben von Gemeindegliedern jüdischer
und nichtjüdischer Herkunft zu regeln (Apg 15,23ff).

Lukas erweist sich somit als frühchristlicher Denker, der die biblische Vorstellung vom verheißenen Land ungebrochen teilt, für seine Gegenwart bejaht und daraus entsprechende praktische Konsequenzen zieht[32]. Das ist nicht zuletzt deswegen bemerkenswert,
weil gerade Lukas den Weg der Verkündigung vom Land aus bis
ins Zentrum des Imperium Romanum nachzeichnet (vgl. Apg 1,8
und 28,14). Ähnlich wie Philo von Alexandrien, der wie kaum jemand sonst im antiken Judentum das Leben in der Diaspora als
gottgewollt bejaht und trotzdem an der Besonderheit Jerusalems
festhält, stellt Lukas den Weg des Evangeliums zu Menschen nichtjüdischer Herkunft als gottgewollt da – und hält an der besonderen
Bedeutung des Landes wie auch an der in Lk 1 und 2 eröffneten
Heilsperspektive für ganz Israel fest[33].

IV.   Die Landthematik im Hebräerbrief

Der Hebräerbrief nimmt an zwei Stellen deutlich Bezug auf die
Landthematik. In Hebr 4,8 stellt er fest, dass Josua das Volk nicht
zu Ruhe gebracht hat. Ähnlich heißt es in Hebr 11,8ff, dass auch

---

31   *Kraus*, Jerusalem, 155.
32   Der Hochschätzung des Landes Israel bei Lukas entspricht die Rolle, die
Jerusalem im lukanischen Doppelwerk spielt. »Auf Jerusalem läuft alles hin, von
Jerusalem geht alles aus«, schreibt *H.-J. Klauck*, Die Heilige Stadt. Jerusalem bei
Philo und Lukas, in: *ders.* (Hg.), Gemeinde – Amt – Sakrament. Neutestamentliche Perspektiven, Würzburg 1989, 101–129, hier 126. Dabei ist Jerusalem kein
Ort der Vergangenheit, sondern verbürgt bleibend »die Identität des Christentums mit seinen eigenen Ursprüngen« (128).
33   Vgl. *M. Karrer*, »Und ich werde sie heilen«. Das Verstockungsmotiv aus Jes
6,9f in Apg 28,26f, in: Kirche und Volk Gottes (FS J. Roloff), hg. von *M. Karrer /
W. Kraus / O. Merk*, Neukirchen-Vluyn 2000, 255–271, hier 270.

Abraham nicht zum Ziel der Verheißung, die an ihn ergangen ist, gelangt ist, sondern – gemeinsam mit den anderen Zeugen und den Adressaten des Briefes – noch auf ihre Erfüllung wartet (Hebr 11, 10.16.40).

In Hebr 3,6 klingt das paränetische Grundthema[34] des Briefes mit dem Stichwort »Festhalten am Vertrauen und am Ruhm der Hoffnung« an. Was es bedeuten würde, wenn man dahinter zurückbliebe, führt der Autor am Beispiel der Wüstengeneration unter Berufung auf Ps 95,7–11 aus. Dabei macht er zugleich deutlich, was die Adressaten des Briefs noch zu erwarten haben, nämlich das Kommen zur Ruhe Gottes[35], die seit der Schöpfung bereitet ist, zu der Josua das Volk aber noch nicht gebracht hat. Die Landnahme, von der die Bibel erzählt[36], ist also nicht die eigentliche Erfüllung der Verheißung. Diese steht noch aus – und für die Adressaten des Briefes gilt es, sich darauf auszurichten und danach zu streben (Hebr 4,11).

Das gleiche Grundanliegen vermittelt das 11. Kapitel des Briefes. Zwei Beispielreihen führen den Lesern dort vor Augen, was es mit dem Glauben, an dem festzuhalten der Brief auffordert (vgl. Hebr 10,23.35–39), auf sich hat und immer schon auf sich hatte. Ein Beispiel in dieser Reihe ist Abraham. Er wurde dazu berufen, »in ein Land zu ziehen, das er erben sollte«. Diese Formulierung verweist auf Gen 12,1. Der folgende Vers betont nun, was in der biblischen Vorlage gleichfalls enthalten ist: Weder Abraham noch seine direkten Nachkommen, die Miterben dieser Verheißung, erlebten ihre Erfüllung. Sie wohnten vielmehr zeitweise (παρῴκησεν) im Land der Verheißung (γῆ τῆς ἐπαγγελίας) wie in einem fremden (ὡς ἀλλοτρίαν [Hebr 11,9])[37]. Das Land, in dem Abraham und seine Nachkommen in der Genesiserzählung wohnten, gilt somit ausdrücklich als verheißenes Land. Anders als im Erzählduktus von Gen 12,1 bis Jos 21,43 steht für den Hebräerbrief die Einlösung dieser Verheißung aber noch aus: »Denn er (Abraham) wartete auf die Stadt, die einen festen Grund hat, deren Baumeister und

---

34 Vgl. *H.-F. Weiß*, Der Brief an die Hebräer (KEK 13), Göttingen [15]1991, 253.

35 Vgl. *Kraus*, Land, 267f: »κατάπαυσις meint somit den zukünftigen und zugleich den jenseitigen Ruheort, auf den die Gemeinde zugeht und an dem Gott sich selbst seit der Vollendung der Schöpfung befindet«. Das Land Israel kann damit – so sieht es der Hebräerbrief – nicht gemeint sein.

36 Der Hebräerbrief formuliert hier deutlich gegen die biblische Tradition von Jos 1,13.15 bis LXX 3Kön (MT 1Kön) 8,56, wo Salomo expressis verbis bekennt, dass Gott seinem Volk »Ruhe« gegeben hat: »ἔδωκεν κατάπαυσις τῷ λαῷ αὐτοῦ Ισραηλ«.

37 Vgl. *Weiß*, 584 mit Anm. 9, der herausarbeitet, dass der Hebräerbrief das Motiv vom Fremdsein durch die von ihm verwendete Terminologie »außerordentlich stark betont«.

Schöpfer Gott ist« (Hebr 11,10), und alle seine Nachkommen »sehnen sich nach einem besseren Vaterland, nämlich dem himmlischen. Darum schämt sich Gott nicht, ihr Gott zu heißen; denn er hat ihnen eine Stadt gebaut« (Hebr 11,16). Der Hebräerbrief modifiziert – in Anlehnung an jüdische Traditionen (z.b. syrBar 4,4), die nach 70 an Gewicht gewannen[38] – die Erwartung Abrahams: Er erwartet eine von Gott selbst entworfene und gebaute Stadt – aber kein Land.

Dieser erwarteten Stadt haben sich die Adressaten des Briefs nun angenähert (προσεληλύθατε [Hebr 12,22] – aber sie haben sie noch nicht betreten. Gegenwärtig gilt von ihnen das Gleiche wie von den Gestalten der biblischen Vergangenheit: »Wir haben hier keine bleibende Stadt, sondern die zukünftige suchen wir« (Hebr 13,14). Darum gilt es, so kurz vor dem Ziel »das Vertrauen nicht wegzuwerfen« (Hebr 10,35), nicht matt zu werden und den Mut nicht sinken zu lassen (Hebr 12,3), wie der auctor ad Hebraeos immer wieder betont.

Die konkrete irdische Erfüllung der Landverheißung, von der die biblischen Schriften ja berichten, stellt somit ebensowenig das Eigentliche dar[39] wie der konkrete irdische Kult. Qualitativ Besseres (11,16) vollzieht sich *räumlich* in der himmlischen Welt und steht als Verheißungsgut *zeitlich* von dort noch aus. Mehr als Abbild (ὑποδείγμα) oder Schatten (σκιά) eines himmlischen Urbildes (vgl. Hebr 8,5; 10,1) bzw. zukünftiger Güter (μελλόντων ἀγαθῶν) können weder der konkrete irdische Kult noch die konkrete Existenz im Land Israel, von der der Hebräerbrief gänzlich schweigt[40], bieten.

Deutlich ist, dass diese, wenn man so will, »platonisch-eschatologische«[41] Rezeption biblischer Motive – und damit auch der Landthematik – im Dienst des paränetischen Gesamtgefälles des Briefes

---

38   Vgl. *M. Karrer*, Der Brief an die Hebräer, Bd. 2: Kapitel 5,11 – 13,25 (ÖTbK 20/2), Gütersloh 2008, 282f.

39   Dazu passt es, dass die Paraphrase der Mose- bzw. Exoduserzählung mit dem Durchzug durch das Rote Meer endet (11,29) und von der Landnahme konsequent geschwiegen wird.

40   Es sei denn, man geht mit *W. Kraus*, Land, 268 davon aus, dass das konkrete Land »im Sinne eines Angeldes für die künftige Vollendung« verstanden wird. Solche Aussagen macht der Hebräerbrief explizit aber nur über die irdischen Kultvollzüge Israels.

41   Zum besonderen Charakter des Hebräerbriefes gehört es, dass er räumliche und zeitliche Kategorien miteinander verbindet: das, was für die Zukunft zu erwarten ist, existiert jetzt schon als himmlische Realität und hat irdische Abbilder (εἰκόνα [Hebr 10,1]). Vgl. *Weiß*, 589f und *K. Scholtissek*, Den Unsichtbaren vor Augen, in: *R. Kampling* (Hg.), Ausharren in der Verheißung. Studien zum Hebräerbrief (SBS 204), Stuttgart 2005, 148.

steht, der seine Leser zum Bleiben und Festhalten ermahnen will (vgl. Hebr 10,19–39 und die Konkretion in 10,25), indem er ihnen vor Augen malt, was für sie »heute« (Hebr 3,7) auf dem Spiel steht: Weil das, worauf die »Väter und Mütter im Glauben« so lange gewartet haben, nun im Himmel bereitet ist und den Christen als kommend (13,14) vor Augen steht, gilt es, am Bekenntnis festzuhalten[42].

V. Die Landthematik bei Paulus

Paulus weiß ganz selbstverständlich darum, dass Israel durch viele Verheißungen ausgezeichnet ist, wie er in Röm 9,4 nach dem Zeugnis der besten Handschriften ausführt. Im unmittelbaren Kontext dieser Argumentation muss er nicht erklären, welche Verheißungen das im Detail sind, genauso wenig, wie er darlegen muss, um welche Bundesschlüsse es sich handelt. Es genügt, dass Israel unter den Völkern eine besondere Stellung innehat, weil es in einer besonderen Beziehung zu Gott steht. Die Landverheißung kann und wird dabei wohl durchaus eine Rolle spielen, von unmittelbarer Bedeutung für die Argumentation ist sie aber nicht.

Überhaupt findet sich nur ein eindeutiger Bezug zur Landverheißung in den paulinischen Briefen, sieht man von Gal 4, 25f einmal ab, wo es um das von der Landthematik zu unterscheidende Thema »irdisches Jerusalem im Gegenüber zum himmlischen« geht. Dieser Bezug findet sich in Röm 4,13. Paulus rekurriert dort auf die Verheißung an Abraham, er werde »die Welt erben«. Er formuliert hier sehr eindeutig: »τὸ κληρονόμον αὐτὸν εἶναι κόσμου«. Aus dem Land als Gegenstand der Verheißung wird bei Paulus die ganze Welt. Man könnte hier mit einigem Recht von einer Universalisierung der Landverheißung sprechen[43]. Diese steht aber parallel

---

42   Inwiefern der Hebräerbrief seine Hoffnung konkret an das Land Israel bindet, ist umstritten. *K. Backhaus*, Das Land der Verheißung: Die Heimat der Glaubenden im Hebräerbrief, NTS 47 (2001), 171–188 bestreitet dies: »Das Verheißungsland, im Sinne des« Hebräerbriefs »verstanden, lässt damit alle irdischen Landverheißungen als heilsgeschichtlichen Anachronismus verstehen« (186f). *B. Klappert*, Hoffender Glaube, kommender Christus und die neue Welt Gottes (Hebräer 11,1 – 12,3), in: Logos – Logik – Lyrik. Engagierte exegetische Studien zum biblischen Reden Gottes (FS K. Haacker), hg. von *V.A. Lehnert / U. Rüsen-Weinhold* (Arbeiten zur Bibel und ihrer Geschichte 27), Leipzig 2007, 219–266 hält demgegenüber dezidiert an der irdischen Dimension der Verheißung fest (256). Die Rede von der Ruhe Gottes (Hebr 3,11.18; 4,2ff) schafft in jedem Fall eine gewisse Distanz zur Erwartung eines verheißenen Landes.

43   Vgl. *M. Theobald*, Römerbrief. Kapitel 1–11 (SKK.NT [Neue Folge] 6/1), Stuttgart 1992, 127ff.

zur Universalisierung der Nachkommensverheißung: Wenn Abraham »Vater vieler Völker« (Röm 4,17 im Anschluss an Gen 17,5) in dem Sinne ist, dass er als Vater aller Glaubenden und nicht nur seiner leiblichen Nachkommen gilt (Röm 4,11), und seine Nachkommen auf der ganzen Welt leben, so ist es konsequent, dass er nicht nur das seinen leiblichen Nachkommen verheißene Land erbt, sondern eben die ganze Welt. Paulus denkt diesen Gedanken aber nicht weiter, sondern kehrt sogleich zu seinem eigentlichen Thema, der Abrahamskindschaft, die sich als »Glauben wie Abraham« konkretisiert, zurück (vgl. Röm 4, 16–21).

Auch in seinem ersten »Abraham-Midrasch«, in Gal 3,6–29, geht es Paulus allein um die Nachkommens- und Segensverheißung. Die Landverheißung spielt in seiner Argumentation keine Rolle. Die Fragen, die Paulus zu beantworten sucht, sind die, wie der Segen Abrahams unter die Völker kommt und wer als Nachkomme Abrahams zu bezeichnen ist. Dabei wird die Nachkommenschaft Abrahams in Gal 3,16 auf Christus zugespitzt – und nur wer an ihm Anteil hat, gilt als Kind Abrahams und Erbe der Verheißung (Gal 3,29).

Paulus wählt aus dem Repertoire der biblischen Verheißungen sehr bewusst diejenigen aus, die zu seinem theologischen Anliegen passen. Was er darüber hinaus über die Landverheißung gedacht hat, wissen wir nicht. Aus der in Röm 4,13 zu beobachtenden Universalisierung muss man allerdings nicht zwingend folgern, dass das Land Israel für Paulus jede Besonderheit verloren hat. Sein Bemühen um die Kollekte für die »Heiligen« (2Kor 8f) könnte als Indiz dafür gewertet werden, dass er nach wie vor ein Gespür für den besonderen Charakter des Landes Israel hat. Die Kollekte bezeichnet er als »Dienst an den Heiligen«, ohne dass er den Ort, an dem diese Heiligen wohnen, näher spezifiziert. Gewöhnlich geht man davon aus, dass er seine Kollekte für die Gemeinde in Jerusalem gesammelt habe. Jerusalem wird nun aber in 2Kor 8 und 9 – anders als in 1Kor 16,3 und Röm 15,31 – gar nicht genannt. Möglicherweise folgt Paulus hier dem Sprachgebrauch der im Land Israel ansässigen Gemeinden, die sich nach Apg 9,13.32.41; 26,10 selbst »Heilige« genannt haben. Seine Kollekte wäre dann eine für diese im Land befindlichen Gemeinden gewesen[44]. Das könnte auf eine besondere Verbindung nicht nur mit Jerusalem, sondern überhaupt mit dem Land schließen lassen.

Fasst man den Befund zusammen, so ist festzuhalten, dass Paulus nur an einer Stelle explizit auf die Landverheißung Bezug nimmt.

---

44 Vgl. *M. Vahrenhorst*, Kultische Sprache in den Paulusbriefen (WUNT 230, Tübingen 2008, 220ff.

An dieser Stelle steht sie ganz unter dem Einfluss der speziellen paulinischen Universalisierung der Nachkommens- und Segensverheißung, an der Paulus auch sonst gelegen ist. Ob für Paulus das Land Israel darüber hinaus eine besondere Rolle gespielt hat, können wir wegen des Gelegenheitscharakters seiner Korrespondenz nur vermuten. Ganz unwahrscheinlich ist das aber nicht.

VI. Die Landthematik im Neuen Testament und Frühjudentum

Der Gang unserer Untersuchung führte uns zu Texten, die relativ eindeutig auf das Land Israel Bezug nehmen. Damit ist der Boden bereitet, um eine Summe zu ziehen und einen kurzen Ausblick ins Judentum jenseits des Neuen Testaments zu unternehmen. Schaut man auf die besprochenen Texte zurück, so ist zunächst festzuhalten, dass diese neutestamentlichen Rekurse auf das Land und die biblische Landverheißung sich nicht auf einen Nenner bringen lassen. Es begegnen Aussagen, die jüdisches Leben im Land als Erfüllung der göttlichen Verheißung werten und damit die Befolgung einschlägiger Gebote für Juden und zum Teil auch für Nichtjuden verbinden. In diesem Sinne lassen sich die kurzen halachischen Notizen in Mt 1,19; 23,23, gegebenenfalls auch Joh 19,31 interpretieren. Noch deutlicher wird dieser Zusammenhang in Apg 7,4ff; 13,19 und in den Bestimmungen des Aposteldekrets (Apg 15,20.29; 21,25).

Daneben kommen solche Texte zu stehen, die die Landthematik in den Dienst der jeweils intendierten theologischen Aussage stellen. Dies gilt vom Matthäusevangelium, das geographische Gegebenheiten mit theologischen Wertungen verbindet, das Jesus ganz im Land Israel wirken lässt und Jesus damit in den Raum der Geschichte Gottes mit seinem Volk einzeichnet. Dabei ist eine vorsichtige Tendenz vom Land in die Welt zu erkennen, wie die Besprechung von Mt 5,5.13 zeigte. Zugleich büßt das Land – auch und gerade im Blick auf die Halacha – für Matthäus nichts von seinem besonderen Charakter ein. In gänzlich anderer Weise wird die Landthematik im Hebräerbrief in den Dienst der theologischen Intention – näherhin der Paränese – gestellt: Weil Josua das Volk nicht zur verheißenen Ruhe Gottes gebracht hat und weil darum Abraham und seinen Nachkommen mit den Adressaten des Briefs gemeinsam die Erfüllung der Verheißung noch bevorsteht, müssen die Angesprochenen alles daransetzen, auf dem einmal eingeschlagenen Weg zu bleiben, damit auch sie zur Erfüllung der Verheißung gelangen. Paulus geht es hingegen darum, das Hinzukommen der Heiden zur Nachkommenschaft Abrahams zu durchdenken und die volle Zugehörigkeit derer, die im Glauben mit *dem* Nachkommen Abrahams, Christus, verbunden sind, zu verteidigen. Von zentraler Bedeutung ist für ihn dabei die Nachkommens- und Segensverheißung, die Abraham empfängt, die Landverheißung leuchtet nur an einer Stelle auf und wird parallel zur Nachkommensverheißung ausgeweitet: Abraham erbt die Erde (nicht nur das Land). Dass Paulus darüber hinaus an der Besonderheit des realen Landes Israel festhält, ist zumindest eine Möglichkeit, die sich aus seinem Engagement für die Kollekte ableiten lässt.

Im Blick auf Paulus und den Hebräerbrief von einer Spiritualisierung oder Universalisierung der Landthematik zu sprechen, führt dabei nicht weiter, denn diese Begrifflichkeit lässt nicht ausreichend deutlich werden, dass das Land nirgendwo um seiner selbst willen zum Thema gemacht wird. Der biblisch vorgegebene Bezug zu einem konkreten Stück Erde erscheint nirgendwo im Neuen Testament als Problem, das man durch allegorische, spiritualisierende oder universalisierende Deutungen bewältigen müsste. Dort, wo auf die Landverheißung rekurriert wird und diese eine Umdeutung erfährt, geschieht das im Dienst eines davon zunächst unabhängigen theologischen Anliegens. Man könnte eher von einer »Indienstnahme« der Landthematik sprechen, wenn man denn nach einem Oberbegriff sucht.

Ein großer Teil der im Neuen Testament gesammelten Schriften geht nun auf das Land gar nicht ein, er richtet sich an Gemeinden aus den Völkern, die in ihren Heimatländern leben, und reagiert auf konkrete Fragestellungen, die sich in den jeweiligen Lebenskontexten für die Gemeinden stellen[45]. Hätte man allein die Texte des Neuen Testaments als Quellen für das Judentum des ersten Jahrhunderts nach der Zeitenwende, so würde man sagen, dass die Landverheißung im Blick auf das reale Leben im Land Israel und seine praktische Gestaltung rezipiert werden kann, dass es aber auch die Möglichkeit gibt, diese Tradition im Sinne eines theologischen Anliegens aufzugreifen und in unterschiedlicher Weise zu variieren. Wie verhält sich dieser Befund zu den übrigen frühjüdischen Quellen?

Ein erster flüchtiger Blick lässt erkennen, dass in den Schriften des frühen Judentums ähnlich wie im Neuen Testament Bezugnahmen

---

45   Der zuletzt angesprochene Korrespondenzcharakter, der eigentlich alle Schriften des Neuen Testaments miteinander verbindet, darf insgesamt nicht unterschätzt werden, wenn man das Fehlen oder Vorkommen einschlägiger Bezugnahmen auf das Land angemessen bewerten will. Die neutestamentlichen Autoren schreiben keine Kommentare zur Tora, wie es ein Philo von Alexandrien tut, der gar nicht anders kann, als zur Landverheißung Stellung zu nehmen, wenn er die Genesis behandelt.

auf das Land und die Landverheißung in unterschiedlicher Häufigkeit, in unterschiedlicher Dichte und mit sehr unterschiedlichem Charakter begegnen. Erstellt man eine grobe Skala, so finden sich an einem Ende die Aussagen in der rabbinischen Literatur, die das Leben im Land geradezu als höchsten religiösen Wert erscheinen lassen: »Im Lande Israel zu wohnen, wiegt alle Gebote der Tora auf« (tAZ 4,3). Am anderen Ende stehen die Vertreter der jüdischen Diaspora, die gerade das Leben außerhalb Israel als Erfüllung der Nachkommensverheißung begreifen können: »Denn die Juden kann wegen ihrer großen Zahl ein Land nicht fassen«, wie Philo schreibt (Flacc 45f)[46]. Die Landverheißungen der Bibel werden von ihm konsequenterweise durchgehend allegorisch gedeutet: Das Land symbolisiert für ihn Güter wie Weisheit, Tugend und Erkenntnis[47]. Dabei wahrt Philo aber einen Bezug zum real existierenden Land, vor allem zu Jerusalem. Jerusalem verhält sich zur Diaspora so wie die Herkunftsstadt griechischer Kolonisten zu den von ihnen gegründeten Kolonien: Sie ist und bleibt deren Mutterstadt ($\mu\eta\tau\rho\acute{o}\pi o\lambda\iota\varsigma$). Vaterland ($\pi\alpha\tau\rho\acute{\iota}\varsigma$) aber ist das jeweilige Land, in dem die Juden der Diaspora leben (LegGai 281ff)[48].

In anderen jüdischen Texten erscheint das Land allenfalls als randständiges Thema[49]. Vor allem Texte, die gemeinhin der Apokalyptik zugerechnet werden, geben jeden Bezug zum konkreten verheißenen Land auf (1Hen 90,20ff; AssMos 10,1ff) oder erwarten eine

---

46   Vgl. *I. Gafni*, The Status of Eretz Israel in Reality an in Jewish Consciousness following the Bar-Kokhva Uprising, in: *A. Oppenheimer / U. Rappaport* (Hg.), The Bar Kokhva Revolt, Jerusalem 1984, 224–232 (hebr.), hier 224.
47   Vgl. *B. Schaller*, Philon von Alexandria und das »Heilige Land«, in: *G. Strecker* (Hg.), Das Land Israel in biblischer Zeit. Jerusalem-Symposium 1981 (GTA 25), Göttingen 1983, 172–187, hier 174; *Lichtenberger*, 93; *Kraus*, Eretz Israel, 27.
48   Vgl. dazu *Klauck*, 109ff. Dass das Leben Israels im Exil nicht nur von Philo bejaht und positiv gewertet werden konnte, zeigt die umfassende Studie von *J. Kiefer*, Exil und Diaspora. Begrifflichkeiten und Deutungen im antiken Judentum und in der hebräischen Bibel (Arbeiten zur Bibel und ihrer Geschichte 19), Leipzig 2005.
49   Im Blick auf jüdische Schriften aus hellenistischer Zeit schreibt *Regina Börschel*: »In der Gesamtschau fallen die Bezugnahmen auf das Land in den jüdischen Texten hinter den biblischen Schriften zurück«, wobei die »biblische Geschichte« zuweilen »zur Projektionsfläche von Auseinandersetzungen der eigenen Gegenwart wird« (Zwischen Exklusion und Expansion. Religiöse Deutungen des Landes in hellenistischer Zeit, in: *A. Pontzen / A. Stähler* (Hg.), Das Gelobte Land. Eretz Israel von der Antike bis zur Gegenwart. Quellen und Darstellungen, Hamburg 2003, 89–111, hier 108). Einige Jahrzehnte zuvor fasste *Isaak Heinemann* den Befund wie folgt zusammen: »Den Hellenisten war es nicht möglich eine besondere Verbindung zwischen dem Volk und seinem Land auszumachen, allenfalls die, die zwischen jedem Volk und seiner Heimat besteht.« (*I. Heinemann*, היחס שבין עם לארצו ביהדות ההלניסטית, Zion 13/14 (1948/49), 3 [Übersetzung M.V.]).

neue Welt[50]. Andere Gruppen – z.B. die Verfasser von PsSal 9; 11 und 17 – träumen von der Restaurierung der Einheit von Gott, Volk und Land[51]. Rabbinische Texte halten durchweg an der halachischen Relevanz des Lebens im Land Israel fest[52]. Die Vielschichtigkeit dieses Befundes ist in der Forschung hinreichend bekannt[53], und so könnte man sagen, dass die Vielschichtigkeit neutestamentlicher Aussagen zur Landthematik sich bruchlos in die Vielstimmigkeit frühjüdischer Aussagen zum Thema einfügt. Am größten erscheint hierbei allerdings die Differenz zwischen den überschwänglichen Aussagen der rabbinischen Literatur über das Land Israel und denen des Neuen Testaments; deshalb soll an dieser Stelle etwas näher darauf eingegangen werden.

Eine Liste von Texten, die das Land Israel und das Leben in ihm über die Maßen verherrlichen und das Land zu einer übernatürlichen Größe erheben[54], ließe sich leicht erstellen[55]. Eine einschlägige Fundgrube stellt der Schluss des Traktates Ketubot im babylonischen (!) Talmud dar, der tannaitische Aussagen zitiert: »Wer im Land Israel wohnt, ist ohne Sünde«; »wer im Land Israel begraben ist, ist gleichsam unter dem Altar begraben« (bKet 111a); »wer im Land Israel wohnt, der hat einen Gott« (bKet 110b). Die Früchte des Landes Israel sind besser verträglich und schmackhafter als die anderer Länder (SifDev § 316); Israel wurde vor allen anderen Ländern erschaffen (bTaan 10a), und die dort begrabenen Toten werden auch vor allen anderen auferstehen (BerR 74a) – ja das Begräbnis im Land Israel schafft Sühne für alle Sünden (bKet 111a).

---

50   Vgl. dazu *Kraus*, Eretz Israel, 28ff.

51   So *Kraus*, Eretz Israel, 22 im Anschluss an *H. Stegemann*, »Das Land« in der Tempelrolle und in anderen Texten aus den Qumranfunden, in: *G. Strecker* (Hg.), Das Land Israel in biblischer Zeit. Jerusalem-Symposium 1981 (GTA 25), Göttingen 1983, 154–171, hier 160 im Blick auf die Tempelrolle.

52   Eine schöne Zusammenstellung findet sich in *Jehuda HaLevis* (1075–1141) Kusari (2,22).

53   Es gibt mehrere Versuche, die Fülle der Aussagen zu systematisieren. Häufig macht man einen Unterschied zwischen Schriften, die unter hellenistischem Einfluss stehen, und solchen, die davon weitgehend frei sind (vgl. *Heinemann*, 1ff). Dieser Ansatz trägt aber dem Umstand zu wenig Rechnung, dass es ein von hellenistischen Einflüssen freies Judentum um die Zeitenwende herum nicht gegeben hat. *H. Stegemann*, 154f nimmt eine inhaltliche Aufteilung vor, indem er zwischen einer weltweiten Perspektive und einem Restitutionskonzept unterscheidet. *W. Kraus* ergänzt eine dritte Kategorie, nämlich die der Apokalyptik (Eretz Israel, 20f).

54   Vgl. *Heinemann*, 1f.

55   Vgl. *Ch. Safrai / Z. Safrai*, The Sanctity of Eretz Israel and Jerusalem, in: *I. Gafni / A. Oppenheimer / M. Stern* (Hg.), Jews and Judaism in the Second Temple, Mishna and Talmud Period, Studies in Honor of Shmuel Safrai, Jerusalem 1993, 344–371 (hebr.), hier 358ff.

Der zuletzt genannte Aspekt hat im Land Israel archäologische Spuren hinterlassen und bietet einen Ansatzpunkt für die historische Einordnung der zitierten Aussagen. Ab dem Beginn des dritten Jahrhunderts nach der Zeitenwende häufen sich nämlich die Belege dafür, dass Juden aus der Diaspora sich im Land Israel bestatten lassen; ein herausragendes Beispiel dafür sind die Gräber in Bet Shearim[56]. Es handelt sich also um ein vergleichsweise spätes Phänomen im antiken Judentum.

Betrachtet man die rabbinischen Verherrlichungen des Landes Israel nun auch unter historischen Gesichtspunkten, so kann man mit I. Gafni feststellen, dass die einschlägigen Aussagen erst Tannaiten ab der vierten Generation (nach 160) zugeschrieben werden. Wenn Rabbinen der ersten drei Generation auf das Land Bezug nehmen, geht es immer um Fragen der Halacha, die sich aus dem Leben im Land ergeben[57]. Die theologische Aufwertung des Landes Israel setzt also erst nach dem Bar-Kochba-Krieg ein. Dieser hatte zum Teil verheerende Auswirkungen für die jüdischen Gemeinden im Land Israel und erschwerte die dortigen Lebensbedingungen erheblich[58]. Im Gefolge davon wuchs die Bereitschaft der Bevölkerung, das Land zu verlassen, um ihr Glück in der Diaspora zu suchen. Die inzwischen in Galiläa ansässigen rabbinischen Kreise versuchten dem entgegenzuwirken, zum einen durch halachische Entscheidungen, die das Auswandern erschweren sollten (tAZ 4,3ff), zum Teil durch eine massive Propaganda für das Land[59]. Als Teil dieser Propaganda lassen sich die zitierten Ausführungen gut verstehen. Das Land gewinnt theologisch also in einigen Kreisen in dem Maß an Bedeutung, in dem es an realer Bedeutung zu verlieren droht.

---

56 Vgl. *B. Mazar*, Beth She'arim. Report on the Excavations During 1936–1940, Volume I: Catacombs 1–4, Jerusalem 1973, 17f; *M. Schwabe / B. Lifshitz*, Beth She'arim, Volume II: The Greek Inscriptions, Jerusalem 1974, 217ff; *I. Gafni*, Reinterment in the Land of Israel. Notes on the Origin and Development of the Custom, Cathedra 4 (1977), 113–120 (hebr.), hier 115. *Gafni*, Reinterment, 119 beobachtet, dass die Aussagen der rabbinischen Literatur, die für ein Begräbnis im Land Israel plädieren, mehrheitlich Rabbinen ab der zweiten Hälfte des dritten Jahrhunderts zugeschrieben werden.

57 *Gafni*, Status, 227.229.

58 Vgl. *Z. Safrai*, The Bar Kokva Revolt and its effect on settlement, in: *A. Oppenheimer / U. Rappaport* (Hg.), The Bar Kokhva Revolt, Jerusalem 1984, 182–214 (hebr.); *J. Schwartz*, Judea in the wake of the Bar Kokva Revolt; *A. Oppenheimer / U. Rappaport* (Hg.), The Bar Kokhva Revolt, Jerusalem 1984, 215–223 (hebr.); *Gafni*, Status, 230.

59 Vgl. *Gafni*, Status, 230. Ch. und Z. Safrai stimmen den Ausführungen Gafnis grundsätzlich zu, geben jedoch zu bedenken, dass Jerusalem bekanntermaßen schon lange vor dem Bar Kochba Krieg Gegenstand des Interesses war und möchten Gafnis Ausführungen entsprechend korrigieren (*Safrai/Safrai*, 346). Vgl. dazu oben Anm. 9.

Die neutestamentlichen Rekurse auf die Landthematik entstammen einer Zeit, in der auch in den Kreisen, aus denen sich das rabbinische Judentum entwickeln wird, das Land an sich noch kein großes Thema ist. Es ist wohl Gegenstand halachischer Reflexion. Daran partizipieren Matthäus und die Apostelgeschichte. Als eigenständiges Thema mit eigenem theologischem Gewicht sucht man es in den Schriften dieser Zeit vergeblich. So stellt der Hebräerbrief die Landthematik mit eigenen Akzenten, die das konkrete Land in den Hintergrund treten lassen, in den Dienst seines paränetischen Anliegens. Dort, wo das konkrete Land am ehesten theologisch rezipiert wird – bei Matthäus und Lukas – sehen sich Jesusanhänger aus den Völkern sofort in unterschiedlicher Weise[60] zu einer bestimmten Lebenspraxis verpflichtet, die der Heiligkeit des Landes Rechnung trägt.

All dies mahnt zur Vorsicht bei der Rezeption der Landthematik im ersten Jahrzehnt des 21. Jahrhunderts. Die Wege, die Lukas und Matthäus aufzeigen, haben sich in der Kirche nicht durchgesetzt, und ein einfaches »Zurück zu den Anfängen« ist uns nach dem Auseinandergehen von Christentum und Judentum versperrt. Wir können nur wahrnehmen, dass auch im Neuen Testament der Befund, dass Gott sich nicht nur an ein bestimmtes Volk, sondern auch an ein bestimmtes Land gebunden hat, nicht einfach aufgegeben wird. Der Glaube bleibt in Israel – im doppelten Sinne des Wortes – geerdet.

---

60   In der neueren Forschung wird zunehmend die Meinung vertreten, Matthäus habe von den Jesusanhängern aus den Völkern den Übertritt zum Judentum erwartet (vgl. dazu *Fiedler*, 21f).

Martin Vahrenhorst, geb. 1967, Dr. theol., leitet das Studienprogramm »Studium in Israel« und ist Privatdozent für Neues Testament an der Kirchlichen Hochschule Wuppertal.

Abstract

The land of Israel is an integral part of God's promises to his people. In the NT traditions this topic seems to play a relatively marginal role. A closer look at the different sources reveals that the promised land is relevant in different ways. Matthew and Luke reflect a theology of the land which has even got practical consequences. Paul, on the one hand, modifies the contents of God's promise: Abraham does not only inherit the land but the whole earth (Rom 4:13). On the other hand Paul stresses the ongoing validity of all promises God gave (Rom 9:4; 15:8) which should include the promise of the land. The Letter to the Hebrews denies that Joshua really lead the people into the promised land (Heb 3:6). This is yet to come and the faithful are on their way to it (4:11). Thus, the NT writings represent a variety of attitudes towards the promised land which resembles that which exists in other Jewish sources of the same time. The almost supernatural role of the land becomes evident only in rabbinic texts in the aftermath of the Bar Kokhba war.

Gabrielle Oberhänsli-Widmer

Bindung ans Land Israel – Lösung von der Eigenstaatlichkeit

Der Umgang der Rabbinen mit einer virtuellen Heimat

»Erzähl mir ein wenig, wie man im Heiligen Land lebt, wie lebt man im Augapfel Gottes. Sicher schweben die Engel über jedem Baum«[1]. Mit diesen verklärten Worten aus dem jüngsten Roman Aharon Appelfelds wendet sich die alte Polin Wanda an den Israeli Jakob Fein, den Sohn von Holocaust-Überlebenden, der Jahre nach dem Tod seiner Eltern eine Reise nach Polen unternimmt, um den Spuren seiner Familie nachzugehen. Zweifellos ist es kein Zufall, dass ein Hebräisch schreibender Autor den Ausdruck ארץ הקודש, *Heiliges Land*, dort einsetzt, wo ein Jude mit einem Fremden – in diesem Fall der katholischen Wanda – über das Land Israel spricht. Geradezu als Leitmotiv verwendet Appelfeld *Heiliges Land* in Dialogen zwischen seinem Protagonisten Jakob und den nicht-jüdischen Polen[2], und exemplarisch für die jüdische Literatur ist zudem der Umstand, dass das Land Israel aus der Distanz – im vorliegenden Text aus einem osteuropäischen Blickwinkel – als *Heiliges Land* erscheint, eine Bezeichnung, die sowohl der Hebräischen Bibel als auch dem rabbinischen Schrifttum fremd ist, spricht man doch hier vom Land Israel oder von *dem* Land schlechthin: הארץ. Die ersten jüdischen Autoren, welche von dem *Heiligen Land* sprechen, sind im Frühjudentum zu orten, insbesondere Philo, der in seinem Schreiben über die Gesandschaft zu Caligula (Leg Gaj 202) das griechische Pendant ἱερὰ χώρα braucht in einem Kontext, wo Juden in einen Konflikt mit Nicht-Juden verwickelt sind, und auch hier spricht der hellenistisch-jüdische Autor aus Alexandrien, aus der Diaspora-Perspektive auf das Land Israel blickend[3]. Von Philon bis Appelfeld, in 2000 Jahren literarischen Schaffens, sind jüdische Denker mithin äußerst sparsam im Umgang mit den Worten *Hei-*

---

1 A. *Appelfeld*, פלין ארץ ירוקה – Polen, grünes Land, Jerusalem 2005 (hebr.), 176; soweit nicht anders vermerkt, zitiere ich die hebräischen Texte hier und im Folgenden in eigener Übersetzung.
2 Ebd., 84.127.133.150.173.176.
3 B. *Schaller*, Philon von Alexandreia und das »Heilige Land«, in: G. *Strecker* (Hg.), Das Land Israel in biblischer Zeit. Jerusalem-Symposium 1981, Göttingen 1983, 172–187.

liges Land, werden diese doch vorzugsweise im Christentum zu einer stehenden Wendung[4].

Unbestritten ist jedoch in der jüdischen Traditionsliteratur, dass das Land Israel eine spezielle Heiligkeit, einen einzigartigen Stellenwert für das Volk Israel innehat. Diesem Stellenwert soll im Folgenden nachgespürt werden, wobei der Fokus auf den spätantiken rabbinischen Schriften liegt, den Talmudim und Midraschim des 1. bis ungefähr 6. Jahrhunderts n.Chr., den Texten also, welche das Judentum aus der biblisch-israelitischen Staatsreligion zur jüdischen Exilsreligion umgeschmiedet und damit die sozio-religiösen Strukturen bis heute nachhaltig festgelegt haben. Welche besonderen Qualitäten weist das Land Israel für das Volk Israel auf? Wie verändern sich diese Qualitäten durch die Exilssituation? Welche Strategien entwickeln die talmudischen Weisen, um die exilierte Gemeinde an ihre verlorene Heimat zu binden und sie gleichzeitig von ihr zu lösen, um sich gezwungenermaßen in der Diaspora einzurichten?

Die Antworten auf diese Fragen umreißen nicht zuletzt das geistige Fundament, auf dem im 19. Jahrhundert der Zionismus wachsen und das bis heute in die israelische Realpolitik hineinwirken wird.

1.   Alttestamentliche Prämissen zur Bedeutung des Landes Israel

Rabbinisches Denken setzt stets einen alttestamentlichen Hintergrund voraus, und dementsprechend bedarf jede Studie zu jüdischen Land-Konzepten eines biblischen Vorspanns[5]. So dient auch der folgende kurze Abriss als Basis der späteren Rezeption und folgt einem phänomenologischen Prinzip, indem grundlegende biblische Motive der späteren talmudischen Sichtweise vor- und gegenübergestellt werden.

Der Anfang der Geschichte des Landes Israel scheint mit dem Anfang der Vätergeschichte zusammenzufallen, genauer mit der Berufung Abrahams und der göttlichen Verheißung von Land (Gen 12,6.7):

---

4   *R. Deines*, Die Bedeutung des Landes Israel in christlicher Perspektive, Judaica 62/4 (2006), 309–330; *R. Rendtorff*, Israel und sein Land. Theologische Überlegungen zu einem politischen Problem, München 1975; *W.D. Davies*, The Gospel and the Land. Early Christianity and Jewish Territorial Doctrine, Berkeley / Los Angeles 1974.

5   *M. Wyschogrod*, Judaism and the Land, in: *ders.*, Abraham's Promise. Judaism and the Jewish-Christian Relations, Cambridge 2004, 91–103; *I. Gafni*, Land, Center, and Diaspora. Jewish Constructs in Late Antiquity, Sheffield 1997; *D. Vetter*, Die Bedeutung des Landes in der jüdischen Überlieferung, Kirche und Israel 2 (1992), 107–118.

6 Und Abram durchzog das Land bis zu dem Ort Sichem, bis zu der Eiche des Weisers. Die Kanaaniter waren damals im Lande. 7 Da erschien der Herr Abram und sprach: Deinen Nachkommen werde ich dieses Land geben ...

Wesentliche Akzente sind damit gesetzt: Der Landbesitz wird in die Zukunft projiziert; er bezieht sich auf das zukünftige Volk Israel; er basiert einzig auf göttlicher Vergabe, denn – wie beunruhigend! – das Land ist nicht genuin das Land Israel, sondern das Land tritt uns zuerst als *Land Kanaan* (אֶרֶץ כְּנַעַן) entgegen[6]. Kanaan, dem Sohn Hams und Enkel Noahs gehörte anfänglich das Land, keinem Sem-Nachkommen. Der Text der Vätergeschichte verweist mithin zurück in die Urgeschichte, genauer: Er evoziert die Trunkenheitsepisode Noahs (Gen 9,18–27), wo Noahs Enkel Kanaan die literarische Bühne nur kurz für eine rätselhafte Szene betritt: Als Noah betrunken und nackt im Zelt liegt, sieht sein Sohn Ham unabsichtlich die Blöße seines Vaters, worauf Noah – logisch schwer nachvollziehbar – seinen Enkel Kanaan verflucht (Gen 9,24–26):

24 Und als Noah aus seinem Rausch erwachte, wusste er, was ihm sein jüngerer Sohn getan hatte. 25 Und er sprach: Verflucht sei Kanaan, der geringste Knecht wird er seinen Brüdern sein. 26 Und er sprach: Gesegnet sei der Herr, der Gott Sems, doch Kanaan soll ihnen Knecht sein.

Noah zecht, Ham hat ungewollt gefehlt, verflucht wird jedoch Kanaan. Die isolierte Notiz scheint im weiteren Verlauf der biblischen Frühgeschichte keine weitere Rolle zu spielen, doch kann sie als Kulisse dafür betrachtet werden, dass Kanaan das ihm nach der Sintflut zugewiesene Erbteil verliert und Gott das Land Kanaan viele Generationen später einem Sem-Nachkommen, eben Abraham, zuspricht, sodass es zum Land Israel wird[7]. Auf der Ebene erzählerischer Chronologie ist dabei bemerkenswert, dass dieser Sze-

---

6 Insbesondere die Pentateuch-Texte werden nicht müde zu unterstreichen, dass das Land von fremden Volksstämmen bewohnt ist, wobei die Namen variieren und Aufzählungen bis zu zehn Völker umfassen können (bedingt durch ungenaue Vorstellungen? Oder durch unterschiedlichen Traditionen?) wie beispielsweise in der zweiten Verheißung an Abram (Gen 15,18–21): »18 An jenem Tage schloss der Herr mit Abram einen Bund und sprach: Deiner Nachkommenschaft gebe ich dieses Land, vom Fluss Ägyptens bis an den großen Fluss, den Euphrat-Fluss; 19 die Keniter, die Kenissiter und die Kadmoniter, 20 die Hethiter, die Pheresiter und die Rephaiter, 21 die Amoriter, die Kanaaniter, die Girgasiter und die Jebusiter.«
7 Vor allem frühjüdische Autoren greifen den Sachverhalt auf, dass Kanaan seinen territorialen Erbteil auf immer verspielt: besonders pointiert in Jub 7; vgl. dazu *J. Frey*, Zum Weltbild im Jubiläenbuch, in: *M. Albani / J. Frey / A. Lange* (Hg.), Studies in the Book of Jubilees, Tübingen 1997, 261–292, hier 281/282.

ne zufolge bereits vor den Vätern und vor jeder Landverheißung
ein zentrales Motiv auf dem späteren Israel lastet, nämlich die un-
heilvolle Verbindung von Ungehorsam und Landverlust. Von der
Gesetzgebung am Sinai an wird dem Volk immer wieder ins Gedächtnis gerufen werden, dass das Land nur eine Leihgabe Gottes
ist, wie beispielsweise hier in der Verordnung zum Schabbat- und
Jubeljahr (Lev 25,23):

Das Land aber darf nicht für immer verkauft werden, denn mein ist das
Land, denn Fremde und Beisassen (גרים ותושבים) seid ihr bei mir.

Doch damit ist dem biblischen Plot vorgegriffen, zurück zu Abraham. Er ist sich seines Status als Fremder (laut den Rabbinen als
erster גר schlechthin[8]) wohl bewusst und erwirbt deshalb das Land
zum Teil auch käuflich wie im Falle von Machpela/Hebron (Gen
23,1–20), der bis heute fanatisch umkämpften Grabstätte der Patriarchen.

Damit zur eigentlichen Geschichte des Volkes Israel. Wie die wiederholte Landverheißung an die Erzväter[9] ist auch die Berufung
Moses wesentlich durch den Ausblick auf das wunderbare Land bestimmt (Ex 3,4b–6.16b.17):

4b Und Gott rief ihm aus dem Dornbusch zu: Mose! Mose! Und er antwortete: Hier bin ich. 5 Und er sprach: Komm nicht näher hierher! Zieh
deine Schuhe von deinen Füßen, denn der Ort, auf dem du stehst, ist heiliger Boden. 6 Und er sprach: Ich bin der Gott deines Vaters, der Gott Abrahams, der Gott Isaaks und der Gott Jakobs. (…) 16b Ich habe sorgsam
auf euch geachtet und darauf, was euch in Ägypten angetan worden ist.
17 Und ich beschloss, dass ich euch heraufführen werde aus dem Elend
Ägyptens in das Land der Kanaaniter, Hethiter, Amoriter, Pheresiter, He-
witer und Jebusiter, in ein Land, das von Mich und Honig fließt.

An dieser Stelle wird erstmals in der Hebräischen Bibel von *heiligem Boden* (אדמת קודש) gesprochen, auffälligerweise von einer
Stätte *außerhalb* des gelobten Landes im Gegensatz zu den späteren Belegen, die Orte und Landstriche innerhalb der israelitischen
Grenzen als *heilig* bezeichnen[10]. Bekanntlich kämpft Mose dann als

---

8   Hag 3a, SER 27 u.a.: גר wird indes hier wie im rabbinischen Schrifttum allgemein nicht mehr im Sinne des Biblisch-Hebräischen *Fremden*, sondern im Sinne
des Mischna-Hebräischen *Proselyten* gelesen.
9   *J. Hoftijzer*, Die Verheißungen an die drei Erzväter, Leiden 1956.
10 Zur terminologischen Verwendung vgl. *H. Ringgren*, קדש, ThWAT VI
(1989), 1179–1204; *O. Procksch / K.G. Kuhn*, ἅγιος, ThWNT I (1933), 87–116;
קדש, in: *J. Levy*, Wörterbuch über die Talmudim und Midraschim IV, Darmstadt
1963 (Nachdruck Wien/Berlin 1924), 249–255.

die treibende Kraft des Exodus sein ganzes Leben für den Einzug in dieses ihm hier zugelobte Land, ohne es am Schluss je zu Gesicht zu bekommen (Dtn 34,1–4):

1 Und Mose stieg aus den Steppen Moabs auf den Berg Nebo, auf den Gipfel des Pisga gegenüber Jericho. Und der Herr zeigte ihm das ganze Land, Gilead bis Dan, 2 ganz Naphthali und das Land Ephraims und Manasses und das ganze Land Juda bis an das westliche Meer, 3 das Südland und die Jordanaue, die Talebene von Jericho, der Palmenstadt, bis nach Zoar. 4 Und der Herr sprach zu ihm: Dies ist das Land, das ich Abraham, Isaak und Jakob zugeschworen habe, indem ich sprach: »Deinen Nachkommen will ich es geben.« Ich habe es dich mit deinen Augen schauen lassen, aber dort hinüber wirst du nicht kommen.

Mit diesem Schicksal steht der Religionsstifter geradezu symbolisch für die israelitisch-jüdische Religion, denn wie Mose außerhalb des Landes Gemeinschaft und Gesetz formt, so erhält auch das Judentum seine Konturen maßgeblich im Exil, sei es durch die biblisch-exilischen Schriften oder sei es später durch den Babylonischen Talmud. Andererseits lebt Mose hier das Schicksal ungezählter Generationen exilierter Juden vor, deren spirituelles Leben ganz auf das Gelobte Land gerichtet war, ohne dass es ihnen vergönnt war, es je zu sehen.

Als Argument dafür, dass Mose sein Lebensziel, das Land seiner Träume, nicht erreichen darf, wird einmal mehr eine seltsam unlogische Schuld ins Spiel gebracht, begründet doch Gott in Dtn 32,48–52 dies mit Hinweis auf den Aufstand der Israeliten in Kadesch (Num 20), in dessen Verlauf Mose ja gerade der Leidtragende der Aufständischen und vollumfänglich auf Gottes Seite war.

Wie dem auch sei: Leitmotivisch bestimmt eine fatale Verbindung von Land und Schuld den Pentateuch als auch die Geschichte des Volkes und Staates Israel vom Buch Josua bis zu den Königsbüchern. Landverheißung, Landnahme, Landbesitz und schließlich Landverlust werden im Deuteronomistischen Geschichtswerk zu einem vordringlichen theologischen Thema[11]:

Nach dem Untergang von Nord- und Südreich und dem Fall Jerusalems 586 v.Chr. deuten die exilisch-nachexilischen Schriften die anfänglich vorbehaltlose Landgabe in eine vorbehaltliche um, wo-

---

11   *H. Seebass,* »Holy« Land in the Old Testament: Numbers and Joshua, VT LVI,1 (2006), 92–104; *L. Perlitt,* Motive und Schichten der Landtheologie im Deuteronomium, in: *G. Strecker* (Hg.), Das Land Israel, 46–58; zu den Büchern Deuteronomium und Jeremia vgl. *P. Diepold,* Israels Land, Göttingen 1972 (Diss.); *G. von Rad,* Verheißenes Land und Jahwes Land im Hexateuch, Zeitschrift des Deutschen Palästinavereins 66 (1943), 191–204 (= *ders.,* Gesammelte Studien zum Alten Testament, München 1958, 87–100).

bei die Bedingung des Landbesitzes die Einhaltung des Gesetzes ist,
das Land den Geltungsraum des Gesetzes bedeutet (Dtn 11,8.9):

> 8 Und ihr werdet das ganze Gesetz hüten, auf das ich euch heute ver-
> pflichte, damit ihr stark sein werdet und in das Land kommen und es als
> Erbe antreten werdet, dorthin, wo ihr hinzieht, um es als Erbe anzutreten,
> 9 damit ihr lange leben werdet auf dem Boden, die der Herr euren Vätern
> und ihren Nachkommen zugeschworen hat, ein Land, das von Milch und
> Honig fließt.

Weder an dieser Stelle noch zu einem anderen Zeitpunkt ist der
Landbesitz für Israel selbstverständlich, denn zu oft werden Verheißung und Drohung in einem Atemzug genannt. Über diese
Ambivalenz kann auch der verklärte Topos vom »Land, das von
Milch und Honig fließt« nicht hinwegtäuschen. Am bekanntesten
hallen diese vielversprechenden Worte aus der Kundschaftererzählung (Num 13), einem der alttestamentlichen Texte, welchen
die spätere Rezeption am stärksten verzerren wird. Zur Erinnerung: Von der Wüste Paran aus sendet Mose je einen Vertreter der
zwölf Stämme ins Land Kanaan, es zu erkunden. Bei ihrer Rückkehr sprechen nur Josua und Kaleb euphorisch von dem »Land, das
von Milch und Honig fließt« (V. 27), die übrigen Stämmevertreter
hingegen warnen vor einem »Land, das seine Bewohner frisst« (V.
32). Nicht nur, dass sich einzig die Meinung der Minderheit in der
literarischen Wirkungsgeschichte breitmachen wird: Die Ikonogra-
phie stützt das Zerrbild noch, indem in den ungezählten Illustrationen zur Kundschaftererzählung stets die Trauben riesenhaft über-
zeichnet werden (V. 23), währenddem doch die Riesenhaftigkeit
gerade von der feindlichen Urbevölkerung berichtet wird (V. 32
und 33), die indes keinen Einlass ins Repertoire der bildlichen Darstellungen gefunden hat[12].
So zeigt die Zusammenschau von Abraham über Mose, den Kundschaftern bis hin zum Exil immer wieder, dass das Land Israel gerade außerhalb seiner Grenzen thematisiert wird, bedingt durch
seine endlose Gefährdung. Selbst nachexilisch bleibt das wiederge-
schenkte Land nicht weniger leidend und bedroht, sodass die Propheten es als immerdar verheißenes Land zunehmend ins Eschaton
projizieren[13].

---

12   Um nur ein Phänomen der bewegten Wirkungsgeschichte zu erwähnen, sei
hier auf das Signet der israelischen Weinkooperative ייקבי כרמל hingewiesen, welches die Kundschafterszene in ihrer stereotypen Ausformung darstellt: zwei
Strichmännchen (Kaleb und Josua?!), die gemeinsam eine Riesenrebe schultern.
13   *B. Keller*, La terre dans le livre d'Ezékiel, Revue d'Histoire et de Philosophie
Religieuses 55 (1975), 481–490; *W. Zimmerli*, Das »Land« bei den vorexilischen

In ihrer Zerrissenheit zwischen Zerstörungsandrohungen und Friedensversprechungen beharren auch die Propheten darauf, dass der Landverlust auf Israels Abfall von Gott und Gesetz fuße, neu aber ist ihr Weg in eine endzeitliche Vision, von dem besonders die poetische Vielfalt der Namen zeugt: Vornehmlich Ezechiel portiert neben seiner favorierten Bezeichnung אדמת ישראל, dem *Boden Israels*, den Ausdruck ארץ הצבי, das *Land der Zierde* (Ez 20,6), den ebenso Daniel aufgreift (Dan 8,9; 11,16.41.45) und der als *Gazellenland* die synagogale Dichtung inspirieren wird[14]. Am meisten regen die Jesaja-Texte, welche zwar weniger das Land als vielmehr die Gottespräsenz auf dem Zion besingen, die verklärten Endzeiterwartungen an. Sie führen schließlich zu den legendären 36 Namen Jerusalems, die sich teilweise mit den Namen des Landes überschneiden. Stellvertretend für diese Entwicklung steht die tritojesajanische Botschaft (Jes 60,21):

Und dein Volk, sie werden alle Gerechte sein. Auf ewig werden sie das Land als Erbe antreten, der Spross meiner Pflanzung, das Werk meiner Hände, mir zur Verherrlichung.

Dieser Vers dient später der *Mischna*[15], um aus der Bibel zu beweisen, dass ganz Israel Anteil an der kommenden Welt habe (mSan X,1): das Land Israel als ewig in Aussicht gestelltes Erbe, als נחלה, von den alttestamentlichen Erzvätern bis hin zur messianischen Zeit. Dann erst wird die als Ideal erstrebte Einheit vom Gott Israels mit dem Volk Israel im Land Israel ihre Erfüllung erfahren und ihre Heiligkeit in vollkommener Harmonie übereinstimmen, wie es die Thora programmatisch antizipiert (Lev 11,44.45):

44 Denn ich bin der Herr euer Gott, und ihr werdet euch heilig halten und werdet heilig sein, denn ich bin heilig. (...) 45 Denn ich bin der Herr,

---

und frühexilischen Propheten, in: *G. Strecker* (Hg.), Das Land Israel, 33–45; *R. Hanhart*, Das Land in der spätnachexilischen Prophetie, in: ebd., , 126–140.

14   Die *Pijjutim*, die liturgischen Gedichte, spielen dabei mit der Homonymie der Wurzel צבי, die einerseits *Zierde* und andererseits *Gazelle* bedeutet; vgl. dazu *M. Gutmann-Grün*, Zion als Frau. Das Frauenbild Zions in der Poesie von Al-Andalus auf dem Hintergrund des klassischen Piyyuts (noch unveröffentlichte Dissertation), Basel 2006.

15   Die *Mischna* (משנה, wörtlich: die *Wiederholung, Zweitfassung*) ist das nachbiblische jüdische Religionsgesetz, welches die Tannaiten im ersten und zweiten nachchristlichen Jahrhundert verfassen. Ihre 63 Traktate fügen sich in sechs Ordnungen ein: 1. *Zera'im* (wörtlich: *Samen*), das Landwirtschaftsgesetz, 2. *Mo'ed* (*Zeitpunkt*), die Festverordnung, 3. *Naschim* (*Frauen*), das Familiengesetz, 4. *Neziqin* (*Beschädigungen*), das Strafrecht, 5. *Qodaschim* (*Heiliges*), die Opfervorschriften, 6. *Toharot* (*Reinheiten*), die Reinheitsvorschriften.

der euch aus dem Lande Ägypten heraufgeführt hat, um euch Gott zu sein, und ihr werdet heilig sein, denn ich bin heilig.

Soweit der kleine Entwurf zum alttestamentlichen Stellenwert des Landes Israel. Zahlreiche weitere Passagen hätten Beachtung verdient, doch nur noch eine singuläre Stelle soll abschließend aufgegriffen werden, weil sie sich einerseits in der jüdischen Volksfrömmigkeit phänomenologisch spiegeln wird und andererseits in das rabbinische Verständnis von der Heiligkeit des Landes überleitet. Im Zyklus der Elisa-Legenden findet sich eine Erzählung darüber, wie der syrische Feldhauptmann Naeman im Jordan auf israelitischer Erde von seinem Aussatz Heilung findet. Als Reaktion auf die wunderhafte Genesung bekennt sich Naeman neu und ausschließlich zum Gott Israels. Um diesen nun auch in seiner Heimat verehren zu können, bittet Naeman den Propheten Elisa um israelitische Erde zwecks kultischen Exports (2Reg 5,17):

Man gebe doch deinem Knecht eine Last Erde, soviel zwei Maultiere tragen können, denn dein Knecht wird nicht mehr anderen Göttern Brandopfer und Schlachtopfer darbringen, sondern nur noch dem Herrn.

Der konkrete Ackerboden Israels, das Opfer und das Gottesverhältnis stehen hier in einem unauflösbaren Verhältnis, welche auch das zweite, das große Exil nach 70 n.Chr. nicht aufzulösen vermag.

2.   Die Heiligkeit des Landes Israel laut den talmudischen Weisen

Die Mischna, das nachbiblische Religionsgesetz, erläutert im Traktat *Kelim* die Heiligkeitsgrade der Erde und spricht in diesem grundlegenden Text alle rabbinisch relevanten Aspekte der Exklusivität des Landes an (mKel I,6–9):

6 Zehn Heiligkeitsgrade (קדושות) gibt es: Das Land Israel ist heiliger als alle anderen Länder. Worin besteht seine Heiligkeit? Darin, dass man von ihm das Omer-Opfer, die Erstlinge und die zwei Brote darbringt, was man von allen anderen Ländern nicht tun kann. 7 Mit Mauern umgebene Städte sind heiliger, weil man aus ihnen die Aussätzigen ausweist und eine Leiche umhergetragen werden darf, bis man sie bestattet. Ist sie aber einmal draußen, so bringt man sie nicht wieder hinein. 8 Innerhalb der Mauern [Jerusalems] ist der Raum noch heiliger, denn dort isst man Heiligkeitsopfer zweiten Rangs und zweiten Zehnt. Der Tempelberg ist noch heiliger, denn diesen betreten keine an Blutfluss leidenden Männer oder Frauen sowie keine Menstruierenden oder Wöchnerinnen. Der Zwinger ist noch heiliger, denn dort kommt kein Nichtisraelit und kein an Toten Verunreinigter hinein. Der Frauen-Vorhof ist noch heiliger, denn dort kommt kein Unreiner hinein, keiner, der am selben Tag untergetaucht ist

– man ist deswegen kein Sündopfer schuldig. Der Israeliten-Vorhof ist noch heiliger, denn diesen betritt keiner, der noch der Sühne mangelt – man ist deshalb ein Sündopfer schuldig. Der Priester-Vorhof ist noch heiliger, denn dort kommt kein Israel [Nichtpriester] hinein außer, wenn er für eine Handauflegung, Schlachtung oder Schwingung [des Opfers] verpflichtet ist. 9 Der Raum zwischen der Vorhalle und dem Altar ist noch heiliger, denn dort kommen keine versehrten und keine ungepflegt gekämmten Priester hinein. Der Tempel ist noch heiliger, denn dort kommt niemand hinein, der nicht vorher seine Hände und Füße gewaschen hat. Das Allerheiligste ist heiliger als jene [Räume], denn dieses betritt einzig der Hohepriester am Versöhnungstag während des Dienstes. Rabbi Jose sagte: In fünf Dingen kommt der Raum zwischen der Vorhalle und dem Altar dem Tempel gleich, nämlich dass kein versehrter Priester, keiner, der ungepflegt gekämmt ist, keiner, der Wein getrunken, und keiner, der nicht Hände und Füße gewaschen hat, dort eintritt; auch dass man sich während des Räucheropfers von dem Raum zwischen der Vorhalle und dem Altar fernhalten muss.

Laut dem einzigen namentlich genannten Weisen, Rabbi Jose, genauer Rabbi Jose Ben Chalafta, der um 130–160 im galiläischen Sepphoris gewirkt hat und vielfach als Verfasser des ganzen Traktates *Kelim* angesehen wird[16], datiert der vorliegende Ausschnitt wohl aus der zweiten Hälfte des zweiten nachchristlichen Jahrhunderts, da die Endredaktion der Mischna als *Terminus ante quem* ins beginnende dritte Jahrhundert fällt. Exakt in diesem Zeitraum seit der Niederschlagung des Bar-Kochba-Aufstandes 135 n.Chr. sind die Juden aus Judäa in den Norden vertrieben worden, der Zutritt zu Jerusalem ist ihnen verboten, der Tempel seit 70 n.Chr. zerstört. Zudem ersetzt die römische Besatzung den Namen *Jerusalem* durch die Bezeichnung *Aelia Capitolina* in Anlehnung an das *Nomen gentilicium* des Kaisers Hadrian und das Kapitol in Rom. Die wenigen Angaben mögen genügen zu zeigen, dass das obige Zitat (wie die Mischna im allgemeinen[17]) mit seiner realitätsfernen Beschreibung von Stadt und Heiligtum keine dokumentarische Bestandsaufnahme der damaligen Lage darstellt, sondern eine utopische Vision ist, Idealvorstellung der verlorenen Tempel-Epoche und Projektion in eine messianische Zukunft gleichermaßen[18].

---

16   *H.L. Strack / G. Stemberger*, Einleitung in Talmud und Midrasch, München 1982 (Erstausgabe 1887, 7., völlig neu bearbeitete Ausgabe), 83.

17   *J. Neusner*, Judaism. The Evidence of the Mishnah, Chicago 1981; *ders.*, Map Without Territory: Mishnah's System of Sacrifice and Sanctuary, in: *ders.*, Method and Meaning in Ancient Judaism, Rhode Island 1979.

18   Ein wesentlich nüchterneres, den tatsächlichen Umständen wohl angemesseneres Bild vermitteln Pilger und Reiseberichte, deren älteste aus jüdischer Feder erhaltene allerdings erst aus dem 12. Jahrhundert stammen. So schreibt der se-

Im hier entworfenen Heiligkeitsmodell folgt die räumliche Abstu-
fung einer sozialen Hierarchie, die sich vom Hohenpriester als
oberstem Repräsentanten über die Priester, Israeliten, israelitischen Frauen bis hin zu den Fremden als niedrigsten sozialen Glie-
dern erstreckt. Zusätzlich sind die Heiligkeitsgrade bestimmt durch
die Tempelabgaben einerseits, die kultischen Läuterungen andererseits. Damit sind die drei relevanten Variablen zur talmudischen
Heiligkeitsvorstellung des Landes Israel angesprochen: Opfertauglichkeit, (Un-)Reinheit und Grenzziehung.

Zunächst zur Opfertauglichkeit: Das nachbiblische jüdische Religionsgesetz unterscheidet grundsätzlich zwischen ethisch-morali-
schen Bestimmungen, die überall gelten, gegenüber spezifischen
landbezogenen Bestimmungen, die nur innerhalb der Grenzen Israels gelten, in der Formulierung von Rav Jehuda (Qid 37a):

Jedes Gebot, welches mit der Person zusammenhängt, gilt sowohl im
Land als auch außerhalb des Landes. Ein Gebot bezüglich des Bodens gilt
nur im Land.

Dieser auf mischnaitischer Gesetzgebung basierende Grundsatz
(mQid I,9) betrifft konkret die Tempelabgaben: *Omer*[19], Zehnt,
Schaubrote, kurz: alle Arten von Tempelopfern und in der Folge
davon die Landwirtschaftsgesetze, da die Abgaben die biblischen
Vorgaben – Schabbat- und Jubeljahr – erfüllen mussten. Das in der
Thora verordnete siebte Brachjahr (Lev 25,2–7) sowie das Jubeljahr
nach sieben mal sieben Schabbatjahren (Lev 25,8–31), welches das
Rückkaufrecht jeden Erbbesitzes ermöglicht, fließt auch in die rabbinische Halacha und gilt innerhalb der Grenzen des Landes[20]. Der

---

fardische Benjamin von Tudela über Jerusalem (zwischen 1159 und 1173): »Von
dort sind es drei Parasangen bis Jeruschalajim. Es ist eine kleine, mit drei Stadt-
mauern stark befestigte Stadt. In ihr leben viele Menschen; die Muslime nennen
sie Jakobiten, Aramäer [Syrer], Griechen, Georgier [Armenier] und Franken. Leute aller Sprachen trifft man dort. In der Stadt gibt es eine Färberei, für die die Juden jedes Jahr von neuem beim König den Kaufpreis bezahlen müssen, damit sich
in Jeruschalajim niemand anderes mit Färberei befasst als die Juden allein. Es sind
ihrer etwa zweihundert [nach anderer Lesart: vier]« (zitiert nach: *Benjamin von
Tudela / Petachja von Regensburg*, Jüdische Reisen im Mittelalter, aus dem Hebräischen von *S. Schreiner*, Köln 1998, Erstausgabe 1991, 41). Und ganz ähnlich
äußert sich Benjamins Zeitgenosse Petachja von Regensburg (zwischen 1175 und
1185): »Dann ist er [Rabbi Petachja] nach Jeruschalajim gereist. Dort gibt es keinen [Juden], außer Rabbi Avraham, den Färber. Er zahlt dem König hohe Steuern,
damit man ihn dort wohnen lässt« (ebd., 160).
19   *Omer* (עמר, wörtlich: die *abgeschnittenen Ähren*) sind die Erstlingsgarben,
welche nach Lev 23,9–14 den Priestern am Heiligtum abzuliefern waren.
20   Zu den zahlreichen Textbelegen vgl. *G. Stemberger*, Die Bedeutung des
»Landes Israel« in der rabbinischen Tradition, in: *ders.*, Studien zum rabbinischen

damit bedingte Ernteausfall sowie die kaufrechtlichen Unsicherheiten brachten zweifellos wirtschaftliche Nachteile für die Juden im Land Israel, und fraglich ist, inwiefern eine solche Praxis unter römischer Herrschaft überhaupt realisierbar war. Ansätze des palästinischen Talmud, hier das biblische Recht aufzuweichen (pShevi VI, 136b; pQid I,9,61c–d u.a.), die *Schmitta*, d.h. das Schabbatjahr und die entsprechenden Schulderlasse, abzufedern, zeugen auf jeden Fall von den Schwierigkeiten, ein solch religiöses Landwirtschaftsgesetz in die Tat umzusetzen[21].

Als zweite Variable der eingangs zitierten Mischna bestimmen Reinheit beziehungsweise Unreinheit den territorialen Heiligkeitsgrad. Dabei spielt die bereits biblisch vorgegebene Totenverunreinigung (Num 19,11–22) eine besondere Rolle, nicht nur wie hier in mKel I,7 in den ummauerten Städten, sondern allgemein in der Unterscheidung zwischen dem Land Israel und dem Ausland, denn die Unreinheit der andern Länder wird nicht zuletzt mit dem unsorgfältigen Umgang der Nicht-Juden mit ihren Leichen begründet in dem Sinn, dass bewohntes Gebiet auf Totenknochen angesiedelt sein könnte (mToh IV,5 u.a.). Die Heiligkeit des Landes erhält denn auch besonders im Totenkult des Volksglaubens zentrale Bedeutung dahingehend, dass man *materialiter* in *heiliger* Erde ruht: Sie sühnt den Toten automatisch (BerR 96,5), oder mit dem verklärten Blick Rav Anans gesehen (Ket 111a): »Jeder, der im Land Israel begraben liegt, ist, als ob er unter dem Altar begraben liege.«

Als dritte Variable greift schließlich die Grenzziehung in die Heiligkeit. Entgegen ihrer Ankündigung zählt die oben angeführte Mischna nicht zehn, sondern elf Heiligkeitsgrade, die alle innerhalb der Demarkationslinien Israels verlaufen. Der zwölfte Grad, d.h. alle Länder außerhalb Israels gelten infolgedessen als nicht heilig. Ansätze solchen Denkens nehmen vereinzelt schon alttestamentliche Voten voraus, etwa wenn Amos dem verfeindeten Priester Amazja damit droht, »auf unreiner Erde zu sterben« (Am 7,17). Jeder Jude, der außerhalb Israels lebt, ist somit ständig der Gefahr von Unreinheiten ausgesetzt. Waren die Grenzziehungen bereits biblisch vielfältig, so eröffnet sich rabbinisch eine ganze Reihe geographischer Karten, deren herausragendste eine in der

Judentum, Stuttgart 1990, 321–355, hier 327–329; *S. Safrai*, The Land of Israel in Tannaitic Halacha, in: *G. Strecker* (Hg.), Das Land Israel, 201–215, hier 204–206; eine umfassende Sammlung von rabbinischen Texten und Motiven zum Land Israel allgemein enthält die Dissertation von *K.E. Wolff*, »Geh in das Land, das ich Dir zeigen werde ...«. Das Land Israel in der frühen rabbinischen Tradition und im Neuen Testament, Bern 1989.

21 *S. Safrai*, The Practical Implementation of the Sabbatical Year after the Destruction of the Second Temple, Tarbiz 35 (1965), 304–328 (hebr.).

Tosefta[22] überlieferte *Baraita*[23] ist (tShevi IV,11), welche ein detailliertes tannaitisches Grenzverzeichnis umreißt. Biblische und talmudische Karten sind indes gleichermaßen unpräzise und widersprüchlich, oftmals visionär überdehnt (»vom Fluss Ägyptens bis an den großen Fluss, den Euphrat-Fluss« [Gen 15,18]), zum Teil pragmatisch angepasst (von den oben behandelten Landwirtschaftsgesetzen befreit oder gewissen Bestattungsusancen entgegenkommend), aber kaum je realpolitisch, d.h. weder auf einem israelitisch-jüdischen noch einem römischen Territorialkonzept beruhend[24].

Soweit die Überlegungen zum rabbinischen Heiligkeitskonzept des Landes auf der Grundlage der durchaus repräsentativen Mischna mKel I,6–9. Der Befund mag zunächst ernüchternd wirken, entspricht doch *Heiligkeit* hier einer ganz konkreten Funktion des Gesetzes, welches Opfer, Landwirtschaft und Reinheit regelt. Die Tonalität korrespondiert demzufolge so gar nicht mit dem *numinosum, tremendum, admirandum, mirum, mysterium, fascinans* oder *adorandum,* das die klassische Religionswissenschaft als religiösen Heiligkeitsbegriff herauskristallisiert hat[25]. Deshalb verwundert es auch kaum, dass Moses Hess (1812–1875), ein Zionist der ersten Stunde, in einem seiner *Briefe über Israels Mission in der Geschichte der Menschheit* schreibt: »Ja, das Land (la terre) ist es, was uns fehlt, um unsere Religion auszuüben«[26]. Mit diesen Worten nimmt er das halachisch orientierte Landverständnis auf, welches an die 1600 Jahre vor ihm der in Sepphoris wirkende Amoräer Simlai im Babylonischen Talmud formuliert (Sot 14a):

Rabbi Simlai legte aus: Warum begehrte Mose, unser Meister, ins Land Israel einzuziehen? Hatte er es etwa nötig, von seinen Früchten zu essen? Oder hatte er es nötig, sich an seinem Gut zu sättigen? Nicht doch! Sondern Mose sprach: Auf viele Gesetze ist Israel verpflichtet worden, die

---

22   Die *Tosefta* (תוספתא, wörtlich: *Hinzufügung*) ist ein halachisches Parallelwerk zur Mischna mit demselben Aufbau von sechs Ordnungen (mit nur 59 statt 63 Traktaten), welches allerdings nie den kanonischen Status der Mischna erreicht hat.

23   *Baraita* (ברייתא, wörtlich: eine *draußen befindliche*): Lehre der Tannaiten, die außerhalb der Mischna überliefert ist.

24   Zu den territorialen Vorstellungen der Hebräischen Bibel vgl. *P. Diepold,* Israels Land, 56–72; zu den rabbinischen Grenzverläufen vgl. *Y. Zussman,* Baraita of the Borders of the Land of Israel, Tarbiz 45 (1976), 213–257 (hebr.); *S. Klein,* Das tannaitische Grenzverzeichnis Palästinas, HUCA 5 (1928), 197–259.

25   *R. Otto,* Das Heilige. Über das Irrationale in der Idee des Göttlichen und sein Verhältnis zum Rationalen, München 1991 (Erstausgabe 1917).

26   Zitiert nach: *M. Buber,* Israel und Palästina. Zur Geschichte einer Idee, Zürich 1951, 123.

sich nur im Land Israel erfüllen lassen. Ich möchte ins Land einziehen, damit sie alle durch mich erfüllt werden.

Das Land ausschließlich als Geltungsraum des Gesetzes? Ein Befund, der enttäuschen mag und zudem kaum die tiefe emotionale Bindung des Judentums an die verlorene Heimat zu erklären vermöchte. Andere Momente müssen diese Bindung aufbauen, wobei das Gesetz in seiner Kreativität und entscheidungsoffenen Dialektik wesentlich mehr dazu beiträgt, als es bis anhin offenbar geworden ist – ganz abgesehen davon, dass die *Halacha* von einer *Aggada*, einer religiösen Erbauungsliteratur, flankiert wird, deren unvergleichbare Bildlichkeit ihresgleichen sucht.

3. Rückbindung ans Land Israel in rabbinischer Zeit

Zehn Maße Weisheit kamen in die Welt herab, neun erhielt das Land Israel und einen der Rest der Welt. Zehn Maße Schönheit kamen in die Welt herab, neun erhielt Jerusalem und einen der Rest der Welt (Qid 49b).

Die Luft des Landes Israel macht weise. (BB 158b)
Im Land Israel zu wohnen, wiegt alle Gebote auf. (tAZ IV,3)

Mag die zeitgenössische Leserin, der skeptische Leser am Realitätsgehalt solcher Aussagen aus Tosefta und Talmud vielleicht auch Zweifel haben, so sind sie doch anrührender Ausdruck davon, wie sich exilierte Juden eine bessere Welt erträumten.
Solche Bilder von Sehnsucht und Hoffnung zieren nun aber nicht nur vereinzelt die religiösen Traditionsschriften, vielmehr verankert die Liturgie die Vergegenwärtigung von Eretz Israel, Zion und Jerusalem nachhaltig im jüdischen Alltag: täglich, wöchentlich, jährlich. So führt die Gebetspflicht im Achtzehngebet – am Schabbat und Festtag im Siebengebet – mit dem siebzehnten Segensspruch tagtäglich Zion vor Augen mit den Worten:

Habe Wohlgefallen, Ewiger, unser Gott, an deinem Volk Israel und seinem Gebet, und bringe den Dienst wieder in das Heiligtum deines Hauses, und die Feueropfer Israels und ihr Gebet nimm in Liebe auf mit Wohlgefallen, und zum Wohlgefallen sei beständig der Dienst deines Volkes Israel. Und unsere Augen mögen schauen, wenn du nach Zion zurückkehrst in Erbarmen. Gepriesen seist du, Ewiger, der seine Einwohnung nach Zion zurückbringt.

Mittels der Thoralesung wird wöchentlich ein Stück von dem Weg unter die Füße genommen, den die Erzväter und das Volk Israel in

Richtung des Gelobten Landes gegangen waren. Im Jahreszyklus schließlich stehen beinahe alle Feste unter dem Zeichen der tiefen Verbundenheit des Volkes Israel mit seinem Land: am deutlichsten an *Pesach* sowie an *Tisch'a be-Av*, dem neunten Tag des jüdischen Monats Av. Nicht von ungefähr hat Jan Assmann als Fallstudie für sein Konzept des kulturellen Gedächtnisses den biblischen Auszug aus Ägypten gewählt[27], und die *Pesach-Haggada* – als typisch literarisches Produkt der Diaspora – bringt in ihrer Nachinszenierung des Exodus Assmanns Theorie gleichsam auf eine Kurzformel, wenn sie sagt:

In jeder Generation soll jeder Mensch sich so betrachten, als sei er selbst aus Ägypten ausgezogen, denn es steht geschrieben: »Und du sollst deinem Kind an jenem Tag folgendes erzählen: Dies geschieht wegen der Taten, die der Ewige mir getan hat, als ich aus Ägypten ausgezogen bin (Ex 13,8)[28].

Ebenso spezifisch territorial richtet sich die Liturgie des neunten Av aus in ihrem Gedenken an die Zerstörung des Ersten und des Zeiten Tempels. Die Schriftlesung der alttestamentlichen Klagelieder, איכה, wird im Laufe der Jahrhunderte immer mehr mit *Pijjutim* geschmückt, mit synagogalen Gedichten, die Israel und Zion besingen[29]. Solche Elegien, die den Verlust der Heimat beweinen, finden ihren Höhepunkt in den שירי ציון, in den Zionsliedern Jehuda Halevis (1075–1141)[30], welche bezeichnenderweise erst im 19. Jahrhundert auf dem Hintergrund des Zionismus auch als Literatur an sich entdeckt werden, außerhalb des synagogalen Rahmens[31]. Mithin haben die *Qinot*, die Trauergedichte für Jerusalem, die sehnsuchtsvolle Dichtung über das unerreichbare Herkunftsland über die Jahrhunderte inspiriert: so auch das kleine Gedicht התקוה, *die Hoffnung*, des aus Galizien stammenden zionistischen Abenteurers Naphtali Herz Imber (1856–1909) – der Text, der zur National-

---

27   *J. Assmann*, Das kulturelle Gedächtnis. Schrift, Erinnerung und politische Identität in frühen Hochkulturen, München 1992, 167–228.
28   Zitiert nach *M. Shire* (Hg.), הגדה – Die Pessach-Haggada, aus dem Hebräischen und Englischen von Annette Böckler, München 1998, 36.
29   קינות לתשעה באב – Die Trauergesänge für Tischah, beab nebst allen dazugehörigen Gebeten, übersetzt und erklärt von *S. Baer / S. Bamberger / M. Hirsch*, Basel 1988.
30   *F. Rosenzweig*, Sechzig Hymnen und Gedichte des Jehuda Halevi. Deutsch, Konstanz 1924.
31   *A. Geiger*, Diwan des Castiliers Abu'l-Hassan Juda ha-Levi, nebst Biographie und Anmerkungen, Breslau 1851, in: *L. Geiger* (Hg.), Abraham Geigers »Nachgelassene Schriften«, Bd. 3, Berlin 1876, 97–177; *L. Dukes*, Ehrensäulen und Denksteine zu einem künftigen Pantheon hebräischer Dichter, Wien 1837.

hymne des heutigen Staates Israel geworden ist. Hier der standardisierte Wortlaut:

Solang sich noch im Herzen drin / die Seele eines Juden rührt, / und zum fernen Osten hin / das Auge nach dem Zion schaut, / solang ist unsre Hoffnung nicht verloren, / die Hoffnung von zweitausend Jahren, / ein freies Volk zu sein in unsrem Land: / Eretz – Zion – Jerusalem.

Vom Sitz in der Liturgie wirkt die permanente Erinnerung an Israel und Jerusalem dann auch in dem Rahmen individuellen Lebens, wo persönliche Freude und Trauer stets relativierend zum Verlust der Heimat und zur Zerstörung Zions gesetzt werden: sei es durch das symbolische Zertreten des Glases unter dem Hochzeitsbaldachin, sei es durch die Erinnerungssteinchen auf den Gräbern – um hier nur zwei besonders populäre Sinnbilder für die zerstörten Mauern Jerusalems anzuführen.
Solche tief in die Emotionalität hineingreifenden Prozesse liturgischer und kultischer Art entstehen nun aber nicht *neben* dem Gesetz, vielmehr basieren gerade auch sie ganz auf der Halacha, regeln doch das talmudische Eingangstraktat *Berachot* sowie die Ordnung *Moed* mit ihren zwölf Traktaten sowohl den religiösen Alltag als auch Schabbat und Feste. Damit zeigt sich, wie weitsichtig, vielfältig und kreativ das rabbinische Recht angelegt ist.
So begnügen sich die talmudischen Weisen nicht damit, anhand dieser eben angesprochenen Traktate die praktizierte Liturgie zu regeln, darüber hinaus beschäftigen sie sich weiter mit der – durch die Tempelzerstörung unmöglich gewordenen – Tempelliturgie, also dem Opfer, welches einzig dem Jerusalemer Heiligtum vorbehalten ist. Von der Intensität einer solchen Beschäftigung zeugen die elf Traktate der Ordnung *Qodaschim*, welche die verschiedenen Tempelopfer erörtern. Das Gebet ersetzt somit nicht einfach das Tempelopfer[32], ebensowenig wie die Synagoge den Tempel zu substituieren vermöchte. Mit dem zum traditionellen Lehrstoff gehörenden Talmudstudium der Opfertraktate knüpfen die Rabbinen eine zusätzliche liturgische Bande mit dem Land Israel, indem sie ihre idealisierte Vision einer ehemaligen Tempelliturgie wie ein Faktum ihrer Zeit behandeln und diese damit ebenso als Zukunftsprogramm für den Dritten Tempels ausarbeiten, der allerdings erst mit der messianischen Erlösung wiedererbaut werden darf, denn im Gegensatz zur biblischen Epoche, wo wir von Tempelbauten jüdischer Kolonien in Ägypten wissen – Elephantine im 6., Leonto-

---

32 J. *Wachowski*, »Die Leviten lesen«: Untersuchungen zur liturgischen Präsenz des Buches Leviticus im Judentum und Christentum. Erwägungen zu einem Torahjahr der Kirche, Diss. Neuendettelsau 2007.

polis im 2. Jh. v.Chr. –, tabuisierten die talmudischen Weisen jeden realen Tempelbau in Jerusalem ebenso wie außerhalb des Landes Israel[33], wohl wissend, dass eine solche Auslagerung des Zentralheiligtums die Bindung an das Ursprungsland fundamental unterlaufen würde[34].

Mithin bewegen sich die utopisch orientierten Opfertraktate der Ordnung *Qodaschim* auf einer vergleichbaren Ebene wie die zehn Landwirtschaftstraktate der Ordnung *Zeraʿim*: Hier wie dort entwerfen Mischna und *Gemara*[35] den juristischen Rahmen für ein jüdisches Eldorado, das ausschließlich innerhalb der Grenzen des Landes Israel angesiedelt sein muss. Die in der Thora vorgegebenen Landwirtschaftsgesetze hätten die Rabbinen der Formulierung nach (»wenn du in das Land kommst, das der Herr, dein Gott, dir geben wird ...«) ja auch einfach als Sesshaftwerdung im allgemeinen auslegen und damit ebenso für jüdischen Landbesitz in der Diaspora geltend machen können. Die talmudischen Weisen wählen aber nicht diesen praktischen Weg eines realen Diaspora-Landgesetzes, sondern bevorzugen den utopischen Entwurf eines Land-Israel-Landgesetzes – nicht von ungefähr schlagen in der späteren jüdischen Geschichte alle Pläne fehl, ein jüdisches Staatswesen außerhalb des biblisch angestammten Terrains zu gründen bis hin zu Herzls Uganda-Plan.

So wie die zehn Landwirtschaftstraktate der Ordnung Zeraʿim ohne die reale Praxis kreiert und studiert werden, geschieht es auch mit den elf Opfertraktaten der Ordnung Qodaschim. Damit befasst

---

33   A. *Goldberg*, Die Heiligkeit des Ortes in der frühen rabbinischen Theologie, in: Frankfurter Judaistische Beiträge IV (1976), 26–31.

34   Es ist bemerkenswert, dass kein religiöses Zentrum außerhalb des Landes, auch keine babylonische Akademie sich je anmaßte, mit dem zerstörten Tempel zu konkurrieren. Die gewagtesten Topoi sprechen einzig von Synagogen, die Staub oder Steine des Tempels in ihren Mauern bargen. So berichtet Rav Scherira Gaon in seinem Sendschreiben, der wichtigsten Quelle über den talmudischen Lehrbetrieb (§ 145): »Wisset, dass man zu Beginn, als Isra(el) ins Exil zog, Yekhonya und den Handwerker und den Schmied und einige Propheten mit ihnen nach Nehardea brachte. Und Yekhonya, der König von Juda, und sein Gefolge bauten eine Synagoge und gründeten sie mit Steinen und Staub, die sie mit sich vom Tempel brachten ...« (zitiert nach M. *Schlüter*, Auf welche Weise wurde die Mishna geschrieben? Das Antwortschreiben des Rav Sherira Gaon, Tübingen 1993, 195).

35   Die *Gemara* (גמרא, wörtlich: die *Ergänzung*, *Vollendung*) ist ihrer äußeren Form nach die Kommentierung der Mischna durch die Amoräer des dritten bis sechsten Jahrhunderts. Sie folgt der gleichen Struktur der sechs Ordnungen und 63 Traktate, faktisch aber handelt es sich oft um eine Anhäufung verschiedensten religiösen Materials, von dem auch ein beträchtlicher Teil midraschischer und aggadischer, d.h. homiletischer und erzählerischer Natur ist. Mischna und Gemara zusammen bilden den Talmud beziehungsweise die beiden *Talmudim*, den Babylonischen und den Palästinischen.

sich ein Drittel der 63 Traktate der Mischna (und großenteils auch der Gemara) mit Konstellationen des Landes Israel und des Jerusalemer Tempels, die in ihrer Zeit rein hypothetischer Natur sind. Die talmudischen Rabbinen überbrücken den Abgrund, den der Verlust des Landes Israel aufgerissen hat, mit einer Vision von diesem Land und retten es damit für die Zukunft. Auf diese Weise eröffnet das Religionsgesetz einen denkerischen Spielraum von Zukunftsträumen, die sich um Tempel, Zion und Eretz Israel ranken. Die emotionale Tragweite davon, sozusagen das Rudolf Otto'sche *Numinosum*, wächst aus diesem Denkraum und kristallisiert sich in zahlreichen Mythen wie dem des Messianismus oder dem des Ursprungsteins der Welt, deren Schauplatz ausschließlich das Land Israel sein kann.

Die Figur des Messias hat ihre Wurzeln bekanntlich in der Hebräischen Bibel, wobei sich der alttestamentliche Messias als Abkömmling der davidischen Dynastie und zukünftiger König Israels/Judas durchaus noch innerhalb realer Dimensionen bewegt. Mit dem Verlust der Eigenstaatlichkeit, in der frühjüdischen Epoche und vielmehr noch nach 70 n.Chr. hebt diese Figur in immer phantastischere Sphären ab und leuchtet schließlich wunderbar an einem fernen Horizont, welcher den glücklichen Ausgang von Welt- und Israel-Geschichte gleichermaßen verheißt, denn je größer die Not im Exil, umso verklärter die messianische Erwartung mit ihrer Rückführung ins Gelobte Land[36].

Was der messianische Mythos auf der zeitlichen Ebene, leistet auf der räumlichen Ebene der Mythos des *Schetija*-Steins[37], des Grundsteins der Welt. Während die biblisch bekannten Schöpfungsmythen ganz universal daherkommen – weder die Schaffung der Welt in sechs Tagen noch die Bildung Adams aus Erdstaub stellen eine Beziehung zu Israel her –, fokussieren die rabbinischen Schöpfungstexte ausschließlich Israel: Sie sprechen von den Dingen, die bereits *vor* der Schöpfung dem Schöpfer vorschwebten, allen voran die Thora, die Väter, Israel und der Tempel[38]. Im Alten

---

36 G. *Scholem*, Zur messianischen Idee im Judentum, in: *ders.*, Judaica I, Frankfurt a.M. 1963, 7–74, hier 73.

37 Die Etymologie sowie die wörtliche Entsprechung von *Schetija* (שתייה) sind unklar; vgl. dazu F. *Böhl*, Über das Verhältnis von Shetija-Stein und Nabel der Welt in der Kosmologie der Rabbinen, in: Zeitschrift der deutschen morgenländischen Gesellschaft 124 (1974), 253–270; P. *Schäfer*, Tempel und Schöpfung. Zur Interpretation einiger Heiligtumstraditionen in der rabbinischen Literatur, Kairos 16 (1974), 122–133.

38 A. *Goldberg*, Schöpfung und Geschichte. Der Midrasch von den Dingen, die vor der Welt erschaffen wurden (1968), in: *ders.*, Mystik und Theologie des rabbinischen Judentums. Gesammelte Schriften I, Tübingen 1997, 148–161.

Testament kommt die Vorstellung von Jerusalem als Mitte, von Israel als Nabel der Welt nur vereinzelt vor (Ez 5,5; 38,12), bezeichnenderweise aber erst exilisch-nachexilisch, wo man bereits den
Verlust des Landes erfahren hat. Im frühjüdischen Schrifttum
macht sich dieser territoriale Topos richtiggehend breit (äthHen
26,1; Jub 8,12 u.a.), und wie die oben ausgeführte Mischna (mKel
I,6–9) gezeigt hat, teilen die Tannaiten diese religiöse Weltkarte
mit den apokalyptischen Autoren. Die Rabbinen untermauern ihre
geographische Zentrierung dann zusätzlich mit dem Schöpfungs-
mythos vom Schetija-Stein, der erstmals in der Mischna (mYom
V,2) erwähnt wird als Stein inmitten des Allerheiligsten, auf den
der Hohepriester am Versöhnungstag die Schaufel stellt und wo im
Salomonischen Tempel die Bundeslade gestanden hatte. Tosefta
(tYom II,14) und palästinischer Talmud (pYom V,4) fügen dem
hinzu, dass aus diesem Stein die Welt erschaffen wurde, und seine
klassische Ausformung erhält der Mythos im spätantik-frühmit-
telalterlichen Midrasch (Tan, Qodaschim):

So, wie sich der Nabel in der Mitte des Menschen befindet, so befindet
sich das Land Israel in der Mitte der Welt, wie es heißt (Ez 38,12): *Das
wohnt auf dem Nabel der Erde.* Von ihm geht die Gründung der Welt
aus, wie es heißt (Ps 50,1.2): *Ein Psalm Asaphs: Der Gott der Götter, der
Herr, hat geredet, und er rief die Erde vom Aufgang der Sonne und bis zu
ihrem Untergang* – woher? – *vom Zion her, der vollendetsten Schönheit
ist Gott erschienen.* Das Land Israel liegt in der Mitte der Welt, Jerusalem
liegt in der Mitte des Landes Israel, der Tempel liegt in der Mitte Jerusalems, das Allerheiligste liegt in der Mitte des Tempels, die Bundeslade
steht in der Mitte des Allerheiligsten, und der Grundstein befindet sich
vor der Bundeslade, und aus ihm ist die Welt gegründet worden.

Auf diesen Mittelpunkt der Welt, den Gott laut diesem midraschi-
schen Mythos Israel seit der Schöpfung zugeteilt hat – und nicht
erst in seinen Verheißungen an die Väter und Mose wie noch im
Alten Testament –, richtet sich nun das ganze jüdische Sehnen:
zum messianischen Tempel mit seinem Schetija-Stein zurückkehren zu können.
Bei aller mythologischen Verklärtheit bleibt indes dieser Ort rabbinischen Sehnens ein realer Ort im Gegensatz zu apokalyptischen
Entwürfen, welche das verheissene Land zusehends in himmlische
oder eschatologische Sphären projizierten[39]. Zwar besingen die tal-

---

39   H. *Lichtenberger*, »Im Lande Israel zu wohnen wiegt alle Gebote der Tora
auf«. Die Heiligkeit des Landes und die Heiligkeit des Lebens, in: *R. Feldmeier /
U. Heckel* (Hg.), Die Heiden, Juden, Christen und das Problem des Fremden, Tübingen 1994, 92–107.

mudischen Weisen Eretz Israel in fast schon verliebter Verklärtheit – wie es das abschließende Beispiel (Taan 10a) noch einmal
eindrücklich vor Augen führt –, das Land ist für sie dennoch von
dieser Welt:

> Die Rabbanan lehrten: Das Land Israel wurde zuerst erschaffen, und
> nachher erst die ganze Welt, denn es heißt (Prov 8,26): *Bevor er das Land*
> *(*ארץ*)*[40] *und Fluren erschaffen hat.* Das Land Israel wird vom Heiligen, ge-
> priesen sei er, selbst bewässert, die ganze Welt aber durch einen Vertreter
> (אכהה), denn es heisst (Hi 5,10): *Der dem Land Regen spendet und Wasser*
> *auf die Fluren sendet (*ושלח*).* Das Land Israel wird mit Regenwasser be-
> wässert, die ganze Welt aber mit der Neige, denn es heißt (ebd.): *Der dem*
> *Land Regen spendet* etc. Das Land Israel wird zuerst bewässert und nach-
> her die ganze Welt, denn es heißt (ebd.): *Der dem Land Regen spendet*
> etc. Ein Gleichnis. Wie wenn jemand Käse knetet, er nimmt das Essbare
> heraus und lässt den Abfall zurück.

4. Abkoppelungsstrategien

Neben den träumerischen Bildern, die sich Juden im Exil von ihrer
fernen Heimat machten, entwickelten sie indes gezwungenermaßen auch einen nüchternen Pragmatismus, um ihr Leben in der
Diaspora zu fristen. Programmatisch formuliert das Jeremia schon
für das erste, das babylonische Exil von 586 v.Chr., und seine Worte sind nach 70 n.Chr. mit dem großen Exil von bleibender Aktualität und als Zitate auch stets präsent in der talmudischen Literatur
(Jer 29,1.4–7):

> 1 Dies sind die Worte des Briefes, den der Prophet Jeremia von Jerusalem
> aus an den Rest der Ältesten der Verbannten sandte und an die Priester
> und Propheten und an das ganze Volk, das Nebukadnezar von Jerusalem
> nach Babel verbannt hatte (...). Sie lauteten: 4 So spricht der Herr der
> Heerscharen, der Gott Israels, zu allen Verbannten, die ich von Jerusalem
> nach Babel verbannt habe: 5 Baut Häuser, und wohnt darin! Pflanzt Gär-
> ten, und esst ihre Frucht! 6 Nehmt euch Frauen, und zeugt Söhne und
> Töchter! Gebt euren Söhnen Frauen, und gebt eure Töchter Männern,
> damit sie Söhne und Töchter gebären, dass ihr dort mehr und nicht weni-
> ger werdet! 7 Bemüht euch um das Wohl der Stadt, in die ich euch ver-
> bannt habe, und betet für sie zum Herrn, denn ihr Wohl wird euch zum
> Wohl werden.

---

40   Die Rabbinen spielen hier mit der Doppelbedeutung von ארץ, das im biblischen Hebräischen *Land* und *Erde* bedeutet (im Mischna-Hebräischen dann nur
noch *Land* und im Besonderen das Land Israel); dem Literalsinn nach wäre Prov
8,26 zu übersetzen mit: *Bevor er die* Erde *und Fluren erschaffen hat.* Dasselbe gilt
für das Hiob-Zitat.

Mit einer solchen Metaphorik – dem Aufbau von Häusern, Gärten und Familien in Babel – umreißt der Prophet einen Langzeitplan jüdischen Überlebens im Exil, und dieses dauert dann ja auch viel länger als die von ihm erwarteten siebzig Jahre (Jer 29,10). Die hellenistische Epoche hat bereits die Erfahrung einer breiteren Zerstreuung, sodass die Septuaginta den Brief Jeremias in ihrer Übersetzung verändert, statt von der עיר, der *Stadt*, von einem *Land* spricht (τῆς γῆς): »Bemüht euch um das *Land*, in das ich euch verbannt habe ...« (LXX Jer 29,7). Die Rabbinen schließlich sehen offensichtlich die Unmöglichkeit, in überblickbarer Zeit je wieder in ihr Ursprungsland zurückkehren zu können. Die frührabbinisch formulierten ימי משיח, die *Tage des Messias*, mit ihrer – wenn vielleicht auch verhaltenen – Naherwartung weichen immer mehr einem vorsichtigen עתיד לבוא, einer *Zukunft, die da kommen wird.* Dementsprechend regeln die Rabbinen die Beziehung zum aktuellen Gastland einerseits und zum ehemaligen Heimatland andererseits, wobei vor allem zwei Grundsätze von eminenter Wichtigkeit sind: die Anerkennung des Rechtssytems des Gastlandes einerseits, die Gewaltlosigkeit andererseits.

Im Babylonischen Talmud äußert Mar Samuel Mitte des 3. Jahrhunderts den wegweisenden Satz (Ned 28a; BQ 113a): »Das Gesetz der Regierung ist das [gültige] Gesetz.« In seiner pointierten Formulierung דינא דמלכותא דינא durchläuft dieser aramäische Ausspruch alle mittelalterlichen Kompendienprozesse des Talmud, um über Josef Karos *Schulchan Aruch* – der 1554 im galiläischen Safed vollendeten bis heute maßgebenden Halacha – zum Prinzip zu werden in dem Sinn, dass das jüdische Recht dem Recht- und Gerichtssystem des Gastlandes untergeordnet wird.

Den zweiten Grundsatz, die Gewaltlosigkeit, impliziert wiederum das alttestamentliche Schrifttum, wenn Jeremia in seinem oben zitierten Brief von der babylonischen Exilsgemeinde unbedingte Solidarität mit der Stadt Babel fordert. Die Rabbinen verpflichten die Juden darüber hinaus auf eine prinzipiell pazifistische Haltung, für die repräsentativ Rabbi Eleasars Leitsatz steht (San 98b):

Seine Schüler fragten Rabbi Eleasar: Was soll ein Mensch tun, um vor den Wehen des Messias geschützt zu sein? Er antwortete: Er befasse sich mit Thora und mit wohltätigen Werken.

Die *Wehen des Messias* versinnbildlichen höchste Not und Unterdrückung, und selbst auf die soll also nicht offensiv, nicht einmal mit Verteidigung reagiert werden, umso mehr ist eine kriegerische Rückeroberung des Landes Israel gänzlich tabuisiert und vollumfänglich dem Messias vorbehalten – ein vorläufiger Abschied von Eretz Israel.

Eine wesentliche Voraussetzung, diesen Abschied bewältigen zu können, schaffen die talmudischen Weisen mittels einer grundlegenden theologischen Umorientierung, indem sie die in der Hebräischen Bibel verbreitete Vorstellung von Gott, »der auf dem Zion wohnt« (Ps 9,12), zugunsten eines neuen Gedankens aufgeben (Meg 29a):

> Es wird gelehrt: Rabbi Simon Ben Jochai sagte: Komm und sieh, wie beliebt die Israeliten sind vor dem Heiligen, gepriesen sei er, denn wo immer sie in der Verbannung waren, war die göttliche Einwohnung (שכינה) mit ihnen. Waren sie in Ägypten in der Verbannung, war die Einwohnung mit ihnen, wie es heißt (I Sam 2,27): *Ich habe mich deinem Vaterhaus offenbart, als sie in Ägypten waren* etc. Waren sie in Babylonien in der Verbannung, war die Einwohnung mit ihnen, wie es heißt (Jes 43,14): *Euretwegen habe ich nach Babel entsandt.* Waren sie in Edom[41] in der Verbannung, war die Einwohnung mit ihnen, wie es heißt (Jes 63,1): *Wer ist dieser, der aus Edom kommt in leuchtend roten Kleidern aus Bozra? Dieser, prächtig in seinem Gewand.* Und auch wenn sie in der Zukunft erlöst werden, wird die Einwohnung mit ihnen sein, wie es heißt (Dtn 30, 3): *Und der Herr, dein Gott, wird deine Gefangenschaft zurückkehren* – es heißt nicht *zurückbringen* (והשיב), sondern *zurückkehren* (ושב), und dies lehrt, dass der Heilige, gepriesen sei er, mit ihnen aus der Verbannung zurückkehren wird.

Galt in biblischer Zeit der Tempel als Aufenthaltsort Gottes, so steht die nachbiblisch-rabbinische Gottesbezeichnung der *Schechina* selbst als Substitut dieser göttlichen Präsenz, denn was traditionellerweise mit der göttlichen *Einwohnung* übersetzt wird, heißt wörtlich das *Wohnen* und bedeutet das Wohnen Gottes bei seinem Volk im Exil, nachdem auch der Zweite Tempel 70 n.Chr. zerstört worden ist. Den ermutigenden Gedanken, dass die deportierten Juden sich trotz des Verlustes ihres zentralen Heiligtums der Gegenwart Gottes gewiss sein könnten, fasst Rabbi Simon Ben Jochai im vorliegenden Text in den Topos der vier Weltreiche, welchen jüdische Traditionstexte über die Epochen aktualisierend variieren und der – wie seine biblische Vorlage in Dan 2 und 7 – mit einem eschatologischen Happy End in Jerusalem ausklingt. Der bedeutende Tannaite Simon Ben Jochai lindert insofern den Schmerz der Trennung von Eretz Israel: Gott selbst verlässt den Zion, um seinem Volk im Exil beizustehen – aber der Abschied ist auch hier nur vorläufig. Dafür, dass diese kleine Trostpredigt Rabbi Simons ganz Israel erreicht, sorgen die Rabbinen damit, dass sie Meg 29a in die

---

41   Da Edom als Chiffre für Rom und später für das Christentum gelesen wurde, fehlt dieser Absatz in den kursierenden Talmudausgaben.

Pesach-Haggada einfügen, dem populärsten Buch des Judentums, sodass die Vorstellung von der mit dem Volk Israel weilenden Schechina seit spätantiker Zeit zum jüdischen Volksgut wird.

Das Land Israel, namentlich Galiläa, bleibt zwar nach dem Bar-Kochba-Aufstand von Juden besiedelt, doch lässt sich nun die Mehrheit des jüdischen Volkes in der Diaspora nieder. Angesichts der Möglichkeit der Rückwanderung und der rabbinisch-halachischen Rückbindung ans Land kommen die Diaspora-Juden dadurch unter Druck zu rechtfertigen, weshalb sie – mehr oder weniger freiwillig – eine Existenz im Exil wählen. Exemplarisch für diese ambivalente Position stehen die babylonischen Amoräer, welche in ihrer Gemara auf die Mischna Bezug nehmen müssen[42].

So ist in der übergeordneten Struktur zunächst der Umstand augenfällig, dass der Babylonische Talmud die Ordnung Zera'im – mit Ausnahme des liturgischen Traktats Berachot – völlig vernachlässigt, auf jeden Fall fehlt die babylonische Gemara zu den zehn mischnaitischen Landwirtschaftstrakten. Die babylonischen Rabbinen blenden danach eine Vielzahl von ans Land Israel gebundenen Verordnungen aus.

Dennoch sind sie unausweichlich mit der mischnaitischen Gesetzgebung konfrontiert, sei es mit dem *Sikarikon*[43] oder sei es mit dem unumwundenen Gebot, im Land Israel zu wohnen. Dazu der Wortlaut von Mischna und Tosefta:

Man bringt alle hinauf nach Israel, aber man bringt niemanden [aus dem Land Israel] hinaus. (...) Das gilt für Männer und Frauen. (mKet XIII,11) Wenn er in das Land Israel kommen will, und sie will nicht kommen, dann zwingt man sie zu kommen. Wenn sie will, und er will nicht, dann zwingt man ihn zu kommen. Wenn er aus dem Land Israel ausziehen will, und sie will nicht, dann zwingt man sie nicht auszuziehen. Wenn sie will, und er will nicht, dann zwingt man sie, dass sie nicht auszieht. (tKet XII,5)

Laut diesen tannaitischen, in Israel verfassten Direktiven kann man jeden Juden, jede jüdische Frau zwingen, nach Israel einzuwandern, aber niemanden gegen seinen Willen aus dem Land wegbringen. Und ganz bemerkenswert ist auf dem Hintergrund des patriarchalischen rabbinischen Denkens, dass hier ganz ausnahms-

---

42 K. *Kröger*, Exil und Land Israel in der Gemara des Babylonischen Talmud, in: Freiburger Universitätsblätter 172 (2006), 25–36.
43 Unter dem tannaitisch-halachischen Begriff *Sikarikon* (סיקריקון aus dem griech. καισαρίκιον gebildet) versteht man jüdischen Landbesitz, der durch die Römer enteignet wurde und dessen Kauf und Verkauf durch eine spezielle Gesetzgebung geregelt war (mGit V,6; tGit III,11 u.a.).

weise die Frau ihren Willen gegen den ihres Mannes rechtlich geltend machen kann.

Der babylonisch-rabbinische Umgang mit diesem Gesetz führt
dann aber paradigmatisch vor, wie die Gemara in ihrer Feinstruk-
tur die Mischna unterlaufen kann. In der entsprechenden Passage
des Babylonischen Talmud (Ket 110b–112b) stellen die Amoräer
ein ausladendes Meinungsspektrum zum Land Israel zusammen,
dessen Voten zum Teil in bekannter Manier verklärt daherkommen, wenn etwa Rabbi Jochanan sagt (Ket 111a): »Jeder, der vier
Schritte im Land Israel macht, der ist sich seines Platzes in der
kommenden Welt sicher.« Und auch die Gemara scheint zunächst
die entsprechende oben zitierte Mischna zu bestätigen (Ket 110b):

Man wohne immer im Lande Israel, sogar in einer Stadt, deren meiste
Einwohner Götzendiener sind, und man wohne nicht außerhalb des Landes, selbst in einer Stadt, deren meiste Einwohner Israeliten sind. Denn
jeder, der im Lande Israel wohnt, ähnelt dem, der einen Gott hat, und jeder, der außerhalb des Landes wohnt, ähnelt dem, der keinen Gott hat,
wie es heißt (Leviticus 25,28): *Euch das Land Kanaan zu geben, euch ein
Gott zu sein.*

Doch dann beginnt – innerhalb dieser Sugia, diesem talmudischen
Themenabschnitt, und über sie hinaus – ein munteres Geplänkel
pro und contra Eretz Israel, in dessen Verlauf das Pendel überraschend umschlägt. So spitzt der in Israel verfasste Leviticus-Mi-
drasch die obige Position zu, indem er jeden Juden, der außerhalb
des Landes wohnt, einen Götzendiener schilt (Sifra, Be-Har 5,4),
was die babylonische Gemara mit dem lakonischen Satz quittiert
(AZ 8a): »Die Israeliten im Ausland sind Götzendiener in Reinheit.« Der seriöse Exeget, die kluge Leserin erspare sich die ge-
dankliche Vertiefung in dieses lockere Oxymoron!

Innerhalb der zentralen Sugia steht in erster Linie der Zusammenhang zwischen Sühne und Verweilen in Eretz Israel zur Diskussion, wenn der galiläische Rabbi Eleasar behauptet (Ket 111a): »Jeder,
der im Land Israel wohnt, weilt ohne Schuld, denn es heißt (Jes
33,24): *Da braucht kein Einwohner mehr zu sagen: Ich bin krank.
Das Volk, das darin wohnt, ist der Schuld enthoben.*« Worauf der
babylonische Rava unmittelbar mit einer Einschränkung kontert:
»Wir beziehen dies auf die mit Krankheiten Beladenen.«

Die Anschauung, dass der Boden Israels *materialiter* alle Sünden
sühnt, beschäftigt die Juden im Exil zudem über ihre Lebenszeit
hinaus im Hinblick auf ihre Bestattung. Die Verfügung des in
Ägypten verstorbenen Jakob, seine toten Gebeine zur fernen Grabstätte seiner Väter zu überführen (Gen 47,28–31), hat die Rabbinen zu einer ausführlichen Erörterung über den Beisetzungsort an-

geregt, in deren Verlauf Rabbi Eleasar über einen in Israel bestatteten Juden sagt (BerR 96,5): »Weil er im Land Israel begraben ist, vergibt ihm der Heilige, gepriesen sei er, wie geschrieben steht (Dtn 32,43): *Und seine Erde wird für sein Volk Sühne schaffen.*« Rabbi Jehuda ha-Nasi aber widerspricht: Es nütze dem Toten nichts.

Dennoch portiert dieselbe Passage die verbreitete Vorstellung, dass die Toten des Landes beim Erscheinen des Messias auferstehen würden. Doch sie zuerst, oder nur sie? Rabbi Eleasar stellt diese beunruhigende Hypothese in unserer Sugia auf (Ket 111a). Offensichtlich führte die Idee, dass einzig die Erde Israels die Auferstehung garantiere, zu einem richtiggehenden – und logistisch nicht immer leicht zu bewältigenden – Totenexport nach Israel, sodass Midrasch, Brauchtum und Gesetz versuchten, diese Bewegung einzudämmen: das Gesetz, indem es die Grenzen des Landes Israel ideologisch-visionär bis hin zum Westufer des Euphrat auszog; das Brauchtum, indem es den Usus einführte, dem im Exil Beerdigten, ein wenig Erde unter den Nacken zu legen, sodass der Leichnam wenn schon nicht *in*, so wenigstens *auf* Erde von Eretz Israel ruhte; der Midrasch, indem er das Szenario der unterirdischen Höhlen für die im Exil Bestatteten entwarf (BerR 96,5):

Was macht der Heilige, gepriesen sei er? Er macht für sie Höhlungen in der Erde, und er macht in diese Höhlen, und sie wälzen sich [wie Schläuche] fort, bis sie in das Land Israel kommen, und der Heilige, gepriesen sei er, gibt ihnen Lebensodem, und sie auferstehen.« Und schließlich wird das Monopol, welches das Land Israel scheinbar auf Auferstehung und Sühne erhebt, von den babylonischen Amoräern auch insofern gebrochen, als sie geltend machen (San 37b): »Verbannung sühnt für alles.

In ihrer langen Diskussion der leitmotivischen Sugia zum Land Israel gehen die babylonischen Weisen am Schluss sogar so weit, dass sie die zugrunde liegende Mischna schlicht auf den Kopf stellen und das, obwohl diese doch gerade das Auswanderungsverbot aus beziehungsweise das Einwanderungsgebot nach Eretz Israel beinhaltet (Ket 110b–111a).

Rav Jehuda sagte: Jeder, der von Babylonien ins Land Israel hinaufzieht, übertritt ein Gebot, wie es heißt (Jer 27,22): *Nach Babel werden sie gebracht, und dort werden sie sein, bis zu dem Tag, an dem ich mich um sie kümmern werde – das ist der Ausspruch des Herrn.* (...) Rav Jehuda sagte: Jeder, der in Babylonien wohnt, der ist, als ob er im Lande Israel wohnt, denn es heißt (Sacharja 2,11): *O Zion, rette dich, Bewohnerin (יושבת) der Tochter Babels.*

5. Schlussbetrachtung

Mithin halten die Rabbinen halachisch, liturgisch und pragmatisch eine wirksame Balance zwischen Rückbindung ans Land Israel und Ablösung von ihm. Die territoriale Lücke im Exil wird durch eine idealisierte Retrospektive des biblischen Landes kompensiert und dieses damit für die messianische Zukunft konserviert. Das Land Israel, alttestamentlich wiederholt als Geltungsraum des Gesetzes dargestellt, wird rabbinisch immer mehr zum Glaubensgut. Wenn Rabbi Simon Ben Jochai um 150 n.Chr. sagt (Ber 5a): »Drei gute Geschenke hat der Heilige, gepriesen sei er, Israel gegeben (...), und dies sind sie: Die Thora und das Land Israel und die kommende Welt«, dann schwebt Eretz Israel wie überzeitlich zwischen der Präsenz der Thora und der Zukunft der kommenden Welt.

Intuition, Weitsicht, Kalkül? Mit ihrem halachisch und aggadisch gehegten Traum vom Land Israel pflegen die Rabbinen über die Generationen sorgfältig die Wege zurück zum Zion, sodass die Heimat »in der Zukunft, die da kommen wird« von ihrer Virtualität wieder in eine Aktualität überführt werden kann. Viele Jahrhunderte nach ihnen – genauer 1902 – schreibt Theodor Herzl im Nachwort zu seinem utopischen Israel-Roman *Altneuland*[44]:

... Wenn ihr aber nicht wollt, so ist und bleibt es ein Märchen, was ich euch erzählt habe. (...) Traum ist von der Tat nicht so verschieden, wie mancher glaubt. Alles Tun der Menschen war vorher Traum und wird später zum Traume.

Herzls Vision und Tatkraft lenkt mit dem Zionismus bekanntlich den jüdischen Traum von Jahrhunderten zurück in die Wirklichkeit. Religiöser Traum und realer Alltag sind indes stets dazu verurteilt auseinanderzuklaffen: banal zu sagen, dass Eretz Israel weder der *Medinat Israel* noch der *Memschelet* Israel, weder dem israelischen Staat noch seiner Regierung gleichkommen kann. Übererwartungen, eine seit biblischen Zeiten heraufbeschworene Verstrickung von Schuld und Land sowie die Tatsache, dass das Gelobte Land ein »overpromised land« ist, belasten es über die Epochen. So lässt der als mittelalterliche Dichter von Zionsliedern bereits erwähnte Jehuda Halevi in seinem philosophischen Werk *Kusari* den Titelhelden über Israel sagen[45]:

---

44   *J.H. Schoeps* (Hg.), Theodor Herzl, »Wenn ihr wollt, ist es kein Märchen«. Altneuland / Der Judenstaat, Königstein/Ts. 1985 (1978), 193.

45   *Jehuda Halevi*, Der Kusari – הכוזרי ספר, ins Deutsche übersetzt von *D. Cassel* mit dem hebräischen Text des *Jehuda Ibn-Tibbon* auf der Basis des arabischen Originals, Zürich 1990, 145.

Die Christen sagen, dass dort sich die Seelen versammeln und von dort
zum Himmel aufsteigen; die Ismaeliten sagen, es sei der Ort, von wo die
Propheten zum Himmel gestiegen, und es sei die Stelle des Weltgerichts.
Kurz, für alle hat es eine Bedeutung und ist das Ziel von Wallfahrten.

Das Land ist für Jehuda Halevi nichts weniger als das »Tor des
Himmels«, nur »eine Stufe niedriger als das Paradies«, die »Mitte
der bewohnten Erde« und bestimmt, »die ganze Welt zur Wahrheit
zu leiten«[46]. Diese Vision hat seinen Autor um 1140 zum Proto-
zionisten werden lassen, sodass er von Spanien nach dem damaligen Palästina aufgebrochen ist und der Legende nach im Anblick
Jerusalems, eine Zionsode auf den Lippen, von einem arabischen
Reiter getötet worden sei – was Heinrich Heine um 1850 noch ge-
nüsslich und nicht ohne Ironie als Duell zwischen einem Juden und
einem Muslim in Szene gesetzt hatte[47], ist im 20. Jahrhundert einem Dauerkonflikt zwischen dem neuen Staat Israel und und seinen Nachbarn gewichen, und zu Beginn des 21. Jahrhunderts blicken wir auf eine nicht enden wollende Reihe israelisch-arabischer
Kriege.

Das Heilige Land bedarf des Abstands. In seiner klassisch-religi-
onswissenschaftlichen Konzeption des *Heiligen Ortes* nennt Mir-
cea Eliade als vordringliches Kriterium die Distanz zu diesem
Ort[48]. Demzufolge schließen sich Besiedlung und Heiligkeit a pri-
ori gegenseitig aus. So ist es denn auch nur ein scheinbares Para-
dox, wenn Juden und Israelis heute in Jerusalem wie im Exil vor
Hunderten von Jahren zum Ende des Seder-Abends die Pesach-
Haggada mit den Worten »nächstes Jahr in Jerusalem« aus den
Händen legen: Dieses goldene Jerusalem ebenso wie das *Heilige
Land* bleiben entrückt, sind nur bedingt von dieser Welt.

---

46   Ebd., 127.131.133.
47   *H. Heine*, Jehuda ben Halevy, in: *ders.*, Werke II: Romanzero, hg. von *P.
Staph*, Berlin/Darmstadt (ohne Jahreszahl), 387–412, hier 398.
48   *M. Eliade*, Die Religionen und das Heilige. Elemente der Religionsgeschichte, Frankfurt a.M. 1994 (französische Originalausgabe 1954), 21–61.

Gabrielle Oberhänsli-Widmer, Dr. phil., geb. 1957, ist Professorin für Judaistik an der Philosophischen Fakultät der Albert-Ludwigs-Universität Freiburg i.Br.

Abstract

To save the continuation of Jewish life after the devestation of the Second Temple 70 C.E. the Rabbinic authors of the Talmudic era (ca. 1.–6. century C.E.) had to separate the Biblical-Israelite religion from its ideas of statehood and of a central sancturay, to assimilate the religion to the circumstances of a permanent exile. How did they solve the problem to establish their own community in the diaspora constantly and to keep up hope for a return to Israel to the same time? What was the meaning of the land for the exilic Jewish community? Which relevance did the land of Israel have for the Jewish diaspora? The area of application of the Torah, a land of fullfilled dreams, the embodiment of holiness, or the only place for extensive atonement? This investigation explores, how the Rabbinic theologians tried to overbrigde the gap the lost of land bequeath with a new vision of the land to rescue its meaning for prospective generations.

II

Heiliges Land – rezeptionsge-
schichtliche Variationen

Yvonne Domhardt

»Zwischen Seitenweißenewigkeiten verewigte ich – den Ewigen«

Annäherungen an das Heilige Land in Else Lasker-Schülers Prosawerk *Das Hebräerland*

Palästinaverehrung, Zionsliebe und Jerusalemanbetung veranlassten zu allen Zeiten jüdische wie nichtjüdische Europäer, aus den unterschiedlichsten Gründen gen Osten zu ziehen, um das Heilige Land[1] zu bereisen. Die magische Anziehungskraft des bis heute faszinierenden Landes war und ist seit der Antike immer wieder Gegenstand von Reiseberichten. Der älteste überlieferte Palästinabericht stammt aus dem Jahre 333 – vermutlich verfasst von einem getauften Juden[2]. Im Mittelalter erlangte dieses literarische Genre dann immer mehr an Bedeutung; so stellt zum Beispiel die – allerdings erst 1543 in Konstantinopel als Druck erschienene – Beschreibung der Orientreise Benjamins von Tudela um das Jahr 1170 eine der bedeutendsten jüdischen Quellen für die Geschichte der im Gebiet des heutigen Nahen Ostens ansässigen Juden des 12. Jahrhunderts dar. Doch nicht nur die Beschreibung der Lebensbedingungen der Bewohner und der besuchten Gegenden floss in (spät)mittelalterliche und neuzeitliche Palästinareiseberichte ein, auch und ganz besonders standen heilige Stätten im Mittelpunkt des Interesses jüdischer Reisender sowie christlicher Pilger. Tiefe messianisch-eschatologisch geprägte Zionsverbundenheit war es dann etwa ab Mitte des 18. Jahrhunderts, die beispielsweise zahlreiche Chassidim ins Heilige Land aufbrechen ließ, die – im Gegensatz zu christlichen Pilgern – Palästina nicht notwendigerweise wieder verlassen, sondern auf dem geheiligten Boden für immer Fuß fassen wollten. Im Zuge des Aufkommens der zionistischen Idee gesellte sich – nicht verwunderlich – gegen Ende des 19. Jahrhunderts zum religiös ausgerichteten besonders auch der ideologisch-politisch motivierte Reisebericht, in den beispielsweise lebendig-verklärende Beschreibungen von Aufbauarbeit und Urbarmachung des Heiligen Landes Eingang fanden.

---

1 Zu Definition und Rolle des Heiligen Landes besonders im rabbinischen Judentum vgl. den Beitrag von *G. Oberhänsli-Widmer* in diesem Band.
2 *W. Kaiser*, Palästina – Erez Israel. Deutschsprachige Reisebeschreibungen jüdischer Autoren von der Jahrhundertwende bis zum Zweiten Weltkrieg, Hildesheim / Zürich / New York 1992, 42.

Indes – nach der »Machtergreifung« im Jahr 1933 wurde das Land
Palästina für europäische Jüdinnen und Juden ein Ort mit zusehends konkreteren Konturen, will sagen ein immer bedeutenderes
Einwanderungsland, das für die Neuankömmlinge schon recht bald
einiges von seiner mythisch-magischen Überhöhung verloren haben mochte: »Freilich, mancher von uns, dem das festliche Jerusalem zum Alltag geworden«[3], so die weisen Worte Schalom Ben-
Chorins im Jahre 1937, wird nach der Alija, der Immigration nach
Palästina, nicht mehr die gleiche Zionsergebenheit empfinden wie
zu jener Zeit, da für ihn das Heilige Land geistig wie räumlich in
weiter Sehnsuchtsferne lag. Palästina wurde in den Jahren nach
1933 und besonders nach Kriegsbeginn denn auch mehr und mehr
zum Emigrationsziel, das vom (ehemals aus hehren Beweggründen
freiwillig bereisten) Pilgerland zum Land des aufgezwungenen
Exils mutierte.

1. »Des Schweizerlandes schönste Stadt« – Else Lasker-Schülers
Hebräerland im Züricher Exil

In den Reigen der nicht wenigen deutschsprachigen Palästinareiseberichte des 20. Jahrhunderts gesellte sich im März des Jahres 1937
auch derjenige[4] der Wuppertaler Dichterin Else Lasker-Schüler, erschienen in Zürich und überschrieben mit dem schlichten Titel *Das
Hebräerland* – mithin, soweit sich dies übersehen lässt, einer der
ganz wenigen Beiträge dieser Art aus der Feder einer Frau. Nicht
von ungefähr markiert dieser ›Reisebericht‹ neben der Gedicht-
sammlung *Mein blaues Klavier*, dem Theaterstück *IchundIch* sowie den *Tagebuchzeilen aus Zürich* das Herzstück des Exilschaffens
der bedeutenden deutsch-jüdischen Schriftstellerin.
Else Lasker-Schülers Exiljahre beginnen mit ihrer recht übereilten
Ausreise aus dem Deutschen Reich im Jahr 1933 in die Schweiz
und enden mit ihrem Tod 1945 in Jerusalem. Noch wenige Monate
vor ihrer Flucht aus Deutschland darf sie den renommierten Kleist-
Preis entgegennehmen. Doch diese hohe Auszeichnung verbessert
ihre Lage als Jüdin keineswegs – sie muss, um weiter- und überleben zu können, das Land ihrer geliebten Dichtersprache ein für alle
Mal verlassen. So reist sie im April 1933 über die Basler Grenze in
die Schweiz ein; ihre erste Anlaufstelle im Exil ist »des wunder-

---

3   *S. Ben-Chorin*, Brief an die Dichterin Else Lasker-Schüler. Zum Erscheinen
ihres Buches: »Das Hebräerland«, Jüdische Presszentrale 942 (21. Mai 1937), 10.
4   Im zweiten Teil meines Beitrages werde ich auf die Frage eingehen, ob beim
Hebräerland tatsächlich von einem Reisebericht gesprochen werden kann.

vollen Schweizerlandes Zürich«[5]. Die Limmatstadt ist für Else Lasker-Schüler allerdings gar kein allzu fremder Ort: Hier hat sie aufgrund früherer Besuche und Lesereisen Bekannte und Freunde, an die sie sich wenden kann und wird, Menschen, die sie und ihr Werk kennen und schätzen, aber auch Menschen, die sich ihrer während ihrer Züricher Jahre nicht nur finanziell annehmen werden. Ins Reich der Phantasie gehört angesichts dieser Umstände wohl die immer wieder angeführte anrührende Episode, derzufolge die mittellose Else Lasker-Schüler nach ihrer Ankunft in Zürich die ersten Nächte auf einer Parkbank am Zürichsee zugebracht haben soll[6]. Else Lasker-Schüler richtet sich zwar recht rasch in ihrer neuen und geliebten Heimat Zürich ein, sieht sich aber stets von neuem mit Weisungen der Fremdenpolizei konfrontiert, die offiziell 1919 ihre Tätigkeit aufnimmt; konkret bedeuten diese Weisungen, dass sie als Ausländerin, der der Status der politisch Verfolgten verwehrt bleibt, in der Schweiz keiner Erwerbstätigkeit nachgehen darf sowie – gemäß dem seit 1917 in der Schweiz geltenden Meldegesetz – der strengen Aufsicht eben jener Fremdenpolizei unterstellt ist. Schon Ende 1935 muss Else Lasker-Schüler Zürich verlassen, da ihre Aufenthaltsgenehmigung abgelaufen ist; für über ein Jahr lässt sie sich daraufhin im Tessiner Ferienort Ascona nieder. Exilziel Palästina? Nein, das ist ihre Sache sicher nicht. Von 1933 bis 1939 kämpft Else Lasker-Schüler, die 1938 aus dem Deutschen Reich ausgebürgert und somit zur Staatenlosen wird, verbissen darum, in der ihr so ans Herz gewachsenen Schweiz bleiben zu dürfen; in ihrer Verzweiflung geht sie, nachdem sie Mitte Juni 1937 ihre zweite Palästinareise angetreten hat, so weit, dass sie gar einen der wichtigsten sieben Männer der Eidgenossenschaft, den »feinen Herrn Bundesrat«[7] Albert Meyer, persönlich in ihrer Angelegenheit im August 1937 aus Jerusalem anschreibt, um nach ihrem zweiten Palästina-Aufenthalt wieder in die Schweiz zurückkehren zu dürfen. Und in der Tat wird sie sich

---

5 E. *Lasker-Schüler*, Prosa. Das Hebräerland, bearb. von *K.J. Skrodzki / I. Shedletzky* (Kritische Ausgabe), Frankfurt a.M., 2002, 52. Im Folgenden wird in Zitaten mit dem Kürzel »HL« auf diese Ausgabe verwiesen.

6 In diesem entmythisierenden Sinne auch *M. Dreyfus*, »Und warten, warten, warten auch hier auf ein Wunder …«. Else Lasker-Schüler in Zürich, in: *H. Jahn* (Hg.), Wo soll ich hin? Zuflucht Zürich – Fluchtpunkt Poesie (Else-Lasker-Schüler-Almanach 8), Wuppertal 2007, 287. *J. Hessing* geht jedoch in seiner 1985 in Karlsruhe erschienenen Monographie über Else Lasker-Schüler (mit dem gleichnamigen Titel) noch von der Wahrheit dieser abenteuerlichen Geschichte aus; vgl. dort 158.

7 E. *Lasker-Schüler*, Elf Gedichte für Bundesrat Albert Meyer, hg. von *M. Bircher*, [Zürich] [1996], [zweites Titelblatt].

Anfang September, aus Palästina zurückgekehrt, wieder neu in Zürich anmelden.

Die hier mit knappen Worten umrissene Exilsituation Else Lasker-Schülers in der Schweiz bleibt nicht ohne Wirkung auf ihr bedeutendes Exilwerk *Das Hebräerland*. Gewiss, ihre erste Palästinareise im Jahr 1934 mag durchaus einem »langgehegte[n] Lebenswunsch[8]« entsprochen haben, lange dort zu bleiben beabsichtigt Else Lasker-Schüler jedoch vermutlich nicht. Gegebener Anlass für diese ihre erste Reise ins Heilige Land sowie die beiden anderen Reisen in den Jahren 1937 und 1939 dürfte wohl die zwingende Notwendigkeit gewesen sein, die Schweiz für einige Zeit zu verlassen, um danach wieder erneut überhaupt um eine Aufenthaltsgenehmigung ersuchen zu können. Vor diesem Hintergrund ihrer Schweizverliebtheit wirken Else Lasker-Schülers am 10. März 1938 in einem Brief an den bereits in Palästina weilenden Schalom Ben-Chorin gerichtete Worte »Ich sehne mich nach Jerusalem« eher wie ein höflicher Gemeinplatz als eine wirklich von Herzen kommende Sehnsuchtserklärung[9].

Else Lasker-Schülers erste Reise ins ›Hebräerland‹ beginnt am 21. März 1934 mit der Abreise von Zürich nach Genua, von dort reist sie weiter nach Alexandria über Suez nach Palästina. In den kurzen Monaten, die sie hier verbringt, trifft sie mit einer Reihe bekannter Persönlichkeiten zusammen, doch nicht alle begegnen ihr mit der freundschaftlich-freundlichen Herzlichkeit, die den Tenor ihres *Hebräerlandes* stark prägen wird. So schreibt beispielsweise Gershom Scholem kurz nach dem Eintreffen Else Lasker-Schülers in Palästina an Walter Benjamin: »Zur Zeit befindet sich hier, soweit ich verstehe, hart an der Grenze des Irrsinns, Else Lasker-Schüler, die in jedes andere Land der Welt wohl besser paßt als in den wirklichen Orient.«[10] Einen Teil ihrer Zeit in Palästina verbringt Else Lasker-Schüler mit Lesungen und Vorträgen: Es gibt dort zwar aufgrund der Einwanderung deutschsprachiger Jüdinnen und Juden ein vergleichsweise großes entsprechendes Publikum, wohl jedoch nicht groß und wichtig genug für Else Lasker-Schüler; in Zürich tritt die Dichterin bedeutend lieber vor Publikum auf, wie einigen Artikeln sowohl in der »Jüdischen Presszentrale Zürich« als auch im »Israelitischen Wochenblatt für die Schweiz« – beide Organe erscheinen seinerzeit in Zürich – bereits seit den frühen zwanziger

---

8 Else Lasker Schüler 1869–1945, bearb. von *E. Klüsener u.a.*, Marbach am Neckar 1995, 241.
9 Zur Aufenthaltssituation in Zürich vgl. etwa auch *A. Bodenheimer*, Die auferlegte Heimat. Else Lasker-Schülers Emigration in Palästina, Tübingen 1995, 12.
10 Zit. bei *Klüsener u.a.*, 246.

Jahren des letzten Jahrhunderts zu entnehmen ist. In Palästina schreibt sie wenig enthusiastisch an ihren Bekannten, den Züricher Juristen Emil Raas: »Überall muss ich vortragen – so *ernähre* ich mich auch ...«[11] Kurz – keineswegs unfroh ist Else Lasker-Schüler, als sie im Juni 1934 endlich wieder Schweizer Boden betreten kann. Nun ist für die »eigenartige und sicherlich bedeutende Dichterin«[12], wie der Sekretär des Züricher Schriftstellervereins Karl Naef Else Lasker-Schüler Jahre später einmal recht treffend charakterisiert, die Zeit gekommen, sich an ihr geplantes Buch zu setzen. Allerdings scheint es mit der Niederschrift – Notizen hat sie sich während ihres Palästinaaufenthaltes angeblich keine gemacht[13] – ein wenig zäh vonstatten zu gehen; da ist einerseits ihre Armoperation im September 1934, die sie anscheinend länger vom Schreiben abhält, als ihr lieb ist. Andererseits fühlt sie offenbar eine Art Schreibblockade, die sie sogar im letzten Teil des *Hebräerlandes* kurz thematisiert:

Mühsam bahnte ich mir durch mein Buch »Das Hebräerland« zwischen Stein und Stein einen geebneten Weg. Du, Leser, schreitest ihn mühelos, den Weg, der mir auferlegt, den ich zurücklegte in meinem Buch, oft stöhnend und schluchzend, wie anfänglich mit Leib und Seele im Gelobten Lande weilend [...][14]

Die Herausgeberin und der Herausgeber der im Jahr 2002 erschienenen kritischen Ausgabe des *Hebräerlandes* weisen mit der Publikation nachgelassener Entwürfe schlüssig nach, dass Else Lasker-Schüler sich schwer tat, die letztgültige Fassung zu erstellen[15].
Eine Verzögerung technischer Art ergibt sich schließlich auch bei der Verlagssuche: Else Lasker-Schüler geht den berühmten Verleger Salman Schocken im September 1935 um die Veröffentlichung ihres Prosawerkes an, doch trotz ihrer blumigen Lobpreisung des eigenen Buches, die in der markigen Feststellung »Mein Buch ist hoffe ich fromm aber auch heiter, denn Gott ist ja kein Magister«[16] gipfelt, kommt es zur Enttäuschung der Schriftstellerin u.a. wegen

11   Ebd., 246; Hervorhebung im Original.
12   *M. Escherig*, Verweigerung der Einreise- und Aufenthaltsbewilligung Betr. Z 182.979. Else Lasker-Schüler und die Schweiz, in: *S. Kirsch u.a.* (Hg.), Meine Träume fallen in die Welt. Ein Else-Lasker-Schüler-Almanach, Wuppertal 1995, 163.
13   *Kaiser*, Palästina – Erez Israel, 339.
14   HL, 147.
15   Vgl. die bibliographischen Angaben in Anm. 5.
16   *E. Lasker-Schüler*, »Was soll ich hier?« Exilbriefe an Salman Schocken. Dokumentarische Erstausgabe mit vier Briefen Schockens im Anhang, hg. von *S. Bauschinger u.a.*, Heidelberg 1986, 44.

der bevorstehenden Auflösung des Berliner Schocken-Verlagshauses dort nicht zu einer Publikation. Nachdem Else Lasker-Schüler später mit dem Berner Francke-Verlag geliebäugelt hat[17], dann kleinere Verlage in und um Zürich ventiliert und auch mit dem Gedanken an den bekannten Amsterdamer Querido-Verlag sowie an den Wiener Bermann-Fischer-Verlag gespielt hat, mit dem sie sogar kurz Verhandlungen geführt hat, kommt endlich im August 1936 das rettende Angebot in der Person des promovierten Züricher Verlagsleiters und Buchhändlers Emil Oprecht, der sich als intellektuelle Anlaufstelle für Exildichterinnen und -autoren längst einen Namen gemacht hat: Er wird Else Lasker-Schülers Werk über das Heilige Land schließlich 1937 herausbringen. Doch um in Zürich weiterhin im Gespräch zu bleiben, veröffentlicht Else Lasker-Schüler bereits im Oktober und Dezember 1936 einen auszugsweisen Vorabdruck in drei Teilen in der Züricher *Jüdischen Presszentrale*, die eine ausgesprochen huldvolle redaktionelle Einleitung zum ersten Teil lanciert:

Die bekannte Dichterin E l s e L a s k e r - S c h ü l e r, Trägerin des Kleistpreises Berlin 1932, besuchte vor zwei Jahren Erez Israel und schrieb nach ihrer Rückkehr in die Schweiz ein Buch betitelt: »D a s H e b r ä e r l a n d« (200 Seiten mit 14 eigenen Illustrationen), das demnächst im Verlag Oprecht und Helbling in Zürich erscheinen wird. Mit gütiger Genehmigung der grossen Dichterin sowie des Verlages bringen wir nachstehend einen kleinen Abschnitt zum Vorabdruck. Die Red.[18]

Zufrieden und erleichtert, die große Arbeit nun endlich erfolgreich erledigt zu haben, vermeldet Else Lasker-Schüler: »Ich glaub ich habs gut gemacht und nit langweilig. Nit literarisch oder sozialökonomisch oder so was langweiliges.«[19] Als *Das Hebräerland* dann endlich im März 1937 in Zürich erscheint, reagiert die jüdische Presse sogleich überaus positiv. Noch bevor eine Rezension im *Israelitischen Wochenblatt* erscheinen wird, heißt es dort bereits am 16. April 1937 euphorisch:

Else Lasker-Schülers Palästinabuch ist soeben bei Oprecht in Zürich erschienen; wir zitieren zwei erste Lesefrüchte. Die Besprechung folgt. Möge das prachtvolle Werk viele Leser finden! Es ist ein Geschenk allerersten Ranges[20].

---

17   Vgl. *Klüsener u.a.*, 257.
18   Jüdische Presszentrale 914 (23.10.1936), 3; Sperrdruck im Original.
19   Zit. bei *S. Bauschinger*, Else Lasker-Schüler. Biographie, Göttingen 2004, 368.
20   Israelitisches Wochenblatt 37 (16.04.1937), 24.

Und in der Tat gibt es parallel zur ersten Auflage eine nummerierte und signierte Luxusausgabe mit Goldschnitt und handkolorierten Zeichnungen der Dichterin in einer Auflage von achtzig Exemplaren, von denen heute ein Einzelstück antiquarisch im vierstelligen Eurobereich gehandelt wird. Auch Else Lasker-Schülers guter Freund Schalom Ben-Chorin ist des Lobes voll und gratuliert der Autorin des *Hebräerlandes* in einem offenen Brief in der *Jüdischen Presszentrale* vom 21. Mai 1937 mit warmen Worten der Anerkennung:

Verehrte, liebe Dichterin!
Mit den malkosch-feuchten Frühlingswinden, die durch die Straßen Jerusalems brausen, kam auch Ihr schönes Buch »Das Hebräerland«, auf das wir uns alle schon seit langem freuten. [...] In den Buchläden liegt der schöne Band, den Ihr Züricher Verleger Oprecht so liebevoll ausgestattet hat, geschmückt mit Ihren anmutigen, springlebendigen Bilderschrift-Zeichnungen. [...] Sie haben das ganze »Hebräerland« zwischen die weißen Leinwand-Wände Ihres Buches gepackt. [...] Ihre goldenen Märchenaugen haben ein unverheißenes Hebräerland geschaut, das so mancher niemals sehen wird. [...] Adonai [d.i. Gott; Y.D.], von dessen Engel am kindlichen Hügel Sie so trostreich-süß berichten, ist ein strenger Wächter über das Land seines unermeßlichen Weltherzens: Palästina[21].

Die – anfänglich – recht erfolgreichen Verkaufszahlen ihres Buches bescheren Else Lasker-Schüler die Möglichkeit, mehrere Male in Zürich öffentlich aufzutreten und ihr Werk vorzustellen – allerdings unter der fremdenpolizeilichen Prämisse (s.o.), keine Einnahmen zu erwirtschaften. Ihre Auftritte sind sprichwörtlich und zeigen ›die Lasker-Schüler‹ mal als kokette Bohemienne, mal als melancholischen Prinzen Jussuf, mal als ganz in Schwarz gewandete Diva mit »[knurrender] Jaguarmütze«[22]. Dazuhin die eigentümlich-besondere Aura, die von ihrem Gehabe ausgeht – Klaus Mann notiert hierzu in seinem Tagebuch knapp, doch ganz offensichtlich fasziniert: »Wunderliche Frau! Diese unentwirrbare Mischung aus dichterischem Wahnsinn und Koketterie ...«[23]
Das außerordentliche Wohlwollen, das Else Lasker-Schüler vorwiegend in jüdischen Kreisen nach Erscheinen ihres *Hebräerlandes* zuteil wird, steht jedoch in krassestem Gegensatz zum Züricher politischen Alltag, den sie nach wie vor als Petentin, wie die Fremdenpolizei die Gesuchstellerin um Bleiberecht in der Schweiz in den amtlichen Dokumenten bezeichnet, am Rande der Legalität

---

21   Jüdische Presszentrale 942 (21.05.1937), 10.
22   HL, 57.
23   So zit. bei *Klüsener u.a.*, 288.

meistern muss. Von der freundlichen Aufnahme des *Hebräerlandes* durch weite Teile der Züricher Bevölkerung lässt sich indes die Fremdenpolizei nicht beeindrucken; so weist die Kantonale Fremdenpolizei die Stadtzürcher Fremdenpolizei an:

> Die deutsche Reichsangehörige Else Lasker-Schüler [...] hat die Schweiz am 31. März 1937 definitiv zu verlassen. Wir ersuchen Sie, [...] eine Kontrolle zu veranlassen, ob dem Ausreisebefehl Folge geleistet worden ist[24].

Am 31. März selbst wird dieser Ausreisebefehl allerdings von der Kantonalen Fremdenpolizei wieder rückgängig gemacht, wodurch Else Lasker-Schüler einmal mehr eine kleine Schonfrist zuteil wird, bis sie dann, für sie ein schwerer Schlag, im August 1939 – sie weilt schon wieder in Jerusalem – endgültig nicht mehr in die Schweiz einreisen darf und somit bis zu ihrem Tod im Heiligen Land bleiben muss.

2. »Palästina ist das Land des Gottesbuchs« – Else Lasker-Schülers *Hebräerland*: ein autobiographischer, poetischer, gottgefälliger Reisebericht?

Das ganze Palästina zwischen zwei weiße Buch-»Leinwand-Wände«[25] zu pressen, scheint Else Lasker-Schüler, vergegenwärtigt man sich an dieser Stelle nochmals die weiter oben skizzierten euphorisch-enthusiastischen Pressemeldungen, dem Vernehmen nach gelungen zu sein. Zunächst. Doch seit Beginn insbesondere der deutschsprachigen Else-Lasker-Schüler-Forschung in den späteren Nachkriegsjahren entstehen immer mehr Arbeiten, die sich mit etwas kritischerem Abstand mit Teilaspekten des Wirkens der großen Schriftstellerin befassen, wobei zunächst die Gedichte, später dann auch die Prosa Else Lasker-Schülers das Forschungsinteresse auf sich ziehen (ihre Zeichnungen sind, soweit sich übersehen lässt, noch keiner systematischen Würdigung unterzogen worden). Mittlerweile ist die Anzahl der zu Else Lasker-Schüler allein in deutscher Sprache erschienenen Arbeiten fast unüberschaubar geworden, und Charlotte Ueckert, die ein einfühlsames Porträt der Dichterin gezeichnet hat, schreibt in diesem Zusammenhang nicht ganz zu Unrecht: »Über Else Lasker-Schüler zu schreiben, ist wie ein Stich ins Wespennest, über siebzig Jahre Literaturkritik [...], ei-

---

24   Ebd., 289.
25   Vgl. Anm. 21.

ne unendliche Flut biographischer Zeugnisse [...] heißt es zu bewältigen.«[26] Andererseits hat ein solch großes wissenschaftliches
wie biographisches Interesse an einer Schriftstellerin wie Else Lasker-Schüler zur unausweichlichen Folge, dass die einzelnen For-
schungsansätze stark voneinander abweichen und sich durchaus
auch widersprechen können. Augenfällig ist vor diesem geschilderten Hintergrund die Tatsache, dass das, was Else Lasker-Schülers
Leben und Werk ausmacht, ja es nachgerade auszeichnet, nämlich
ihr Judentum, in Forschungsbeiträgen nicht selten als Nebensache
eingestuft wird. Erstaunen mag etwa folgende Einschätzung: »Wie
kommt es, dass eine Frau, die kaum jüdische Wurzeln hat, von
anderen als Jüdin verstanden wird und sich zunehmend selbst als
solche definiert?«[27]
Dass mit diesen Worten ausgerechnet Else Lasker-Schüler gemeint
ist, muss indes doch sehr verwundern; ihr Urgrossvater väterli-
cherseits war Rabbiner; in einem assimiliert-jüdischen Elternhaus,
das übrigens eine Bindung an jüdische Traditionen keineswegs aus-
schließt, ist sie groß geworden, und ihr Judentum hat sie nach-
weislich in extenso in ihren Werken thematisiert. Dass sich ihre
Hinwendung zum Judentum und zu Gott in den Exiljahren[28] –
gemessen an ihren früheren Werken – immer deutlicher manifestiert hat, ist letztlich auch einem lebenslangen Prozess der Eigen-
und Fremdwahrnehmung, einer bestimmten, ganz individuellen
Entwicklung von Identität und Alterität, zuzuschreiben. Die Behauptung, das Judentum spiele in der »familiären Sozialisation der
Dichterin kaum eine Rolle«[29], scheint vor dem Hintergrund von
Leben und Werk Else Lasker-Schülers mithin eher weniger zutreffend. Ihrem Judentum, mit dem sie aufgewachsen ist, und später
insbesondere ihrem Exiljudentum nach 1933 könnte durch die entsprechende kritische Würdigung des Exilgesamtwerks Else Lasker-
Schülers mit neu gewonnenen und entsprechend akzentuierten Er-
kenntnissen zu Person und Werk gewiß sinnvoll Rechnung getragen werden. In diesem Sinne hält Doerte Bischoff resümierend
fest: »Hessing ist allerdings einer der wenigen, die sich überhaupt
mit dem Exilwerk Lasker-Schülers, das in der Tat stark von jüdischen Themen und Motiven durchdrungen ist, beschäftigt ha-

26   C. *Ueckert*, Margarete Susman und Else Lasker-Schüler, Hamburg 2000,
81.
27   R. *Kampling*, »In der Bibel stehn wir geschrieben«. Die Bibel der Else Lasker-Schüler, Chilufim 2 (2007), 142.
28   Vgl. hierzu Y. *Domhardt*, »Ich bin sowieso innen und außen so heimatlos
...« Else Lasker-Schülers Hinwendung zu Gott in den Exiljahren 1933 bis 1945,
Freiburger Universitätsblätter 172 (2006), 85–94.
29   *Kampling*, In der Bibel, 141.

ben«[30]. Diese kurze Skizze zu einzelnen Aspekten der Forschungslage zeigt, dass Exil und Judentum bei Else Lasker-Schüler, besonders die Verknüpfung beider, für weitere Arbeiten ein vielverspre-
chendes und äußerst vielfältiges Arbeitsfeld darstellen. Diese Feststellung gilt für *Das Hebräerland* in entsprechender und herausragender Weise.

Dass die Frage, ob es sich bei Else Lasker-Schülers spätem Prosa-
stück um einen Reisebericht handelt, überhaupt thematisiert wurde (und wird)[31], zeigt einige Unsicherheit im Umgang mit dieser
literarischen Gattung in Bezug auf *Das Hebräerland*. Legen wir
Gero von Wilperts Definition des Reiseberichtes – »als kunstlose
Prosaform die lit. unprätentiöse, sachliche und mitunter von inhaltlicher Spannung getragene Beschreibung e. Reiseerlebnisses«[32]
– als *eine* überzeugende mögliche Definition von Reisebericht zugrunde, wird rasch deutlich, dass diese Unsicherheit zu Recht besteht: Während etwa Sigrid Bauschinger festhält, *Das Hebräerland*
sei »weit mehr als ein Reisebericht«[33], und mit dieser Einschätzung
zumindest an der formalen Kategorie des Reiseberichts festhält,
räumt Jakob Hessing schon Mitte der achtziger Jahre ein, dass es
sich bei Else Lasker-Schülers Prosawerk »offensichtlich nicht [um]
ein historisches Palästina«[34] handelt und *Das Hebräerland* auch
»kein Reisebuch im üblichen Sinne des Wortes«[35] ist.

Will man von Palästina erzählen – geschmacklos, sich einen Plan zu kon-
struieren. G a n z   P a l ä s t i n a   i s t   e i n e   O f f e n b a r u n g! Palästina getreu zu schildern, ist man nur imstande, indem man das Hebräerland dem zweiten [vgl. im Entwurf: dem Andern[36]] – offenbart. [...]
P a l ä s t i n a   i s t   d a s   L a n d   d e s   G o t t e s b u c h s; J e r u s a-
l e m – G o t t e s   v e r s c h l e i e r t e   B r a u t[37].

---

30   *D. Bischoff,* Avantgarde und Exil. Else Lasker-Schülers Hebräerland, in:
Exilforschung. Ein internationales Jahrbuch 16 (1998), 110. Wie *J. Hessing* beschäftigt sich auch *A. Bodenheimer* mit dem Exilwerk Else Lasker-Schülers aus
binnenjüdischer Sicht. Zu erwähnen ist hier ergänzend die Arbeit von *S.M.
Hedgepeth,* »Überall blicke ich nach einem heimatlichen Boden aus«. Exil im
Werk von Else Lasker-Schüler, Bern u.a. 1994.
31   Vgl. Anm. 4.
32   *G. v. Wilpert,* Sachwörterbuch der Literatur, Stuttgart ⁶1979, 669.
33   *Bauschinger,* Else Lasker-Schüler, 368.
34   *J. Hessing,* Else Lasker-Schüler. Ein Leben zwischen Bohème und Exil,
München 1987, 191.
35   *J. Hessing,* Else Lasker-Schüler. Biographie einer deutsch-jüdischen Dichterin, Karlsruhe, 1985, 168. Ähnlich auch *Bodenheimer,* Die auferlegte Heimat,
25ff.
36   HL, 162.
37   HL, 11f; Sperrdruck im Original.

Diese bereits zu Beginn des *Hebräerlandes* angeführte Passage könnte ein Hinweis darauf sein, dass Else Lasker-Schüler nicht wirklich die Absicht hatte, einen Reisebericht im klassischen Sinne zu verfassen – im Gegenteil, diese doch ausgesprochen poetischen Zeilen zeigen, dass es Else Lasker-Schüler darum zu tun war, ihren Eindrücken im Heiligen Land eine im Folgenden noch näher auszuführende tiefe, ganz persönliche Gottverbundenheit, die wiederum das spezifisch Jüdische der Exildichterin reflektiert, an die Seite zu stellen. In der Tat lässt die Lektüre des *Hebräerlandes* schon nach den ersten Seiten erahnen, dass Else Lasker-Schüler während ihres Palästinaaufenthaltes noch ›exilierter‹ zu sein scheint als weiland in Zürich. Dieser Hilflosigkeit im Exil begegnet sie, indem sie sich schreibend in Religiosität und Gottesglauben flüchtet: Fast keine einzige Seite findet sich im *Hebräerland*, auf der nicht Bezug auf Gott oder auf die besondere Heiligkeit Erez Israels genommen würde. Selbst auf ihren Spaziergängen und -fahrten durch das Land erblickt Else Lasker-Schüler stets Göttliches und Heiliges. So schreibt sie schon zu Beginn ihres Werks, als ob sie eine klare Prämisse setzen wollte: »Der Aufenthalt im Gelobten Lande, vor allen Dingen in Jerusalem, *stärkt den Glauben an Gott*, an die ›Ruhende Gottheit‹. An ihrer Wange lehnt Jerusalem.«[38] Überhaupt setzt Else Lasker-Schüler insbesondere zu Beginn, weniger dann im späteren Verlauf ihres Textes (wo sie sich in stärkerem Masse im assoziativ-träumerischen Fabulieren ergeht) an verschiedenen Stellen markante stilistische Ausrufezeichen etwa der folgenden Art: »P a l ä s t i n a   v e r p f l i c h t e t!«[39] Oder zwei Seiten weiter: »Ein S k a r a b ä u s ist Palästina!« Aber noch weit mehr als dies – Else Lasker-Schüler konfrontiert den Leser, die Leserin bereits auf den ersten Seiten mit der Unvergleichlichkeit (und damit Gottähnlichkeit) des Heiligen Landes: »P a l ä s t i n a   i s t   n i c h t   g a n z   v o n   d i e s e r   W e l t.«[40] Die Dichterin verknüpft ihre Vorstellung der Entrücktheit des Gelobten Landes von dieser Welt mit einem ganz eigen(willig)en Gottesglauben, der sich in der dezidierten Formulierung des frommen Bekenntnisses zu Gott und zum jüdischen Volk manifestiert:

Ich bin eine Hebräerin – Gottes Willen und nicht der Hebräer Willen; doch ich liebe sein kleinstes Volk, die Hebräer, fast wie den Ewigen selbst. Ich liebe mein Volk […][41].

38   HL, 17; Hervorhebung Y.D.
39   HL, 12; Sperrdruck im Original.
40   HL, 15; Sperrdruck im Original.
41   HL, 125; bereits auf S. 33 formuliert Else Lasker-Schüler dieses Bekenntnis mit ganz ähnlichen Worten.

Die Rückhaltlosigkeit, mit der sich Else Lasker-Schüler mit diesen
Worten zu Gott wie zum Judentum bekennt, könnte deutlicher
nicht sein; die Exilierte ›flieht‹ förmlich zu Gott, dem sie bis zu ihrem Ende treu ergeben sein wird; sie glaubt fest an ihn und seine
Existenz. Sie benötigt nur zwei Worte, um dies zu belegen: »Gott
ist!«[42], heißt es da, und dass dieser Gott für sie ein jüdischer Gott
sein muss, zeigen beispielsweise die Worte »Gottes Herz ist: Jerusalem«[43] nur allzu eindrücklich. In einer – wenn auch recht aufschlussreichen – Randbemerkung sei erwähnt, dass Else Lasker-
Schüler mit fast den gleichen Worten im Oktober 1934, zu einer
Zeit, das sie gerade am *Hebräerland* schreibt, in einem Brief an den
Züricher Seidenfabrikaten Sylvain Guggenheim, der sie regelmäßig finanziell unterstützt hat, das Gegenteil bekräftigt, was ihre
Zugehörigkeit zum Judentum angeht – anscheinend aus einer gewissen spontanen Enttäuschung über das Verhalten einiger Züricher jüdischer Persönlichkeiten heraus:

Ich kann nicht mehr die Einstellung finden, wie früher – zu der *Größe* –
der Juden. Und ich möchte sagen, ich bin nicht mehr Hebräisch des Judentums wegen, aber Gottes willen, der mein Herz prüfen kann und meinen Schmerz[44].

Die Gegenüberstellung dieser Passagen wirft des Weiteren die
Frage auf, wie autobiographisch *Das Hebräerland* recht eigentlich
ist. Schon lange vor der jüngsten Diskussion um die verschiedenen
Grade der Echtheit von Autobiographien wurde in den literatur-
wissenschaftlichen Disziplinen das erzählte, das erinnerte Ich dem
erzählenden, dem erinnernden Ich an die Seite gestellt – in dem
Bewusstsein, dass beide nicht notwendig deckungsgleich sein müssen[45]. Mit Blickrichtung auf Else Lasker-Schüler stellt sich hier die
Frage, wie nahe sich ihr erzählendes und ihr erzähltes Ich sind. Gerade die »Ich-bin-eine-Hebräerin«-Passage – zum einen von Grund
auf autobiographisch-authentisch im Brief an Sylvain Guggenheim, das andere Mal beinah theatralisch-hehr im *Hebräerland* –
lässt den Rückschluss zu, dass beide ›Ichs‹ im Prosawerk miteinander verschmelzen, es sich demgemäß beim *Hebräerland* um ein
»quasi-autobiographisches«[46] Werk handelt. Die vielen konkreten

42   HL, 121.
43   HL, 118.
44   Zit. nach *Bodenheimer*, Die auferlegte Heimat, 31; Kursivschreibung dort.
45   Vgl. hierzu etwa *F.K. Stanzel*, Theorie des Erzählens, Göttingen [7]2001.
46   *U. Grossmann*, Fremdheit im Leben und in der Prosa Else Lasker-Schülers,
Oldenburg 2001, 157.

Ortsangaben (Besuche in Jerusalem, Tel-Aviv oder Zfat) sowie far-
benreiche Beschreibungen von Einladungen bei illustren Persönlichkeiten wie beispielsweise Samuel J. Agnon[47] sprechen für die
Einschätzung des *Hebräerlandes* als eines Werkes mit »autobio-
graphischen Bruchstücken und Fiktionalisierungen«[48]. Dass dieses
zweifache Ich Else Lasker-Schülers aber auch stets eine »Fremdheit
im Eigenen«[49] in sich birgt, lässt sich just dort aufspüren, wo Bausteine der Erinnerungen an ihr früheres Leben aufscheinen:

In manch einem der Puppenhäuschen würde ich mich so recht zu Hause
fühlen. Des Menschen allerletzte Haut sollte sein Haus sein, darin er sich
inkarniert. Mit großer Gewissenhaftigkeit erbaut aus diesen Gründen der
ernste Baumeister dem Auftraggebenden seine Wohnung. Ich kann wohl
aus Erfahrung sagen: Mir saß seit Heimathaus noch keine wirklich passend! […] Nie ruhte mein Leib und meine Seele, seitdem ich ohne Elternhaus ein Mietsgast im fremden Steinbau. Darum habe ich es schließlich vorgezogen, in die F r e i h e i t zu ziehen, die ist wenigstens stets
geschmackvoll tapeziert.«[50]

In diese »Fremdheit im Eigenen« mischt sich zuweilen eine bange
Beklemmung, die ihren Ausdruck in einem dichten tranceartigen
Nebeneinander von Gottesvorstellungen und eigenen Gefühlsre-
gungen findet:

Die lieben Kinder des Dichters lagen schon im Schlummer, als mich auch
ihre liebevolle Mutter, da mir so bange, mich wie eines ihrer Kinder zu
Bette brachte. Ich hatte doch – Angst vor dem lieben Gott auf dem nackten Platz hinter unserem Hause. Und schämte mich, es der Gewerett [der
(Ehe-)Frau; Y.D.] zu gestehen. »Ist es denn nicht traulich hier in der Stu-
be« tröstete die Liebe mich. Aber das ist es ja! Der grosse Gegensatz innen und draußen erzeugte das ungestüme Gefühl […] »Gott ist das Welt-
gemüt – Er ist aber nicht gemütlich.«[51]

Diese Ambivalenz Gott gegenüber kann an vielen Stellen im *Hebräerland* verortet werden, und sie zeigt nur allzu deutlich, wie in-
tensiv sich Else Lasker-Schüler mit ihrem (hier und da ein wenig
naiv anmutenden) Gottesglauben auseinandersetzt. In die Gottes-
furcht »auf dem nackten Platz« mischt sich wieder und wieder der
tiefe Wunsch, Gott zu gefallen, es ihm recht zu machen. So ist El-

---

47   So etwa HL, 46.
48   *S. Graf*, Geschrieben in Zürich: Else Lasker-Schülers »Hebräerland«, in:
Jahn (Hg.), Wo soll ich hin?, 309.
49   *Grossmann*, Fremdheit, 250.
50   HL, 75/76; Sperrdruck im Original.
51   HL, 49.

se Lasker-Schüler »doch so stolz, das herrliche Gebet [d.i. das
»Schma' Israel«; Y.D.] fehlerlos gesprochen zu haben zu Gott.«[52]
Doch es gibt auch die andere, die nicht ohne weiteres zu erwar-
tende gotteskritische Seite in Else Lasker-Schüler: Es scheint mitunter, als ob sie gar mit Gott hadere: In ihrem nicht endenden Ringen mit und um Gott ist sie mutig genug, auch einmal aufzubegeh-
ren. Gott lässt Else Lasker-Schüler anscheinend immer wieder an
sich selbst zweifeln, und so empfindet sie ein »Murren gegen Gott
der mich immer wieder in den Kampf wider mich sandte als wäre
ich ein unversöhnlich Zwillingsvolk«[53]. Interessant und sehr aufschlussreich ist, dass genau diese Stelle – wie übrigens auch einige
andere dieser Art – sich nur in den Entwürfen, nicht aber in der be-
reinigten Leseausgabe von 1937 findet[54]. Daraus lässt sich zweier-
lei ableiten, zum einen die eher profane Erkenntnis, dass Else Lasker-Schüler der Nachwelt aus unterschiedlichen, hier nicht weiter
zu diskutierenden Gründen die Uneingeschränktheit ihres Gottesglaubens lieber präsentieren mochte als etwaige Gotteszweifel.
Zum anderen bedeutet bei Else Lasker-Schüler das kritische Ringen um Gott nicht notwendigerweise seine Infragestellung oder
gar die Abtrünnigkeit vom »lieben, herablächelnden Gott«[55]. Im
Gegenteil – die starke Gottverbundenheit hier und das aufbegeh-
rende Wider-Gott-Murren dort sind die beiden Seiten einer einzigen Medaille, namentlich derjenigen eines tief verwurzelten des
Gottesglaubens, der das Ergebensein wie das Hinterfragen gleichsam symbiotisch in sich vereint.
Else Lasker-Schülers Gottesglaube im *Hebräerland* geht einher mit
einer wohlinszeniert wirkenden Liebe zu Erez Israel, dem Gelobten Land, und seiner Bevölkerung. So nimmt sich die ans Idyllische
grenzende Beschreibung des Zusammenlebens von Juden (»Hebrä-
ern«) und Arabern gleichsam kindlich-schwärmerisch aus: »Im
Herzensgrunde habe ich das arabische Volk unverhetzt lieb im Lande Palästina. Die Artigkeit beider Semitenvölker tut einem gut.«[56]
Dieses trügerische An-der-Realität-Vorbeisehen führt einmal mehr

---

52   HL, 48.
53   HL, 281f.
54   Ich danke S. *Graf* für diesen Hinweis sowie die freundliche Überlassung ihres unveröffentlichten Typoskriptes »Die Linse der Gotteserkenntnis im Auge«.
Zur Darstellung des Sakralen in Else Lasker-Schülers *Hebräerland*, hier S. 5. Dieser Beitrag erscheint voraussichtlich im April 2009 in: Das Authentische. Zur
Konstruktion von Wahrheit in der Moderne, hg. von *U. Amrein*, Zürich. Ferner
erscheint 2009 S. *Graf*s Dissertation mit dem Titel: Poetik des Transfers. Am
Übergang von Sakralem und Profanem. Else Lasker-Schülers Prosabuch *Das Hebräerland*.
55   HL, 86.
56   HL, 112.

zu der Feststellung, dass es Else Lasker-Schüler nicht um eine ech-
te Reisebeschreibung geht, sondern viel eher um die Schaffung einer Traumwelt, die ihren eigenen Gesetzmässigkeiten einer »feier-
lichen pathetisch-gebrochenen Tonlage«[57] folgt: »In Palästina, namentlich in Jerusalem, leben einträchtig die Nachkommen Isaaks
und Ismaels […]. In diesem Sinne hören wir sich einigen, Araber
und Hebräer.«[58] Ganz offensichtlich möchte Else Lasker-Schüler in
ihrem *Hebräerland* eine heile, gar eine heilige Welt schaffen, die
frei ist von jedem Ungemach, von jeder Zwietracht, die ihr wah-
res Leben – aus ihrer Optik allemal – besonders im Exil so sehr
bestimmt haben. So liest sich denn auch ihre Aufforderung, »e s
z i e m t   s i c h   n i c h t,   h i e r   i m   H e i l i g e n   L a n d e   Z w i e -
t r a c h t   z u   s ä e n«[59] beinahe wie ein Befehl, den sie an alle in
Palästina Lebenden richtet. Die Banalisierung des palästinischen
Alltags hier und die weiter oben beschriebene, mitunter ambivalente Gottergebenheit da sind zweifelsohne zwei bestimmende und
tragende Säulen des *Hebräerlandes*.
Es lohnt sich, in diesem Zusammenhang – gleichsam den Bogen
zum Beginn der Ausführungen spannend – ein paar wenige Worte
zur Kategorie des ›Heiligen‹ im Erez Israel Else Lasker-Schülers in
eine resümierende Schlussbetrachtung einmünden zu lassen: Von
jeher verbindet sich mit dem Land Israel für alle Religionen, besonders aber für das Judentum, eine aussergewöhnliche Heiligkeit,
die bis in die heutige aktuelle politische Situation hineinwirkt, die
sich aber auch stets durch eine unvergleichliche Gottbezogenheit
ausgezeichnet hat. Schalom Ben-Chorin bringt in seinem offenen
Brief an Else Lasker-Schüler das besondere Heilige, das dem *Hebräerland* innewohnt, mit den eindrücklichen poetischen Worten
auf den Punkt: »Ihre goldenen Mädchenaugen haben ein unver-
heissenes Hebräerland geschaut, das so mancher niemals sehen
wird«[60]. Just dieses Unvergleichliche, das, was »mancher niemals
sehen wird«, beschreibt die individuelle, gottergebene Heiligkeit,
die sich über Else Lasker-Schülers *Hebräerland* legt.

Die Laubhütte verbindet am Tag der Feier die Erde mit dem Himmel.
Also: Menschenwohnung und Gottesreich. So erwarten wir Juden in der
bewillkommnen geschmückten Laube, über den Blumenteppich mit –
Jerusalemherzpochen den Herrn Adoneu [d.i. Gott; Y.D.][61].

---

57   *Graf*, Geschrieben in Zürich, 312.
58   HL, 126.
59   HL, 14; Sperrdruck im Original.
60   Vgl. Anm. 21.
61   HL, 42.

Palästina – eine Einige, Einzige Auferstehung!
Noch von der Schöpfung her liegt auf dem Bauplatz, auf Palästinas Boden, Urmörtel, wilder Schlamm, Erzlehm und Materienrest, in Felsspal-
ten aber neues Material zu neuem Aufbau. Vergehen und neu entstehen
soll immer wieder das Heilige Land, bis es dem Himmel gleicht und mit
ihm der Hebräer[62].

Gerade in Passus wie diesen zeichnet sich Else Lasker-Schüler als
Dichterin im ganz klassischen Sinne aus: Poetisch gleichsam ver-
›dicht‹et wird das Heilige, das Sakrale, das Entrückte, das im *Hebräerland* seinerseits wiederum nicht ohne das Göttliche, wie gezeigt, gedacht werden kann. Geschrieben hat Else Lasker-Schüler
das *Hebräerland* jedoch in »des wundervollen Schweizerlandes Zürich«[63], dort, wo ihre wahre Exilsehnsucht lag, dort, wohin ihr
»[d]ie Möwen vom Zürichsee [...] so sehnsüchtige Briefe«[64] schrie-
ben ...

∗∗∗

Yvonne Domhardt, geb. 1960, Dr. phil., ist Habilitandin und Lehrbeauftragte für das Fach Judaistik an der Albert-Ludwigs-Universität Freiburg
i.Br. sowie Leiterin der Bibliothek der Israelitischen Cultusgemeinde Zürich.

Abstract
To all times people travelled to the Holy Land. It is still a subject of travelouges, narration and other literary genres. In the middle of the 1930's
Else Lasker-Schüler composed her major novella about the land Palestine
named ›Das Hebräerland‹. This out-and-out ›Jewish‹ opus contains motifs
of a travelouges combined with autobiographical and fictional elements.
Real travel experiences do not come to the fore. In fact Else Lasker-Schüler exaggerates the land Palestine in poetic style to asign holiness to it.
The land's holiness is combined with her own devoutness, which was
formed by her experience of exile, and a deep and wholehartedly confes-
sion to God.

---

62   HL, 94.
63   Vgl. Anm. 5.
64   *E. Lasker-Schüler*, Gesichte, Berlin 1920, 101.

Matthias Morgenstern

Fremde Mutter »Erez Israel«

In einem Pressegespräch mit der Jerusalemer *Theater Company* zu neueren israelischen Bearbeitungen des biblischen Esther-Stoffes ging es 1994 um den Wechsel der Perspektive, der sich für Juden ergibt, wenn ein solches Stück nicht in der Diaspora, sondern im Land Israel gespielt wird. Im Exil, so hieß es, sei Mordechai, der Held der Handlung, verletzlich wie eine Frau: »When the feminine element is weak, Jews are in danger ... At home in Israel, the Jew is the male protector of the female land.«[1] Diese Geschlechterzuweisung für »die Juden« nach den Perioden ihrer Heilsgeschichte war keine spontane Konstruktion der Interviewpartnerin. Die nach dem Vorbild des traditionellen Schemas von »Exil und Erlösung« vorgestellte Abfolge von »männlichen« und »weiblichen« Geschichtsperioden hat vielmehr tiefe Wurzeln in der jüdischen Tradition[2]. Schon bei Samson Raphael Hirsch (1808–1888), einem modisch-psychologischer Interpretationen gänzlich unverdächtigen Rabbiner der deutsch-jüdischen Orthodoxie des 19. Jahrhunderts, hatte es geheißen, die »ganze Geschichte der Juden seit Jeruschalaims Fall« sei »nichts als ein Triumph des ›Weiblichen‹ über das ›Männliche‹, des Menschen über den Bürger, des Hauses über den Staat ...«[3] Die Vorstellung der als weiblich gedachten göttlichen Einwohnung (Schechina), die nach der Zerstörung des zweiten Tempels mit Israel in die Verbannung zog, setzt die Konzeption einer »femininen« Diaspora ebenso voraus wie die Theologie Yehuda Halevis von der schöpfungsmäßigen Bezogenheit des Landes auf das Volk Israel und Spinozas Rätselwort von der »Verweiblichung« der Juden in ihrer Staatenlosigkeit, das in zionistischen Augen die Möglichkeit einer künftigen »Mannhaft-Werdung« voraussetzte[4].

1 *Ch.L. Weiss*, New stage in biblical commentary, in: Jerusalem Post vom 24.2. 1994.
2 Vgl. *W.D. Davies*, The Territorial Dimension of Judaism, Berkeley / Los Angeles / London 1982,123.
3 *S.R. Hirsch*, Gesammelte Schriften, Frankfurt a.M. 1912, Bd. IV, 63.
4 Zu diesem berühmten Zitat Spinozas im dritten Kapitel des *Theologisch-Politischen Traktats* vgl. *Y. Yovel*, Spinoza. Das Abenteuer der Immanenz, Göttingen

Die durch das Exil erzwungene »Geschichtslosigkeit« und damit
Feminisierung des Judentums kommentierte der deutsch-jüdische
Orientalist Max Grünbaum nicht zufällig durch ein Zitat der griechischen Dramatik: »Meine Thaten sind mehr erlittene als voll-
brachte ...«[5] Die Behauptung, »Juden« und »Frauen« seien in den
westlichen Gesellschaften kulturell »analog konstruiert« worden[6],
kann dann in einem bestimmten Typ der sozialkritischen Literatur
des 20. Jahrhunderts fast als Gemeingut gelten, wenn auch Susan-
nah Heschel angemerkt hat, daß diese Geschlechtszuweisung in
gleicher Weise von positiven wie negativen, ja antisemitischen
Konnotationen begleitet sein kann[7].
Pendant dieser auf das Judentum bezogenen »Gender«-Vorstellung
ist, auch wenn dies nicht in jedem Fall ausgesprochen wird, die
Konstruktion eines Gegensatzes zwischen dem mütterlich-stoffli-
chen Urgrund im Land Israel und einem väterlich-geistigen Prinzip, der Diaspora-Intellektualität. Das Motiv der mütterlichen Heimat geht natürlich zurück auf die biblische Schilderung der Schönheit des Landes, in dem Milch und Honig fließt. Im Hintergrund
stehen auch religionsgeschichtliche Vorstellungen des altorientalischen Fruchtbarkeitskults mit der Kultprostitution und der Vorstellung vom himmlischen Samenspender, dem Regengott Baal
(»heilige Hochzeit«[8]), deren Spuren manche Autoren auch im biblischen Hohenlied wiederfinden wollen. Bezeichnenderweise war
es nun gerade eine rabbinische Auslegung des Hohenliedes, die die
diasporatheologische Vorstellung des Landes begründete. Im Talmud (bKet 111a) wird aus dem Munde Rabbi Yehudas überliefert,

---

1994, 348. Unter dem Eindruck der messianischen Begeisterung im Rahmen der
sabbatianischen Bewegung spricht Spinoza hier – unter der Voraussetzung, daß
die religiösen Grundsätze den Sinn der Juden nicht »verweiblichten« (»effoemina-
rent«) – von der Möglichkeit einer Rückkehr nach Palästina. Diese Bemerkung,
die sich bei frühzionistischen Autoren wie Moses Hess besonderer Beachtung
erfreute, ist nach Meinung der heutigen Spinozaforschung freilich nicht geeignet,
aus dem Philosophen einen Vorläufer des Zionismus zu machen.
5   *M. Grünbaum*, Jüdisch-deutsche Chrestomathie, Leipzig 1882, IX (Sophokles,
Oedipus Colon., Vs. 266).
6   Vgl. *D. Boyarin*, A Radical Jew. Paul and the Politics of Identity, Berkeley /
Los Angeles / London 1994, 180f; *H. Mayer*, Außenseiter, Frankfurt a.M. 1975;
A. Neher, L'Existence Juive, Paris 1962.
7   *S. Heschel*, Jüdisch-feministische Theologie und Antijudaismus in christlich-
feministischer Theologie, in: *L. Siegele-Wenschkewitz* (Hg.), Verdrängte Vergangenheit, die uns bedrängt: Feministische Theologie in der Verantwortung für die
Geschichte, München 1988, 54–103, hier 95.
8   Zur Vorstellung eines *hieros gamos* vgl. z.B. *M. Noth*, Geschichte Israels,
Göttingen [10]1986, 133, zum Versuch, die antike Mythologie neu positiv zu interpretieren, *R. Rubenstein*, After Auschwitz. Radical Theology and Contemporary
Judaism, Indianapolis 1966, 106.

wer aus Babylonien nach Erez Israel hinaufziehe, übertrete das dreifach wiederholte Verbot im Lied der Lieder: »Ich beschwöre euch, Töchter Jerusalems ..., daß ihr die Liebe nicht aufweckt und nicht stört, bis es ihr selbst gefällt«[9]. Die Beschwörung Gottes, so der Talmud, habe zum Inhalt gehabt, Israel solle in der Exilszeit nicht ins Heilige Land zurückkehren, und es solle sich auch nicht gegen die es bedrückenden Weltvölker auflehnen[10]. Der heilige Schauder vor der Begegnung mit dem Land brachte selbst einen glühende Liebhaber von Erez Israel wie Rabbi Nachman von Brazlaw (1772–1811), der zionistischerseits heute gern als »Protozionist« in Anspruch genommen wird, dazu, während seiner Pilgerfahrt den Boden des Landes nur kurz zu berühren, um danach sofort wieder in die Ukraine zurückzukehren[11].

Das talmudische Tabu war an der Wende vom 19. zum 20. Jahrhundert nun aber Hintergrund einer zionistischen »Umwertung aller Werte« in Osteuropa, die das jüdische Volk durch die Rückkehr nach Palästina von der »unnatürlichen« Diasporaexistenz befreien und im Sinne des westeuropäischen Nationalstaates »normalisieren« wollte. Die Texte dieser Kulturrevolutionäre wie Chaim Brenner (1881–1921) oder Shaul Tschernichowskiy (1875–1943) waren geprägt von Nietzsches radikaler Religionskritik (»Zerbrecht mir die alten Tafeln!«), blieben jedoch auf paradoxe Weise an die Bibel des alten Israel gebunden, wie eine aus der Feder Micha Josef Berdyczewskis (1865–1921) überlieferte leidenschaftlich-kritischen Auseinandersetzung mit dem Sinaigeschehen zeigt:

»Ein ganzes Volk rebellierte gegen die Natur. Ein vorzeitlicher Stamm machte sich auf die Suche nach einem Land und fand einen Text mit Geboten. Und da war Dunkelheit am Mittag, und Donner und Aufruhr von allen Seiten. Und ein Omen nach dem anderen verschlang alles, was gut war. Die Felder wurden entwurzelt, die Flüsse vertrockneten, die Steine schmolzen. Nur die Synagogen und Lehrhäuser blieben bestehen, denn die Söhne Sems lernten Gesetz und Recht, Recht und Gesetz. Und als Mosche vom Berg herunterkam, war da nicht ein Prophet, um ihm entgegenzutreten, die Tafeln aus seiner Hand zu nehmen und sie, wie Mosche

---

9   Vgl. Hld 2,7; 3,5; 8,4. Zu einer aktuellen Inanspruchnahme dieser Talmud-interpretation durch die jüdisch-orthodoxe und radikal antizionistische Neturei Karta-Gruppierung in Jerusalem vgl. *Boyarin, Jew*, 336, Anm. 43 (mit der Übersetzung einer Meldung in der jiddischen New Yorker Zeitung »Die Jiddische Wochenschrift« vom 4.9.1992).
10   Vgl. *A. Ravitzky*, Messianism, Zionism and Jewish Religious Radicalism (hebr.), Tel Aviv 1993, 39
11   Vgl. Boyarin, Jew, 336.

selbst, zu zerschmettern, um dem in der Wüste irrenden Volk zuzurufen: ›Kehrt um zur Natur. Kehrt um zu eurer Mutter‹«[12].

»Rückkehr zur Natur«, das hieß für Berdyczewski zugleich Überwindung der talmudischen Passivität und Weltverneinung, Abkehr von den »frommen Memmen Esra und Nehemia«[13] und die Entwicklung eines neuen heroischen Juden mit dem Willen, »ein Freier, ein Eigener, ein Anarchist, … sein eigener Herr« zu werden, wie Martin Buber 1901 schrieb[14]. Der zionistische »Mutterkult«[15] war zugleich auf die Abschüttelung des Sinaigesetzes und die Idealisierung des auf dem palästinischen Heimatboden geborenen männlichen Sabre, des Übermenschen und Repräsentanten der zionistischen Revolution, gerichtet. All dies ließ sich zu Beginn des 20. Jahrhunderts leicht mit lebensreformerischen und sozialistischen Vorstellungen verbinden. Bei *Aharon David Gordon* (1856–1922), der Leitfigur der zionistischen Arbeiterbewegung in Erez Israel, hieß es, das Land solle nicht durch Diplomatie, sondern durch »Avoda Ivrit« (hebräische Arbeit) gewonnen werden, durch die »Erlösung« der Arbeit.

»Wer das Wiederaufleben will, wer ein vollkommenes Leben will, der muß dafür das Galuthleben dahingeben. Das ist der Preis, und man muß gestehen, kein hoher Preis. Nichts in der Welt wird ohne Entgelt erworben … Kein Volk erwirbt seinen Boden außer durch sich selbst, durch die Hingabe seiner körperlichen und geistigen Kräfte an das Werk.«[16]

12   *M J. Berdyczewski*, At the Crossroad (hebr.), Works / Tel Aviv 1960, Vol. II, 18.
13   So die Paraphrase bei *D. Krochmalnik*, Neue Tafeln, in: *ders.* / *W. Stegmaier* (Hg.), Jüdischer Nietzscheanismus, Berlin / New York 1997, 55.
14   Vgl. *H. Delf*, »Nietzsche ist für uns Europäer …« Zu Gustav Landauers früher Nietzsche-Lektüre, in: *Krochmalnik/Stegmaier* (Hg.), Nietzscheanismus, 227. In seiner Schrift »Israel und Palästina« (Zürich 1950, 11) spricht *M. Buber* ausdrücklich von einer Liebesbeziehung zwischen dem Volk und dem Land Israel. Wenn *L. Baeck* das Christentum als »romantische« und daher »weibliche« Religion beschreibt (und kritisiert) und dabei die Charakterisierung des Judentums als »männlich« voraussetzt, so nimmt er Teil an dieser umfassenden kulturrevolutionären Neuinterpretation des Judentums zu Beginn des 20. Jahrhunderts; vgl. *ders.*, Romantische Religion, in: Festschrift zum 50jährigen Bestehen der Hochschule für die Wissenschaft des Judentums, Berlin 1922, 1–48. Zu dieser maskulinen Neu-Codierung des Jüdischen vgl. auch *O. Almog*, Der Sabre als kultureller Archetyp, in: *D. LeVitte Harten* (Hg.), Die neuen Hebräer. 100 Jahre Kunst in Israel, Berlin 2005, 225–229.
15   *E.M. Rosenzweig*, Historische und psychoanalytische Bemerkungen über Volk und Land Israel mit besonderer Berücksichtigung des Deuteronomiums, in: *Y. Spiegel* (Hg.), Psychoanalytische Interpretationen biblischer Texte, München 1972, 185–199, hier 189, Anm. 12.
16   *A.D. Gordon*, Selbstbesinnung (1911), zitiert in: *A. Kilche* / *O. Fraisse* (Hg.), Lexikon jüdischer Philosophen, Stuttgart/Weimar 2003, 281 (s.v. *A.D. Gordon*).

Zugleich konnte Gordon schreiben: »Die Mutter Erez Israel fordert
von euch Leib und Leben oder sie fordert nichts.« Und:»Meine
Absicht ist nicht, eure Aufmerksamkeit darauf zu lenken, was ihr
für Palästina tun sollt und könnt, sondern im wesentlichen darauf,
was Palästina für euch tun kann.«[17] Wenn Isaac Breuer (1886–
1946), ein Enkel S.R. Hirschs und Mitgründer der orthodoxen
Arbeiterpartei Poalei Agudat Israel, nach seiner Palästinareise 1936
von einem »Ruf, der aus unserer Heimat selber an uns kommt«,
schrieb, einem Ruf »voll hinreißender Süße« und »willenfesselnder
Verstrickung«[18], so war hier das Zweideutig-Verführerische des
Rendezvous mit der Heimat noch deutlich zu erkennen. Wo »noch
vor wenigen Jahren Sand gewesen«, sah Breuer stattdessen
»fruchtbare Felder« und Gärten von atemberaubender Schönheit[19].
Wie aus einer Verzauberung erwacht, hatte Erez Israel begonnen,
sich zu erheben. Überall entstand neues Leben. Breuer deutete dies
als Zeichen dafür, »daß der Bann, der über diesem Lande lag, ... in
unseren Tagen gebrochen ist.«[20] Er las die Botschaft der Natur und
brachte sie in Zusammenhang mit einem im Talmud (bSan 98a)
gedeuteten Wort Ezechiels: »Und Ihr, Berge Israels, gebet Eure
Zweige und traget Eure Früchte meinem Volke Israel, denn sie
bringen seine Heimkehr nahe.«[21]
Es ist nicht verwunderlich, daß der Motivkomplex des »Mutterlan-
des« und ihrer entfremdeten Töchter bzw. heimkehrenden Söhne
in der hebräischen Literatur des vergangenen Jahrhunderts immer
wieder Stoff geboten hat. Im folgenden soll es um zwei zeitgenössische israelische Schriftsteller und eine Schriftstellerin gehen, deren
Texte sich diesem Thema selbstkritisch-distanziert und in ironi-
scher Verfremdung, zugleich aber aus einer tiefen Besorgnis über
den Zustand des jüdischen Gemeinwesens nähern.

1.   Abraham B. Jehoschua: Das Land Israel therapiert die »Krank-
heit der Diaspora«

Der 1936 in Jerusalem geborene Schriftsteller A.B. Jehoschua ist in
seinen Erzählungen durch die Schilderung männlicher Helden her-

---

17   Ebd., 282.
18   *I. Breuer*, Erez Jisroel und die Orthodoxie. Zwei Referate, gehalten von Isaac
Breuer und Jacob Rosenheim, hg. von der Palästina-Centrale der Agudas Jisroel,
Frankfurt a.M. 5694 (1934), 4.
19   *Ders.*, Erez Jisroel, Sonderdruck, hg. von der *Palästina-Centrale der Agudas
Jisroel*, Frankfurt a.M. 5694 (1934), 2.
20   Ebd., 2.
21   *Ders.*, Erez Jisroel und die Orthodoxie, 15 (vgl. Ez 36,8).

vorgetreten, die sich durch eine destruktive Charakteranlage und
die anhaltende Unfähigkeit zur Herstellung dauerhafter Beziehungen mit Frauen auszeichnen, die sie durch Wunschfantasien im
Verhältnis zu älteren oder sehr viel jüngeren Frauen oder auch
Kindern, gar durch imaginierte inzestuöse Beziehungen auszuglei-
chen suchen[22]. In einer Reihe programmatischer Essays hat der
Autor Ausführungen gemacht, die einen Schlüssel zum Verständnis dieser Texte geben können[23]. Jehoschua geht aus von einer
Analyse der seines Erachtens »unnormalen« Situation der Juden
im Exil. Nicht nur die katastrophischen Erfahrungen des 20. Jahrhunderts, sondern auch innere Gefahren wie die Assimilation und
die ungeklärte jüdische Identitätsfrage sprechen demnach dafür,
daß das jüdische Volk in der Zerstreuung langfristig keine Überlebenschance habe. Es ist insbesondere das Rätsel des sich über die
Jahrhunderte hinweg immer wieder erneuernden Antisemitismus,
das ihn umtreibt und zur Vermutung bringt, daß die permanente
Beschäftigung der Juden mit sich selbst die anderen Völker beun-
ruhige und den Vorwand für den Judenhaß liefere.

In einem weiteren Gedankenschritt versucht der Autor, das jüdische Identitätsproblem vor dem Hintergrund des jahrhunderte-
langen Fernbleibens der Juden von ihrer historischen Heimat als
kollektive Neurose und gestörtes Verhältnis des Volkes in seiner
Vater-Mutter-Beziehung zu beschreiben. Zweitausend Jahre lang
hätten die Juden sich ihrem Heimatland entfremdet, weil der »Va-
tergott« ihnen die Mutter-Erde streitig gemacht habe. In dieser
Konstellation, in der jede Bindung an das »Mutterland« ohne gött-

---

22 Vgl. z.B. *A.B. Jehoschua*, Späte Scheidung, Stuttgart 1986 (ein nach Amerika ausgewanderter Israeli gerät in Verwicklungen, als er sich von seiner in Israel
in einer Nervenheilanstalt sitzenden Frau scheiden lassen will); *ders.*, Angesichts
der Wälder, Stuttgart 1982 (darin die Erzählung »Drei Tage und ein Kind«: Ein
Mathematikstudent entwickelt eine obsessive Beziehung zum dreijährigen Sohn
seiner ehemaligen Geliebten, der ihm für drei Tage zur Betreuung übergeben
wird); *ders.*, Rückkehr aus Indien, München 1996 (ein haltloser junger Arzt verliebt sich nicht in die junge krankgewordene israelische Touristin, die er zu be-
treuen hat, sondern in deren alte Mutter); *ders.*, Die befreite Braut, München
2003 (ein Haifaer Orientalistikprofessor kann sich nicht damit abfinden, daß sein
Sohn sich hat scheiden lassen; in fast obsessiver Weise sucht er die Begegnung mit
der ehemaligen Schwiegertochter, um am Ende das Geheimnis der gescheiterten
Ehe zu erfahren, das mit einem Inzest zu tun hat); ähnliche Motive finden sich in:
ders., Die fünf Jahreszeiten des Molocho, München 1987; *ders.*, Die Manis, München 1993.

23 Vgl. *A.B. Jehoschua*, Exil der Juden – eine neurotische Lösung?, Köln 1986;
ders., Israel: un examen moral, Paris 2004; in diesen Essays, die sich mit jüdischer
Geschichte, dem Zionismus und der »psychoanalytischen« Deutung der Diaspora
beschäftigen, bezieht sich der Autor nicht explizit auf seine Romane, jedoch liegt
die hier vorgeschlagene Deutung auf der Hand.

liche Vermittlung unzulässig gewesen, jede tiefere Beziehung des Sohnes zur libidinös besetzten Erde als »Entweihung« der »Mutter« interpretiert und bestraft worden sei, könne nur die Rückkehr nach Erez Israel Heilung bringen. Im Exil »verweiblicht« und zur Passivität gezwungen, gehe es im Zionismus darum, wieder zu einem »normalen« Verhältnis zur Heimat zu finden und diese – durch Urbarmachen, Pflügen und Bebauen – neu in Besitz zu nehmen[24].

Diese Kombination zionistischer und psychoanalytischer Einsichten nimmt Bezug auf das alte Wiener Konkurrenzverhältnis der Nachfolger S. Freuds und Th. Herzls, das in der israelischen Literatur immer wieder zu nachdenklichen Betrachtungen Anlaß gegeben hat[25]. 1896, im Jahr des Erscheinens von Herzls Schrift »Der Judenstaat«, hatte Freud immerhin zum erstenmal den Begriff der »Psychoanalyse«[26] gebraucht. Die in den Folgejahren entstehende gleichnamige weltanschauliche und wissenschaftliche Richtung, die sich in den Anfangsjahren fast ausschließlich aus Juden rekrutierte, gab sich hinsichtlich ihrer weltweiten Verbreitung, Publikationen und Kongresse die Form einer »Bewegung« und wies, auch im Blick auf ihr Streben nach ideologischer Geschlossenheit und ihre quasireligiösen Affiliationen und Schismen, verblüffende Parallelen zum Zionismus auf[27]. Dabei war das Verhältnis beider Bewegungen zueinander alles andere als unproblematisch – es ist davon die Rede gewesen, Freud und Herzl seien sich persönlich nie begegnet. Das Bemerkenswerte bei Jehoschua ist, daß er das Nebeneinander von Zionismus und Psychoanalyse nicht, wie seither, als Konkurrenzverhältnis inszeniert, sondern beide Richtungen als Partner bei der Bewältigung des »jüdischen Problems« sieht. Auf einer Jubiläumsveranstaltung zum einhundertsten Jubiläum des American-Jewish-Committee im Mai 2006 in New York kam es zu einem Eklat, als der Schriftsteller vor dem amerikanischen Publikum darauf hinweis, daß das Judentum seiner Ansicht nach in der Diaspora keine Überlebenschance habe und man nur im Staat Israel ein »volles jüdisches Leben« leben und seine Identität verwirklichen könne. Dazu gehöre nicht nur die entschlossene Depotenzierung der überkommenen rabbinischen Religion, sondern vor allem der Abschied von der Diaspora und der ihr entsprechenden Menta-

24 *Ders.*, Between Right and Right, New York 1981, 21–74.
25 Vgl. *G. Shaked*, No other Place. On Literature and Society (hebr.), HaKibbutz HaMeuchad 1983, 45ff.
26 Vgl. *P. Gay*, Freud. Eine Biographie für unsere Zeit, Frankfurt a.M., 1995, 122.
27 Vgl. *E. Simon*, Sigmund Freud, the Jew, in: Leo Baeck Institute Yearbook II (1957), 299.

lität mitsamt der massenhaften und vollständigen Einwanderung
der Juden in ihr Heimatland. Jehoschua beklagte, daß beides bislang nicht geschehen sei und löste damit den Widerspruch des
Herausgebers der Zeitschrift »New Republic«, Leon Wieseltier,
und anderer amerikanisch-jüdischer Intellektueller aus. Die schei-
ternden Männer in den Erzählungen des israelischen Schriftstellers
sind ein Indiz dafür, daß die zionistische Revolution, im Land
selbst wie in der Diaspora, alles andere als abgeschlossen ist.

2.   Yoshua Sobol: Freud analysiert Herzls Traum

In Joshua Sobols am 2. Oktober 1982 in Haifa uraufgeführtem
Stück *Eine jüdische Seele – Die letzte Nacht des Otto Weininger* –
ein Schlüsselwerk für den Dramatiker und das israelische Theater
überhaupt – geht es um den Wiener jüdischen Philosophen Otto
Weininger, der im Alter von 23 Jahren, kurz nach seinem Übertritt
zum Protestantismus und dem Erscheinen seiner Dissertation »Geschlecht und Charakter«, seinem Leben ein Ende setzte[28]. Sobol
zeigt Leben, Werk und Tod Weiningers, der als tragische Verkör-
perung des Antisemitismus der Juden selbst gilt[29], und macht sie
als Indikator einer Krise im Prozeß der zionistisch-israelischen
Identitätssuche durchsichtig. Historischer Hintergrund ist eine Begegnung zwischen Weininger und Freud im Herbst 1902[30], die
nicht nur für Weininger, sondern auch für die Entwicklung der
Psychoanalyse eine zentrale Stellung hatte, weil sie für Freud mit
dem Ende eines Lebensabschnittes und der zum Durchbruch kommenden Selbstanalyse, dem »Gründungsakt der Psychoanalyse«,
verbunden war[31]. Das Wien des fin de siècle, der Ursprungsort der
zionistischen Bewegung, präfigurierte für das jüdische Volk zudem
in gewisser Hinsicht das Schicksal des 20. Jahrhunderts, weil auch
der junge Adolf Hitler hier prägende Jugendjahre verbrachte.
Das Stück besteht zu einem Teil aus Anspielungen an die Thesen
aus Weiningers Dissertation. An verschiedenen Stellen läßt Sobol

---

28   Zur Analyse des Stücks vgl. auch *M. Morgenstern*, Eine jüdische Seele.
Joshua Sobols »Weiningers Nacht« als Spiegel moderner jüdischer Identitätskon-
flikte, in: Forum Modernes Theater 4 (1989), 3–15.
29   Vgl. *S. Liptzin*, Germany's Stepchildren, Cleveland / New York / Philadelphia ²1961, 184ff.
30   Vgl. *D. Abrahamsen*, The Mind and Death of a Genius, New York 1946,
43ff; *Gay*, Freud, 178f.
31   Vgl. *E. Jones*, Das Leben und Werk von Sigmund Freud, Bern/Stuttgart/
Wien ³1982, Bd. I, 337–372 und *S.L. Gilman*, Die schlauen Juden. Über ein dum-
mes Vorurteil, Hildesheim 1998, 172.

zu diesem Zweck einen Doppelgänger Ottos auftreten, der bezeichnenderweise in einer weiblichen Form erscheint, die »männliche«
Eigenschaften usurpiert hat und dem schwachen »Ich« des Helden
mit ironischem Tiefsinn den despektierlichen »weiblichen« Part
zuweist. Indem das Publikum Zeuge eines dramatischen Geschehens *in* Otto wird, geben diese Dialoge zugleich eine holzschnitt-
artige Darstellung der Geschlechterlehre Weiningers:

»Otto: Das Weibliche ist das Chaos.
Doppelgänger: Das Männliche ist der Kosmos.
Otto: Das Weibliche ist die Materie.
Doppelgänger: Das Männliche ist die Form.
Otto: Das Weibliche ist das Nichts.
Doppelgänger: Das Männliche das Sein.
Otto: Das Weibliche ist die Null.
Doppelgänger: Das Männliche die Unendlichkeit.
Otto: Das Weibliche ist das Absurde.
Doppelgänger: Das Männliche ist der Sinn.«[32]

Vor diesem Hintergrund ist Ottos Beurteilung des Zionismus zu
verstehen. Da seine Freundin Clara nach Palästina auswandern will
und männliche Begleitung sucht, nimmt der Reiz, der von dem erwarteten Rendezvous mit dem Land Israel ausgeht, erotische Formen an. Nachdem es Clara fast gelungen wäre, Otto zu »verführen«, dieser sie aber im letzten Moment mit dem Ausruf »Ich
Schwein!« von sich gestoßen hat, fragt sie vorwurfsvoll:

»Clara: Stoße ich dich so ab? Warum?
Otto: Du selbst bist überhaupt nicht schuldig. Das ist die Frau in dir. Mit
aller Gewalt versucht sie, glücklich zu werden.
Clara: Ist das der Fehler an mir? Ist das eine Sünde?
Otto: »Komm mit mir, komm mit mir!« Warum ist es dir überhaupt so
wichtig, da jemand mit dir kommt? Du suchst Erlösung ... Der Erlösungs-
zwang ist unmoralisch, verstehst du? Du wirst mich nicht in deinen Abgrund ziehen! So eine Mischung aus Frau und Judentum. Das hätte mir
gerade noch gefehlt!«[33]

Otto steigert seine Aversion gegen die Sexualität nun zu einer hef-
tigen Feindschaft gegenüber Judentum und Zionismus. Er hat die
»libidinöse Besetzung« des Landes Israel durchschaut und wird von
der Angst umgetrieben, im doppelten Sinn »verkuppelt« zu wer-

---

32 *J. Sobol*, Eine jüdische Seele. Die letzte Nacht des Otto Weiningers (hebr.),
Or-Am 1982, 86f.
33 Ebd., 36; vgl. dazu *P. Manker* (Hg.), Joshua Sobol. Weiningers Nacht, Wien
²1988, 28.

den. Zugleich wirft er seinem Freund Berger vor, sein Engagement gegen den Antisemitismus sei nur ein Vorwand, um seinerseits Clara verführen zu können:

»Otto: ... Wenn du deinen Zionismus ernst nehmen würdest, würdest du dann solch eine jüdische Intrige spinnen? ... Ihr macht euch selbst keine Ehre, wenn ihr so mit dem Glauben und den Überzeugungen herumspielt ... Schönheit! Liebe! Wahrheit! Freiheit! Liberalismus! Humanismus! Zionismus ... Ihr seid große Experten im Selbstbetrug. Ihr alle! Ihr nehmt das ja gar nicht ernst, ihr nehmt das ja gar nicht ernst!«[34]

Otto gesteht der von Herzl inaugurierten Bewegung durchaus zu, das »Judenproblem« richtig diagnostiziert zu haben. Was ihn von den Zionisten unterscheidet, ist der Pessimismus, mit dem er die Erfolgsaussichten der säkular-nationalen Renaissancebewegung beurteilt, die versucht, die fraulich-diasporahafte Passivität zu überwinden. In Sobols Stück bringt ihn die Anerkennung der antisemitischen »Argumente« dazu, sich mit einem verzweifelten Schritt gegen das Judentum und gegen die eigene Existenz zu stellen:

»Otto: Der Zionismus hat keine Chance.
Clara: Die Welt, in der wir leben, wird unter unseren Füßen zusammenbrechen. Wir müssen uns von Wien lossagen. Ganz Europa hinter uns lassen. Uns von dieser ganzen Welt trennen, bevor sie untergeht.
Otto: Versteh doch, Clara: Das Judentum ist ein Abgrund. Ein Abgrund im Schlund der jüdischen Seele. Er wird alles auffressen, was wir versuchen, auf ihm zu bauen.
Clara: Ach Judentum ... Es geht mir schlecht hier in Wien. Es geht mir schlecht auf der Universität mit den antisemitischen Studenten. Es geht mir schlecht mit der Scheinkultur, die die Wahrheit so elegant verbirgt ...«[35]

Als Vertreterin des, wie der Held schon jetzt zu sehen meint, besiegten Zionismus ist Clara der Inbegriff dessen, wovon Otto am meisten abgestoßen, aber zugleich angezogen wird. Mit ihrer menschlichen Art ist sie die sympathischste Figur, die Sobol in seinem Stück geschaffen hat. Ihr Zionismus entbehrt jeder lebens- und weltfremden, immer neue Opfer fordernden Ideologie. Er entspringt einem Instinkt, der das Unglück der Juden in Europa vorausahnt und dem – von Otto freilich in scharf abgelehnten – Wunsch, »glücklich zu werden« und nach »Erlösung« zu suchen. Die Antinomie zwischen diesem Vorwurf an die ehemalige Gelieb-

---

34 *Sobol*, Seele, 25 (vgl. *Manker*, Sobol, 22).
35 *Sobol*, Seele, 35 (vgl. *Manker*, Sobol, 27).

te, den er für den vernichtendsten hält, und der eigenen geheimen, unerfüllbaren Erlösungssehnsucht gehört zu den tiefsten Widersprüchen von Sobols Figur.

Zugleich legt der Autor Weininger Äußerungen in den Mund, die – ein konstruierter Anachronismus – als Kritik am Zustand der israelischen Gesellschaft der 80er Jahre erscheinen. Damit folgt er Grundannahmen, die in der zionistischen Historiographie üblich und plausibel sind, weil deren teleologische Konstruktion eine kontextuierende Vorgeschichte zu den Ereignissen des 20. Jahrhunderts benötigt. Bei Sobol geht es um eine Persiflage dieser geschichtslegitimatorischen Interessen. Würde die Begegnung mit dem historischen Mutterland in der Lage sein, das Problem der jüdischen Identität zu lösen, oder würde sie es eher komplizierter machen? Würde die Exilsreligion sich als stärker erweisen als die säkularistischen Ideale der ersten Zionspioniere? Der historische Weininger hatte vom völligen »Unverständnis des Juden für den Staatsgedanken« gesprochen und hinzugefügt: »Der Begriff des Bürgers ist dem Juden vollständig transcendent; darum hat es nie im eigentlichen Sinne des Wortes einen jüdischen Staat gegeben.«[36] Die Renaissance des Religiösen und die nationale Radikalisierung in Israel seit den 80er Jahren lassen beim Autor Zweifel am Gelingen des zionistischen Projektes aufkommen.

Die Gestalt Weiningers gibt Sobol zugleich die Möglichkeit, das Motiv des »jüdischen Selbsthasses« anzusprechen, eines der umstrittensten geschichtspolitischen Themen in Israel. Es geht hier um die Frage, ob der zionistischen Bewegung zur Zeit des Holocaust ein »Versagen« nachgewiesen werden könne[37]. Im Rückblick ließ sich nicht leugnen, daß die Entscheidungsträger in Palästina durch ihre Verachtung des Lebens im Exil zeitweise veranlaßt waren, die nationalsozialistische Bedrohung nicht ernst genug zu nehmen. Hat die »Mutter Erez Israel« ihre leidenden Kinder im Exil im Stich gelassen? Die aus diesem (tatsächlichen oder eingeredeten) Schuldgefühl erwachsenden quälenden Fragen hat der Autor durch

---

36   O. *Weininger*, Geschlecht und Charakter. Eine prinzipielle Untersuchung, München, 1980, 410f; zum Kontext der Diskussionen im Israel der 80er Jahre vgl. A. *Rubinstein*, The Zionist Dream Revisited. From Herzl to Gush Emunim and Back, New York 1984.

37   H. *Mommsen* (Hannah Arendt und der Prozeß gegen Adolf Eichmann, in: H. *Arendt*, Eichmann in Jerusalem. Ein Bericht von der Banalität des Bösen, Hamburg [8]1998, 29) hat darauf hingewiesen, daß in der Anfangsphase der nationalsozialistischen Herrschaft im Hinblick auf das beiderseitige Interesse an der Dissimilation der Juden »eine in der allgemeinen Zeitströmung wurzelnde Affinität zu vom Nationalsozialismus mobilisierten ideologischen Einstellungen auch bei der zionistischen Bewegung« vorhanden gewesen sei.

die formale Struktur seines Dramas auf den gegenwärtig neuroge-
nen Zustand des kollektiven Gedächtnisses in Israel bezogen. Der
Hauptteil der Handlung besteht aus Halluzinationen Ottos am
Abend vor seinem Selbstmord am 3. Oktober 1903 in der Schwarz-
spanierstraße 15, dem Wiener Sterbehaus Beethovens. Im Alptraum
der Gegenwart mit ihren neuen Untergangsängsten sind Weiningers Fragen präsent wie je zuvor: Wie konnte es zu dieser Katastrophe kommen? Warum muß das jüdische Volk überhaupt seit zwei
Jahrtausenden leiden und im Exil leben? Es rächt sich, so die Überzeugung Sobols, diesen Fragen auszuweichen. Allenfalls die scho-
nungslose Traumanalyse, im Sinne des Autors gerade auch mit den
Mitteln des Theaters, kann Linderung und Heilung verschaffen.

3.   Shulamit Lapid: Sara bewältigt den Komplex Abrahams

In ihrem am 5. April 1990 in Tel Aviv uraufgeführten Stück »Leihmutter« geht Sh. Lapid insofern über Sobol hinaus, als sie anhand
der biblischen Abrahamsgeschichte auch die konkurrierenden Ansprüche anderer »Kinder« auf das »Mutterland« sichtbar macht. Im
Mittelpunkt der Handlung stehen die verschiedenen der Geburt des
Isaak vorausgehenden Komplikationen: die Erzählungen von der
»Gefährdung der Ahnfrau« (Gen 12,10–20; 20,1–18 und 26,1–11),
die Hagar-Ismael-Episode (Gen 16,1–20; 21,8–21) und die immer
wieder verzögerte Erfüllung der Sohnesverheißung. All dies wird
von der Autorin dem sagenhaften Nebel der Frühzeit entrissen und
mit Hilfe vorgegebener Quellen aus dem Midrasch in ein verblüf-
fend »realistisches« Ibsensches Ehe- und Familienstück überführt,
das die jüdisch-islamische »Familienrivalität« zur Geltung bringt.
In diesem Sinne treten uns »der weltberühmte Archäologe Abram«
und seine Frau als ein in die Jahre gekommenes kinderloses Ehepaar im Palästina der britischen Mandatszeit entgegen. *Er* lebt, in
gewisser Rücksichtslosigkeit und Einseitigkeit, nur seiner Profes-
sion, während *sie* sich mißbraucht fühlt und unter Langeweile leidet. Nach Ausgrabungen in Ur in Chaldäa und Veröffentlichungen
über die Urvölker (»den Kanaaniter, den Perisiter, den Amalekiter
und so weiter«[38]) und über »die Altäre in Sichem und Hebron« hat
Abram sich, die unterlassene Inbesitznahme seiner Frau sublimie-
rend, in »die mittlere kanaanäische Epoche« verliebt[39]. Gegenwär-

---

38   *Sh. Lapid*, Leihmutter (hebr.), Or-Am 1990, 11.
39   Ebd., 18. Zum ideologischen Hintergrund der Terminologie in der zionistischen Archäologie (Bronzezeit als »kanaanäische«, Eisenzeit als »israelitische Epoche«) vgl. *A. Kempinski*, Die Archäologie als bestimmender Faktor in der israelischen Gesellschaft und Kultur, in: Judaica 45 (1989), 2–20, hier 10.

tig arbeitet er über den Kult am Terebinthenhain »More«[40] und wartet auf die von der oberen Verwaltungsbehörde »verheißene« Grabungsgenehmigung – ein Motiv, das insoweit auf der Linie der biblischen Erzählung liegt, als Abram auf dieses Ereignis immer nur warten muß und zwischenzeitlich Zweifel über die Identität, gar Existenz, des geheimnisvollen Funktionärs aufkommen[41]. Der dem fundamentalistischen Realismus – dem der Siedler in den besetzten Gebieten – sonst inhärente Anachronismus, der die biblische Geschichte für gegenwärtige Ansprüche herhalten läßt, wird verfremdet und umgekehrt. Nicht zeitgenössische Siedler »spielen« Abraham und Sara – die landnehmenden Erzeltern »spielen« das 20. Jahrhundert[42].

Mit der Archäologie bringt die Autorin zugleich eine Disziplin ins Spiel, die in Israel in besonderer Weise für die Spiegelung von Vergangenheit und Gegenwart zuständig ist[43]. Die Suche nach in der Erde vergrabenen Spuren antik-jüdischen Lebens konnte in einem bestimmten Stadium der Geschichte geradezu als zionistische Leitwissenschaft erscheinen, die im Lichte der neuesten Erfahrung den »mystischen Epochensprung von der Jetztzeit in die Zeit der Bibel«[44] zu symbolisieren hatte. Wie keine andere Wissenschaft war die biblische Archäologie im Israel der 80er und 90er Jahre aufgrund ihres gesellschaftlichen Bedeutungsverlusts aber auch dazu imstande, Zweifel am zionistischen Weltbild zu reflektieren[45]. In der ersten Szene erscheint der Philisterkönig Abimelech (Gen 20,2) als der etwa sechzigjährige britische Major Gerar im Mandatsgebiet Palästina. Man schreibt das Jahr 1930, und Gerar gibt für den Archäologen und seine Frau (und Nichte) Sara, die Gerar aber für Abrams Schwester hält, in seinem Haus einen Empfang. Anwesend sind auch Abrams Neffe Lot, der sich archäologisch mit Sodom und den Städten am unteren Jordan beschäftigt, sowie der

---

40 Vgl. Gen 18,1.
41 Vgl. *Lapid*, Leihmutter, 40.
42 Vgl. etwa M. *Dayan*, Leben mit der Bibel. Archäologie im Heiligen Land, Wien / München / Zürich / New York 1981, 24: »Der Kibbuz Deganiah und seine Leute gehörten für mich zu den ›Erzvätern‹ unserer jüngsten Vergangenheit.«
43 Vgl. etwa Y. *Yadin*, Herod's Fortress and the Zealot's Last Stand, New York 1966. Die Archäologie hatte immerhin auch Freud selbst als »Hauptmetapher für seine Lebensarbeit« gegolten (vgl. *Gay*, Freud, 198).
44 Vgl. *Kempinski*, Archäologie, 2.
45 Einschlägig für die Desillusionierung unter israelischen Archäologen und die Einsicht in die Vergeblichkeit der Bemühung, ihren Forschungsergebnissen ein identifikatorisches Angebot zu entnehmen, ist I. *Finkelstein*, The Archaeology of the Israelite Settlement, Jerusalem 1988, 22: »... attemps to reconstruct the process of Israelite Settlement by means of traditional biblical archaeology ... have been notoriously unsuccessful.«

britische Captain Pichol (Gen 21,22.32; 26,26). Abram hat soeben
seine dritte Ausgrabungsperiode in Sichem beendet. Während er
sich in einer Ansprache über die gesellschaftliche Bedeutung der
Archäologie ausläßt, hat der ledige Gastgeber die schöne Sara im
Blick. Mit dem untergebenen Kolonialoffizier tauscht er Bemerkungen über die »Eingeborenen« aus.

»Gerar: Sind das Araber?
Pichol: Nein, keine Araber, Hebräer ... Lot hat uns Wein mitgebracht.
Araber trinken keinen Wein.«[46]

Im weiteren Verlauf des Partygeplauders wird die Parodie weiter-
getrieben. Nachdem Sara erfahren hat, daß der Offizier vor zehn
Jahren in Ägypten stationiert war, kokettiert sie, frei nach der biblischen Vorlage, mit ihren dortigen Abenteuern. Während die
klassischen jüdischen Kommentare die Neigung hatten, den Erzvater und seine Frau zu exkulpieren und auch seine Nachkommen
vom schrecklichen Verdacht einer »unreinen Abstammung« zu
entlasten[47], bringt Lapids Sara das in ihren Affären mit Abimelech
und dem Pharao enthaltene Potential von Klatsch und Soupçon zur
Entfaltung: »Haben Sie König Fuad kennengelernt? ... Er war in
mich verliebt.«[48]
Das Thema der außerehelichen Liebschaften erweist sich nun als
hochdramatische Mischung. Der Zuschauer erfährt, daß das Unglück der Familie mit einem Seitensprung von Abrams Bruder Haran und seiner darauf folgenden Ermordung durch seine Frau, Sa-
ras Mutter, begonnen hatte[49]. Diese Darstellung der Familientra-
gödie, die an rabbinische Quellen anknüpft und zugleich eine Vari-

---

46   *Lapid*, Leihmutter, 9.
47   Im Zusammenhang mit Vergewaltigungsphantasien und -ängsten spielt der
Verdacht einer »unreinen Abstammung« auch in *Lapid*s Roman *Im fernen Land
der Verheißung* (s.o.) und in *M. Shamir*s Stück *Judith among the Lepers* (Or Am
1989) eine Rolle; vgl. dazu *M. Morgenstern*, Transformationen des Biblischen im
israelischen Theater, in: *I. Hentschel / K. Hoffmann* (Hg.), Theater – Ritual – Religion. Beiträge zu Theater und Religion, Münster 2004, 79–98.
48   *Lapid*, Leihmutter, 12. Gemeint ist Fuad I. (1868–1936), zunächst Sultan
(1917–1922), später König von Ägypten (1922–1936).
49   Im Midrasch zu Gen 11,28 (vgl. *Raschi*s Kommentar zur Stelle) heißt es,
daß Haran, nachdem sein Bruder Abram die Götzenbilder ihres Vaters Therach
zerstört hatte, durch die Hand des Vaters starb; in BerR 60,12 (vgl. auch *Raschi* zu
Gen 24,55) werden die konfliktreichen Beziehungen weiter ausgemalt: Als Elieser
in den alten Heimatort Abrahams zog, um dort eine Frau für Isaak zu finden, habe
der aus der Verbindung von Milka und Nachor hervorgegangene Betuel die Ver-
heiratung seiner Tochter Rebekah mit Isaak verhindern wollen und sei daraufhin
des Nachts von einem Engel getötet worden. Nach dem Midrasch Leqach Tov
(z.St.) versuchte Betuel gar, Elieser zu vergiften.

ation des Orestie-Motivs ist, war der eigentliche Grund für den Aufbruch der Großfamilie aus Ur in Chaldäa[50]. Aufgrund dieser Vorgeschichte sieht eine hinzugezogene Psychologin Anlaß zur Befürchtung, Sara könnte – in zwanghafter Wiederholung der Tat ihrer Mutter – eines Tages ihren Ehemann umbringen, um aus ihrer unglücklichen Ehe auszubrechen. In der Tat scheint die Tatsache, daß Sara sich mit einem befreundeten Pferdezüchter namens »Bernstein« (= Elektron) zum Kartenspiel trifft, auf eine Art »Elektra-Schicksal« zu verweisen. Deutlich ist jedenfalls, daß die Autorin der Erzmuter eine deutlich aktivere Rolle zubilligt als die biblische Erzählung. Das hängt mit ihrer aktiven Mutterrolle den Söhnen, aber auch ihrer »Tochter« Hagar gegenüber zusammen; hinzu kommt das Motiv des »Spielens« und »Lachens«, das die Tradition mit beiden Anwärtern auf das Land verknüpft: Mit Isaak (deutsch: »Er lacht«[51]) und Ismael, der von Sara vertrieben wurde, nachdem er mit seinem jüngeren Halbbruder »gescherzt« hatte[52]. Gerade mit diesem letzteren Motiv, das in rabbinischen Texten mit Götzendienst und Unzucht in Verbindung gebracht wird[53], geht Sara in dieser Theaterversion als wahrhaft souveräne »Fürstin« um. Am Ende will sie weder auf die verheißene Grabungsgenehmigung ihres Ehemannes noch auf dessen Aufmerksamkeit und Zuwendung warten, die doch Voraussetzung für die Ankunft eines Kindes wären. Statt dessen versichert sie sich der Hilfe ihres geheimnisvollen Freundes Bernstein, dessen übernatürliche Fähigkeiten symbolisch den Stammvater ausschalten, und etabliert einen neuen Mythos von der Geburt des Stammhalters und Erben, eine mütterliche Gegengeschichte. Mit der Deutung der biblischen Sage im Licht der gegen den Strich gelesenen rabbinischen Tradition und zugleich vom Orestie-Geschehen her, gelingt es der Autorin, ihren Stoff gegenwartsrelevant und gewissermaßen von einem Urmotiv des Dramatischen her zu rekonstruieren. Daß sie die Rede vom biblischen »Mutterland« dadurch für nationalistische Aspirationen untauglich gemacht hat, ist nicht ihr geringstes Verdienst.

---

50   *Lapid*, Leihmutter, 38.
51   Vgl. Gen 18,12–13; 21,6.
52   Vgl. Gen 21,9.
53   Vgl. *Raschi* zu Ex 32,6.

Matthias Morgenstern, geb. 1959, Dr. phil., ist apl. Professor für Judaistik und Religionswissenschaft an der Evangelisch-Theologischen Fakultät der Universität Tübingen.

Abstract

The gender assignment for the Jews after the periods of their salvation history in terms of the sequence of exile and redemption is deeply rooted in Jewish tradition. Accordingly, the Diaspora has been a period of »femininity«, while the return to Zion provides the hope for the triumph of »masculinity«. Likewise, the theme of the »motherland« and its alienated but now returning sons has been an important subject matter for 20th century Hebrew literature. This paper presents three contemporary writers who raise this topic but also distance themselves from it self-critically. *A.B. Yehoshua* combines Zionist and psychoanalytical insights showing how the task to »normalize« the Israeli-Jewish gender construction is failing. *Y. Sobol* refers to the historic encounter between S. Freud and the Viennese antisemitic philosopher O. Weininger that reflects the problems of the political situation in Israel. *Sh. Lapid* deals with the biblical story of Abraham and his journey to the Promised Land in a way that makes the talk of the biblical »motherland« unfit for nationalist aspirations.

Reinhold Zwick

Imaginationen des Heiligen Landes im Bibelfilm

1. Ortsbesichtigungen in Palästina

Auf der Suche nach möglichen Drehorten für seine geplante Verfilmung des Matthäus-Evangeliums bereiste Pier Paolo Pasolini vom 27. Juni bis 11. Juli 1963 Israel, Jordanien und Syrien. In seiner Begleitung waren Don Lucio Caruso und der Bibliker Don Andrea Carraro von der christlichen Bruderschaft »Pro Civitate Christiana« in Assisi, die durch ihre ideelle Unterstützung seines Evangelienprojekts maßgeblich dessen schwierige Finanzierung befördert hatte, sowie ein kleines Fernsehteam, das die Reisestationen und Gespräche nach Art eines filmischen Tagebuchs festhielt. Aus diesen audiovisuellen Notizen entstand noch im selben Jahr die knapp einstündige Dokumentation SOPRALUOGHI IN PALESTINA PER *IL VANGELO SECONDO MATTEO* (Ortsbesichtigungen in Palästina für *Das Erste Evangelium – Matthäus*[1]), schlichte Reisebilder, unterlegt mit Dialogen zwischen Pasolini und Carraro und einem nachträglich im Studio eingesprochenen – wie man heute sagen würde – ›Audiokommentar‹ des Regisseurs. Verschiedene Szenen sind zudem begleitet von Motiven aus Johann Sebastian Bachs »Matthäuspassion«, welche Pasolini bereits in seinem Filmdebut ACCATTONE (1960) verwendet hatte und die später auch im Evangelienfilm ›tonangebend‹ sein sollte. Obgleich SOPRALUOGHI in filmästhetischer Hinsicht unbedeutend ist und nach seiner Uraufführung im Dezember 1963 auch nur selten auf Festivals und in Retrospektiven gezeigt wurde[2], ist Pasolinis Kommentar sehr aufschlussreich für ein Nachdenken über die Imaginationen des Heiligen Landes im Bibelfilm, die sich je anders im weiten Spektrum

---

1   Da der Film in Deutschland nicht verliehen wurde, existiert kein offizieller dt. Titel.
2   Vgl. *Freunde der Deutschen Kinemathek e.V.* (Hg.), Pier Paolo Pasolini. Dokumente zur Rezeption seiner Filme in der deutschsprachigen Filmkritik 1963–85 (= Kinemathek, 31. Jg., Nr. 84), Berlin 1994, 70. – Inzwischen ist der Film auf DVD erhältlich.

zwischen dem Bemühen um mein Höchstmaß an Authentizität einerseits und einer offensiv verfochtenen Stilisierung positionieren[3]. Mit der Millionen-Zahl der Zuschauer dieser Filme im Kino und in den Wohnzimmern haben diese Imaginationen eine enorme Bedeutung für die Vorstellungsbildung breitester Kreise, zumal ja die Handlungsräume niemals bloßes ›Setting‹, ›Design‹ oder Kulisse sind, sondern als lebensweltliche Kontextuierungen auf das Verstehen der in ihnen verorteten Handlungen und Dialoge rückwirken und als inszenierte ›Sitze im Leben‹ die Glaubwürdigkeit und innere Wahrhaftigkeit des Geschehens maßgeblich mit konstituieren.

Pasolini suchte in Palästina die Begegnung mit einer archaischen Welt, wie er sie auf früheren Reisen nach Afrika und Indien gefunden hatte. Anders als Carraro, der eine großartige, erhabene Szenerie imaginierte, hatte er für die »Ära Christi eine Welt vor Augen«, die sich mit Begriffen wie »elend [wretched], ländlich ... archaisch, fragmentiert« verbindet (Z. 365–368[4]) – beide hatten sie also schon vor Reiseantritt *Vor*-Stellungen, die sie vor Ort eingelöst zu finden hofften. Pasolini hatte gedacht, dass in Israel »dieselben Orte, wo Christus gepredigt hatte, ohne die geringste Änderung das setting für (s)einen Film sein könnten« (Z. 40–42), aber sah sich schnell enttäuscht: Ob am See Gennesaret und in Kafarnaum, am Tabor und in Beersheba, in Nazareth, Bethlehem, Jerusalem oder Damaskus – fast überall, wohin er kam, erschienen ihm Land und Leute »von der Moderne kontaminiert« (Z. 52), durchsetzt mit Spuren und Zeichen der modernen Agrarwirtschaft, der Industrialisierung und des Kapitalismus. Die »biblische, archaische Welt« (Z. 10) fand er weithin nur mehr in den Gesichtern, der Kleidung und den Ar-

---

3 Zum Ausgangspunkt einer gründlichen Reflexion auf Pasolinis Filmästhetik wird SOPRALUOGHI bei *Noa Steimatsky*, Pasolini on Terra Sancta: Towards a Theology of Film: The Yale Journal of Criticism, Vol. 11 (1998), 239–258. Die Begegnung mit dem Heiligen Land war Steimatsky zufolge mit entscheidend für die Ausbildung von Pasolinis Konzept der »Analogie«. Die Autorin kommt zu dem Schluss: »As the sacred is transported from the authentic *Terra Sancta* to this place [Süditalien], so does its incarnation in the humanity of Christ bear upon the landscape that grounds its image. The sacred is figured upon the face of the earth, which affords a more profound, more enduring expressivity than that of one human face alone. Pasolini seeks to capture in the filmed world a glimpse of the iconic image of God: seen but not quite nameable, exceeding the particular and the historical in its apotheosis of landscape.« (258)
4 Die Zahlen in Klammern beziehen sich auf die durchlaufende Zeilenzählung einer unveröffentlichten und anonymen englischsprachigen Dialogliste (insgesamt 762 Zeilen; Kopie in meinem privaten Archiv). Da diese das italienische Original sehr zuverlässig überträgt, zitiere ich im Folgenden nach dieser (mit eigener dt. Übersetzung, die mit dem italienischen Original abgeglichen ist).

beitsformen des »arabischen Subproletariats, der einzigen Klasse, die im Vergleich mit der sehr modernen israelischen Gesellschaft wahrhaft archaisch geblieben ist.« (Z. 232–234) Am Ende waren die Ufer des Toten Meeres für Pasolini, wie er bemerkt, »die einzige Landschaft, die der Haupterfahrung meiner Reise widersprach. Sie ist die einzige, die in ihren Charakteristika die Gestalt der Erhabenheit [shape of grandeur] besitzt« (Z. 436–442). Den Film nun aber in den arabischen Dörfern Palästinas und mit arabischen Statisten zu drehen, war für ihn auch keine Lösung, denn – ein interessantes Kriterium! – auf den Gesichtern dieser Menschen habe »Christi Lehre keine Spur hinterlassen« (Z. 260), sie seien vielmehr »absolut vorchristlich« (Z. 427). Die Gesichter waren für Pasolini immer ein wichtiger Teil des ›setting‹, so man will: der ›Landschaft‹. Er musste also eine Alternative finden zu den vom Christusereignis unberührten Gesichtern der Araber und den »modernen Gesichtern« (Z. 529) der Israelis, die, wie er sagt, »die moderne Entwicklung seit der Romantik durchlaufen haben und den archaischen Zügen, die ich für meinen Film suche, tief entfremdet sind« (Z. 529–533). Diese Gesichter und die zu ihnen und zum Evangelium passende Landschaft fand Pasolini dann in Süditalien, in jenen unterentwickelten Regionen Apuliens, Kalabriens und der Basilicata, die schon bei der Reise nach Palästina immer häufiger als Alternative vor seinem inneren Auge auftauchten. Womöglich waren sie schon vorher insgeheim seine Favoriten[5], was der Reise dann eher den Charakter einer Vergewisserung und Selbstlegitimation, dass man im Heiligen Land einfach nicht mehr drehen *könne*, gegeben hätte. Auch wenn sich Pasolini am Ende sicher war, er könne »all das anderswo rekonstruieren« (Z. 541), hinterließen die Ortsbesichtigungen in Palästina doch tiefe Spuren. Als ihn Andrea Carraro einmal nach dem »spirituellen Eindruck«, den eine galiläische Landschaft auf ihn machte, befragte, meinte er: »Für Sie und mich hat das Wort spirituell verschiedene Bedeutungen. Für Sie hat es einen zuinnerst religiösen Sinn, für mich einen ästhetischen.« Hinsichtlich geeigneter Drehorte habe er zwar »eine praktische Enttäuschung« erlebt, diese sei aber »bedeutungslos«. Denn: »Die praktische Enttäuschung korrespondiert mit einer tiefen ästhetischen Offenbarung, einer Offenbarung, die in einem Feld, das ich vollkommen zu besitzen glaubte, noch bedeutsamer ist. Meine Idee, dass die kleineren und bescheideneren [humble] Dinge die schöneren und tieferen sind – diese Idee hat einen Schock erlebt: Sie ist wahrer, als

5   Das vermutet *W. Schütte*, Kommentierte Filmographie, in: *P.W. Jansen / W. Schütte* (Hg.), Pier Paolo Pasolini (Reihe Film 12), München, 3., erg. Aufl. 1985, 103–214, hier 132; anders *B.D. Schwartz*, Pasolini Requiem, New York 1992, 195.

ich dachte. Die Idee von den nackten Hügeln wo Er predigte, ist ästhetisch geworden, und insofern: spirituell.« (Z. 547–564) Immer
wieder erfährt er im Kontext seiner Recherche in Sachen Evangelium das Einfache und Niedrige als das eigentlich Erhabene (vgl. Z.
671f). Durch die Begegnung mit dem Heiligen Land werden Pasolinis Vorstellungen, die er mitgebracht hatte, gleichsam mit Realität
und Wahrheit aufgeladen. Er will deshalb die Aura Palästinas und
seine historischen Tiefendimensionen, die ihn ergriffen haben (Z.
631ff), förmlich aufsaugen, will sie »denkend und meditierend auf-
nehmen« (Z. 151), um sich dann aus dieser ästhetisch-spirituellen
Erfahrung heraus in Süditalien an die Arbeit machen zu können.
Der im Selbstgespräch formulierte Vorsatz lautet: »Ich denke, dein
Ziel sollte sein: den Geist dieser Situation annehmen und absorbie-
ren; dann ihn wieder-erfahren und rekonstruieren, ihn vielleicht in
einer anderen Umgebung, irgendwo anders, erschaffen« (Z. 139–
143), nicht in sklavischer Treue, sondern »unter Anpassung an deine eigene Sensibilität und Vorstellung« (Z. 153f) und vermittels einer persönlichen filmästhetischen Handschrift. Pasolini ist zuver-
sichtlich: »Die Orte und Charaktere werden durch das stilistisch
Elaborierte des Films wiederkehren« (Z. 644f); und bereits in Israel
und Jordanien erinnert er sich vieler Orte im Mezzogiorno, die später die biblischen Stätten »substituieren« (Z. 741) könnten.
Pasolinis Suchbewegung in Palästina vereint in nuce alle Dimensionen der komplexen Frage nach den Möglichkeiten einer filmischen Repräsentation des Heiligen Landes, die im Folgenden (fo-
kussiert auf das Genre des Jesusfilms[6]) etwas näher ausgeleuchtet
werden sollen: 1. Pasolini ist sich bewusst, dass er Vorstellungen,
Imaginationen oder *Vor-Bilder* mitbringt, die sowohl bei der Lektüre der Evangelien vor seinem inneren Auge entstanden sind als
auch geprägt sind von konkreten Bild-Erfahrungen in Begegnungen mit Werken der bildende Kunst, der Popular- und Devotiona-
lienkultur oder landeskundlichem ›Anschauungsmaterial‹. 2. Pasolini teilt die *Sehnsucht nach »Authentizität«*, nach der Wahrheit
der ›echten‹ Räume, die wie die seit Jahrhunderten die Pilger auch
nicht wenige Filmemacher hat ins Heilige Land reisen lassen[7].
3. Was sich für Pasolini aufgrund der Ortsbesichtigung wegen der
modernen Veränderungen in Israel aufdrängte und für andere etwa aufgrund politischer oder ökonomischer Gegebenheiten unum-

---

6   Näheres dazu bei *R. Zwick*, Evangelienrezeption im Jesusfilm. Ein Beitrag zur
intermedialen Wirkungsgeschichte des Neuen Testaments (SThPS 25), Würzburg
1997; *ders. / O. Huber* (Hg.), Von Oberammergau nach Hollywood. Wege der
Darstellung Jesu im Film, Köln 1999.
7   Zum Zusammenhang von Pasolinis Reise mit der Pilgerfahrt-Tradition vgl.
Steimatsky, Pasolini on *Terra Sancta*, 241ff.

gänglich war, ist der Ansatz der *Substitution* der Schauplätze in Palästina durch vermeintlich geeignetere, gegebenenfalls durch Bauten und Ausstattung ›nachgebesserte‹ Drehorte mit biblischer ›Aura‹. 4. Pasolini weiß schließlich auch um die Bedeutung des Faktors der subjektiven Aneignung, der persönlichen künstlerischen ›Vision‹ und die Bedeutung der filmästhetischen Bearbeitung und *Stilisierung*, weiß darum, dass es womöglich mehr auf die Aura, auf den ›Geist‹ einer Szenerie ankommt, als auf die historisch exakte, detailgenaue Rekonstruktion eines Setting.

Überwölbt werden diese Momente von einem tiefen Bewusstsein von der mythischen Qualität des Heiligen Landes, die sich auch ästhetisch vermittelt, die sich einschreibt in die Wahrnehmung dessen, was sich von dieser Landschaft als äußere Realität zeigt und sichtbar wird. Denn diese Landschaft kann nicht anders gesehen und erfahren werden als zugleich real und imaginär, zugleich konkret und symbolisch, niemals ›unschuldig‹, sondern immer politisch, ideologisch und religiös aufgeladen[8]. Damit bekamen alle Regisseure zu tun, die im Heiligen Land drehen wollten – und die wenigsten hielten diesem Druck stand und wichen nicht in Ersatz-Räume aus.

2. Vor-Bilder

Wie Pasolini haben alle Regisseure von Bibelfilmen vor Beginn der Suche nach geeigneten Drehorten eine ›Vorstellung‹ vom Heiligen Land, die natürlich nur dann aktualisiert und bedeutsam wird, wenn ein Film im Modus der Historisierung angestrebt wird und nicht etwa eine Aktualisierung, eine Übersetzung in zeitlosere Abstraktion oder eine Transposition in andere Kulturen oder Räume, z.B. wie in Cheik Oumar Sissokos LA GENESE (»Die Erben von Kain und Abel«, 1999) eine Versetzung der Jakob-Esau-Handlung in das Stammesmilieu von Mali. Die vorhandenen mentalen Bild-ideen, wie das Heilige Land (samt seiner Architektur, seiner Bräuche etc.) in biblischen Zeiten ausgesehen haben mag, sind allgemein gesehen Teil des kulturellen Gedächtnisses und insofern je nach sozialer und kulturgeschichtlicher Kontextuierung anders or-

---

8   Wie eine Landschaft zu einem »idol in its own rights« wird, d.h. zu einer »potent, ideological representation that serves to naturalize power relations and erase history and legibility«, untersucht auf sehr anregende Weise und stets unter Vergegenwärtigung der hohen Bedeutung des Sehens bzw. der »specular construction of landscape« *W.J.T. Mitchell*, Holy Landscape: Israel, Palestine, and the American Wilderness, in: Critical Inquiry, Vol. 26, No. 2 (2000), 193–223, hier 194.198.

ganisiert. Für den europäischen und nordamerikanischen Raum lassen sich verschiedene hauptsächliche Bildquellen namhaft machen, die im Zuge komplexer intertextueller Korrelationen den Bildvorrat speisen (nicht eingerechnet die in ihren Schilderungen oftmals sehr bildproduktiven Bibelromane).

a)   Wichtig als Bild-Anreger sind zunächst andere Filme, Spielfilme ebenso wie Dokumentarberichte aus Ländern der Bibel oder TV-Features über biblische Gestalten, die ihre Zuschauer (teilweise im Stil der Doku-Fiction, also einer mit inszenierten Szenen durchsetzen Dokumentation) an die ›authentischen‹ Schauplätze führen wollen. Selbst wenn sich ein Regisseur bewusst von Bildfindungen seiner Vorgänger im Bibel-Genre absetzt und eine ›eigene‹ Vision entwickeln will, bleiben deren Bilder ex negativo wirksam. – Vermittelt schreiben sich in das filmisch gespurte Bildgedächtnis daneben auch Seh-Erfahrungen mit benachbarten Genres wie dem Antiken- oder ›Sandalen‹-Film und dem Orient-Film[9] ein.

b)   Wer den Religionsunterricht besucht hat, kennt das Heilige Land aus den einschlägigen Abbildungen in den Religionsbüchern, die durch die ›Autorität‹ des Lehrbuchs mitunter ›kanonische‹ Geltung erlangen können.

c)   Wird näher zu recherchieren gesucht, halten der Buchhandel und, noch bequemer, das Internet eine schier unübersehbare Fülle von Bildmaterial bereit, wobei insbesondere den Fotografien aus dem 19. und frühen 20. Jahrhundert große Bedeutung zukommt, weil sie ein Palästina *vor* der von Pasolini beklagten Kontamination mit der Moderne zeigen: Ansichten eines Landes von archaischer Kraft, bei denen man meinen könnte, die Zeit wäre seit Jesu Tagen stehengeblieben. Einschlägige Archive[10] und Fotobände wurden von vielen Regisseuren und insbesondere auch von ihren Ausstattern in der Tat aufmerksam studiert und gelegentlich noch ergänzt um die Sichtung archäologischer und landeskundlicher Fachliteratur[11].

d)   Hinter Fotografie und Film zurückgefallen, ja heute bisweilen schon vergessen sind andere visuelle Medien, die im 19. Jahrhundert noch Massenmedien waren und auch in Sachen Bibel eine

9   Vgl. dazu *J.C. Eisele*, The Wild East: Deconstructing the Language of Genre in the Hollywood Eastern, in: Cinema Journal, Vol. 41, No. 4 (2002), 68–94.
10   Eine wahre Fundgrube erschließt das unter dem Titel »Sources for Historical Photographs of the Middle East: Holdings at Selected Repositories« (http://www.loc.gov/rr/print/resource/mepbibliographySAA.pdf) firmierende annotierte Verzeichnis von einschlägigen Archiven und Websites.
11   Martin Scorsese etwa bediente sich für »Die letzte Versuchung Christi« der »Biblical Archaeology Review« (vgl. *L. Keyser*, Martin Scorsese, Independence, KY 1992, 170f).

Schlüsselrolle im visuellen kulturellen Gedächtnis besetzt hielten. Das ist zum einen die sog. Orientmalerei, die mit dem Aufschwung der Palästina-Reisen im 19. Jh. aufblühte und durch Drucke popularisiert wurde, zum anderen das Genre der sog. »Panoramen«, jener auf ein Höchstmaß an Naturalismus getrimmten 360° Rundgemälde, die in eigens dafür errichteten Bauten, unterstützt von einer ausgeklügelten Lichtführung und den Bildern zugeordneten Realien (Bäume, Sträucher, Felsen etc.), einen maximalen Realitätseindruck aufbauen wollten. Der in der Mittelachse des umlaufenden Panorama-Szenarios befindliche, folglich rundum in seinem ganzen Gesichtskreis vom Bild umfangene Betrachter, sollte dazu gebracht werden, sich der Illusionierung zu überlassen und innerlich einzustimmen: »So war es, und ich bin Augenzeuge!« Stadtansichten Jerusalems, oftmals mit biblischen Szenen aus der Passionsgeschichte, waren (neben Schlachtszenen) eines der populärsten Sujets der Panoramen[12], und wie ausgesprochen proto-filmisch die Inszenierung war, davon kann man sich heute noch in Altötting überzeugen, wo sich eines der letzten Exemplare dieses ehemaligen Massenmediums erhalten hat und vor einigen Jahren sehr aufwendig restauriert wurde[13].

e) Wirksam für das Bildgedächtnis in Sachen Heiliges Land wurden schließlich auch die einstmals ebenfalls außerordentlich populären Bilderbibeln, insofern sie bei aller Konzentration auf mehr oder weniger dramatische Figuren-Szenen doch stets einiges an Landschaften, Bauten und ›Ausstattung‹ (Kleidung, Figuren, Gerätschaften etc.) transportierten. Besonders in der Stummfilm-Zeit wurden nicht selten Szenen aus Bilderbibeln fast eins zu eins in Filme zu übertragen gesucht, so etwa Szenen aus der von Gustave Doré illustrierten Bibel oder, noch häufiger, aus der in ihren Bildausschnitten und Perspektiven erstaunlich ›filmisch‹ organisierten Bilderbibel von J. James Tissot, die von zwei ausgedehnten Reisen des Künstlers ins Heilige Land[14] inspiriert war. Die 1912 unter der Regie von Sidney Olcott entstandene amerikanische Spielfilm-Bio-

---

12 Vgl. *B. Comment*, Das Panorama. Die Geschichte einer vergessenen Kunst, Berlin 2000, 69, ferner 46.56; *Kunst- und Ausstellungshalle der Bundesrepublik Deutschland* (Hg.), Sehnsucht. Das Panorama als Massenunterhaltung des 19. Jahrhunderts (Katalogbuch zur gleichnamigen Ausstellung vom 28.5. bis 10.10. 1993), Frankfurt a.M. 1993, 174–175.

13 Themenschwerpunkt der Zeitschrift »das münster«: 46. Jg., H. 3 (1993).

14 Vgl. *H. Reynolds*, From the Palette to the Screen: The Tissot Bible as Sourcebook for ›From the Manger to the Cross‹, in: *R. Cosandey / A. Gaudreault / T. Gunning* (ed.), Une invention du diable? Cinéma des premiers temps et religion – An Invention of the Devil? Religion and Early Cinema, Sainte-Foy/Lausanne 1992, 275–310, hier 276.

graphie Jesu FROM THE MANGER TO THE CROSS[15] war nicht nur
der Film, der in seinen Bildkompositionen am engsten an Tissots
1896 veröffentlichtes »Leben Jesu« (1896) anschloss, sondern zugleich der erste in der Filmgeschichte, der an den (vermeintlichen)
Originalschauplätzen im Heiligen Land und in Ägypten gedreht
wurde.

3.   Sehnsucht nach Authentizität

Mit seinen tableauartigen Einzelszenen, die sich zu einem fragmentarischen Parcours durch die Vita Jesu verbinden[16], schließt
Olcotts Film an die Tradition der frühen Kino-Passionen (seit 1897)
an. Waren aber seine Vorgänger in aller Regel reine Studioproduk-
tionen, so unternahm Olcott eine regelrechte Orient-Expedition
und drehte ›vor Ort‹, etwa in Jerusalem, Betlehem und – für die
Szene über die Flucht nach Ägypten – bei den Pyramiden von Gi-
zeh, wo die Hl. Familie zu Füssen der Sphinx rasten darf[17]. Als eine
Art »spirituellen Baedeker für das Heilige Land« hatte das Film-
team vom Präsidenten der Produktionsgesellschaft »Kalem« eine
Ausgabe der Tissot-Bibel mitbekommen[18], und Olcott bediente sich
ihrer rege: in der Auswahl der Szenen, in Kostümen und Ausstattung, in der Bildkomposition, aber auch in den Bauten. Denn schon
damals fand man im Heiligen Land längst nicht alles so vor, wie
man es sich vorgestellt oder bei Tissot vorgezeichnet gefunden
hatte, und musste manches – wieder à la Tissot – filmarchitektonisch nachbauen, so etwa den Jerusalemer Tempel oder den Palast
des Pilatus[19]. An den Kinokassen jedenfalls ging das Rezept auf:
Der Film spielte das Zehnfache seiner mit 100.000 Dollar damals

---

15   Der Film gilt mit seiner Spiellänge von 71 Minuten als einer der ersten
abendfüllenden Spielfilme amerikanischer Produktion und als der erste Langspiel-
film über das Leben Jesu überhaupt. Vgl. die Hinweise von Danél Griffin unter
http://uashome.alaska.edu/~dfgriffin/website/fromthemanger.htm. – Filmografi-
sche Angaben bei *R.H. Campbell / M.R. Pitts*, The Bible on Film. A Checklist,
1897–1980, Metuchen, NJ / London 1981, 80f.
16   Kritisch dazu *Ch. Keil*, ›From the Manger to the Cross‹: The New Testament
Narrative and the Question of Stylistic Retardation, in: *Cosandey/Gaudreault/
Gunning* (ed.), Une invention du diable?, 112–120.
17   Vgl. das Szenenbild in *R. Kinnard / T. Davis*, Divine Images. A History of
Jesus on the Screen, New York 1992, 23. – Unmittelbar zwischen den Tatzen einer
Pappmaché-Sphinx hatten die Muttergottes und ihr Kind schon im überhaupt
ältesten erhaltenen Jesusfilm ruhen dürfen, in LA VIE ET LA PASSION DE JÉSUS-
CHRIST (1897) aus den Werkstätten der Gebrüder Lumière.
18   *Reynolds*, Palette, 276.
19   Vgl. ebd., 279.

immens hohen Produktionskosten ein und wurde der größte Erfolg von »Kalem«-Film[20]. Paradigmatisch verdeutlicht aber bereits FROM THE MANGER TO THE CROSS die Crux aller späteren Unternehmungen, die ›on location‹ drehten: Der seinerzeit von der Produktionsgesellschaft erhobene Anspruch, man werde, »wo immer dies möglich ist, jede Szene exakt an den Schauplätzen drehen, die von den führenden Autoritäten angegeben sind«[21], kollidiert mit einem völlig unkritischen, biblizistischen Umgang mit der Schrift. Die Authentizität der Orte, die auf Strecken auch nur eine vermutete ist, soll die Wahrheit der dort handelnden Szenen bekräftigen, soll gewissermaßen als beglaubigendes Moment auf diese ›überspringen‹.

Mit Olcotts Film bahnt sich deshalb eine unselige Entwicklung an: Gerade diejenigen Filme, die am meisten Authentizität für ihre Schauplätze und die Rekonstruktion des zeitgenössischen Ambientes reklamieren, sind in aller Regel gleichzeitig die schwächsten hinsichtlich der historisch-kritischen Aufarbeitung der Erzählinhalte der biblischen Quellen, wenn nicht gar offensiv gegen jede ›Rückfrage nach Jesus‹ aufgestellt. Diese Spannung ist typisch für evangelikale Produktionen, und der erfolgreichste unter den vielen schlichten Jesusfilmen dieser Provenienz ist zugleich das Paradebeispiel für eben diese Problematik. Die Rede ist von dem schlicht mit JESUS betitelten Film, der 1979 als Kinofassung einer (in der Gesamtspieldauer wesentlich längeren) Serie von ursprünglich auch einzeln vertriebenen Filmepisoden aus dem Leben Jesu veröffentlicht wurde. Die Episoden und die Kinofassung waren Teil des sog. »Genesis«-Projekts, einer Art von audiovisueller Bilderbibel, initiiert von dem Regisseur John Heyman (Johannes Heimann), einem in der Nazizeit nach Amerika emigrierten deutschen Juden[22]. Bei JESUS führte Heyman nicht selbst Regie, sondern Peter Sykes und John Kirsh, aber er blieb als Produzent der spiritus rector des Unternehmens. Der Film wird bis heute in der evangelikalen Missionsarbeit verwendet (etwa durch »Campus für Christus«); er wurde nach dem Fall des Eisernen Vorhangs massiv in Osteuropa und Russland[23] eingesetzt und etwa auch in Tausenden von Exemplaren bei der Expo 2000 in Hannover ausgegeben. Der sehr opti-

---

20   *Campbell/Pitts*, Bible on Film, 80–82, hier 82.
21   Ebd., 81.
22   Näheres bei *H. Nemetschek*, Die Botschaft: Authentizität vs. Interpretation. Interview zum »Genesis-Projekt« mit Richard Hänssler, in: medien praktisch, Nr. 2 (1981), 10–14, hier 10f.
23   Die Tageszeitung »Die Welt« meldete am 10.09.1990 unter dem Titel »Film über Jesus wird zum Kinohit in der Sowjetunion«, JESUS habe in Russland allein 1990 (bis September) eine halbe Million Zuschauer gefunden.

mistischen Eigenwerbung zufolge ist JESUS mittlerweile »in über 600 Sprachen übersetzt« und wurde weltweit »von mehr als zwei Milliarden Menschen gesehen«[24]. Das sei auch gut so, ist er doch nach Auffassung seiner Produzenten und Vertreiber der fraglos »authentischste Jesusfilm aller Zeiten«[25]. So stand es beispielsweise auf den Flyern und Plakaten zu lesen, als sich 1989 in Deutschland viele Kinos darauf einließen, den JESUS von Sykes/Kirsh anstelle der heiß umstrittenen, der Blasphemie bezichtigten Nikos Kazantzakis-Verfilmung DIE LETZTE VERSUCHUNG CHRISTI von Martin Scorsese (1988) zu zeigen. Die häufigsten Werbeslogans lauteten: »Einmalige Verfilmung mit 5000 Darstellern, gedreht an den Orten, an denen Jesus lebte und wirkte! Getreueste Jesus-Verfilmung – vollständige Fassung!« und: »Wie lebte dieser Mann wirklich: einzigartige Spielfilm-Dokumentation nach dem Lukas-Evangelium«. Auf einem anderen Flyer stand erläuternd zu lesen: »Dieser neue Film ist eine authentische Verfilmung des Lebens Jesu. Der Text wurde ausschließlich dem Lukasevangelium entnommen. – Der Film ist in Bezug auf Landschaft und Lebensbedingungen zur Zeit Jesu überaus genau recherchiert. Er läßt die Aussage des Neuen Testaments über das Leben, Sterben und die Auferstehung Jesu lebendig werden wie nie zuvor! Reine Bibel ohne Pathos!« In einem ausführlicheren Informationsblatt von »Campus für Christus« wird deutlicher, was hier unter Authentizität verstanden und wie diese zu erreichen gesucht wurde: JESUS sei »der historisch genaueste Spielfilm über Jesus, der je gedreht wurde. Die (…) Verpflichtung zur Genauigkeit ist das Markenzeichen des ganzen Filmes. (…) Ein großer Teil der Produktionskosten wurde dafür verwendet, so weit wie möglich historische Genauigkeit zu gewährleisten. Fünf Jahre der Forschung von Archäologen und Historikern gingen in die Produktion ein: z.B. wurden extra Werkstätten eingerichtet, um genaue Kopien von Töpferwaren und Kleidung aus dem ersten Jahrhundert herzustellen.« Unter dem Titel »A Film for Bible Purists« berichtete seinerzeit die »Time«: »Ein Sanhedrin von Bibelwissenschaftlern und anderen Experten wurde für die Kostüme, Bauten und historischen Orte befragt.«[26] Die Reihe ähnlicher Hinweise ließe sich fortsetzen. In der Tat ist dem fertigen Film in Sachen Zeit- und Lokalkolorit eine bemerkenswerte Sorgfalt und Lie-

---

24   So die Information auf dem Cover der auf der Expo 2000 in Hannover am Pavillon von »Hope« (laut Cover: »founded by CVJM, World Vision und Deutsche Evangelische Allianz«) erhältlichen Videokopie von JESUS.
25   Dieses und die folgenden Zitate stammen, wenn nicht anders angegeben, aus Werbe-Materialen zu »Jesus« in meinem Archiv.
26   *(Ohne Vf.)*, A Film for Bible Purists. With a scriptwriter named Luke and a cast of thousands, in: »Time«, Vol. 114, No. 19 vom 5.11.1979.

be in den Ausstattungsdetails zu attestieren. Das Ergebnis wird aber bereits nachhaltig beeinträchtigt durch die antiquierte Ästhetik, die den ganzen Film mit einer Patina des Vorgestrigen überzieht und in Sachen Darstellerführung und Szenenarrangement oftmals an laienhafte Passionsspiele erinnert. Vollends auf Grund läuft das Unternehmen jedoch, weil der Sorgfalt im Äußeren des Setting eine völlige Sorglosigkeit im Umgang mit den biblischen Quellen gegenübersteht. Denn inhaltlich erlebt der Zuschauer eine bar jeder historisch-kritischen Reflexion gearbeitete Bebilderung des Lukasevangeliums. Wenn man beispielsweise die Wunder ebenso unterschiedslos historisierend inszeniert wie die Verklärung, dann mag man das vielleicht für ›bibeltreu‹ halten. Aus der Warte einer sich grundständig dem 2. Vaticanum verpflichtet wissenden Exegese wird man dieses Unterfangen aber nicht nur als naiv beurteilen müssen, sondern als ausgesprochenes Ärgernis. Was bei JESUS entgegentritt, ist dasselbe Verfahren wie bei Olcott, nur dass zwischen ihnen mehr als ein halbes Jahrhundert voll des intensiven historisch-kritischen Fragens nach dem Mann aus Nazareth liegt: Wiederum soll die im Marketing nach Kräften herausgestellte ›Authentizität‹ im Setting auch die Handlungsinhalte beglaubigen. Tatsächlich ist dies aber schlechterdings eine Irreführung der Zuschauer. Historischer Anspruch ist eben nicht teilbar: Er kann nicht für die Außenseite des Geschehens (Drehorte, Kostüme, Bräuche etc.) maximiert und für das Innere, die eigentliche Handlung also, die in diesem Ambiente erzählt wird, minimiert, wo nicht völlig suspendiert werden. In Filmen à la JESUS wird der Weg des Filmteams ins Heilige Land ganz durchsichtig funktionalisiert: Das sich darauf gründende Pathos der Authentizität wird zur zentralen Komponente einer missionarischen Strategie, der es am Ende gerade nicht um eine historisch reflektierte Annäherung an Jesus von Nazareth geht, unter deren Flagge sie zu segeln vorgibt, sondern die einer solchen Annäherung ignorant bis feindselig gegenübersteht.

Dreharbeiten im Heiligen Land müssen sich allerdings keineswegs zwingend mit einem davon abgeleiteten falschen Authentizitäts-Anspruch für die Filminhalte verbinden, sondern können sich auch einfach der Erwartung einer stimmigen Atmosphäre in Sachen Landschaft und – für den Film immer sehr wichtig – Licht verdanken. Niemand wird bei dem Film JESUS CHRIST SUPERSTAR (Regie: Norman Jewison, 1972) an ein historisch belastbares Porträt Jesu denken, obgleich der Film komplett ›on location‹ gedreht wurde. Seine Schauplätze waren aber nicht die vermeintlichen ›Originalschauplätze‹, sondern andere, für das ›Spiel im Spiel‹ geeignet erschienene Orte: »Die Höhlen von Bet-Guvrin, eine der sieben

Festungen von Herodes dem Großen, die Gegend von Avdat in der Nähe von Beersheba, Ruinen im Tal des Zohar und das altrömische Amphitheater von Bet Shean bilden die Szenerie, welche die Kamera zu schwelgerischen Perspektivwechseln verleitet, zu Panoramaschwenks und zu Zooms, zu Überblendungen und besonders gerne zu Vertikalfahrten, was ständig Horizonte eröffnet und verschließt. So wird das Spiel bald entrückt, bald nahegeholt, bald in die Szenerie eingebettet, bald schroff von ihr vereinzelt«[27]. Durch die elaborierte Kameraarbeit und Montage, die sich beide ganz des Gestus des dokumentarischen Blicks enthalten, werden die Drehorte zur Bühne und wird das Gezeigte als Inszeniertes markiert.

Zwischen dem evangelikalen JESUS und dem Rockmusical JESUS CHRIST SUPERSTAR steht hinsichtlich des Umgangs mit den ›Originalschauplätzen‹ der wenig bekannte Spielfilm THE PASSOVER PLOT von Michael Campus (1976; dt. Verleihtitel:»Jesus von Nazareth«), in dem Jesus als scheiternder politischer Messiasprätendent gezeichnet wird[28]. Einerseits tritt der Film an als eine *Spielfilm*bearbeitung der Thesen des damals populären gleichnamigen ›Sachbuchs‹ von Hugh J. Schonfield[29], anderseits inszeniert ihn der vom Dokumentarfilm kommende Campus betont nüchtern und versucht dabei das Hypothetische der Vorlage durch eine große Sorgfalt im landeskundlichen Detail zu überblenden. Der Verleih konnte damit rechnen dass FROM THE MANGER TO THE CROSS vergessen war und warb mit der Zeile »Zum ersten Mal an Originalschauplätzen gedreht«[30]. Die »große Genauigkeit« in der Darstellung des »jüdischen Brauchtums«, ja eine geradezu »soziologische Betrachtungsweise des Geschehens«[31], die manche Rezensenten dem Film zu attestieren bereit waren, brachte Campus-Film sogar eine Oscar-Nominierung für die beste Ausstattung ein, was

---

27   *M.W.*, Superstar aus Galiläa. Die Filmversion von Webber/Rices Rock-Oper »Jesus Christ Superstar«, in: Neue Zürcher Zeitung vom 20.10.1973.

28   Näheres in der pointierten Besprechung von *Paula Linhart*, film-dienst, 30. Jg., Nr. 14 (1977), 7.

29   Das Buch (Untertitel: »New Light on the History of Jesus«) erschien erstmals 1965 und wird bis heute immer wieder neu aufgelegt. – Ganz ähnlich wie Schonfield argumentiert schon das 1962 erschienene Buch »The Death of Jesus« von *J. Carmichael* (New York; dt. Übers. unter dem Titel: Leben und Tod des Jesus von Nazareth, München 1965). – Carmichael und Schonfield waren ihrerseits wiederum maßgeblich inspiriert von *R. Eisler*, Iesous basileus ou basileusas. Die messianische Unabhängigkeitsbewegung vom Auftreten Johannes des Täufers bis zum Untergang Jakobs des Gerechten, 2 Bde., Heidelberg 1929/30 (engl. Übers.: The Messiah Jesus and John the Baptist, London 1931).

30   Werbeblatt im eigenen Archiv.

31   *D. Rindlisbacher*, Zweimal Jesus von Nazareth, in: Zoom-Filmberater (Schweiz), Nr. 1 (1978), 32–35, hier 33.34.

freilich nichts am hochspekulativen Charakter des Unternehmens änderte.

Zur selben Zeit, als Michael Campus seine Version der Passion Jesu, die den Hohen Rat vollständig von einer Mitschuld an seinem Tod entlastet, in Israel drehen durfte, wurde dem italienischen Regisseur Franco Zeffirelli die Drehgenehmigung verweigert, als er dort für sein Großprojekt des Fernseh-Vierteilers JESUS VON NAZARETH (1976) vorstellig wurde[32]. Da man auf jüdischer Seite wie bei Passionsspielen sehr oft auch bei Jesusfilmen ein Aufleben von antijüdischen Ressentiments befürchtet[33], waren und sind Dreharbeiten zu solchen im Heiligen Land immer ein Politikum und blieben sehr selten. Bei THE PASSOVER PLOT waren es diesmal allerdings Vertreter der christlichen Kirchen, die nicht nur gegen die Deutung Jesu als politisch-religiöser Revolutionär protestierten, sondern auch gegen die Dreherlaubnis in Israel, sahen sie doch durch diese die Thesen des Films nobilitiert. Unter der Überschrift »Kirchen von Nazareth protestieren gegen US-Film« berichtete seinerzeit die Tageszeitung »Die Welt« (am 07.05.1976) aus Jerusalem: »Die Vereinigung der Kirchen von Nazareth hat gedroht, alle Kirchen der Stadt zu schließen, wenn die israelische Regierung nicht die Dreharbeiten zu dem Film ›Passover-Plot‹ untersagt. Die Kirchen sind der Meinung, daß der Filmstoff den Tatbestand der Gotteslästerung erfülle, weil er Christus nicht als Sohn Gottes, sondern als politischen Führer darstellt. Die israelische Regierung sieht allerdings keine Möglichkeiten des Eingreifens, da es in Israel keine Filmzensur gibt.« Das Zensurargument war freilich nur vorgeschoben, denn faktisch wurden ansonsten Drehgenehmigungen zumeist schon im Vorfeld verweigert. Dass dies die Regierung in Jerusalem nicht auch im Falle von JESUS CHRIST SUPERSTAR getan hatte, dafür war sie seinerzeit heftig attackiert worden, nachdem viele einflussreiche jüdische Kreise, vor allem in den USA, den Film als antisemitisch kritisiert hatten. Ein Verbot der Dreharbeiten von PASSOVER PLOT war aber vor allem juristisch schwierig, da der Film eine amerikanisch-*israelische* Koproduktion war. Es gab allerdings auch von jüdischer Seite erhebliche Bedenken gegen das Projekt, nur konnten sie sich nicht durchsetzen. So berichtete damals der Korrespondent des Schweizer »Tages-Anzeiger« (vom

---

32 Ebd., 33.
33 Vgl. etwa die massiven Einwände anlässlich auch der jüngsten Inszenierung des Oberammergauer Passionsspiels bei *J. Shapiro*, Bist Du der König der Juden? Die Passionsspiele in Oberammergau, Stuttgart/München 2000; zum Jesusfilm vgl. *A. Reinhartz*, Jesus of Hollywood, Oxford / New York 2007 (bes. Kap. V: »The Story: Jesus' Foes: 179–250); *R. Zwick*, Antijüdische Tendenzen im Jesusfilm, in: ComSoc 30 (1997), 227–246.

30.04.1976) aus Tel Aviv – unter Hinweis auf die breite Rezeption
der christlichen Bedenken in großen Tageszeitungen wie der »Jerusalem Post«: »In Israel wird befürchtet, dass durch die Verdrehun-
gen des Films ein Auftrieb für einen religiös bestimmten Antisemitismus entstehen könnte. Der Streifen könnte als Angriff auf den
Gründer des Christentums mit jüdischer Beteiligung angesehen
werden, da die Regierung in Jerusalem seine Herstellung in Israel
geduldet habe. Solche Befürchtungen mögen zwar übertrieben sein,
doch angesichts der vielfältigen Kritik wurden die Filmproduzenten
zum Schluss der Dreharbeiten doch vorsichtig. Sie veranstalteten
ihre Kreuzigung heimlich.«

4.   Substitution und Montage

Die Verweigerung einer Drehgenehmigung für Zeffirellis Projekt
hatte der israelische »Minister für Öffentlichkeitsarbeit« dem Regisseur gegenüber damit begründet, dass »Filme über Christus meistens alte Haßgefühle aufflammen lassen«[34] würden. Vergeblich
beteuerte der Regisseur, er wolle zeigen, »daß Christen und Juden
gemeinsame Wurzeln haben, daß wir, über Christus, alle Söhne
Abrahams sind«, und dass er »persönlich die Juden immer als (s)ei-
ne älteren Brüder betrachtet habe.«[35] Vielleicht aber konnte Franco
Zeffirelli am Ende noch froh sein über die Verweigerung der Dreherlaubnis in Israel, hatte er sich doch so womöglich eine Menge Är-
ger erspart. Er wäre auch um die vielen Reisen auf der Suche nach
alternativen Schauplätzen gekommen, für die er sich ganze einein-
halb Jahre Zeit ließ, ›alimentiert‹ von den, wie er selbst sagt, »im-
mensen Geldsummen«, die verschiedene öffentlich-rechtliche Fern-
sehanstalten für seinen Film bereitgestellt hatten, von dem sie sich
– wie sich zeigen sollte: zu Recht – beste Einschaltquoten erhofften.
Nachdem Israel ausgefallen war, suchte Zeffirelli Drehorte, »die so
genau wie möglich dem Heiligen Land zu Zeiten Christi entspra-
chen.«[36] Denn er wollte »herausstellen, daß Christus ein Jude war,
ein Prophet, der aus dem kulturellen, sozialen und geschichtlichen
Hintergrund des Israel seiner Zeit herauswuchs, jenes Israel mit
den Bauernhöfen und kleinen Dörfern, in denen verwinkelte Synagogen standen; ein Israel, das von einem überheblichen Feind besetzt war und immer am Rande eines Bürgerkriegs stand.«[37] An

---

34   *F. Zeffirelli*, Zeffirelli – Autobiographie, München/Zürich 1987, 418.
35   Ebd., 418.
36   Ebd., 417.
37   Ebd., 417.

der Vorstellung der »verwinkelten Synagogen« wird sichtbar, dass auch ein Zeffirelli seine nicht unproblematischen Bildklischees im Kopf hatte, als er sich auf die Location-Suche machte. Nach Reisen durch Jordanien und Syrien, die Türkei und Ägypten, wo sich immer Probleme wegen der »politischen Situation« oder im Blick auf die »Logistik bei Filmarbeiten« auftaten, ›entdeckte‹ er schließlich Tunesien und Marokko. Im Zentrum der Recherche hatte immer die Suche nach einem Pendant für den Jerusalemer Tempel gestanden. Zeffirelli findet es in Tunesien: »Die Art von Bauwerk, wie ich es mir vorstellte, fand ihren schönsten Ausdruck im Fünften islamischen Heiligtum: der großen Moschee in Kairouan«. Wie die zuvor ins Auge gefassten Moscheen in Ägypten, war auch sie

»tabu, aber die Landschaft dort bot phantastische Schauplätze: Das Innere der Festung von Monastir mit ihrem Wachturm wurde die römische Garnison in Jerusalem; der Hügel vor dem *ribat* oder der Festung im nahegelegenen Sousse war Golgatha; und vor dem Hintergrund der antiken Gemäuer würden wir unseren eigenen Tempel errichten. – Ich war verzaubert vom Maghreb und fuhr weiter nach Marokko; dort entdeckte ich die Außenschauplätze, nach denen ich suchte; die unberührte Landschaft ließ vor meinen Augen das alte Galiläa wiedererstehen. Die antike Festung bei Quarzazate am Rande der Wüste sollte der Herodes-Palast in Judäa werden. Die Einheimischen, deren Lebensweise sich seit Jahrhunderten nicht verändert hatte, eigneten sich ideal für die Menschenmengen, die kamen, um Christus predigen zu hören.«[38]

Schließlich findet Zeffirelli auch ›sein‹ Nazareth, für das er »unter keinen Umständen eine künstliche Szenerie« wollte. Er erinnert sich:

Auf dem Weg zu den römischen Ruinen in Volubilis bei Meknès »passierten wir das Dorf Moulay Idriss (…) und als wir weiterfuhren sahen wir über uns auf einem Hügel eine kleine Ansammlung weißer Berberhäuser. Wir kletterten hinauf, um sie genauer anzusehen, und da war es – mein Nazareth: quadratische Häuser aus Lehmziegeln mit ummauerten Innenhöfen, ein Brunnen, aus dem die Berberfrauen Wasser schöpften, der Geruch nach frisch gebackenem Brot, Männer, die Körbe flochten. Zum Filmen war es denkbar ungeeignet: Weder Elektrizität noch moderne Installationen irgendwelcher Art gab es, aber es *war* Nazareth, und ich kabelte Lew Grade [dem Produzenten], daß ich den Platz gefunden hatte.«[39]

Zeffirellis Vorgehen macht exemplarisch das Grundprinzip deutlich, mit dem die weitaus meisten Bibelfilme, die ja mehrheitlich

---

38 Ebd., 419f.
39 Ebd., 420.

nicht im Heiligen Land selbst gedreht sind, hinsichtlich ihrer Schauplätze verfahren: Leitend sind vorgängig vorhandene innere Vorstellungsbilder, die sich unterschiedlichsten Quellen verdanken können (s.o.); für diese Imaginationen werden dann ihnen möglichst nahe kommende Entsprechungen in der Realität gesucht; und da sich diese in aller Regel kaum in einer Region versammelt finden, werden die oft über mehrere Länder verstreuten ›Fundorte‹ zu einem Idealbild Israels montiert. Wo sich nichts Geeignetes findet bzw. wenn an potentiell geeigneten Orten aus politischen, religiösen oder logistischen Gründen nicht gedreht werden kann, werden in passender räumlicher Umgebung filmarchitektonisch Szenerien nachgebaut, wie etwa im Falle Zeffirellis der Tempel. Einmal gefunden oder gebaut ›vererben‹ sich dann manche Settings von Film zu Film und verfestigen sich allmählich zu einer Standardansicht, die dann ihrerseits wieder die Vorstellungsbildung präformiert.

Diesen ›Vererbungsprozess‹ kann man ebenfalls sehr gut an Zeffirellis JESUS VON NAZARETH studieren. Viele seiner Schauplätze und manche stehengebliebenen Bauten wurden wenige Jahre später von der englischen Komiker-Gruppe »Monty Python« übernommen, als diese in Tunesien ihre Jesusfilm- und insbesondere auch Zeffirelli-Parodie DAS LEBEN DES BRIAN (1979) drehte. Besonders beliebt als Location wurde aber das marokkanische Quarzazate. Hier stand schon Zeffirelli selbst in der Erbfolge, auch wenn er in seiner Autobiographie den Eindruck erwecken will, er habe den Ort entdeckt. Denn in der Umgebung dieser Stadt an der ›Straße des Kasbas‹ zwischen Hohem Atlas und Anti-Atlas waren schon David Leans Filmklassiker LAWRENCE VON ARABIEN und mit Robert Aldrichs SODOM UND GOMORRAH ein erster Bibelfilm (beide 1962) entstanden. Nach Zeffirelli wurde Quarzazate zum ›Mekka‹ der Bibelfilmer und anderer Regisseure, die Wüstenszenen brauchten. Fast die gesamte vielteilige Fernsehproduktion DIE BIBEL, die als ›biblia pauperum für das Medienzeitalter‹ mit dem Ziel angetreten war, sämtliche erzählenden Bücher des Alten Testaments zu verfilmen (und später mit je einer Jesus- und Paulus-Vita und einer Bearbeitung der Johannesoffenbarung auch auf das Neue Testament ausgriff), ist hauptsächlich gedreht in und bei dem etwa dreißig Kilometer von Quarzazate entfernten Aït-Ben-Haddou, einem 1987 in die Weltkulturerbe-Liste der UNESCO aufgenommenen befestigten Dorf am Fuße des hohen Atlas. Auch Martin Scorsese realisierte dort viele Szenen von DIE LETZTE VERSUCHUNG CHRISTI. Daneben entstanden am Fuß des Hohen Atlas monumentale Antiken-Filme wie Ridley Scotts GLADIATOR (2000) und Oliver Stones ALEXANDER (2004), aber auch ein Horrorfilm wie Stephen Sommers‹ DIE MUMIE (1999), Martin Scorseses Dalai-Lama-Vita KUNDUN (1997) oder Bernardo Bertoluccis Paul Bowles Verfilmung HIMMEL ÜBER DER WÜSTE (1990)[40]. In Sachen Bibelfilm war zuletzt das Team der jüngsten filmischen Kindheitsgeschichte vor Ort, die Weihnachten 2006 unter dem Titel ES BEGAB SICH ABER ZU DER ZEIT ... (»The Nativity Story«; Regie: Catherine Hardwicke) in unsere Kinos kam. Nach den wenigstens zwanzig, oftmals mehrteiligen Bibelfilmen, die in jüngerer Zeit in Quarzazate und Aït-Ben-Haddou gedreht wurden, kann man ohne Übertreibung sagen: Bei Abermillionen von Kino- und Fernsehzuschauern haben sich inzwischen die arabischen Kasbas, die Oasen und Wüsten Marokkos und die Höhen des Atlas-Gebirges als *das* Image des Heiligen Landes etabliert und andere Bilderinnerungen an die originalen Räume überformt. Die Menschen dieses medialen ›Heiligen Landes‹ tragen folglich zumeist marokkanische Gesichter, die kräftig kontrastieren zu den europäischen und nordamerikanischen ›Stars‹ in den Hauptrollen. Meist bilden die Statisten nur eine pittoresken Staffage, eine Art ›Orient-Kulisse‹, ohne irgendwie innerlich an dem Geschehen beteiligt zu sein, so dass sie tatsächlich so wirken, wie es Pasolini *nicht* wollte: dass das Christusereignis auf ihren Gesichtern keinerlei Spuren hinterlassen hat.

Pasolinis Lösung nach dem Ausscheiden Palästinas war seinerzeit der unterentwickelte Süden Italiens gewesen: Dort fand er ein landschaftlich korrespondierendes Ambiente und vom Christusereignis berührte Menschen. Sein Jerusalem wurde die Stadt Matera in der Basilicata, die inzwischen wie Aït-Ben-Haddou zum Weltkulturerbe (seit 1993) rechnet. Auch Matera war schon vor Pasolini als Drehort entdeckt worden und diente seit 1950 namhaften italienischen Regisseuren wie Roberto Rossellini, Lina Wertmüller oder Luigi Zampa als Setting. Mit der Evangelienverfilmung Pasolinis wuchs die Bedeutung Materas als Film-Location, zunächst aber nicht für das Bibel-Genre, sondern für Unterhaltungsfilme und anspruchsvolle Arbeiten wie CHRISTUS KAM NUR BIS EBOLI und DREI BRÜDER von Francesco Rosi (1979 und 1981) oder für die Tolstoi-Verfilmung NACHTSONNE durch die Gebrüder Taviani (1989). Für den Bibelfilm wurde der Ort 1985 durch Bruce Beresford für seinen KÖNIG DAVID wiederentdeckt. Seinen endgültigen ›Durchbruch‹ erlebte der Ort dann mit Mel Gibson, der dort große Teile seiner umstrittenen »Blutoper«, wie sie der Wiener »Stan-

---

40   Eine Aufstellung von 63 Kino- und Fernsehfilmen, die bislang in Quarzazate gedreht wurden, findet sich unter www.imdb.com (sie öffnet sich unter Ortsangabe in der Rubrik »Filming locations«, z.B. bei Zeffirellis JESUS OF NAZARETH)

dard« genannt hatte[41], DIE PASSION CHRIST (2004) drehte. Seither war Matera schon zwei weitere Male Jerusalem: in Abel Fer-
raras Magdalena-Film MARY (2005) und im bereits erwähnten
Kindheitsgeschichten-Bilderbogen THE NATIVITY-STORY; letzte-
rer verschränkte erstmals das marokkanische ›Heilige Land‹ mit
dem süditalienischen. Damit hatten die beiden ›Ideallandschaften‹
endlich zusammengefunden.

5. Stilisierung

Ein ›Heiliges Land‹, das in Marokko, Tunesien oder in der Basilicata zu ›finden‹ und nachzustellen gehofft wird, verdankt sich dem
Ziel, ein möglichst authentisches Ambiente zu präsentieren und
das aus politischen Gründen oder wegen der stattgefundenen Modernisierung ungeeignete Palästina zu substituieren. Das maghre-
binische oder süditalienische ›Heilige Land‹ bleibt trotz der Real-
schauplätze ein künstliches, und seine Künstlichkeit steigert sich
mit der Zahl der zu einem fiktiven Handlungsraum kombinierten
Orte und Länder. Aber der Impetus ist in diesen Fällen doch immer
die Illusionierung eines ›So war das damals im Alten Israel und zu
Zeiten Jesu‹. Über all dem sollte aber nicht vergessen werden, dass
gelegentlich auch eine ganz anders gelagerte Inszenierungsstrate-
gie verfolgt wurde: eine Strategie, der es nicht auf einen möglichst
stimmigen oder suggestiven Realitätseindruck von Land und Leu-
ten ankommt und die das Heilige Land nicht in seiner äußeren Gestalt wiederfinden oder rekonstruieren will, sondern es gewissermaßen ›von innen‹ erfahrbar machen möchte. Leitend hierfür ist
immer jene Idee von der Erhabenheit des Landes, die sich seinerzeit selbst Pasolini, bei aller Enttäuschung über die Deformationen
durch die Moderne, in Palästina so stark vermittelt und bleibenden
Eindruck hinterlassen hatte. Für den Regisseur George Stevens war
das Heilige Land als Schauplatz der Heilsgeschichte und der Jesus-
geschichte als der GRÖSSTEN GESCHICHTE ALLER ZEITEN (1965),
wie er seinen Film nannte, zu sehr mit Bedeutung aufgeladen, zu
erhaben und von innerer Größe, als dass sich diese Bedeutung
durch Landschaften in Palästina hätte vermitteln lassen. Stevens

---

41   Zit. nach *R. Zwick*, Von Nazareth in alle Welt. Neue Tendenzen im Jesusfilm, in: Jesus von Nazareth. Annäherungen im 21. Jahrhundert – Herder Korrespondenz Spezial, Freiburg/Basel/Wien 2007, 53–57, hier 53; näher zu Gibsons
Film *ders.*, Die bittersten Leiden. Mel Gibsons »Die Passion Christi«, in: HerdKorr
58 (2004), 172–177; *ders. / Th. Lentes* (Hg.), Die Passion Christi. Der Film von
Mel Gibson und seine theologischen und kunstgeschichtlichen Kontexte, Münster
2004.

hatte im Zuge der langjährigen Vorbereitungen seines Films 1960 ebenfalls das Heilige Land bereist und war genauso enttäuscht zurückgekehrt, wie Pasolini. Die von ihm Palästina unterstellte »frühere grandiose Form« hätten »Klima und Naturgewalten zerstört.« Im Presseheft lesen wir dazu:

>»Die Uhr der Zeit lässt sich nicht ohne weiteres zurückstellen‹, bemerkt Stevens dazu. ›Unsere vorangegangenen geographischen und geologischen Studien hatten uns eine genaue Vorstellung von Palästina zur Zeit Christi vermittelt. Dieses Land aber suchten wir im Nahen Osten vergeblich … Es lag uns jedoch am Herzen, Palästina in seiner damaligen Form auf die Leinwand zu bringen – jenes Territorium, das einstmals Bäume, Wälder und hohe Erhebungen besaß, auf denen Tempel errichtet wurden.‹ Schweren Herzens«, so das Presseheft weiter, habe sich Stevens deshalb entschieden, den Film »im amerikanischen Westen zu drehen. Dort fand er, was er im Heiligen Land unserer Tage vergeblich gesucht hatte: Eine in ihrer Ursprünglichkeit erhaltene, majestätische Natur, die jener der biblischen Geschichte gleicht. Und auf dem ausgedehnten Freigelände der Filmstudios von Culver City ließ sich durch Rekonstruktion der alten Tempel, Plätze und öffentlichen Gebäude eine echtere Atmosphäre erzeugen, als an den Originalschauplätzen im heutigen Israel und Jordanien. – ›Wir glauben‹, sagt Stevens, »daß es uns auf diese Weise gelungen ist, dem Film jenen glaubwürdigen und authentischen äußeren Rahmen zu geben, den sein Geschehen verlangt.«

Sieht man freilich den fertigen Film, dann wirkt das Moment der Authentizität vorgeschoben, vielleicht, weil man es für werbeträchtig hielt. Das monumentale Epos präsentiert sich als ausgesprochen stilisiert und besonders in den Szenen der Leidensgeschichte nachgerade wie ein liturgisches Weihespiel in der klassischen Passionsspieltradition[42]. Nur dass die üblichen Freiluftbühnen der alpenländischen Passionsspiele diesmal durch atemberaubende Landschaften in Nevada, Utah und Arizona ersetzt sind, etwa durch den Grand Canyon oder den als Jordan fungierenden Colorado-River – mythische Landschaften in jener ›wilderness‹, die den frommen Kolonisatoren des amerikanischen Westens als Raum eines neuen Exodus erschienen waren[43]. Der grandiosen Geschichte hatte Stevens ebenso grandiose Szenerien zugedacht. Aufgrund ihrer Berühmtheit als amerikanische Naturdenkmäler waren die Drehorte zur Illusionierung des Heiligen Landes ungeeignet. Die monumen-

---

42 Vgl. *R. Zwick*, Ein Passionsspiel in ›Ultra Panavision‹: DIE GRÖSSTE GESCHICHTE ALLER ZEITEN (1965) von George Stevens, in: *P. Hasenberg / W. Luley / Ch. Martig* (Hg.), Spuren des Religiösen im Film. Meilensteine aus 100 Jahren Kinogeschichte, Mainz 1995, 82–85.
43 Vgl. *Mitchell*, Holy Landscape (s. Anm. 8), 201f.

talen, »majestätischen« Landschaften des aus unzähligen Hollywood-Mythen vertrauten Südwesten Amerikas[44] repräsentierten in ihrer Erhabenheit stattdessen eine Art ›inneres Israel‹, d.h. sie waren in der GRÖSSTEN GESCHICHTE ALLER ZEITEN zeichenhafter Ausdruck der Qualität Israels als des ›größten Landes aller Länder‹, weil in ihm Gott Mensch geworden ist. Eine Kritikerstimme brachte die mit der Wahl der Drehorte verbundene Intention auf den Punkt und durfte sich deshalb im Presseheft wiederfinden: »Die Größe der Natur unterstreicht das Gewicht der Worte in den Evangelien.«[45] Im Dienste dieses Unterstreichens verbinden sich in Stevens' Epos Substitution und stilisierende Überhöhung des Heiligen Landes. In der für das Genre typischen Verflechtung von Fiktion und Realismus-Anmutung wollte man gleichzeitig aber auch den unverbrüchlich für publikumswirksam erachteten Authentizitätsanspruch (siehe zuletzt Mel Gibson!) hochhalten. Das trieb in diesem Fall ebenso kuriose wie teure Blüten: Da die wissenschaftlichen Recherchen ein zu Zeiten Jesu blühendes Palästina ergeben hatten, die erhabenen Felsmassive aber jeglichen Grüns ermangelten, wurden die Hügel bunt bemalt und per Hubschrauber besprayt: mit 68.000 Gallonen Farbe, für 400.000 Dollar[46]. Nach Palästina sahen die Berge dann zwar immer noch nicht aus, und für ein solches Passionsspiel im Super-Breitwand-Format war das eigentlich auch gar nicht notwendig, aber die Sehnsucht nach Authentizität war offensichtlich stärker.

---

44   Vgl. *J.A. Murray*, Cinema Southwest: An Illustrated Guide to the Movies and Their Locations, Flagstaff, AZ 2000.
45   *Ch. Moorte* in »The Atlanta Constitution«, zit. nach dem dt. Presseheft des Verleihs »United Artists« (1965), 10 – Kopie im privaten Archiv.
46   Vgl. *K. Darby*, Hollywood Holyland: The Filming and Scoring of *The Greatest Story Ever Told*, Metuchen, NJ / London 1992, 24.

Reinhold Zwick, geb. 1954, Dr. theol., ist Professor für Biblische Theologie und ihre Didaktik an der Katholisch-Theologischen Fakultät der Universität Münster.

While updating biblical stories in current movie treatments the choice of location is mostly free. Historical oriented bible movies still show a great desire for authenticity of topographic and ambiance. By using the coherence of space producers are hoping to intense the impression of the images and the reliability of the stories. Finally, it culminates in the strategy to interdigitate the authenticity of film location with the affirmed historicity of the displayed. Palestine's actual reality does not bear up against impressions of the Holy Land formed by ideas transmitted through older European images of the Orient (aroused by f.e. paintings, photos, illustrated bibles). To achieve a higher authenticity and to respect political-religious concerns, South Italy and Marocco became more and more preferred film locations, in which various settings were combined to a so-called ideal geography to fill the space of imagination.

Georg Röwekamp

Die »Verschluss-Sache Jesus« entschlüsseln

Gedanken zu einer Theologie von Reisen ins Heilige Land

Lernen kennt viele Wege. Bei einem Themenfeld wie dem des
»Heiligen Landes« eröffnet sich die ganze Breite des Spektrums
von Lernpfaden. Vorstellungen über das, was das »Heilige Land«
ausmacht, können beispielsweise über die Lektüre literarischer
Bestseller entstehen. Dan Browns »Da Vinci-Code« ist dafür ein
ebenso eindrückliches Beispiel wie vor einigen Jahren die Literatur
über Qumran. Unter Titeln wie »Verschlusssache Jesus« oder »Die
Wahrheit über Jesus und die Urchristen« wurden die abenteuer-
lichsten Thesen über die Bewohner von Qumran, die dort gefundenen Schriften, den »Lügenpropheten« Paulus und die Machen-
schaften der katholischen Kirche vertreten. Menschen, die sich für
den historischen Hintergrund der Evangelien interessieren, können
der Idee anheim fallen, von solchen Büchern gut informiert zu
werden.
Diese Vorstellungen stehen in einem spannungsreichen Verhältnis
zu dem Anspruch auf reflektierte Information, der in der Regel mit
den traditionellen Formen kirchlicher Bildungsarbeit wie Vorträgen, Tagungen und Seminaren verbunden ist.
In diesem Spannungsfeld eröffnen Reisen in das Heilige Land einen eigenen Horizont und verweisen auf einen Lernpfad eigener
Güte. Der Lernkontext »Reisen« richtet sich zwar an alle Menschen von der »Kerngemeinde« bis hin zu »nur« allgemein religiös
Interessierten, die ansonsten mit Kirche wenig oder nichts zu tun
haben. Für alle, vielleicht aber in besonderer Weise für den letztge-
nannten Personenkreis, könnten Reisen in die Länder der Bibel eine Möglichkeit darstellen, bei denen sozusagen nebenbei auch reflektierte Informationen historischer oder systematischer Art vermittelt werden können.
Der Kontext (Urlaubs-)Reisen ist jedenfalls ein Lernpfad besonderer Art. Zum einen ist ganz allgemein eine verstärkte Bereitschaft
festzustellen, sich im Urlaub mit religiösen Fragen bzw. Welten zu
beschäftigen, während die Bedeutung der und die Beschäftigung
mit Religion im Alltag zurückgeht. Zum anderen werden an bestimmten Orten, in Auseinandersetzung mit bestimmten Stätten,

Fragen erst bewusst, die ansonsten im Unterbewussten verbleiben. Und einmal ausgesprochene Fragen nach der Bedeutung eines Ortes, nach dem historischen Hintergrund der Überlieferung, können ein idealer Beginn für eine inhaltliche Auseinandersetzung mit den historischen Grundlagen selbst sein[1]. Gerade mit diesem Aspekt knüpfen heutige Reisen an die Ursprünge des Interesses an dem Heiligen Land an.

Tatsächlich scheint ein Bedürfnis nach historischer Vergewisserung auch am Anfang des christlichen Interesses am Heiligen Land überhaupt gestanden zu haben. Eusebius von Cäsarea, selbst Bischof in diesem Land und Verfasser des ersten Lexikons zu biblischen Namen sowie Autor mehrerer Karten und Bilder des Landes (die er in der Einleitung zu seinem Lexikon erwähnt), berichtet in seiner Kirchengeschichte von einem frühen Heilig-Land-Reisenden mit dieser Absicht: Melito, Bischof von Sardes, reiste schon Mitte des 2. Jahrhunderts in den Orient, besuchte den »Schauplatz der Predigten und Taten« und zog Erkundigungen über die Bücher des Alten Testaments ein[2]. Und der alexandrinische Theologe Origenes sammelte sogar verschiedene Bibelhandschriften – möglicherweise handelte es sich bei einem von Eusebius erwähnten Manuskript, das zu Zeiten des Origenes in einem Fass bei Jericho gefunden wurde, sogar um einen Teil aus der Bibliothek von Qumran[3].

Das bei Eusebius dokumentierte Interesse am Heiligen Land ist aber nicht ein bloß antiquarisches – schon Origenes ist es bei seinen Nachforschungen und Anmerkungen immer um ein besseres Verständnis der biblischen Schriften gegangen – zunächst von deren »Literalsinn«. Darüber hinaus ging es ihm dann jedoch zugleich um den darauf aufbauenden »geistlichen Sinn«, der – modern gesprochen – immer auch der auf die jeweilige Gegenwart bezogene existentielle Sinn war. Und auch die frühchristlichen Pilger waren nicht nur von Neugier angetrieben, wie z.B. Egeria zugibt[4], sondern wünschten sich eine Art von Begegnung mit den Heiligen Stätten, bei der die Vergegenwärtigung der erinnerten Geschichte im Mittelpunkt stand[5].

---

1 In einem »theologische Reiseführer« habe ich einmal versucht, die Orte des Heiligen Landes für das theologische Nachdenken von Reisenden fruchtbar zu machen. Vgl. *G. Röwekamp*, Heiliges Land. Ein theologischer Reisebegleiter zu den heiligen Stätten von Judentum, Christentum und Islam, Stuttgart ³2008.
2 Vgl. Eusebius, h.e. IV,26,14.
3 Vgl. Eusebius, h.e. VI,16,3.
4 Vgl. itin. Eger. 16,3.
5 Vgl. z.B. itin. Eger. 14, 1, wo sie ihre Art der vergegenwärtigenden Andacht schildert, und itin. Eger. 47, 5, wo sie bewundernd davon spricht, dass in Jerusalem die Gottesdienste immer passend zu Zeit und Ort gefeiert werden.

In dieser Kopplung von historischer und existentieller Vergewisserung liegt die besondere Eigenheit, die besondere Stärke des Lernpfads »Reisen«. Über die unmittelbare Information über räumliche und zeitliche Gegebenheiten kommt die Frage nach der persönlichen Bedeutung des Beobachteten mit in den Blick. In diesem Sinn wird auch der heutige Besucher des Heiligen Landes die Erfahrung nachvollziehen können, die Hieronymus, der Wahl-Betlehemer, folgendermaßen beschrieben hatte: »Wer Athen gesehen hat, lernt auch die griechische Geschichte besser verstehen, und wer von Troja über Leukas und Akrokeraunia nach Sizilien und weiter zur Tibermündung gefahren ist, der begreift das dritte Buch Vergils. Geradeso sieht man die heilige Schrift mit anderen Augen an, wenn man Judäa besucht hat und die alten Stätten und Landschaften kennt, mögen sie inzwischen die alten Namen behalten oder geändert haben«[6].

Historische Vergewisserung, unmittelbare Anschauung und daraus resultierende existentielle Fragestellungen sind beim Reisen in das Heilige Land untrennbar ineinander verflochten[7]. Einige Beispiele mögen das belegen: Ein Besuch in Qumran und im »Schrein des Buches« in Jerusalem bietet beispielsweise die Möglichkeit, am Ort selbst auf die vielen offenen Fragen hinzuweisen, die mit dieser Siedlung noch (oder wieder) verbunden sind, zum anderen aber vor den Originalrollen und den Fragmenten den Charakter der gefundenen Bibliothek zu rekonstruieren. So kann auf diese Weise ein Ort der Jesusbewegung im frühen Judentum deutlich werden. Ein Nebeneffekt ist, dass beiläufig das grundsätzliche Verhältnis der Jesusbewegung zu ihrer Umwelt sichtbar wird[8]. Das Aufzeigen von Ähnlichkeiten und Unterschieden könnte dabei nicht mehr als Bedrohung und als Aufdecken einer gefährlichen Wahrheit erlebt, sondern als Hilfe zum Verständnis und als Beleg für die Verbindung des Christentums zum Judentum verstanden werden.

Ein weiteres Beispiel: Beim »Besuch« von Magdala am Nordwestufer des Sees Gennesaret wird angesichts des stets verschlossenen Tores zum einen deutlich, dass es in der Kirche wirklich eine Geschichte der Missachtung oder zumindest Vernachlässigung dieser

---

6 Vgl. *Hieronymus*, Vorwort zu den Chronikbüchern.
7 Zur Bedeutung der Begegnung mit dem Heiligen Land für die Theologie des Reisenden vgl. z.B. Lernort Jerusalem, hg. von *E. Ballhorn u.a.* (JThF 9), Münster 2006 und *J. Wohlmuth*, Gast sein im Heiligen Land. Eine narrativ-theologische Annäherung, Paderborn 2008.
8 Auf literarischer Ebene ist die narrative Annäherung an Jesus von Nazareth, die Gerd Theißen versucht hat (vgl. *ders.*, Im Schatten des Galiläers, München 1986) noch immer ein unübertroffenes Beispiel für ein tieferes Verständnis durch eine »Reise« in die Welt des frühen Judentums.

Frau (und vieler anderer) gegeben hat und gibt. Und doch bietet auch hier die »Entdeckung« eines realen Ortes zunächst einmal die Gelegenheit, das wiederzuentdecken, was die Bibel selbst über diese Frau berichtet und dies von den anderen Überlieferungen und Frauengestalten (wie der großen Sünderin und der Schwester des Lazarus) zu isolieren, die später in das Bild der Maria Magdalena eingeflossen sind. Zum anderen kann bei einer Beschäftigung mit dieser Figur (und ihrem Weiterleben in der Frömmigkeitsgeschichte) das Bewusstsein für die Eigenart der biblischen und kirchlichen Überlieferung wachsen, in der diese Frau zum Sinnbild des Menschen wird, der in Jesus Gott begegnet, sodass angesichts der Erzählungen, die mit ihr verbunden sind, nicht mehr die Frage nach dem historischen Geschehen dominiert, sondern erfahrbar wird, wie sich z.B. in der Begegnungsgeschichte am Ostermorgen (vgl. Joh 20) das Ostererlebnis jedes Menschen spiegelt, der sich umwendet und jenseits der Tränen neu beim Namen gerufen wird. Die Frage nach dem Verhältnis des historischen Jesus zu Maria aus Magdala wird vor diesem Hintergrund unwichtiger, und es kann angesichts dieser tieferen Sichtweise auch verdeutlicht werden, inwiefern es sich bei all den Spekulationen um eine erotische Beziehung der beiden um Phantasien des 19. und 20. Jahrhunderts handelt.

Ein drittes Beispiel mag die Begehung des Ölberges in Jerusalem sein: Im Garten Getsemani, am Fuß dieses Berges, kann anhand der geographischen Gegebenheiten deutlich werden, was die geschilderte Episode vom Gebet Jesu existentiell bedeutet. Der Ort im Kidrontal, wo man vor dem Aufstieg auf den Berg und dem Weg nach Betanien noch einmal rastet, liegt genau auf der Grenze zwischen Stadt und Wüste. Ein paar hundert Meter weiter, und Jesus wäre in Sicherheit. Er könnte sich erneut »vor ihnen verbergen«, wie das Flüchtlinge der Vergangenheit und »Räuber« seiner Zeit (vgl. die Geschichte vom barmherzigen Samariter, Lk 10,25–37) immer wieder getan haben: Die Wüste Juda rechts und links des Weges von Jerusalem nach Jericho hinab war immer ein idealer Zufluchtsort. Es geht also in der von den Evangelien geschilderten Szene des Gebets Jesu um die Frage, was für ihn Treue zu seinem Weg nun bedeutet – und ob ein Bleiben nun die einzige Form dieser Treue ist, auch wenn der Mensch Jesus nur noch Scheitern vor sich sieht.

Auf andere Weise gilt das – um ein letztes Beispiel zu nennen – für den Ort der Himmelfahrt Jesu auf dem Gipfel des Ölberges. Die Stelle markiert noch deutlicher als das Kidrontal die östliche Grenze der Stadt: Während die Westseite des Berges noch vom Winterregen erreicht wird und fruchtbar ist, beginnt auf der Ostseite die

Wüste – eine andere Welt. Bezüglich der Himmelfahrtsüberlieferung besteht hier allerdings zunächst ein scharfer Kontrast zwischen der Realität des Ortes (mit dem angeblichen Fußabdruck Jesu in der kleinen Himmelfahrtsmoschee) und dem scheinbar »irrealen« biblischen Bericht. Somit scheint in diesem Fall der konkrete Ort zunächst ein Verständnis des Textes geradezu zu erschweren. Hier kann aber – wie an anderen Stellen – der Blick auf die »Vorgeschichte« in der Hebräischen Bibel (und damit auch ein Eintauchen in den historischen Hintergrund der neutestamentlichen Erzählung) helfen:

Der Prophet Ezechiel berichtet von seiner Vision des zerstörten Tempels, des Ortes, wo man Gott gegenwärtig glaubte, wo seine »Herrlichkeit« wohnte. Nun verlässt diese Herrlichkeit des Herrn den Tempel, und »auf dem Berg im Osten der Stadt blieb sie noch einmal stehen«. Dann findet sich der Prophet bei den Verbannten in Babylonien (vgl. Ez 11,22–25). Will sagen: Die Herrlichkeit ist mit den Verschleppten unterwegs, bis an die Grenzen der Erde. So wird den Reisenden, die sich meist ausgesprochen oder unausgesprochen mit der Himmelfahrtsgeschichte schwertun, deren Charakter als Neu-Erzählung der alttestamentlichen Geschichte deutlich – und damit gleichzeitig ihre Art von Wahrheit: Nach der Zerstörung des Ortes, wo Gottes Herrlichkeit wohnte, d.h. nach dem Tod Jesu, ist Gott dennoch nicht tot oder ort-los, sondern – so die Erfahrung der Jünger – mit ihnen unterwegs »bis zum Ende der Welt« (Mt 28,20).

So kann am Ende sogar der angebliche Fußabdruck Jesu auf der Spitze des Ölbergs in anderem Licht erscheinen: Wenn man sich in die bildhafte Betrachtung der Stätten eingeübt hat, kann man in ihm ein Zeichen für die Überzeugung sehen, dass Jesu Anwesenheit auf Erden »Spuren« hinterlassen hat, dass diese Erde nicht mehr ganz dieselbe ist ...[9]

In all dem wird aber auch eine entscheidende theologische Entdeckung bei Reisen ins Heilige Land möglich: Viele Reisende entdecken hier den Menschen Jesus neu. Das ging bereits den Kreuzfahrern so. Nicht umsonst entstand in dieser Zeit die weiterentwickelte Form des Kreuzwegs, der die Begegnung mit dem Leidenden in den Vordergrund rückt. Möglicherweise ist auch der Wandel im künstlerischen Bild des Gekreuzigten, der sich auf der Wende von der Romanik zur Gotik vollzieht, von hier beeinflusst.

Nun scheint für moderne Menschen natürlich heute nicht sosehr der Glaube an die Menschlichkeit bzw. Menschheit Jesu problema-

---

9 Zu den vielfältigen Traditionen, die mit dem Ölberg verbunden sind, vgl. M. *Küchler*, Jerusalem (OLB IV/2), Göttingen 2007, 790ff.

tisch, sondern der Glaube an seine Göttlichkeit. Und doch muss wohl eine Neuformulierung bzw. -verdeutlichung dieses Glaubenssatzes von seiner Menschheit und Menschlichkeit ausgehen, um wieder verstehen zu können, warum Menschen der Vergangenheit in ihm den Fleisch gewordenen Logos Gottes oder die Mensch gewordene Weisheit Gottes sahen, von der z.b. das jüdische Buch der Weisheit sprach (vgl. Weish 7,22 – 8,1).

Bibeltheologisch bedeutet das, dass auch die Rede von der Heiligen Schrift als »Gotteswort im Menschenwort« auf einer solchen Reise neu verständlich werden kann, indem sowohl die menschliche Begrenztheit dieses Wortes deutlich wird als auch die Tatsache, dass es wirklich Worte gibt, in denen die Erfahrung mit Gott lebendig da ist.

Die Entdeckung der irdischen Verwurzelung der Bibel und der historischen Gebundenheit der biblischen Geschichten und Orte kann natürlich auch »gefährlich« werden. Schon Hieronymus wusste, dass der Besuch der biblischen Stätten sehr ernüchternd sein kann: »Die Stätten des Kreuzes und der Auferstehung liegen in einer sehr berühmten Stadt, in der es einen Magistrat, eine Militärgarnison, Huren, Schauspieler und Possenreißer gibt und wo es überhaupt alles gibt, was in Städten vorzukommen pflegt ... So kommt es, dass du hier all das ertragen musst, was du anderwärts wenigstens teilweise vermeiden kannst«. Er rät deshalb seinem Briefpartner, besser zu Hause zu bleiben: »Sowohl von Jerusalem wie von Britannien aus steht der Himmel offen«[10].

Tatsächlich machen auch heutige Reisende diese »schockierende« Erfahrung: Disco-Boote auf dem See Gennesaret, eine arabische Großstadt Nazaret, die nichts mit dem idyllischen Dorf der christlichen bzw. kindlichen Phantasie zu tun hat, oder eine Grabeskirche, die ganz anders aussieht, als man sich den wichtigsten Ort der Christenheit vorstellt, sind für viele Reisende eine herbe Enttäuschung. Und wenn an manchen Orten (wie z.B. Jericho) ganz deutlich wird, dass »die Bibel nicht Recht hat« – jedenfalls nicht in einer äußerlich-historischen Weise, dann ist das noch immer für nicht wenige Reisende erschütternd.

Dennoch erscheint mir diese »Aufklärung« eine notwendige Aufgabe gerade von kirchlichen bzw. gemeindlichen Reisen zu sein: Es gibt ein großes Interesse an diesen Hintergründen (wie nicht zuletzt der Erfolg der erwähnten Bestseller zeigt). Und wenn diese Aufklärung nicht von der Kirche geleistet wird (und sei es aus pastoralen Rücksichten auf den Glauben der »einfachen Leute«), dann werden diese Menschen entweder um die Entdeckung einer er-

---

10 Vgl. *Hieronymus*, ep. 58,2–4.

wachsenen Spiritualität betrogen oder fallen irgendwann den Pseudo-Aufklärern im Stile eines Dan Brown in die Hände, weil sie in der Kirche über diese Dinge nichts gehört haben und ihr deshalb gar nicht mehr trauen.

Tatsächlich bedeutet eine Reise ins Heilige Land für manche Reisende auch die Zerstörung von liebgewonnen Bildern oder gar einer kindlichen Frömmigkeit, in der sie sich häuslich eingerichtet hatten. Andererseits bietet eine Reise von mehreren Tagen (besonders dann, wenn später im Gemeinde-Alltag daran angeknüpft werden kann), auch die Möglichkeit, aus den Steinen des zertrümmerten Hauses eine neue Bleibe zu errichten – vielleicht nicht ganz so komfortabel, aber doch so, dass man mit freierem Blick auf die Welt darin eine neue und erwachsene Spiritualität entwickeln kann.

Mehr oder weniger bewusst können so wichtige Elemente moderner Bibeltheologie bei den Menschen »ankommen«: Die historisch-kritische Methode kann auf diese Weise als Befreiung vom Zwang empfunden werden, biblische Texte »wortwörtlich« zu glauben. Die Schwierigkeiten, die Menschen mit manchen Texten haben, werden ernst genommen, und gleichzeitig kann eine Lösung angeboten werden. Dann wird auch die Zerstörung alter Vorstellungen akzeptiert. Zu dieser »Lösung« gehört der Einblick in den Charakter des Neuen Testaments als Schrift, die an vielen Stellen die Texte des Ersten Testaments mit neuem Leben erfüllt. Da das Neue Testament dies nicht selten in Form einer interpretierenden Nacherzählung tut bzw. sich bei der Erzählung von Bildern dieser alten Texte leiten lässt, wird beim Bewusstmachen dieser Tatsache auch eine »kanonische Lektüre« eingeübt. Und schließlich kann an vielen Stellen der besondere Charakter der biblischen Sprache verdeutlicht werden, die nicht in erster Linie beschreiben will, sondern als performative Sprache den Leser in den Text einbeziehen will. So wird die besondere Art von »Wahrheit« der biblischen Texte verständlicher, die auf existentielle Aneignung zielt.

Wenn der Reisende durch diese Phase der historischen Kritik hindurchgegangen ist, wird auch eine »zweite Naivität« im Sinne Heinrich Kleists möglich: Dann kann man wieder in Betlehem stehen und (sogar im Hochsommer) in der Geburtsgrotte singen »Zu Betlehem geboren ...« oder »Ich steh an Deiner Krippen hier ...«, weil die Fragen des Kopfes beantwortet sind und sich der Mensch wieder von dem Bild des Kindes in der Krippe berühren lassen kann.

Auch das ist übrigens eine uralte Erfahrung, von der wieder Hieronymus, der große Bibelforscher in Betlehem berichtet. Von Paula, einer ebenfalls bibelkundigen Begleiterin auf einer Heilig-Land-

Reise heißt es in einem seiner Briefe:»Nachdem sie die heilige
Herberge der Jungfrau gesehen hatte und den Stall, in dem ›der
Ochse seinen Herrn kannte und der Esel die Krippe seines Herrn‹
(vgl. Jes 1,3), schwor sie in meiner Gegenwart, sie sähe mit den
Augen des Glaubens das Kind in Windeln gewickelt und in der
Krippe schreien, die Gott anbetenden Weisen, den glänzenden
Stern in der Höhe ...«[11]
Mag ein solches Sehen heute eher die Ausnahme sein, so entde-
cken doch nicht wenige Reisende (um ein allerletztes Beispiel zu
nennen) die Aktualität bzw. eine Form von»Wahrheit« der Emma-
usgeschichte – vor allem, wenn man an einem der letzten Tage das
Emmaus der Kreuzfahrer in Abu Gosh mit seiner wunderbaren
Kirche oder die Kirchenruine im byzantinischen Amwas besucht:
Auch sie werden im Rückblick sagen können, dass ihnen an einigen
Stellen das Herz gebrannt hat – ohne dass sie gewagt hätten zu sagen, dass in diesem Moment der Auferstandene bei ihnen war.
Auch sie haben ihn vielleicht in kurzen Momenten erkannt und
konnten ihn doch nicht fassen. Ja, so flüchtig war dies Erkennen,
dass es sich einem logischen Erzählen gegenüber Unbeteiligten
entzieht. Und doch geben ihnen diese Erfahrungen Kraft, zurück-
zugehen in die Nacht, in ihren Alltag ...
Wenn dieses Beispiel am Ende steht, so auch deshalb, weil sich in
den vergangenen Jahren gezeigt hat, dass das Interesse an rein historisch-kritischen Hintergründen biblischer Geschichten bei Reisenden ins Heilige Land leicht zurückgegangen ist bzw. diese Informationen sehr schnell daraufhin befragt werden, was diese Ergebnisse für den eigenen Glauben bedeuten. Andererseits wird dadurch
deutlich, dass der»Lernort Reise« möglicherweise noch wichtiger
wird: Hier kann mit der Information der noch grundlegendere
existentielle Bezug zu biblischen Geschichten eingeübt werden –
wenn die Gestaltung des Programms und die Kompetenz der Reise-
leitung dies zulassen.
Solche Art, die biblischen Geschichten zu befragen und lebendig
werden zu lassen, könnte dann nach einer Reise auch die Art des
Umgangs mit ihnen zu Hause prägen. Sicher erscheint jedenfalls:
Wenn es gelingt, die tatsächlich spannenden Fragen, die mit der Bibel verbunden sind, in Gemeinden phantasievoll anzugehen (z.B.
mit Hilfe von guten Bibel-Filmen oder Gemeindefesten, die nicht
nur der Geselligkeit dienen, sondern ein Thema haben), und die
Geschichten der Bibel zunächst einmal in der Predigt als lebendige
und gegenwärtige zu erschließen, dann mag es immer noch Romane wie»Der da-Vinci-Code« geben – sie werden aber von weitaus

11   Vgl. *Hieronymus*, ep. 108,10.

weniger Menschen als Offenbarung der Wahrheit über Jesus und die Kirche angesehen werden[12].

***

Georg Röwekamp, geb. 1959, Dr. theol., ist seit 2001 Theologischer Leiter und Geschäftsführer von Biblische Reisen in Stuttgart.

Abstract

During the last years travelling as didcatic method was noticed more and more. Especially journeys to the Holy Land, to the world and environment of the bible, opens various possibilities to communicate theological insights in biblical contents – also for broad public. On location you can communicate information about places and biblical stories, exegetical insights as well as spiritual apporaches. The unification of sience and piety merges an obvoius contradiction and opens a new possibility for understanding biblical traditions in the acutal situation of the church.

12   Als Reisedienst des Katholischen Bibelwerkes und der Deutschen Bibelgesellschaft bietet Biblische Reisen seit 1962 Studienreisen ins Heilige Land bzw. in die Welt und Umwelt der Bibel an. Aus den »bibelarchäologischen Lehrkursen« der ersten Jahre haben sich inzwischen moderne (biblische) Studienreisen entwickelt. Nachdem in den ersten Jahren v.a. Pfarrer an den Reisen teilgenommen hatten, begannen diese bald, ähnliche Reisen für ihre Gemeinden anzubieten. So bildet die Organisation solcher Gruppenreisen heute eine der Hauptaufgaben von Biblische Reisen. Während die bibeltheologische Arbeit bei den Studienreisen für Einzelgäste weiterhin obligatorisch ist, bestimmt bei diesen »Reisen nach Maß« natürlich die jeweilige Gruppenleitung über den Charakter der Reise – sie kann ebenfalls streng wissenschaftlich, aber auch als Pilgerreise angelegt sein. Informationen unter: www.biblische-reisen.de.

Norbert Collmar

Das Land der Bibel als Thema des Religionsunterrichts

Karl Ernst Nipkow zum 80. Geburtstag gewidmet

Die Diskussion um die Bibel im Religionsunterricht scheint wieder mehr in den Vordergrund zu treten. Zu finden sind dabei Beiträge, die stärker religionspädagogisch oder auch stärker exegetisch akzentuiert sind[1]. Aber wie steht es mit dem Land der Bibel, das auch das Heilige Land genannt wird? Welche Rolle wird ihm in welchem zeitlichen und sachlichen Kontext im Religionsunterricht zugestanden? Geht es um das Land der Bibel zur Zeit des Alten oder Neuen Testaments beziehungsweise um das Gebiet des heutigen Staates Israel und des unter schmerzlichen Wehen entstehenden und sich etablierenden Staates Palästina? Es stellen sich auch Fragen an den historischen Zusammenhang zwischen biblischer und heutiger Zeit. Lässt sich das heutige Israel verstehen ohne die Erinnerung an die biblischen Zeiten? Zwischen den Jahrtausenden wird ein Zusammenhang hergestellt, den der israelische Präsident Weizmann in seiner Rede vor dem Bundestag und Bundesrat 1996 formulierte: »Wir versuchen, Frieden zu schaffen, der uns ins 21. Jahrhundert führt. Aber alte Kreuzfahrerkarten hängen an der Wand, und alte biblische Erinnerungen liegen in der Luft. Frühe Prophezeiungen wollen sich verwirklicht sehen. Und zusammen mit uns am Verhandlungstisch sitzen die Gäste aus der Tiefe der Zeiten, Repräsentanten anderer Epochen: Josua Ben-Nun und David Ben-Isai, der Prophet Mohammed und Jesus von Nazareth«[2]. Das Land der Bibel ist ein Landstrich – soviel ist bereits nach die-

---

1 Neben die Arbeiten der Bibeldidaktiker I. Baldermann, H.K. Berg oder jüngst P. Müller treten nun, teilweise angeregt von den PISA-Studien, Arbeiten, die aus exegetischer und religionspädagogischer Perspektive nach der Bibel im Religionsunterricht fragen. Vgl. z.B. *H. Rupp / H. Schmidt* (Hg.), Lebensorientierung oder Verharmlosung. Theologische Kritik der Lehrplanentwicklung im Religionsunterricht, Stuttgart 2001; *G. Theißen*, Zur Bibel motivieren. Aufgaben, Inhalte und Methoden einer offenen Bibeldidaktik, Gütersloh 2003; *K. Finsterbusch* (Hg.), Bibel nach Plan? Biblische Theologie und schulischer Religionsunterricht, Göttingen 2007; zusammenfassend: Bibel und Bibeldidaktik, JRP 23 (2007), Neukirchen-Vluyn 2007.
2 *F. Weizmann*, Rede vor dem Bundestag und Bundesrat am 16. 01. 1996, zit. nach: Religion 9/10: Versöhnung lernen, Stuttgart 1997, 69.

sem Zitat deutlich –, der mit vielen und zugleich komplexen Bedeutungen verbunden wird. Was kann am Inhalt ›Land der Bibel‹
gelernt oder, aktueller formuliert, welche Kompetenzen können
daran gewonnen werden?

1.   Ein mehrebenenanalytischer Zugriff

Zur differenzierten Beantwortung der Frage, ob und wie der Inhalt
›Land der Bibel‹ im Religionsunterricht Berücksichtigung findet,
sind verschiedene Ebenen und die Theorietraditionen der Didaktik
und der Unterrichtsforschung zu unterscheiden. Hierzu wird ein
Modell geschachtelter Handlungssysteme bzw. ein mehrebenen-
analytisches Modell[3] schulpädagogischen Handelns zugrunde gelegt und auf die schulpädagogische Frage nach der »Themenkonstitution«[4] für den bzw. im Unterricht bezogen. Für die Analyse
der Konstitution des Inhalts ›Land der Bibel‹ im Religionsunterricht werden vier Ebenen unterschieden. Da ist zunächst die Ebene
der Bildungspläne, also die *Makroebene* im Sinne der organisatorisch-rechtlichen und politisch zu verantwortenden Rahmenregelungen. Faust-Siehl spricht hier von der Konstituierung der Inhalte
durch die Bildungs- bzw. Lehrpläne. Die zweite Ebene, die auch die
Planungen der Lehrenden beeinflusst, bilden die publizierten Materialien und Schulbücher für den Religionsunterricht. Auch die
Autoren bzw. Autorenkollektive der Materialsammlungen, Unter-
richtsentwürfe, der Schulbücher und dazugehörigen Handbücher
für die Lehrenden tragen zur Konstituierung des Inhalts ›Land der
Bibel‹ im Religionsunterricht bei – oder eben nicht[5]. Wenn die
Lehrerinnen und Lehrer ihren Religionsunterricht vorbereiten und
die Vorgaben der Bildungspläne sowie die Vorschläge der Unterrichtswerke für die Schulklasse vor Ort konkretisieren, ist die
dritte Ebene erreicht, die der didaktischen Entscheidungen der Lehrenden. Die vierte Ebene ist die des konkreten Religionsunterrichts
vor Ort. Hier zeigt sich, ob und wie der Inhalt ›Land der Bibel‹ in
der unterrichtlichen Interaktion selbst zwischen den Schülerinnen
und Schülern sowie der Lehrkraft konstituiert, gemeinsam entfaltet und bearbeitet wird, mithin ob und wie dieser Inhalt zum
Thema der Lernenden wird. Diese letzte Analyseebene betont, dass

---

3   Vgl. *N. Collmar*, Schulpädagogik und Religionspädagogik, Göttingen 2004,
260ff.
4   Vgl. *G. Faust-Siehl*, Themenkonstitution als Problem von Didaktik und Unterrichtsforschung, Weinheim 1987.
5   Anders Faust-Siehl, die diese Ebene unberücksichtigt lässt.

Kinder und Jugendliche Subjekte ihres Lernens sind und sie demnach eigenständig zur Konstituierung der Inhalte und Themen im Religionsunterricht beitragen. Auf allen Ebenen wird der Inhalt ›Land der Bibel‹ für den Religionsunterricht konstituiert.
Neben der Analyse und Beschreibung der vier Ebenen jeweils für sich ist ihr Verhältnis zueinander und ihr Einfluss auf das pädagogische Geschehen zu bestimmen. Die auf der Makroebene in den Bildungsplänen geschaffenen Regelungen sind Voraussetzungen und Rahmenbedingungen für die darunterliegenden Ebenen, determinieren diese jedoch nicht, sondern setzen Möglichkeits- und Ermessensspielräume. Die Unterrichtswerke konkretisieren dies, wenngleich für die Planung der Lehrenden wie auch für die unterrichtlichen Interaktionen noch Spielräume gegeben sind. Beide Ebenen bilden eine im doppelten Sinne des Wortes gemeinte Vorgabe, »welche Handeln sowohl einschränkt als auch ermöglicht, nie aber determiniert.«[6] Diese Ebenen sind wie ein Satz russischer Puppen ineinander verschachtelt, sie lassen sich voneinander unterscheiden, aber als »geschachtelte Handlungssysteme«[7] nicht voneinander trennen
Im Folgenden stehen die ersten beiden Ebenen der Inhaltskonstitution ›Land der Bibel‹ im Mittelpunkt.

2 Die Konstitution des Inhalts ›Land der Bibel‹: Ein Gang durch Bildungspläne und Unterrichtsmaterialien

Der Inhaltsbereich ›Land der Bibel als Thema des Religionsunterrichts‹ hat unterschiedliche Dimensionen. Es gibt zum einen die *geographische* Frage: Wo liegt dieses Land, wo fängt es an, wo hört es auf, welche Landschaften gibt es dort? Daneben steht die mit der

---

6 *H. Altrichter / S. Salzgeber*, Mikropolitik in der Schule. Schultheorie als Theorie der interaktionellen Konstituierung von Organisationen, in: *H.-G. Rolff* (Hg.), Zukunftsfelder von Schulforschung, Weinheim 1995, 9–40, hier 32.
7 *E. Kleber*, Gestaltung von Handlungssystemen – Die neue Lehrerrolle in der ökologisch-phänomenologischen Erziehungswissenschaft, in: *R. Voß* (Hg.), Die Schule neu erfinden. Systemisch-konstruktivistische Annäherungen an Schule und Pädagogik, Neuwied/Berlin ²1997, 129–152, hier 134ff; vgl. auch *U. Bronfenbrenner*, Die Ökologie der menschlichen Entwicklung, Stuttgart 1979. In analoger Weise unterscheidet Fend in einer »mehrebenenanalytischen Betrachtungsweise« des Bildungswesens zwischen der *Mikroebene*, die die Schulklasse mit der jeweils unterrichtenden Lehrkraft einschließt, der *Mesoebene*, die die einzelne Schule umgreift, und der *Makroebene* im Sinne der organisatorisch-rechtlichen und politisch zu verantwortenden Rahmenregelungen (vgl. *H. Fend*, Qualität im Bildungswesen. Schulforschung zu Systembedingungen, Schulprofile und Lehrerleistungen, Weinheim ²2005.

geographischen zu kombinierende *historische* Frage: Welche Land-
striche gehörten wann real oder proklamatorisch dazu und wann
nicht? Sodann ist die *theologische* bzw. *religionswissenschaftliche*
Frage zu berücksichtigen: Wieso hat dieser Landstrich mit seinen
Wüsten und Quellen, seinen Städten und Dörfern eine besondere
Bedeutung für die Theologie und Religionspädagogik? Wie soll der
Landstrich, der hier tentativ »Land der Bibel« genannt wird, be-
zeichnet werden? Israel, Palästina, Heiliges Land, Land der Bibel,
Land Jesu …?[8] Mit den Namen können zugleich aktuelle politische
Ansprüche formuliert oder geographische Ein- bzw. Ausgrenzun-
gen vollzogen werden.

2.1 Die Inhaltskonstitution auf der Makroebene durch Bildungspläne

Für die Analyse der aktuell gültigen Bildungspläne werden exemplarisch der Bildungsplan des Landes Baden-Württemberg und die
Rahmenrichtlinien des Landes Niedersachsen in vergleichender
Weise in den Mittelpunkt der Analyse gestellt. Für die Grundschule werden noch die nordrhein-westfälischen Lehrpläne einbe-
zogen.
Der baden-württembergische Bildungsplan ist durch eine klare
Kompetenzorientierung geprägt. Er formuliert Bildungsstandards,
die jeweils am Ende der Klassen 2, 4, 6, 8 (Hauptschule 9), 10 und
12 erreicht sein sollen. Die Bildungspläne für die Fächer Evangelische und Katholische Religionslehre folgen in Baden-Württemberg
derselben Grundstruktur von Kompetenzen und Inhalten. Im Anschluss an die Kompetenzen werden »Inhalte als Themenfelder formuliert, durch deren Behandlung im Unterricht die Kompetenzen
erworben werden sollen.«[9] Diese verbindlichen Kompetenzen und
Themenfelder sollen mindestens 50 % und maximal 66 % der Un-
terrichtszeit beanspruchen.

2.1.1 *Grundschule*
Evangelische Religionslehre
Im baden-württembergischen Bildungsplan wird für die Klassen 1
und 2 der Inhalt ›Land der Bibel‹ bei den Kompetenzen, die die
Schülerinnen und Schüler sich aneignen sollen, nicht erwähnt. Bei
den Inhaltsvorgaben findet sich das Themenfeld »Mit Jesus auf
dem Weg« und dort die Formulierung »Jesus wächst in Nazareth

8 Vgl. zur Namensfrage *W. Zwickel,* Einführung in die biblische Landes- und
Altertumskunde, Darmstadt 2002, 16–22.
9 Bildungsplan Grundschule. Evangelische Religionslehre, Stuttgart 2004, 24.

auf und wirkt am See Gennesaret«[10]. Der heranwachsende Jesus und das kleinräumige galiläische Umfeld Jesu werden hier in den Vordergrund gestellt. Im Themenfeld »Wagnis und Vertrauen, 1. Mose 12–21«, das die Erzählungen zu Abraham und Sara beinhaltet, wird auf der Ebene des Bildungsplans die biblische Verheißung des Landes (Gen 12,1; 13,14ff) nicht erwähnt. Wie hier bilden auch bei der Exodustradition fundamentalanthropologische Themen den hermeneutischen Schlüssel zu den Bibeltexten.

Für die Klassen 3 und 4 findet sich keine explizite Formulierung, die den Inhalt ›Land der Bibel‹ nahelegt, wenngleich im Themenfeld »Jesus leidet und stirbt – Gott macht ihn zum Christus« Jerusalem und der Tempel Erwähnung finden.[11] Die niedersächsischen Rahmenrichtlinien für den Evangelischen und den Katholischen Religionsunterricht an der Grundschule sind hier gleichlautend formuliert und nennen als erwartete Kompetenzen »Die Schülerinnen und Schüler nehmen den Menschen ›Jesus von Nazareth‹ in seinem Lebensumfeld wahr und kennen Situationen aus seinem Leben.« Als Inhalte werden der genannten Kompetenz »Umwelt Jesu; Bilder und biblische Geschichten: Jesu Geburt, Taufe, Passion, Auferstehung«[12] zugeordnet. Der nordrhein-westfälische Lehrplan für den evangelischen Religionsunterricht erwähnt die Thematik ›Land der Bibel‹ oder Orte, in denen Jesus wirkte, nicht[13].

Katholische Religionslehre

In den baden-württembergischen Plänen für den Katholischen Religionsunterricht findet sich für die Klassen 1 und 2 das Thema ›Land der Bibel‹ mit einer Kompetenzformulierung: »Die Schülerinnen und Schüler können anhand von Bildern und Geschichten vom Land Jesu und von den Arbeits- und Lebensverhältnissen zur Zeit Jesu erzählen«[14]. Der Kompetenz entspricht auf der Inhaltsseite die Formulierung »Jesus in seiner Zeit kennen lernen« mit den Elementen »Anfanghaft die Heimat Jesu und das Leben damals kennen lernen. Berufe zur Zeit Jesu und biblische Orte (Familien- und Alltagsleben).«[15]

---

10 Ebd., 27.
11 Vgl. ebd., 29.
12 Kerncurriculum für die Grundschule, Schuljahrgänge 1–4, Evangelische Religion, hg. vom *Niedersächsischen Kultusministerium*, Hannover 2006, 21; Kerncurriculum für die Grundschule, Schuljahrgänge 1–4, Katholische Religion, hg. vom *Niedersächsischen Kultusministerium*, Hannover 2006, 22.
13 Vgl. Nordrhein-Westfalen, Bildungsplan Grundschule.
14 Bildungsplan Grundschule, Stuttgart 2004, 36.
15 Ebd., 37.

Der Lehrplan für den katholischen Religionsunterricht in Nord-
rhein-Westfalen definiert im Bereich »Das Wort Gottes und das
Heilshandeln Jesu Christi in den biblischen Überlieferungen« den
Aufgabenschwerpunkt »Das Land der Bibel kennen lernen« mit
den Unterrichtsgegenständen »Land und Leute im alten Israel,
Umwelt und Menschen zur Zeit Jesu«[16]. Diese Inhalte sind in der
Grundschule keiner Klassenstufe zugewiesen.
Deutlich wird bei diesem Blick in die Bildungspläne der Grundschule, dass in Baden-Württemberg und Nordrhein-Westfalen für
den Evangelischen und Katholischen Religionsunterricht unterschiedliche Bildungspläne vorliegen, wohingegen in Niedersachsen
zwar unterschiedliche Pläne, aber – zumindest bei den hier herangezogenen Inhaltsbereichen – mit identischen Formulierungen in
Kraft sind. Die Bildungspläne für den Katholischen Religionsunterricht geben zudem dem Inhalt ›Land der Bibel‹ ein größeres Gewicht.

2.1.2 Sekundarstufe I
Evangelische Religionslehre
In der Klasse 5 oder 6 der *Hauptschule* sollen sich in Baden-Württemberg die Schülerinnen und Schüler die Kompetenz »die Lebenswelt Jesu in Grundzügen (kennen)« bei der Erarbeitung des
Inhalts »Lebensstationen Jesu, seine Zeit, sein Umfeld«[17] angeeig-
net haben. Explizit ist das Thema in den folgenden Klassen nicht
mehr zu finden.
Für die *Realschule* ergibt sich ein analoger Befund. Auch der Bildungsplan für das *Gymnasium* sieht nur für die Klassen 5/6 folgende Kompetenz vor: Die Schülerinnen und Schüler »verfügen
über Grundkenntnisse zu Zeit und Umwelt Jesu, soweit sie zum
Verständnis der ausgewählten Gleichnisse nötig sind«[18]. Hier *kann*
das Land der Bibel eine Rolle spielen. Deutlich ist aber zugleich die
direkte Indienstnahme des Inhalts ›Land der Bibel‹ für das Gleich-
nisverständnis.
In Niedersachsen findet sich in der Klassenstufe 5/6 *Hauptschule*
die Einheit »Jesus und seine Zeit«, die neben dem Judesein Jesu den
Erwerb von »Grundkenntnissen über die geographische, politische
und soziale Situation seiner Zeit«[19] vorschlägt. Hier werden »Jesus
in seiner Umwelt, geographische und politische Lage« genannt und

16 NRW Bildungsplan Katholische Religionslehre, 163.
17 Bildungsplan Hauptschule, Stuttgart 2004, 27.
18 Bildungsplan Gymnasium, Stuttgart 2004, 27.
19 *Niedersächsisches Kultusministerium*, Curriculare Vorgaben für die Hauptschule, Schuljahrgänge 5/6, Evangelischer Religionsunterricht, Hannover 2004,
16.

methodisch Sachinformationen, Karten und Landschaftsaufnahmen empfohlen. In der *Realschule* ist diese Einheit ebenfalls unter dem Namen »Jesus und seine Zeit« mit dem Ziel, »Jesus in seinem Lebenskontext (zu) kennen«, platziert. Dabei sollen die Schüler/ -innen Geographie, Landschaften und Klima kennen. Auch im *Gymnasium* gibt es eine vergleichbare Einheit »Jesus von Nazareth in seiner Zeit und Umwelt« mit der Intention: »Die Schülerinnen und Schüler sollen die religiösen Voraussetzungen sowie die politischen, gesellschaftlichen und geographischen Gegebenheiten kennen lernen, die Leben und Sterben Jesu von Nazareth maßgeblich beeinflusst haben.«[20] Der niedersächsische Bildungsplan ist in drei Lerndimensionen gegliedert, unter denen sich hier je ein Aspekt des Themas ›Land der Bibel‹ findet. Der Lerndimension Wahrnehmen/Beschreiben werden »Landschaftsbilder, Geographie, Klima« neben Berufe Familie, Nahrung usw. zugeordnet; der Lerndimension Verstehen/Deuten »Jerusalem als heilige Stadt« und der Lerndimension Gestalten/Handeln die »Landkarte mit Jesu Wanderroute« sowie »die Umwelt Jesu nachgestalten, modellieren, zeichnen … ein Dorf / eine Oase bauen.«[21] Daneben wird die Kartenarbeit in der Unterrichtseinheit »David – eine Brücke zwischen Juden und Christen« aufgenommen, indem die Schülerinnen und Schüler eine Landkarte zum Leben Davids gestalten[22].

Der niedersächsische Bildungsplan berücksichtigt das Land der Bibel auch in den Klassen 7/8 und 9/10. Während es in den Klassen 7/8 eher eine unbedeutende Rolle im Zusammenhang der »Rückkehr aus Diaspora« in der Einheit »Schma Israel – dem Judentum begegnen«[23] spielt, hat es in den Klasse 9/10 eine größere Bedeutung. Das moderne Israel wird hier unter der Perspektive »multikulturelles Land« thematisiert und die Schülerinnen und Schüler sollen »Jerusalem (virtuell) erkunden«[24]. Dabei spielen die aktuelle politische Situation, das Selbstverständnis Israels (zionistische Idee und Erfahrung des Holocaust) und der Konflikt mit den Palästinensern eine große Rolle. Die Schülerinnen und Schüler sollen dabei »die jüdische Erfahrung der ›Befreiung‹ Israels und Heimkehr aus dem Exil der palästinensischen Erfahrung der Katastrophe der Vertreibung und Unterdrückung gegenüberstellen und Ansätze der

---

20 *Niedersächsisches Kultusministerium*, Curriculare Vorgaben für das Gymnasium, Schuljahrgänge 5/6, Evangelischer Religionsunterricht, Hannover 2004, 16.
21 Ebd., 16.
22 Ebd., 15.
23 *Niedersächsisches Kultusministerium*, Rahmenrichtlinien für das Gymnasium, Schuljahrgänge 7–10, Evangelischer Religionsunterricht, Hannover 2003, 22.
24 Ebd., 23.

Versöhnung zwischen Israelis und Palästinensern kennen lernen.«[25] Jerusalem wird dabei zum Brennpunkt der Geschichte und
Vorgeschichte des Staates Israel (Klagemauer, Ölberg, Grabeskirche, Yad Vaschem) wie auch mit der Al-Aksa-Moschee als Teil
muslimischer Tradition sichtbar. Auch die besondere Problematik
der christlichen Palästinenser wird in dieser Unterrichtseinheit
festgehalten.

Katholische Religionslehre
In den Klassen 5/6 der *Hauptschule* sollen sich die baden-württembergischen Schülerinnen und Schüler mit den wichtigen Lebensstationen Jesu, seinen jüdischen Wurzeln und dem Land, in dem Jesus
lebte, beschäftigen[26]. Im Unterschied zum Evangelischen Religionsunterricht wird hier auf die Form des Spiralcurriculums zurückgegriffen und in Klasse 9 die genannte Kompetenz abermals aufgegriffen: Die Schülerinnen und Schüler »kennen den Lebensweg
und die Lebenswelt des Jesus von Nazareth in Grundzügen«[27].
In der *Realschule* finden sich in Klasse 6 »wichtige Lebensstationen«[28], und in Klasse 10 wird dies aufgenommen und weiterge-
führt: Die Schülerinnen und Schüler »kennen wichtige Lebensstationen Jesu und wissen über die Lebenswelt zu seiner Zeit Be-
scheid«[29]. Konkretisiert wird dies auf der Inhaltsebene aber stärker
historisch als geographisch mittels des Inhalts »Die geschichtliche
Situation des Juden Jesus – Was wissen wir vom historischen Jesus?«[30]
Im *Gymnasium* wird das ›Land der Bibel‹ explizit wenig berücksichtigt. Auf der Metaebene wird für die Klasse 10 im Zusammenhang der Hermeneutik biblischer Texte die Kompetenz formuliert:
Die Schülerinnen und Schüler »können aufzeigen, wie Kenntnisse
über die Entstehungssituation biblischer Texte zu deren Verständnis beitragen«[31]. Auch bei dieser Formulierung dürfte eher die historische als die spezifisch geographische Situation im Blick sein.
In den niedersächsischen Curricularen Vorgaben für den Katholischen Religionsunterricht am Gymnasium findet sich für Klasse
5/6 die Einheit »Zeit und Umwelt Jesu«[32]. In der Lerndimension

---

25   Ebd., 23.
26   Vgl. Bildungsplan Hauptschule (s.o. Anm. 17), 39f.
27   Ebd., 41.
28   Bildungsplan Realschule, Stuttgart 2004, 35.
29   Ebd., 42.
30   Ebd., 42.
31   Bildungsplan Gymnasium (s.o. Anm. 18), 45.
32   *Niedersächsisches Kultusministerium*, Curriculare Vorgaben für das Gymnasium, Schuljahrgänge 5/6, Katholischer Religionsunterricht, Hannover 2004, 17.

Wahrnehmen/Beschreiben wird der Inhalt ›Land der Bibel‹ aufgenommen. Wichtige Orte sollen von den Schüler/-innen auf Karten gefunden und die »Größe und Beschaffenheit des Landes« dargestellt werden. Daneben wird in der Einheit »David – König Israels« ein »geschichtlicher Abriss vom Exodus bis zur Richterzeit«[33] mit Landkarten, Graphiken und Bildern vorgeschlagen und so David lokal und temporal eingeordnet.

In der weiteren Sekundarstufe finden sich zwei Themen, die sich mit Israel beschäftigen. In beiden Leitthemen ist der Inhalt ›Land der Bibel‹ mit Ausnahme eines Hinweises auf den Staat Israel nicht vertreten.

2.2   Die Inhaltskonstitution durch Schulbücher und Unterrichtsmaterialien

Bei der Analyse der Unterrichtsmaterialien und Schulbücher für die Grundschule und Sekundarstufe I wird unterschieden zwischen lehrgangsartig strukturierten Unterrichtsarrangements, die das ›Land‹ der Bibel in den Mittelpunkt rücken, und Bausteinen mit dem Inhalt ›Land der Bibel‹ im Rahmen anderer Thematiken.

2.2.1   *Land der Bibel – Didaktische Morpheme[34] für die Grundschule*

Die bereits 1979 von B. und R. Veit entwickelte Unterrichtseinheit »Israel, das Land der Bibel« soll ein »Sachlehrgang sein, um den Schülern einmal kompakt ohne geplante kerygmatische Vertiefungen einige Informationen über Land und Leute des damaligen Palästina zu vermitteln«[35]. Ziel dieser Einheit ist es, die Landstriche, Städte und Dörfer, in denen Personen der Bibel real gelebt haben, mit den Kindern zu erarbeiten, damit die biblischen Erzählungen nicht in die Nähe von Märchen und von »Es war einmal ...« rücken. Dabei wird auf Bilder des heutigen Israel zurückgegriffen, da Landkarten einen sehr hohen Grad an Abstraktion beinhalten und Bilder demgegenüber zeigen, dass die biblischen Personen nicht in einem imaginären Land wie Jim Knopfs Lummerland, sondern »in einer heute noch existenten Region unserer Erde«[36] gelebt haben.

---

33   Ebd., 16.
34   Die von den Religionslehrer/-innen geplante oder situativ entwickelte, jedoch im Unterrichtsprozess vorgegebene Einheit von Zielen, Inhalten, Methoden und Medien ist »immer als ganzheitliche Gestalt anzusehen«, die E. *Kösel* (Die Mo-dellierung von Lernwelten, Elztal/Dallau [3]1997, 243) didaktisches Morphem nennt.
35   *B. Veit / R. Veit*, Religion im zweiten Schuljahr, Zürich u.a. 1979, 27.
36   Ebd., 28.

Letztes Ziel ist, dass »Jesus in der Vorstellung auch wirklicher Mensch [wird], der lebte, wie viele Juden damals.«[37] Das sehr umfangreiche von H.K. Berg und U. Weber erarbeitete Freiarbeitsmaterial »So lebten die Menschen zur Zeit Jesu«[38] besteht aus einer sich Jesus narrativ nähernden Erzählung, in deren Mittelpunkt ein jüdischer und ein römischer Junge, Benjamin und Julius, stehen, sowie stark sachkundlich ausgerichtete Materialien für die Schülerinnen und Schüler – Karten genannt. Zur Erzählung und den Karten kommt ein ›Didaktisches Begleitheft‹. Das Material für die Lernenden »enthält 7 große Themenbereiche, die sich wiederum in Teilthemen fächern[39]: Landwirtschaft, tägliches Leben, Berufe, Gesellschaft, Politik, ›Land der Bibel‹, jüdische Religion«. Das Werk intendiert in seiner Gesamtheit, Kindern einen Zugang zu Jesus zu ermöglichen. »Das bedeutet *einmal,* daß die Welt Jesu, soweit wir sie kennen, vor den Augen der Kinder ein Gesicht, das ist pulsierendes Leben, Farbe, Geschmack, Geruch, gewinnen soll. … Wichtiger noch erschien uns, die Personen und die Praxis Jesu so zu zeichnen, daß Kinder Jesus als Menschen kennenlernen, an dem sie erfahren können, was Gott allen Menschen zugedacht hat.«[40] Und erst in seinem »scheinbaren Scheitern offenbart sich dann … wer er ist: ›Dieser Mensch war in Wahrheit Gottes Sohn‹ (Mk 15,39)«[41].

Das angebotene Arbeitsmaterial zum Themenbereich ›Das Land der Bibel‹ für die Hand der Schülerinnen und Schüler besteht aus 16 Karten und führt in die Geographie, das Klima sowie einige Orte ein. Die letzten Karten verbinden das Land mit dem Leben und Sterben Jesu.

Der mit Fotograpfien ausgestattete Band »Wo Jesus lebte«[42] wählt die Form des Reiseberichts eines achtjährigen deutschen, katholischen Mädchens, das mit seinen Paten nach Israel reist und dort die Landschaft und Orte des Lebens Jesu besucht. Mit der Schilderung des Landes sowie der Kirchen und Klöster sind biblische Geschichten und auch aktuelle Probleme zwischen Israelis und Palästinensern, zwischen Christen, Moslems und Juden Thema der Texte und Bilder. Der Text führt zudem durchgängig in die katholische Frömmigkeitspraxis ein und kann dem Erstkommunionunterricht

---

37 Ebd., 28.
38 *H.K. Berg / U. Weber,* So lebten die Menschen zur Zeit Jesu, Freiarbeit Religion. Materialien für Schule und Gemeinde, Stuttgart u.a. 1996.
39 Ebd., 10.
40 Ebd., 4.
41 Ebd., 7.
42 *G. Dane / E. Läufer,* Wo Jesus lebte, München 2007.

dienen. Das Ziel des Bandes ist in narrativem Modus Teil des Reiseberichts:»Ja, das kann sie jetzt viel besser verstehen, sich diese Orte vorstellen. Sie kann noch den Wind und die Sonne spüren, den Sand und die Sterne sehen, die Blumen noch riechen und die Vögel noch zwitschern hören. Paula hat das Gefühl, Jesus besucht zu haben, in seinem schönen Heimatland«[43].
In einigen Materialien findet sich das Land der Bibel als Element in Unterrichtseinheiten zu Jesus Christus. So bietet das Schulbuch »fragen – suchen – entdecken. Religion in der GS 1« am Ende der Unterrichtseinheit »Auf den Spuren Jesu« eine Doppelseite »Wo Jesus und seine Freunde gelebt haben«[44]. Auf Fotografien werden typische Landschaften gezeigt. Mit den Schülerinnen und Schülern kann das Land als Bodenbild gestaltet werden. Dies ist ein handlungsorientierter Schritt hin zu den notwendig abstrakten Landkarten. Mit der Doppelseite soll deutlich gemacht werden, »in welchem Umfeld die Jesus-Erzählungen anzusiedeln sind.«[45] Der Inhalt ›Land der Bibel‹ wird für die Klassen 1 und 2 auch in noch knapperer Weise aufgenommen[46].
Für die Klassen 3/4 findet sich in der »Arbeitshilfe Religion Grundschule 3. Schuljahr«[47] in der Einheit »Jesus geht einen anderen Weg« ein Block zu Israel, »dem Land, in dem Jesus unterwegs war«; in der Arbeitshilfe »Religion Grundschule 4. Schuljahr« sind in der Unterrichtseinheit »Jesus leidet und stirbt« unter der Rubrik Sachwissen »Jerusalem, die heilige Stadt der Juden« und »Der Tempel in Jerusalem« einschlägige Themen verortet. Die landeskundlichen Themen sind in christologische Themen integriert.
Hinter den genannten Grundschulentwürfen steht die Einsicht: »Jesus gehört zu einem ganz bestimmten Land. Dieses Land ist seine Lebenswirklichkeit und es hat seine Persönlichkeit so geprägt, dass seine Botschaft nicht von ihr zu trennen ist«[48]. Das Thema findet sich sowohl in selbstständigen Lehrgängen wie auch in Unterrichtseinheiten.

43   Ebd., 91.
44   fragen – suchen – entdecken 1, München u.a. 2002, 32; ergänzende Materialien finden sich im Lehrerband fragen – suchen – entdecken 1 – Arbeitshilfe, München u.a. 2002, 104ff.
45   Ebd., 104.
46   Vgl. z.B. Kinder fragen nach dem Leben. Religionsbuch für das 1. und 2. Schuljahr, Berlin 2005, 52f; Kinder fragen nach dem Leben. Arbeitsheft 1 Religion, 21.
47   Arbeitshilfe Religion, Grundschule, 3. Schuljahr, Stuttgart 1997, 126.
48   Welt und Umwelt der Bibel, Stuttgart, H. 4 (2/1997), 45.

2.2.2   Land der Bibel – Didaktische Morpheme für die Sekundar-stufe I

Die von I. Kirchhoff bearbeiteten Freiarbeitsmaterialien »So lebten die Menschen zur Zeit Jesu«[49] sind wiederum paradigmatisch für einen konzentrierten sachkundlichen Lehrgang und haben drei inhaltliche Schwerpunkte: das *Land,* in dem Jesus lebte, das *Leben* der Menschen zur Zeit Jesu und die *Religion* Jesu. Das Land wird über die Arbeit mit Karten und Fotos erschlossen und die Klasse wird in die Gruppe der Geografen und Fotografen unterteilt. Dabei sollen die Schüler zu Orten (z.B. Jerusalem, Nazareth, Bethlehem, Jericho, Kapernaum usw.) und zu Gegenden (See Genezareth, Totes Meer, Jordan, Judäa, Wüste usw.) über Karten und Fotographien Informationen sammeln und übend lernen. Die Ergebnisse werden vor der Klasse jeweils für die Orte und Gegenden gemeinsam präsentiert, sodass sich die Abstraktion der Landkarte und die Anschaulichkeit der Bilder ergänzen. Das Ziel dieses didaktischen Morphems beschreibt Kirchhoff mit ›Einleben‹. »Einleben [… als] ein höchst aktiver, erfahrungs- und erlebnisbezogener Vorgang«[50] übersteigt das zugleich genannte Ziel »das Land, in dem Jesus lebte, kennen lernen« weit.

Im Schulbuch RELi + wir, Schuljahr 5/6/7[51], einem Haupt- und Realschulbuch, ist der Inhalt ›Land der Bibel‹ eine kleine, verschiedene lebensweltliche Themen und biblisch-theologische Deutepotenziale übergreifende selbstständige Einheit, die zu »projekt- und handlungsorientiertem Lernen«[52] einlädt. Unter der Überschrift »Gott und das Land, das er liebt«[53] wird ausgehend vom Garten Eden (Gen 2,8ff) über Abraham (Gen 12,1–32) und Mose (Ex 3,17) bis hin zu Jesus (Mk 1,1–15) die Landthematik mit einem sowohl theologisch als auch geographisch orientierten Zuschnitt bearbeitet.

Die schon etwas in die Jahre gekommenen und für die 5./6. Klassen des Gymnasiums konzipierten »Stundenblätter Zeit und Umwelt Jesu. Das Heilige Land – Die Bibel« kombinieren eine Einführung in das Heilige Land, seine Menschen und Geschichte mit der Entstehung und mit zentralen Inhalten der Bibel. Ziel ist es, die Schüler/-innen »bekannt zu machen mit dem Land und der Umwelt

---

49   *I. Kirchhoff,* So lebten die Menschen zur Zeit Jesu, in: *dies.* (Hg.), Freiarbeit mit Religionsunterricht praktisch. Materialien für das 5. und 6. Schuljahr, Göttingen 2002, 65–83.
50   Ebd., 66.
51   RELi + wir, Schuljahr 5/6/7, Göttingen 2007.
52   RELi + wir. Werkbuch, Inhalte, Methoden, Ideen, Schuljahr 5/6/7, Göttingen 2007, 6.
53   RELi + wir, Schuljahr 5/6/7 (s.o. Anm. 51), 127.

Jesu«[54]. Die Schüler werden für die Zeit von vier Religionsstunden auf eine fiktive Reise in die Heimat Jesu mitgenommen. »Das Land, in dem Jesus und die Menschen des Alten Testaments lebten, sollte jedem Christen vertraut sein, und seine wichtigsten Daten und Fakten sollte er kennen.«[55] Inhalt der 1. Stunde ist Einführung durch ein Gespräch über Reise/reisen ins Heilige Land. In der 2. Stunde geht es um den Flug, die Gegend von Tel Aviv, den Weg nach Jerusalem sowie die dortige Altstadt. In der 3. Stunde geht die Reise von Jerusalem ans Tote Meer, und die vierte Stunde fragt: »Wem gehört das Land?«[56] Hier werden neben politischen und geographischen auch theologische Argumente bearbeitet.

In den kompetenzorientierten Schulbüchern der jüngsten Zeit findet sich der Inhalt das Land der Bibel als ein Element biblischer Themen insbesondere in den Unterrichtseinheiten zu Jesus von Nazareth.

Die Reihe »Religion entdecken – verstehen – gestalten« versieht die Schulbücher durchgängig von Klasse 5 bis Klasse 11+ auf der Innenseite des Umschlags mit Landkarten, die zu den Inhalten der jeweiligen Klassenstufen passen. Somit kann bei den unterschiedlichen biblischen Einheiten auf diese Karten zurückgegriffen werden. »Religion entdecken – verstehen – gestalten« bietet für die 5./6. Klassen den Inhalt »Das Land, in dem Jesus lebte«[57] als Teil der Einheit »Ein Mensch namens Jesus«.

Die von I. Baldermann, U. Becker und H. Ruppel herausgegebene Reihe »Religion 5/6: Hoffnung lernen«, »Religion 7/8: Gerechtigkeit lernen« und »Religion 9/10: Versöhnung lernen«[58] nimmt das Thema ›Land der Bibel‹ in differenzierter Weise auf. Im Band für die 5. und 6. Klasse wird Jerusalem unter interreligiöser und theologischer, historischer und aktueller Perspektive bearbeitet. Dabei wird die Klage über Jerusalem ebenso aufgenommen wie auch »Jerusalem als Stadt der Sehnsucht«[59] interpretiert. Aktuell existentielle Fragen werden mit historischen Sachthemen kombiniert, und so entsteht ein eng verwobener Text.

Auch in den Klassen 7 und 8 steht Jerusalem im Mittelpunkt. Drei Jugendliche – eine Muslima, eine Jüdin und ein Christ – befinden

---

54   A. *Schulz*, Stundenblätter Zeit und Umwelt Jesu. Das Heilige Land – Die Bibel, Sekundarstufe I, Stuttgart u.a. 1991, 7.

55   Ebd., 19.

56   Ebd., 25.

57   Religion entdecken – verstehen – gestalten, Göttingen 2000, 68–72.

58   Religion 5/6: Hoffnung lernen, hg. von *I. Baldermann*, Stuttgart 1995; Religion 7/8: Gerechtigkeit lernen und Religion 9/10: Versöhnung lernen, hg. von *U. Becker u.a.*, Stuttgart 1997.

59   Religion 5/6: Hoffnung lernen (s.o. Anm. 58), 84ff.

sich auf einer schulischen Studienreise nach Jerusalem und bearbeiten dort die Aufgabe ›Religionen in Israel‹. Sie »erzählen sich
gegenseitig ihre Erfahrungen, tauschen Beobachtungen und Fragen
aus, finden ihre persönlichen Sichtweisen und halten die durchaus
vorhandenen Spannungen mit Hilfe ihrer Freundschaft und ihrer
Neugier aneinander erträglich aus.«[60] In dieser Selbstbeschreibung
spiegelt sich das Ziel des Unterrichts. Material wird ausgehend von
Orten und Begegnungen in Jerusalem die Bedeutung dieser Stadt
für die drei Religionen diskutiert und mit den Rechercheergebnis-
sen der fiktiven Berliner Jugendlichen Wissen vermittelt.

Der Band »Religion 9 /10« hat seinen Titel »Versöhnung lernen«
aus einer Unterrichtseinheit »Da zog Abraham aus – gehen, wo
noch kein Weg ist«[61]. Abraham steht zum einen für Aufbrüche –
zum Frieden, der Frauen – zum anderen für Versöhnung, drittens
für »Aspekte des jüdischen Geschicks«[62], und viertens kann die
Rückbesinnung auf Abraham das Gespräch zwischen den abraha-
mitisch genannten Religionen vertiefen und exklusivistische Tendenzen mindern[63]. Hier werden nun durch die Rede von Israels
Präsident Weizmann vor dem Deutschen Bundesrat und Bundestag
im Jahr 1996, die von Meir Shalev konzipiert wurde, das gegenwärtige und biblische Land, die gegenwärtige und biblische Geschichte miteinander verknüpft.[64] Das Land der Bibel und der heutige Staat Israel sind mit einem »Rucksack der Erinnerungen«[65]
verbunden: »Erst zweihundert Generationen sind vergangen, seit
ein Mensch namens Abraham aufstand, um sein Land und seine
Heimat zu verlassen und in ein Land zu ziehen, das heute mein
Land ist … seit Abraham die Machpela-Höhle in der Stadt Hebron
kaufte, bis zu den schweren Konflikten, die sich dort in meiner
Generation abspielen.«[66] Das Land ist politisch umstritten, seine
Orte sind religiös unterschiedlich aufgeladen – das Land ist so in
historischer, friedenspädagogischer, theologischer und interreligiöser Hinsicht ein Lern- und Bildungsanlass. Ein vergleichbarer di-
daktischer Zugang zum Land findet sich unter der Überschrift »Palästina: Heimat für viele« in den Bauplänen Religion[67]. Mit der
heutigen Situation in Israel und in Jerusalem (Stadt des Friedens)

---

60   Religion 7/8: Gerechtigkeit lernen, Lehrerband, Stuttgart 1998, 65.
61   Religion 9/10: Versöhnung lernen (s.o. Anm. 58), 54–71.
62   Religion 9/10: Versöhnung lernen, Lehrerband, Stuttgart 1998, 45.
63   Vgl. *K. Baur* (Hg.), Zu Gast bei Abraham. Ein Kompendium zur interreli-
giösen Kompetenzbildung, Stuttgart 2007.
64   Religion 9/10: Versöhnung lernen, Lehrerband (s.o. Anm. 62), 55.
65   Religion 9/10: Versöhnung lernen (s.o. Anm. 58), 68.
66   Ebd., 68.
67   Vgl. Baupläne Religion 9, Stuttgart 1991, 150ff.

werden interreligiöse, politische und friedenspädagogische Ziele verbunden.

Das seit Jahrzehnten weit verbreitete und in verschiedenen Bearbeitungen immer wieder veränderte »Kursbuch Religion« ist ein Unterrichtswerk für die Sekundarstufe, das Schülerbücher und Lehrermaterialien umfasst. In den Klassen 5/6 wird der Inhalt ›Land der Bibel‹ nur wenig berücksichtigt. Einzig ein doppelseitiges Bild im Schülerbuch sowie eine Arbeitsanweisung zum Erstellen einer Landkarte nimmt das Thema auf[68].

Demgegenüber bietet »Kursbuch Religion 2« unter der Überschrift »Im Land der Verheißung« eine »Reise ins ›Heilige Land‹«[69]. Die Schüler/-innen sollen die geographische und politische Situation in Palästina beschreiben können. Auch hier wird das Reisemotiv aufgenommen: Zwei deutsche Schüler reisen zur Versöhnungsarbeit nach Israel. Im »Kursbuch 3« für die Klassen 9/10 findet der Inhalt ›Land der Bibel‹ keine Erwähnung.

Im speziell für die Hauptschule entwickelten »Kursbuch Religion elementar 5/6« wird für die 6. Klasse ein fächerübergreifendes Projekt vorgeschlagen, in dem sich die Schüler/-innen »genau in Jesus und seine Lebenswelt hineinversetzen« und als ein das ganze Projekt zusammenfassendes Medium ein »Schulheft von Jesus erstellen«[70]. Das Land, die politische Situation, die religiösen Gruppierungen, Alltag und Berufe, Judentum und Synagoge sowie das Pesachfest werden dabei je durch eine immer gleich strukturierte Doppelseite inhaltlich präsentiert und mit Hinweisen für die Bearbeitung durch die Lernenden verbunden. Auf jeder der sechs Doppelseiten finden sich »Hausaufgaben für Jesus«. Jesus hat diese Hausaufgaben bereits gemacht, und die heutigen Schüler bekommen Arbeitsaufträge, aus diesen »fiktiven jesuanischen Texten« die für ihre Aufträge notwendigen Informationen zu entnehmen. Auf der Doppelseite »Meine Heimat: Israel«[71] werden eine mit Zeichnungen versehene Landkarte und Fotografien kombiniert, um die Vorzüge der Abstraktion der Karte und die Anschaulichkeit der Fotografie zur Entfaltung zu bringen. Jesus trägt in die Landkarte ein, wo er geboren ist, und beschreibt, wo es ihm in Israel am besten gefällt (See Genezareth und Kapernaum) und wohin seine weiteste Reise bislang ging (als Zwölfjähriger nach Jerusalem zum

---

68   Vgl. Das Kursbuch Religion 1. Ein Arbeitsbuch für den Religionsunterricht im 5/6. Schuljahr, Stuttgart 2005, 119–121.
69   Vgl. Das Kursbuch Religion 2, Ein Arbeitsbuch für den Religionsunterricht im 7./8. Schuljahr, Stuttgart 2005, 210ff.
70   Vgl. Kursbuch Religion elementar 5/6, Stuttgart 2003, 106–119, beide Zitate 107.
71   Ebd., 108–109.

Pesachfest). Die heutigen Schüler sollen ›Jesu Hausaufgaben‹ nachvollziehen, Lk 2,41–52 lesen und überlegen, warum es am Ende der
Reise »›Stress mit seinen Eltern‹ gab«[72] sowie mit Hilfe von Kartenarbeit Entfernungen messen und die Landschaften zwischen
Nazareth und Jerusalem beschreiben, Berge, Flüsse und Orte in
Jesu Heimat beschreiben. Der didaktische Ansatz schlägt vor, den
heutigen Schülerinnen und Schülern der Klasse 6, mithin ca.
zwölfjährigen Mädchen und Jungen, den zwölfjährigen Jesus als
Schüler mit Hausaufgaben als Brücke hin zu einem anderen Land,
einer anderen Zeit und einer anderen Kultur und Religion anzubieten.
In »Kursbuch Religion elementar 7/8« wird eine knappe Einführung in die »Situation in Israel um 760 v.Chr.«[73] als Einstieg in die
Unterrichtseinheit »Amos – Für Gerechtigkeit eintreten« gegeben.
Die Reichsteilung, die zwei Hauptstädte sowie die jeweiligen Heiligtümer stehen dabei im Mittelpunkt, bevor die soziale Situation
im Nordreich unter Jerobeam II. mit kurzen Szenen vorgestellt
wird. Der Band für Klasse 9/10 enthält keine für die Thematik einschlägigen Inhalte.
Von der im Erscheinen begriffene Neuausgabe des Unterrichts-
werks »Spuren lesen« liegt der Band 1 für die 5. und 6. Klasse vor.
Das Buch ist in drei Teile gegliedert, einen Materialteil mit Bildern,
Texten und Liedern; hier ist im Kapitel »Jesus Christus – damals
und heute« die Seite »Jesus in Kafarnaum«[74] einschlägig. Darauf
folgt ein Teil »Wissen und Können« mit auf den ersten Teil bezogenen Aufgaben und weiteren Materialien, hier findet sich je eine
Landkarte zur politischen Teilung und zu den Städten in neutestamentlicher Zeit. Im letzten Teil »Gewusst wie« sind methodi-
sche Hinweise sowie Entfaltungen der Bildungsstandards für die
Schüler und Schülerinnen (»Am Ende der 6. Klasse solltest du
…«[75]) enthalten. Beim Thema »Abraham – Vater des Glaubens
von Juden, Christen und Muslimen« wird im Materialteil der für
alle drei Religionen bedeutsame Ort Hebron vorgestellt[76].
Im Kursbuch »Religion Oberstufe« spielt das Land der Bibel keine
Rolle. Allenfalls im Kapitel Jesus Christus auf einer Seite »Zeiten,
Orte, Personen in der Geschichte Jesu«[77] findet es Erwähnung.

---

72   Ebd., 109.
73   Kursbuch Religion elementar 7/8, Stuttgart 2004, 106.
74   Spuren lesen 1, Religionsbuch für die 5./6. Klasse, Neuausgabe, Stuttgart
u.a. 2007, 135–147, hier 136.
75   Ebd., 248 u.ö.
76   Ebd., 98–106, hier 104.
77   Kursbuch Religion Oberstufe, Stuttgart u.a. 2004, 139.

3 Das Land der Bibel im Rahmen christologischer, bibeldidaktischer, interreligiöser und friedenspädagogischer Entwürfe – grundlegende Zielsetzungen und inhaltliche Grundentscheidungen

3.1 Die Bildungspläne

Beim Durchgang durch die aktuellen Bildungspläne am Beispiel Baden-Württembergs und Niedersachsens wurde deutlich, dass bereits die Beschränkung auf zwei Bundesländer ein buntes und differenziertes Bild ergibt. Da der Evangelische und Katholische Religionsunterricht eigenständige Fächer sind, liegen mit Ausnahme des niedersächsischen Grundschulplans unterschiedlich akzentuierte Bildungspläne vor. In der Sekundarstufe I führt das dreigliedrige Schulsystem mit jeweils eigenständigen Plänen für beide großen Konfessionen zu einem Satz von sechs Plänen pro Bundesland. Im Folgenden werden in systematisierender Weise die inhaltlichen und didaktischen Grundlinien ausgezogen.

Inhaltlich werden die auf das Land der Bibel bezogenen Kompetenzen im Evangelischen Religionsunterricht sachlich mit wenigen Ausnahmen im Kontext des Neuen Testaments und der Person Jesu verbindlich genannt. Der Inhalt ›Land der Bibel‹ wird in den Zusammenhang der umfassenderen Thematik ›Zeit und Umwelt‹ Jesu gestellt und ist so zum einen ein Beitrag zu einer elementaren Christologie. Zum zweiten dient die Kenntnis des Landes, in dem Jesus lebte und litt, dem Verstehen der biblischen Texte und ist hermeneutisch begründet.

Deutlich wird bei diesem Vergleich, dass der Katholische Religionsunterricht an der Grundschule in Baden-Württemberg und noch verstärkt in Nordrhein-Westfalen sich dem Thema ›Land der Bibel‹ stärker widmet als der Evangelische Religionsunterricht. In Nordrhein-Westfalen wird das Land der Bibel in alttestamentlicher Zeit besonders berücksichtigt.

Im Vordergrund steht die Perspektive der Heimat und des Landes Jesu. Theologisch ist die Kategorie »Jesus als Mensch« im niedersächsischen Plan hervorzuheben, da hier im Rahmen der Zwei-Naturen-Lehre Jesu Menschsein in den Vordergrund gerückt wird. Auf der Ebene der Bildungspläne wird die alttestamentlich bedeutsame Landverheißung kaum berücksichtigt; die einschlägigen Texte werden demgegenüber durch eine erfahrungsorientierte oder existentiale Interpretation auf allgemein menschliche Erfahrungen hin interpretiert.

In der Sekundarstufe I soll das Thema vor allem in den Klassen 5/6 bearbeitet werden. Ziel ist es, hier die Basis für die weitere Arbeit der Klassen 5–10 zu legen. Jesus in seiner Zeit und seiner Heimat

steht wie in der Grundschule auch hier zu Beginn der Sekundarstufe im Mittelpunkt der religionspädagogischen Arbeit. Die her-
meneutische Funktion wird am deutlichsten im baden-württembergischen Gymnasialplan formuliert, in dem Grundkenntnisse zu
Zeit und Umwelt Jesu strikt im Hinblick auf deren Beitrag zum
Verständnis ausgewählter Gleichnisse aufgenommen werden. Die
niedersächsischen Rahmenrichtlinien geben auch in der Sekundarstufe I dem Inhalt »Land der Bibel« mehr Raum als der baden-
württembergische Bildungsplan.
Einen ganz neuen Aspekt bringen die niedersächsischen Rahmenrichtlinien ein, indem sie die heutige Situation im Land der Bibel
bzw. im heutigen Israel zum Gegenstand machen und so dem heutigen Israel und Palästina mit ihrer ganzen Problematik Raum geben. Die Inhaltsbereiche Vertreibung und Holocaust, Einwanderung und Staatsgründung, aber auch Vertreibung und Landverlust
der palästinensischen Bevölkerung, Konflikte und Konfliktbewältigung ermöglichen weitere Lernchancen: a) zum Zusammenleben
verschiedener Religionen, b) zum politischen Konflikt zwischen
Palästinensern und Israelis, c) zur Geschichte des Staates Israel und
zum Antisemitismus in Geschichte und Gegenwart.
Überraschend ist bei der Analyse, dass beide Konfessionen das
Thema Land bei alttestamentlichen Inhaltsbereichen wenig berücksichtigen. Land als wichtige alttestamentliche Bezugsgröße scheint
insbesondere in Baden-Württemberg wenig berücksichtigt worden
zu sein.

3.2   Die Materialien

Bei den veröffentlichten Unterrichtsmaterialien sind zwei didaktische Grundformen erkennbar.
Zum einen der sachkundliche Lehrgang als Einführung in Land,
Zeit und Umwelt der Bibel, der sich sowohl in der Grundschule wie
auch in der Sekundarstufe I findet. Jüngst werden hier Ansätze der
freien Arbeit (vgl. Berg, Kirchhoff) für dies Morphem fruchtbar gemacht. Im Rahmen der freien Arbeit entstehen Interaktionszonen,
die zeitlich, räumlich, inhaltlich, sozial und mittels Kommunikati-
onsnormen gebildet und begrenzt werden und in denen sich Leh-
rende und Lernende bewegen (driften). Je nach Größe der »didaktischen Driftzone«[78] werden nun von Kösel rigide und kommunika-
tive Unterrichtskulturen unterschieden. Die Freiarbeitsmaterialien
zum Land der Bibel können zu den kommunikativen Unterrichts-

---

78 *E. Kösel*, Die Modellierung von Lernwelten. Ein Handbuch zur Subjektiven
Didaktik, Elztal/Dallau [3]1997, 239.

kulturen gezählt werden. Die Lehrgänge wollen anschauliches Material zur Umwelt Jesu bieten und Jesu Menschsein betonen. Die biblischen Personen werden durch die historische und geographische Verortung aus dem Bereich der Märchen und der Fantasy-Literatur herausgenommen. Hier zeigt sich eine antidoketische Tendenz und im Rahmen der Zwei-Naturen-Lehre die Betonung der menschlichen Seite Jesu.

Zum anderen zeigen sich Bausteine des Inhalts ›Land der Bibel‹ in größeren inhaltlich anders geprägten Unterrichtseinheiten. Für die Sekundarstufe ist festzuhalten, dass im Rahmen der Materialien zum Land der Bibel die Stadt Jerusalem mit ihren besonderen Gefährdungen und besonderen Chancen eigens hervorgehoben wird. Dabei wird insbesondere in den Klassen 5 und 6 wie auch bereits in den Grundschulmaterialien eine elementare Christologie erarbeitet. Als Beispiel kann auf das oben dargestellte Kapitel »Jesus Christus – damals und heute« des Religionsbuchs Spuren lesen 1 verwiesen werden.

In den oberen Klassen der Sekundarstufe I wird das Zusammenleben von Juden, Christen und Muslimen und damit eine interreligiöse Zielsetzung berücksichtigt; das schwierige, bislang zumeist misslingende Zusammenleben von Israelis und Palästinensern kann so für Lernprozesse fruchtbar gemacht werden. Antidiskriminierungsaspekte und die interkulturelle Dimension des Miteinander-Lebens werden dabei als Dimensionen der Friedensfähigkeit beachtet.

Hervorzuheben ist aber besonders, dass das Land der Bibel in den Unterrichtsmaterialien für die Sekundarstufe I vermehrt in seiner explizit theologischen Dimension Beachtung findet, ohne dass die sachkundlich orientierte Einführung in die Geographie und Meteorologie, in die Pflanzen- und Tierwelt, in die Landeskunde und Lebenswelt zurückgedrängt würde. Hier ist die Religionspädagogik dabei, einen Schatz wiederzuentdecken, der lange Zeit verborgen schien.

Norbert Collmar, geb. 1958, Dr. rer. soc., ist Professor für Religionspädagogik an der Evangelischen Hochschule Ludwigsburg.

Abstract

In this article the author analyzes the occurrence of the topic ›Land of the Bible‹ in actual curricula, teaching materials, and class books. He exemplifies the curricula of Baden-Württemberg and Niedersachsen for religious studies seperated for Protestants and Catholics. The investigation is structered by a mulit-layer model for highschool education and religious-pedagogical acting. It becomes obviously that the ›Land of the Bible‹ in Catholic curricula is considered with much higher account than in Protestantic. It is envolved especially in christological and bible didactical teaching units. In latest times the actual situation in Israel influenced the perspective on this topic insofar that interreligious and peace pedagogical contents were included.

Gerhard Gronauer

Die Wahrnehmung des Staates Israel in der evangelischen Publizistik zwischen 1948 und 1972

1. Einleitung

Verbreitet ist das Urteil, dass sich die evangelische Christenheit in der Bundesrepublik Deutschland erst ab den 1960er Jahren mit der Existenz des jüdischen Staates im Heiligen Land auseinandergesetzt habe. Dieses Urteil mag zwar biografisch zutreffen, wie sich z.b. Rolf Rendtorff (Jg. 1925) erinnert: »Der Staat Israel trat spät ins Bewußtsein meiner Generation. Als er gegründet wurde, waren wir vollauf mit anderen Dingen beschäftigt.«[1] Dieses Urteil ist auch in *quantitativer* Hinsicht richtig, weil die Anzahl der Menschen, die sich für die Vorgänge im Nahen Osten interessierten und darüber publizierten, im Lauf der Zeit sukzessive anstieg. Vor allem die Entdeckung Israels als Reiseziel Ende der 50er Jahre führte zu einer verstärkten Rezeption der Vorgänge in Nahost.
Trotzdem ist der israelische Staat auch in den ersten Jahren nach seiner Entstehung im westdeutschen Protestantismus niemals ignoriert worden. Das lässt sich an den evangelischen Zeitschriften festmachen, welche die am 14. Mai 1948 ins Leben gerufene jüdische Entität von Anfang an mit Berichten, Kommentaren, Rezensionen und theologischen Deutungen begleiteten. Bereits 1948 war in der *Evangelisch-Lutherischen Kirchenzeitung* zu lesen, dass die »Ereignisse seit dem 14. Mai dieses Jahres in Palästina ... in besonderer Weise die Blicke der Christenheit auf sich gezogen« hätten und theologische Fragen aufwürfen[2].
Nicht in quantitativer, sondern in *qualitativer* – also inhaltlicher – Hinsicht war der Staat Israel seit 1948 ein bleibendes Thema im Protestantismus. In meiner Dissertation, die am 60. Jahrestag der israelischen Staatsgründung, am 14. Mai 2008, im Fachbereich Theologie der *Friedrich-Alexander-Universität Erlangen-Nürnberg* angenommen wurde, untersuche ich die »Wahrnehmung des

---

1 R. *Rendtorff*, Identifikation mit Israel?, in: KuI 7 (2/1992), 136–144, hier 136.
2 M. *Wittenberg*, Zur geistigen Lage der gegenwärtigen Judenheit, in: ELKZ 2 (1948), 179–185, hier 179.

Staates Israel im westdeutschen Protestantismus von 1948 bis 1972 unter Berücksichtigung der evangelischen Publizistik«, so der offizielle Titel[3]. Dabei verfolge ich ein *zeitgeschichtliches* und ein *publizistisches* Interesse. Im *historischen* Teil der Arbeit werden Einzelpersonen, Gruppierungen und Gremien der verfassten Kirche dargestellt, die seit 1948 danach fragten, was die Existenz eines jüdischen Staates in *theologischer* (Haben Juden ein biblisches Recht auf das Land?), in *moralischer* (Inwieweit ist aufgrund der Schoah eine Solidarität zum Staat Israel geboten?) und in *politischer* Hinsicht (Was folgt aus diesen Implikationen für die Bewertung des Nahostkonflikts?) zu bedeuten habe. In diesem Bericht über mein Forschungsprojekt gehe ich allerdings nur auf die *publizistischen* Aspekte ein.

Der Untersuchungszeitraum gliedert sich in drei Zeitabschnitte, sodass deutlich werden kann, inwieweit die Staat-Israel-Perzeption Veränderungen unterworfen war. Phase I (*Der Staat Israel als Störfaktor der Mission*: 1948–1957/58) fängt mit der Gründung Israels an und beinhaltet den Großteil der 50er Jahre, in denen der westdeutsche Protestantismus »zwischen Aufbruch und Beharrung«, »zwischen Traditionswahrung und Neuorientierung«[4] changierte. Phase II (*Der Staat Israel als ›Motor‹ der christlich jüdischen Annäherung*: 1958/59–1967) setzt mit den Modernisierungsschüben[5] Ende der 50er Jahre ein und endet unmittelbar vor dem *Sechstagekrieg* im Juni 1967. Es bedarf keiner großen Begründung, dass Phase III (*Der Staat Israel als Politikum*: 1967–1972) mit dem Sechstagekrieg beginnt, das dominierende politische Ereignis im Heiligen Land seit 1948[6]. Dieser dritte Zeitabschnitt schließt mit dem Jahr 1972 am Vorabend des *Jom-Kippur-Kriegs* von 1973.

2. Methodik

Im *publizistischen* Teil meiner Arbeit werden ausgewählte Periodika auf die Rezeption der den israelischen Staat betreffenden Sach-

---

3 Gutachter waren Prof. Dr. B. Hamm und Prof. Dr. W. Kraus.
4 S. Titel von *M. Greschat*, Zwischen Aufbruch und Beharrung. Die evangelische Kirche nach dem 2. Weltkrieg, in: *V. Conzemius* (Hg.), Die Zeit nach 1945. Referate der internationalen Tagung in Hünigen/CH, Göttingen (1988), 99–125. – *C. Vollnhals*, Die Evang. Kirche zwischen Traditionswahrung u. Neuorientierung, in: *M. Broszat / K.-D. Henke / H. Woller* (Hg.), Von Stalingrad zur Währungsunion. Zur Sozialgeschichte des Umbruchs in Deutschland, München ([3]1990), 113–167.
5 Vgl. die Beiträge in: *A. Schildt / D. Siegfried / K.Chr. Lammers* (Hg.), Dynamische Zeiten. Die 60er Jahre in den beiden dt. Gesellschaften, Hamburg 2000.
6 Vgl. *T. Segev*, 1967. Israels zweite Geburt, München 2007.

verhalte untersucht. Hier bediene ich mich der Methode der *qualitativen Inhaltsanalyse*, wie sie von P. Mayring beschrieben und von E. Volkmann im Hinblick auf den christlich-jüdischen Dialog angewandt worden ist[7]. Die Inhaltsanalyse wird in Sozialwissenschaft, Publizistik und mittlerweile auch in der Theologie dazu verwendet, umfangreiches »Material, das aus irgend einer Art von *Kommunikation* stammt«[8], möglichst objektiv zu erfassen und auszuwerten. Als *qualitative* Inhaltsanalyse fragt sie im Gegensatz zu einem ›quantifizierenden‹ Verfahren (betrifft die Häufigkeit von Inhalten) »danach, ob bestimmte, kategorial vordefinierte Bedeutungssymbole vorkommen oder nicht.«[9]
Da es nicht möglich ist, *alle* westdeutschen evangelischen Printmedien heranzuziehen, muss eine Auswahl getroffen werden. Deshalb werden hier Zeitschriften herangezogen, die über die Grenzen einzelner Landeskirchen hinweg in der Bundesrepublik Verbreitung finden und sich weder nur an die theologische Fachwelt noch an eine spezifisch kirchliche Berufsgruppe wenden. Die herangezogenen Periodika, die »von ihrem publizistischen Anspruch her zwischen einer überregionalen Wochenzeitung und einer theologischen Fachzeitschrift«[10] stehen, wollen nicht religiös erbauen, sondern durch gezielte Informationen und Kommentare die Meinung der Leserschaft prägen. Nach diesen und weiteren Kriterien sind folgende Printmedien – nach ihrer Entstehungszeit sortiert – herangezogen worden: *Reformierte Kirchenzeitung* (RKZ), *Junge Kirche* (JK), *Evangelisch-Lutherische Kirchenzeitung* (ELKZ), *Evangelische Welt* (EvW), *Lutherische Monatshefte* (LM) und *Evangelische Kommentare* (EK)[11].

---

7   S. *P. Mayring*, Qualitative Inhaltsanalyse. Grundlagen und Techniken, Weinheim/Basel 1983. – E. *Volkmann*, Vom ›Judensonntag‹ zum ›Israelsonntag‹. Predigtarbeit im Horizont des christlich-jüdischen Gesprächs, Stuttgart 2002, bes. 104–108. – Die Inhaltsanalyse wird in *7 Schritten* durchgeführt: Problemformulierung; Aufstellung der Hypothesen; konkrete Wahl des inhaltsanalytischen Verfahrens; Auswahl des Analysematerials; also der Texte; Entwicklung des Klassifizierungssystems; Datenerhebung und -interpretation sowie Präsentation der Endergebnisse.
8   *P. Mayring*, Inhaltsanalyse, 9.
9   *H. Haft*, Inhaltsanalyse, in: *D. Lenzen / A. Schründer* (Hg.), Enzyklopädie Erziehungswissenschaft. Handbuch und Lexikon der Erziehung, Bd. 2, Stuttgart (1984), 411–418, hier 415.
10   *J. Haberer*, Der schlafende Riese. Die evangelische Kirche und ihre Printpublizistik, in: *dies. / F. Kraft* (Hg.), Lesebuch Christliche Publizistik, Erlangen (2004), 69–83, hier 81.
11   Daraus wurden insgesamt 249 Zeitschriftenartikel analysiert. Im Blick auf die Nennung der Texte muss auf die Druckfassung der Dissertation verwiesen werden, die noch in Vorbereitung ist.

3. Hypothesen

Entscheidende Schritte der Inhaltsanalyse sind die Aufstellung der
Hypothesen und des Klassifizierungssystems. Aus den oben genannten theologischen, moralischen und politischen Fragestellungen sowie aus Vorwissen folgen *untersuchungsleitende Hypothesen,* die durch die Analyse auf ihre Stichhaltigkeit hin geprüft und
konkretisiert werden. Während die *synchronen* Hypothesen jeder
einzelnen Phase neu zugrunde gelegt werden, betreffen die *dia-
chronen* Hypothesen Entwicklungsprozesse über einzelne Zeitpe-
rioden hinweg.

Synchron:

1: Die Schaffung des Staates Israel und die mit dieser Entität verbundenen Ereignisse werden im Raum des westdeutschen Protestantismus in *theologischer* Hinsicht aufgenommen sowie *heilsge-
schichtlich* und *eschatologisch* interpretiert.
2a: Hintergrund des Staat-Israel-Verständnisses ist die *moralische*
Verantwortung der Christen angesichts der Schoah.
2b: Die israelische Gesellschaft ist den Autoren sowohl Vorbild als
auch Projektionsfläche eigener Ideale.
3a: Die *theologische* und *moralische* Betrachtungsweise zeitigen
politische Konsequenzen, was voraussetzt, dass die kirchliche Publizistik weder un- noch apolitisch ist: Der israelisch-arabische Dauerkonflikt wird mit Beunruhigung aufgenommen und mit Vorschlägen zur Friedenslösung beantwortet.
3b: Die Lösung des arabischen *Flüchtlingselends* wird als eines der
Hauptziele anvisiert.
3c: Die Autoren können sich aber auch die israelische Oberhoheit
über ganz Jerusalem und ganz Palästina vorstellen.
4: Die politische Bewertung der israelischen Staatlichkeit und des
Nahostkonflikts führt zu unterschiedlichen Sympathien und teilt
sich deshalb in eine *proisraelische* und eine *proarabische* Betrachtungsweise.

Diachron:

5: Diese Rezipierung des den Staat Israel betreffenden Ereignisse
und Einschätzungen ist seit 1948 nicht gleich geblieben, sondern
Entwicklungen unterworfen gewesen.
6: Das protestantische Interesse am jüdischen Staat kam erst mit
den Modernisierungsschüben am Ende der 50er und am Anfang
der 60er Jahre auf (vgl. meine einleitenden Bemerkungen).

7: Vor 1967 standen die Periodika in einem ›traditionell‹[12] positiven Verhältnis dem Staat Israel gegenüber.

8: In der Zeit, als sich mit dem Sechstagekrieg 1967 »auch in westlichen Ländern die Stimmung gegenüber Israel deutlich«[13] ändert, wird auch die kirchliche Publizistik israelkritischer.

Anhand der *synchronen* Hypothesen wird das *Klassifizierungssystem* gebildet, dessen Darstellung aus Platzgründen hier unterbleiben muss. ›Klassifizierung‹ bzw. ›Kategorienbildung‹ bedeutet die Strukturierung des Materials nach Ordnungsgesichtspunkten. Das Ziel besteht »vornehmlich in einer sinnvollen Informationsreduktion, ohne daß wichtige Informationen verlorengehen.«[14] Das bedeutet, dass mit Hilfe der Hypothesen die Aussagen der Zeitschriftentexte ermittelt, zu Gruppen zusammengefasst und in das Klassifizierungssystem aufgenommen werden. Während einer ersten Analyse, der *Probekodierung*, werden die Kategorien überarbeitet. Im zweiten Durchgang wird das Klassifizierungssystem endgültig auf die Analyseeinheiten, die Texte, angewandt (*Datenerhebung*). In der doppelten Sichtung des Materials liegt der besondere Aufwand der Inhaltsanalyse.

4. Ergebnis

Die hier nicht wiedergegebene *Dateninterpretation* mündet in eine Überprüfung der aufgestellten Hypothesen, womit die Analyse Ergebnisse zeitigt. So zeigt sich, wie bereits erwähnt, dass im westdeutschen Protestantismus von Anfang an die Existenz des Staates Israel reflektiert wurde. *Hypothese 6* stimmt deshalb nur quantitativ, nicht jedoch qualitativ.

Durch alle drei Zeitphasen hindurch wird die *theologische* Relevanz des Staates Israel vorausgesetzt (*Hypothese 1*). Was dessen *heilsgeschichtliche* Bedeutung betrifft, so findet ein Ringen um ein rechtes Urteil statt. Viele Analyseeinheiten bemühen sich um eine unkonkrete, aber behutsame heilsgeschichtliche Zuschreibung. Diese findet in Phase I unter einer judenmissionarischen Prämisse

12 Vgl. *U. Rasche*, Ein neuer Ton und deutlichere Worte. Die evangelische Kirche äußert Kritik an Israel. Mißfallen über die Siedlungspolitik, in: FAZ (74/28.3. 2002), 4: »Die traditionelle israelfreundliche Haltung der Evangelischen Kirche in Deutschland (EKD) und ihrer Landeskirchen wandelt sich. Sie weicht immer stärker einer kritischen Haltung.«
13 *J. Ehmann*, Solidarität mit dem Staat Israel? Der Staat Israel in evangelischen und ökumenischen Verlautbarungen, in: KuI 7 (2/1992), 149–160, hier 151.
14 *H. Haft*, Inhaltsanalyse, 1984, 417.

statt, welche in Phase II zugunsten des Dialoggedankens zurücktritt; in Phase III ist der judenmissionarische Argumentationshintergrund so gut wie verschwunden. In allen Zeitabschnitten gibt es Analyseeinheiten, in denen die Existenz des Staates Israel in den Kontext der jüdischen Erwählung gestellt wird[15]. Einer religiösen Überhöhung der israelischen Staatlichkeit oder einer eschatologisch-apokalyptischen Sichtweise wird nur äußerst selten das Wort geredet; durchgehend bestehen Vorbehalte gegenüber einer Interpretation des Staates Israel als Zeichen der Endzeit[16]. Auch wenn man nicht genau weiß, *was* der Staat Israel theologisch bedeutet, so ist man sich doch darin sicher, für was er *nicht* steht. Von daher ist *Hypothese 1* dahingehend zu korrigieren, dass zwar heilsgeschichtliche, aber keine eschatologische Deutungen befürwortet werden. Der Kampf gegen eine Überhöhung des politischen Israels, der für Phase I prägend und in Phase II wieder abgeebbt war, nimmt nach dem Sechstagekrieg erneut ein Ausmaß an, das an die Zeit nach 1948 erinnert[17]. Das liegt daran, dass gerade die beiden Ereignisse von 1948 und 1967 zu apokalyptischer Demnächsterwartung bei solchen Protestanten führt, welche eher am Rand der Kirche angesiedelt sind und nicht durch die von mir analysierten Zeitschriften repräsentiert werden. Deshalb ist in den Periodika gerade in den Jahren nach 1948 und nach 1967 das Bedürfnis am größten, die ›Schwärmereien‹ zu widerlegen.

Die *moralische* Verantwortung der Christen angesichts der Schoah wird durchgehend ernst genommen (*Hypothese 2a*). Übereinstimmend wird der Staat Israel als Zufluchtsort der Überlebenden des NS-Massenmordes wahrgenommen, wobei das Bewusstsein um Schuld in Phase II am größten ist[18]. Deutlicher als je zuvor wird

---

15   S. z.B. *R. Weckerling*, Der Friede und Israel, in: JK 25 (1964), 625f, hier 626: »Gottes Lebens- und Friedensbund mit Israel ist nicht gekündigt. Er besteht fort. Wir verstehen das Überleben Israels, seine erneute Sammlung im Lande der Verheißung und unter den Nationen als Zeichen der Treue Gottes.«

16   S. z.B. *H.A. Hesse*, Der ewige Jude heute als Frage Gottes an uns, in: RKZ 96 (1955), 14–18.35–38, hier 16: »Wir wollen uns hüten … nach einzelnen Bibelstellen ablesen zu wollen, wo der Zeiger auf Gottes Weltenuhr heute steht.«

17   S. z.B. *O. Meinardus*, Kommentar des Monats, in: LM 6 (1967), 313: Die Auffassung wird zurückgewiesen, »daß durch die militärische Einnahme der Stadt Davids nun auch die eschatologische Voraussetzung für das Kommen des Messias geschaffen sei.«

18   Das Bewusstsein um deutsche Schuld steht in Phase II oft im Zusammenhang einer Begegnung mit Israelis. S. z.B. *H. Grüber*, Quo vadis, Israel?, in: JK 20 (1959), 115–118, hier 115: »Wenn man in ein Land und zu einem Volk kommt, gegen das man mit seinem Volk schuldig geworden ist, dann ist alle Freude der Begegnung … überlagert von dem Gefühl der Mitschuld an den Verbrechen des eigenen Volkes.«

nach 1967 der früheren Bedrohung der Juden durch den NS-Staat die aktuelle Bedrohung der Israelis durch die arabische Umwelt an die Seite gestellt. Im Gegenzug dazu postulieren andere, dass derjenige, der aus der Geschichte gelernt habe, sich jetzt in Phase III den Palästinensern zuwenden müsse, und dass das frühere Leiden der Juden nicht das Unrecht der Israelis rechtfertige[19].

Die meisten Analyseeinheiten sind sich darin einig, dass der israelischen Nation Respekt wegen des wirtschaftlichen Aufbaus und der gesellschaftlichen Errungenschaften gebührt (*Hypothese 2b*). Hier spiegeln sich die Sehnsüchte der Autoren wider sowie deren Enttäuschungen über die westliche Realität: Der Sozialismus der Kibbuzim wird gegenüber der Marktwirtschaft präferiert. Die ›fleißigen Bauern‹ Israels gelten in Phase I und II als Widerlegung des alten Rassenhasses[20]. Gegenüber den früheren Zeitabschnitten lässt das Interesse am israelischen Vorbild in Phase III etwas nach; Israel wird stärker als ein kapitalistischer Staat wahrgenommen. In allen drei Phasen warnen kritische Stimmen nur vereinzelt vor einer Glorifizierung des israelischen Aufbauwillens.

Insgesamt tritt das *theologische* Ringen um das Vorhandensein des jüdischen Staates in Phase II gegenüber der *politischen* Beschäftigung mit Israel zurück (*Hypothese 3a*). Diese Entwicklung setzt sich nach 1967 fort. Die publizistische Professionalisierung (die Zahl der schreibenden Pfarrer verringert sich zugunsten der kirchlichen Journalisten) und die ökumenische Ausrichtung führen im Kontext des allgemeinen gesellschaftlichen Klimas zur weitreichenden *Politisierung* der kirchlichen Nahostperzeption in Phase III. Das Verhältnis zwischen Theologie und Politik ist deshalb eines der Hauptunterschiede der Staat-Israel-Rezeption in den 50er und späten 60er Jahren.

Die Überschriften der drei Zeitspannen verdeutlichen dies: Während bis Ende der 50er Jahre eine judenmissionarisch orientierte Heilsgeschichte die Beobachtung des Nahostgeschehens dominiert (*Der Staat Israel als Störfaktor der Mission*), schieben sich Ende der 60er Jahre politische Deutungsmuster, die Frage nach Recht und Unrecht, in den Vordergrund (*Der Staat Israel als Politikum*).

---

19   S. z.B. *I. Geiss*, Israel – Frühjahr 1969. Ein politischer Reisebericht, in: JK 30 (1969), 557–587, hier 579: Denn gerade wer »als junger antichauvinistischer Deutscher, ohne Vergasungskomplex mit entsprechendem unkritischem Philosemitismus ... aufmerksam und kritischen Auges heute durch Israel geht«, könne an dem Unrecht des jüdischen Staates nicht vorbeisehen.

20   S. z.B. (*Ohne Vf.*), Reise nach Israel. Im Zeichen der Versöhnung, in: EvW 16 (1962), 700f, hier 701: Der »eindrucksvolle Aufbau dieses Staates« habe »die unsinnigen Behauptungen der nationalsozialistischen Propaganda widerlegt, daß Juden mit eigener Hand keine produktive Arbeit leisteten.«

Es führt nicht mehr eine dogmatische Position zu politischen Urteilen; nun scheinen eher politische Urteile dogmatische Positionen zu zeitigen. Zwischen Phase I und III liegt der Zeitabschnitt, in dem die Begegnung mit Israelis den christlich-jüdischen Austausch fördert, was wiederum die Ausbildung proisraelischer Betrachtungen unterstützt (*Der Staat Israel als ›Motor‹ der christlich-jüdischen Annäherung*).
Durchgehend wird der Sorge wegen der israelisch-arabischen Gegnerschaft Ausdruck verliehen. Die Frage nach dem Zusammenleben der Nationen in Frieden und Gerechtigkeit spielt in Phase I eine noch untergeordnete Rolle. Phase II ist eher von optimistischen Vorschlägen zur Konfliktlösung gekennzeichnet. Der Sechstagekrieg führt allerdings zu einer Beunruhigung und zu daraus resultierenden Friedensappellen, die quantitativ und qualitativ alles Bisherige in den Schatten stellen. Der Vorschlag der Schaffung eines binationalen bzw. föderativen Staates in Palästina findet erst im dritten Zeitabschnitt eine breite Unterstützung. Die Autoren denken analog zu Belgien oder der Schweiz an einen jüdisch-arabischen Bundesstaat mit zwei ethnisch orientierten Kantonen.
Die arabischen Flüchtlinge finden Beachtung, allerdings mehr in Phase I als in Phase II und auch nicht als Vertreter eines bestimmten Volkes, sondern als Individuen (*Hypothese 3b*)[21]. In Phase II steht weniger die Lösung des Flüchtlingselends im Mittelpunkt; der Fokus liegt vielmehr auf den möglichen Hintergründen der einstigen Flucht oder Vertreibung. Aufgrund neuer arabischer Fluchtbewegungen im Junikrieg 1967 wird die Frage nach dem *Schuldigen* mehr denn je virulent. In Phase III ist die Debatte über die israelische Besetzung Ost-Jerusalems und des Westjordanlandes gegenüber den vorhergehenden Zeitabschnitten neu (*Hypothese 3c*). Die Sicht, die Israels Vorgehen rechtfertigt, gerät nach 1967 in die Defensive, sodass im Gegensatz zur Formulierung der Hypothese die meisten Autoren die israelische Oberhoheit über ganz Jerusalem und ganz Palästina ablehnen.
Proisraelisch ausgerichtete Texte wissen über den gesamten Untersuchungszeitraum hinweg um die Gefährdung Israels; ihnen steht ein Bedrohungsszenario vor Augen, in dem die arabischen Staaten als Aggressoren auftreten (*Hypothese 4*). Den Autoren des III. Zeitabschnitts zufolge hat hier auch der Sechstagekrieg keine Abhilfe geschaffen. Zum Hass der Nachbarländer kommt in Phase III

---

21 S. z.B. W. *Steinhausen*, Aus der lutherischen Flüchtlingsarbeit im Nahen Osten, in: ELKZ 10 (1956), 114f, hier 114: »Die Flut des Elends um uns herum ist ungeheuerlich … Das erfordert …, daß wir mit unserer Hilfe die größtmögliche Zahl unter den leidenden Menschen erreichen.«

die Bedrohung durch den palästinensischen Terrorismus, was gegenüber den ersten beiden Zeitabschnitten neu ist. In Phase II wird erstmals das *Existenzrecht* Israels hervorgehoben und gegenüber seinen wirklichen oder möglichen Bestreitern proklamiert. Dagegen verringern die ›kriegsfreien‹ Jahre unmittelbar vor 1967 die Notwendigkeit, den jüdischen Staat wie in Phase I vor dem Vorwurf des aggressiven ›Imperialismus‹ in Schutz zu nehmen (in Phase I findet sich nur die Widerlegung dieses Vorwurfs, nicht ein solcher selbst). In Phase III nehmen die Bemühungen wieder zu, an Israel geäußerte Kritik zu widerlegen. In diesem Zusammenhang werden die Haltungen der orientalischen Kirchen, des ÖRK und der *Neuen Linken* problematisiert[22].

Als *proarabisch* kann eine Position gelten, die Verständnis für die Gegner Israels äußert oder den jüdischen Staat in besonderer Weise geißelt. In Phase I findet eine breit angelegte Problematisierung des israelischen Nationalismus statt, welcher bei einigen der untersuchten Autoren Erinnerungen an das Jahr 1933 wachruft und dadurch Vergleiche zwischen Nationalsozialismus und Zionismus evoziert[23].

Als Leidtragende gelten in Phase I und II insbesondere die arabischen Flüchtlinge und die in Israel lebenden Araber. In Phase II findet sich erstmals der Vorwurf an Israel, es betreibe eine ›imperialistische Aggression‹ gegenüber seinen Nachbarstaaten. Aber erst in Phase III entdecken die Autoren die Notwendigkeit, für das Selbstbestimmungsrecht der nun als *Palästinenser* wahrgenommenen Araber Palästinas einzutreten, wodurch der Terrorismus zu einer legitimen Befreiungsbewegung avanciert. Unter der Voraussetzung, dass ›antiimperialistische‹ Deutsche nicht antisemitisch sein können, erscheint die Kritik an Israels Expansionismus geboten. Der Umfang, in dem man in Phase III den israelischen Nationalismus in die Nähe des Faschismus rückt, ähnelt dem Ausmaß, mit dem man sich seit Ende der 40er Jahre dieser Thematik gestellt hat.

---

22 S. z.B. *Chr. v. Imhoff*, Im Schatten der Minarette. Das christliche Getto zwischen Euphrat und Nil, in: LM 9 (1970), 112–114, hier 113f: Die Muslime hätten ihr politisches Ziel erreicht, »die christlichen Denominationen für den Kampf gegen Israel« zu gewinnen. Der ÖRK taktiere »allzu vorsichtig und manchmal schon an der Grenze der Diskriminierung der Juden in Israel.«
23 S. z.B. *M. Wittenberg*, Zur Bedeutung des Staates Israel für die Christenheit. Erwägungen zum 10. Sonntag nach Trinitatis, in: ELKZ 4 (1950), 213–215, hier 215: Die Wunder, die viele in den Ereignissen um die israelische Staatwerdung zu erkennen meinen, könnten womöglich »denen gleichen, die einst im Dritten Reiche so vielen das Recht zu geben schienen, mit Glockensang und Orgelklang Hitlers Taten zu feiern.«

Diese Zusammenfassung verweist auf Modifikationen in der Wahrnehmung des Staates Israel zwischen den Zeitabschnitten (*Hypothese 5*). Gleichzeitig kann man diese Verschiebungen nicht auf eine eindimensionale Früher-jetzt-Linie bringen. Die Vorstellung, dass der westdeutsche Protestantismus vor dem Sechstagekrieg proisraelisch agierte, um dann zwischen 1967 und 1972 israelfeindlich zu werden, ist nur halb richtig (*Hypothesen 7 und 8*). Die Israelkritik in den späten 60er Jahren ähnelt ja in manchem der in den 50er Jahren, nur dass die Vorbehalte erst einer ›rechten‹ und dann einer ›linken‹ Gesinnung entsprungen sind. Gleichwohl gilt, dass die friedliche Phase II am ehesten als Hoch-Zeit proisraelischer Positionen gelten kann. In Phase III nahmen auch nicht nur die aus propalästinensischer Sicht geäußerten Verbalattacken gegen Israel zu, sondern gleichermaßen die proisraelischen Widerlegungsversuche dieser Angriffe, sodass die Periodika zumindest in *qualitativer* Hinsicht in einem andauernden Schlagabtausch verharren. Mit der unbedingten Treue zu Israel auf der einen und der Solidarität gegenüber den Palästinensern auf der anderen Seite geht in Phase III eine *Polarisierung* einher, die den Meinungspluralismus der vorhergehenden Zeitabschnitte in den Schatten stellt.

***

Gerhard Gronauer, geb. 1972, ist evangelischer Pfarrer in Dinkelsbühl/Mittelfranken.

The state of Israel has become 60. For the last six decades West German protestants have looked into the existence of a Jewish state in the Holy Land. They did this under theological (Do Jews have a biblical established right to the land?), ethical (To what extent do we have to be solidly to the state of Israel due to the Shoah?), and political perspectives (How do we judge the Near East conflict in political terms?). This article shows, how the state of Israel was perceived and reflected in selected Protestantic journals in the years 1948 to 1972.

III

Heiliges Land – Gegenwart der Vergangenheit

Jörg Bremer im Gespräch mit Marie-Theres Wacker

Zeitdiagnose: Heiliges Land

Zum Umgang mit dem Land im heutigen Israel/Palästina

Anfang des Jahres 2009 wechselte der langjährige Nahostkorrespondent der FAZ, Dr. Jörg Bremer, nach Rom über und ist seitdem für Italien und den Vatikan zuständig. In einem Gespräch, das im Herbst 2008 stattfand, gab er detailreich Auskunft über Entwicklungen der letzten Jahrzehnte und die gegenwärtige Situation in Israel/Palästina.

M.-Th.W.: *Wie lange sind Sie in der Region Israel/Palästina Korrespondent der FAZ?*

J.B.: Wenn ich Anfang nächsten Jahres das Land verlasse, werden es achtzehn Jahre gewesen sein, fast ein Drittel der israelischen Staatsgeschichte. Ich kam einige Tage vor den ersten irakischen Scud-Raketen im Januar 1991 an. Der Golfkrieg war der Anlass. Wenn ich in diesem Land arbeiten sollte, dann wollte ich nicht erst kommen, wenn es wieder friedlich und schön aussieht, sondern einreisen, wenn es dem Land schlecht geht. Und so habe ich dann die ersten ca. zwei Wochen in einem versiegelten Raum verbracht, wenn Alarm gegeben wurde.

M.-Th.W.: *Also mitten im Golfkrieg, mitten in dieser Situation der Bedrohung, in der dann wahrscheinlich auch Ihre Parteinahme ganz klar war: Ich bin auf der Seite der Israelis, die bedroht werden ...*

J.B.: Ich glaube nicht, dass es Parteinahme war. Es ging um eine faire Berichterstattung, die aus dem Miterleben heraus beschreiben konnte, wie es den Menschen in Israel in jenen Wochen ging. Ich war bei der Zeitung derjenige, der aus diesem Land berichtet und der darum nur im Blick haben konnte, was auf dieser Seite des Kriegsschauplatzes geschah. Das heißt, ich wusste weder, was sich im Irak ereignete, noch was sonst in der Nachbarschaft umging – das Entscheidende für mich war eben, dass sich Israel im Krieg befand. Das hatte im Übrigen auch einen deutschen Aspekt. Wie Sie wissen, kam bald die Vorstellung auf, die womöglich drohende

Chemierakete aus dem Irak könnte mit deutschem Chemiegut ge-
füllt sein. Das gab einem dann erst recht ein schales Gefühl in An-
betracht der deutsch-jüdischen Geschichte.

M.-Th.W.: *Wenn Sie sich diese Anfangssituation noch einmal vor
Augen führen und vergleichen mit der Situation, die Sie jetzt an-
treffen – was sind charakteristische Verschiebungen, die sich aus
Ihrer Sicht in diesen achtzehn Jahren ergeben haben, insbesondere
wenn man auf das Thema »Land« achtet?*

J.B.: Es ist eine Menge geschehen. Cum grano salis hat man aber
nicht unbedingt den Eindruck, dass wir – trotz der vielen Friedens-
pläne und virtuellen Verträge in dem Friedensprozess, der mit dem
Ende der ersten Intifada und mit Oslo 1993 begann – dem Aus-
gleich praktisch wirklich nähergekommen sind. Es wird nun zwar
auf allen Seiten offen von der Zwei-Staaten-Lösung gesprochen.
Aber ihre Umsetzung ist schwieriger als damals.
Sprechen wir zunächst über Jerusalem. Jüdisch-Westjerusalem
war, als ich mit meiner Familie hierher kam, in den meisten Stadt-
teilen liberal, mit einer meist säkularen Bevölkerung. Mittlerweise
haben sich die Ultraorthodoxen weiter »ausgedehnt«. Auch wenn
sie sich im Durchschnitt des gesamten Landes nicht weiter ver-
breiteten, in Jerusalem taten sie das. Es haben sich auch die Palästinenser stärker ausgedehnt, so dass Jerusalem heute, wenn alle
Wahlbürger wählen gingen, sicherlich nicht mehr die »zionistische
Hauptstadt« wäre. Ultraorthodoxe und Araber sind ja keine Zionisten. Diese beiden Gruppen lehnen den Staat weitgehend ab. Schon
heute haben wir einen ultraorthodoxen Bürgermeister. Der Charakter Jerusalems hat sich also verändert.
Das andere ist: Wir sprechen immer von der Intoleranz der verschiedenen Religionen. Ich habe den Eindruck, dass man vor ca. 20
Jahren, als ich kam, toleranter miteinander umging. In dem allgemeinen Säkularisierungsprozess, der dieses Land natürlich auch
ergriff, wurden die »Gottesfürchtigen« noch radikaler. Das trifft
z.B. für die Ultraorthodoxen zu, die ohne Umschweife diejenigen
bespucken, die Kreuze an ihrer Brust tragen. Das trifft für religiöse
Juden zu, die unserer evangelischen Propstei in der Altstadt Probleme machen. Erst erobern sie sich ein Haus, dann bauen sie darauf, dann werfen sie Dreck auf das Dach der Propstei. Dann wollen sie rechtlich den Weiterbau des Gästehauses der Gemeinde
nebenan verhindern. Schließlich sagen sie es offen: Ihr Christen
müsst raus aus unserer Stadt. Letztlich konnte die Gemeinde das
Gästehaus nur weiterbauen, weil sich das Gericht durchsetzte. Der
Bürgermeister versuchte nur, die Wogen zu glätten.

Bei diesen Ultraorthodoxen wird dann auch noch die »Glaubensfestigkeit« angeheizt – in Jerusalem durch eine »Patrouille«, die vor allem darauf achten soll, dass Frauen sittsam gekleidet sind und sich in den Bussen, die durch die entsprechenden Viertel fahren, von den Männern abseits halten – also hinten sitzen.
Die Muslime haben das auch; doch davon später. Sie bedrängen wiederum als Mehrheit die Minderheit der Christen in ihrer Mitte, etwa in Bethlehem, aber auch hier in Jerusalem. Schon gab es Gewalt gegenüber jungen Mädchen. Nicht weil sie als Christinnen kein Kopftuch tragen, sondern um sie zu missbrauchen. Es soll sie niemand heiraten. So sollen weitere Christenkinder verhindert werden.
In vielerlei Hinsicht hat man den Eindruck, dass der politische Konflikt sich auch religiös Bahn bricht. Aus dem bisherigen Nationalitätenkrieg ist auch ein religiöser Konflikt geworden. Ein Wettbewerb um den einen Gott.
Eine andere Beobachtung: Als wir kamen, trugen die meisten Palästinenserinnen kein Kopftuch. Heute sieht man immer mehr Frauen, die den langen Mantel tragen oder auch total verschleiert sind wie z.B. in Saudi-Arabien. Das muss nicht daran liegen, dass die Menschen frommer geworden sind. Womöglich ist die Suche nach Identität so stark, die politische Bedrängung so hart geworden, dass diese Leute in ihrer religiösen Identität ihren Halt finden und hineinflüchten in die alten Einschränkungen, gewissermaßen um vor sich selbst geradestehen zu können bei all den anderen Opfern, die sie im alltäglichen Leben zu bringen haben.

M.-Th.W.: *Sie haben eine ganze Reihe von Übergriffen und Einschränkungen benannt, die Christen von jüdischer oder muslimischer Seite erfahren. Ist auch das Umgekehrte zu beobachten, dass Christen, zumal eher fundamentalistischer Couleur, sich gegenüber Juden oder Muslimen ähnlich aufführen?*

J.B.: Natürlich gibt es das auch. Vor Monaten war der frühere republikanische US-Präsidentschaftskandidat Huckabee im Lande. Der war noch immer der Meinung, dass die Palästinenser »natürlich« kein Recht auf Jerusalem als ihre Hauptstadt hätten; dass dieses Land nun mal den Juden versprochen sei und mithin die Palästinenser »sonstwo leben können«. Dies wird vor allem von »protestantischen« Gruppen gepredigt, die in Deutschland zunehmen und in Amerika im Southern Bible Belt sehr stark geworden sind. Diese Christen breiten sich auch hier spürbar aus.
Und noch ein Wort zu der islamistischen Hamas, die ihrerseits ihre eigene palästinensische Gesellschaft bedrängt, mit einer Keusch-

heits-Polizei im Gazasteifen wie die Ultraorthodoxen in Jerusalem. Mithin findet auch innerhalb der verschiedenen Religionen ein »Anheizungsprozess« statt.

M.-Th.W.: *Wahrscheinlich kann man derzeit im Nahen Osten ohnehin Religion, Politik und Nationalitätsbewusstsein nicht voneinander trennen ... Sie haben darauf abgehoben, dass bei den Ausdrucksformen des Konfliktes die religiöse Komponente stärker sichtbar geworden ist. Das Kopftuch wäre ein Beispiel dafür, dass man religiös begründet, was man, hier vielleicht sogar ähnlich wie in Deutschland, als ein Zeichen von Abgrenzung und von nationaler Identität, vielleicht überhaupt von Identität betrachten kann.*

J.B.: Ich denke, dass Identität das Entscheidende ist in den mehr und mehr von außen bedrängten Gesellschaften. Es geht dabei nicht nur um den politischen Konflikt. Die Internet-Vernetzung macht es den Islamisten genauso schwer wie den Ultraorthodoxen, ihre Anhänger von der »Welt draußen« abzuschirmen, vom Markt der vielen Möglichkeiten.
Als wir vor fast 20 Jahren hierher kamen, da fing man an, palästinensische Museen zu bauen. Darin wurden die handbestickten Baumwollkleider aus Bethlehem ausgelegt oder Kacheln und bemalte Ziegeln aus Nablus. Das lockte damals. Die Museen wurden geöffnet, um der israelischen Kultur die eigene entgegenzusetzen. Heute sind diese Museen verstaubt.
Der Sog der Modernisierung ging darüber hinweg. Ramadan wurde zum Fest der Lichterketten und der Soap-Operas im Fernsehen. Bei allen Unterschieden, bei der Intensivierung religiöser Trends, bei der Sehnsucht nach Identität – letztlich wollen alle, Israelis wie Araber, »kapitalistischer« oder »individualistischer« oder auch eigentumsbetonter leben. Die Religiösen in beiden Gesellschaften bäumen sich gegen diesen Säkularisierungsprozess auf, bedienen die Sehnsucht nach Identität, diese aber wird immer schaler und oberflächlicher. Keine Zeit für kostbares Handwerk und den Geschichtenerzähler im Café.

M.-Th.W.: *Es ringen also innerhalb der Gesellschaften auch noch unterschiedliche Gruppen bzw. Schichten mit- bzw. gegeneinander, wenn ich Sie richtig verstehe?*

J.B.: Und Landschaften: Ramallah ist eine offene, spannende, noch christlich geprägte Stadt. Bethlehem wäre das mutmaßlich auch noch, aber es ist zu arm, die christliche Emigration zu stark und der Einfluss der Muslime in den Lagern am Rand der Stadt zu groß. Nablus, das Sichem im Königreich Israel der Bibel, war einst reich an Landwirtschaft und Handwerk. Auch heute fällt dort mehr Regen als im Süden des Westjordanlandes, und die Täler sind breiter. Aber Nablus ist arm und wegen der Kontrollpunkte drum herum ohne Hinterland. Hätte Nablus seine Dörfer rundherum, sähe die Wirtschaft besser aus. Stattdessen war Nablus lange ein Nest des Terrors. Wirtschaftliche und politische Mobilität würden befreiende Wirkung haben. So sagt es die Weltbank immer wieder in ihren Berichten.

M.-Th.W.: *Gehen wir noch auf eine Stadt im Süden ein, Hebron. Die Geschichte Hebrons ist ja nun eine ganz besondere, und an dieser Stadt hängt symbolisch sicher für die jüdische wie die muslimische Seite ungeheuer viel. Die Gräber der Erzeltern Abraham und Sara, Isaak und Rebekka, Jakob und Lea sind für beide Religionen, sogar für alle drei der »abrahamitischen« Religionen, das Christentum eingeschlossen, eine heilige Stätte. 1929 wurde die jüdische Gemeinde Hebrons, in der palästinensische Juden – jüdische Bewohner des Landes und des späteren Mandatsgebiets Palästina – seit Jahrhunderten lebten, im Zuge des arabischen Widerstands gegen die wachsende jüdische Bevölkerung in Palästina ausgelöscht; 1973 entstand dort aus einer religiös verbrämten Besetzung eines Hotels für das Pessachfest die Keimzelle von Gush Emunim, dem »Block der Treuen«, die eine offensive jüdische Siedlungspolitik vertraten und praktizierten, und am Purimfest des Jahres 1994 ermordete der Siedler Baruch Goldstein 29 muslimische Beter auf dem Weg zur Moschee neben den Gräbern der Erzeltern. Kein Wunder, so wird man sagen können, dass in Hebron die Gewaltbereitschaft, die religiös motivierte oder unterfütterte Gewaltbereitschaft, besonders hoch ist – auf beiden Seiten.*

J.B.: Hebron im Süden war immer eine besonders religiös geprägte Stadt, eben wegen der traditionellen Begräbnisstätte der Patriarchen. Das heutige Gebäude ist vor allem den Kreuzfahrern zu danken. Hebron ist ein Krisenherd, weil hier die jüdische Enklave im alten Zentrum mit vielleicht 400 Siedlern sich auszudehnen sucht. 1000 Soldaten und Polizisten »schützen« diese Nationalisten. Die große Mehrheit der Menschen in Hebron ist muslimisch. In Israel haben die wenigsten für diese Siedler Sympathien. Die Frau des früheren Ministers Josef Burg, sie ist mittlerweile wie ihr Mann gestorben, sagte mir einmal, sie stamme aus Hebron, sei 1929 von Muslimen geschützt worden und habe so mit ihrer Familie überlebt. Sie wolle keineswegs etwas mit »diesen Fanatikern« zu tun haben.

Dabei wissen sich die Siedler in Hebron noch zu organisieren. Bei aller Radikalität haben sie ihre Sprecher, erscheinen geradezu konservativ gegenüber den »wilden Talmudschulen« und der »Hügeljugend« im Westjordanland. Der bestehende Staat Israel ist für sie eine Gotteslästerung. Sie sehen sich als »Bürger eines religiösen Königreiches Juda« und verfallen in eine Art »jüdisch-religiösen Trotzkismus«. Das ist eine gefährliche Sondergruppe unter den religiösen Siedlern, die nicht nur zu Gewalt gegen Araber, sondern auch zu Terror gegenüber »linken Israelis« bereit ist.

Allgemein ließe sich wohl sagen, dass die Nationalreligiösen als Gruppe oder Partei einst – wie jener Minister Burg – dazu beitrugen, eine Brücke zwischen Religion und säkularem Staat zu bauen mit einer sozialdemokratischen Wirtschaftsagenda. Heute missbraucht diese Mafdal-Bewegung den Staat für ihre Siedlerideologie. Von dem sozialdemokratisch linken Flügel gibt es keine Spur mehr. Die Partei ist darum auch geschrumpft, wie insgesamt die Brücke zwischen Religiösen und Säkularen in Israel schmaler wurde.

Im arabischen Hebron ist traditionell der Islamismus stark. Hier hat sich so wohl auch die Hamas eine gewisse Unabhängigkeit gegenüber ihrem Hauptstrom im Westjordanland bewahren können.

M.-Th.W.: *Das heißt, insgesamt geht die Tendenz zu mehr Gewalt, zu mehr Grenzziehung, zu mehr Identitätsbestimmung in Abgrenzung von jeweils den anderen Gruppen.*

J.B.: Ja, so können Sie es sehen. Abgrenzung hat zur Mauer geführt. Ostjerusalem wird von einer Mauer durchzogen. Das hätte doch vor 20 Jahren keiner für möglich gehalten. Damals hat man überall gesagt: Man kann sich doch gar nicht vorstellen, Jerusalem wieder zu teilen. Der Fall der Mauer von Berlin war auch in Israel frisch in Erinnerung. Weiter lebt die Ideologie der »vereinten Hauptstadt«, aber die Wirklichkeit hat damit nichts zu tun. Die Politik weiß das, aber hütet es wie ein Geheimnis. Erst am Ende seiner offiziellen Amtszeit gestand Premier Olmert, lange Zeit Bürgermeister, selber ein, dass man Teile aufgeben müsse, weil man mit 270.000 Arabern in der israelischen Stadt kein sicheres Jerusalem schaffen könne.

Wenn wir Frieden bekommen, muss Jerusalem zugleich die Hauptstadt zweier Nationen sein. Das entwickelte sich im Oslo-Prozess, Anfang und Mitte der 90er Jahre. Dann kam die Regression durch die »Zweite Intifada« von September 2000 an, und seither ist auf der israelischen Seite davon kaum mehr die Rede. Obwohl der »Gipfel von Annapolis« es Ende 2007 vereinbarte, durften die Palästinenser ihre alten Institutionen in Ostjerusalem, die mit Beginn der »Zweiten Intifada« versiegelt wurden, bis Herbst 2008 nicht wieder öffnen.

Es entstand vielmehr eine Mauer, die uns an Berlin erinnert – wenn sie hier auch höher ist – und die innerhalb einer Stadt sozusagen drei Städte schafft: Wir haben das arme, aber doch relativ wohlhabende jüdische Jerusalem. Dann das im Vergleich dazu wohlhabendere arabische Ostjerusalem auf der israelischen Seite der Mauer und dahinter, auf der anderen Seite der Mauer, das wirklich arme arabische Ost-Ostjerusalem, ohne Schulen, ohne städtische Versorgung, ohne Krankenhäuser usw., so dass wir hier – ich wohne derzeit auf dem Augusta Victoria-Areal auf dem Ölberg – nur mühsam die Kranken aus diesen Gebieten, die sich nördlich, östlich und auch südlich der Stadt erstrecken, durch bestimmte Grenzpunkte mit Passierscheinen in ihr Krankenhaus bringen können.

Ich möchte aber auch noch einen anderen Vergleichspunkt anführen. Als wir ankamen, war die Aufforderung noch nicht so stark, Partei zu ergreifen. Man konnte unter den Palästinensern noch vielfach Leute finden, die nicht hinter vorgehaltener Hand, sondern offen sagten: »Das, was wir eigentlich wollen, ist eine Demokratie wie die in Israel. Wir wollen so entwickelt und so zivilisiert werden wie ›die‹ da.« So eine Äußerung ist heute undenkbar.

Heute haben sich beide Gesellschaften gegeneinander gekehrt, und von einem Korrespondenten wird verlangt, dass er sich festlegt, dass er also sagt: »Ich bin auf Deiner Seite«. So steht am Anfang eines Gesprächs oft die Frage: »In welchem Teil von Jerusalem wohnen Sie?« Die Antwort gilt als Bekenntnis. Ich zog jetzt kürzlich – weil die Familie wegen der Schule schon nach Rom wechselte – von West- nach Ost-Jerusalem um. Aus Neugier. Ich wohne zudem nicht unter Palästinenensern, sondern, wie gesagt, auf dem Areal der Augusta Viktoria-Stiftung, unserem protestantischen Kirchenkomplex hier. Aber die Frage kommt schon: »Ach, sind Sie jetzt propalästinensisch?« Man wird festgelegt. Das aber habe ich immer vermeiden wollen. Auch das führte dazu, dass wir sogenannte »Freunde« verloren. Unser Freundeskreis wurde kleiner, weil man uns festlegen wollte und wir auswichen: »Wohin gehört ihr eigentlich?«

Das nervt natürlich auch Israelis, die dieses Spiel auch innerhalb der eigenen Gesellschaft nicht mitmachen, die sich letztlich von der Politik gelöst haben, womöglich sogar ausgewandert sind. Viele Leute, die wir noch als Freunde in Jerusalem hatten, sind umgezogen. So Amos Elon, der bekannte Journalist und Schriftsteller, der über Zionismus geschrieben hat und über die Juden von Mendelssohn an bis zum Nationalsozialismus. Der ging in die Toskana ins

Exil, wie er mal gesagt hat: »Ich habe alles in Haaretz geschrieben, was ich zu sagen hatte. Die schlimmsten Ahnungen haben sich erfüllt. Ich halte das hier nicht mehr aus, ich gehe. Tschüß«. Mein Jerusalem – ist enger geworden, ich habe weniger Freunde, weniger Heimat als zu dem Zeitpunkt, als ich kam.

M.-Th.W.: *Ich würde nun gern anknüpfen an den 60. Jahrestag der Gründung des Staates Israel, 60 Jahre, die gefeiert wurden. Der Staat hat eine komplexe Vorgeschichte, die bis in das ausgehende 19. Jahrhundert zurückreicht. Dazu gehören die Einwanderungen jüdischer Flüchtlinge aus dem zaristischen, pogromgeschüttelten Russland, dann weitere Einwanderungen nach dem 1. Weltkrieg in das nunmehr britische Mandatsgebiet Palästina. Zur Vorgeschichte des Staates Israel gehört die Entstehung der zionistischen Bewegung, gehört aber auch der Beginn eines arabischen Nationalbewusstseins in Palästina. Die Shoah trug dazu bei, dass die zweite Vollversammlung der Vereinten Nationen im November 1947 für die Errichtung eines jüdischen Staates neben einem palästinensischen Staat auf dem britischen Mandatsgebiet Palästina votierte. Im Mai 1948 wurde der Staat Israel proklamiert. Von seinen Anfängen an aber war seine Existenz auch umstritten und bedroht, war dieser Staat in Kriege verwickelt, in denen er um seine Grenzen focht und sein Territorium. Auf der anderen Seite blieb bis heute die Existenz eines palästinensischen Staates, wie vom UN-Teilungsplan 1947 beschlossen, Theorie und von einer Verwirklichung weit entfernt. Mich interessiert, ob man anlässlich der 60-Jahr-Feiern diese Geschichte reflektierte, zudem, in welcher Form.*

J.B.: Zunächst habe ich den Eindruck gehabt, dass diese 60-Jahr-Feier in Deutschland intensiver begangen wurde als hier. In Deutschland feierte jede christlich-jüdische Gesellschaft, jede Synagogengemeinde ein Fest. Hier wurde die 60-Jahr-Feier quasi dekretiert. Es gab die offiziellen Feiern, Presseartikel und Poster – sie hängen nun im Flughafen Ben-Gurion. Vor dem Eingang zu Jerusalem wurde neben der Autobahn eine große »60-Israel« auf den Fels gestellt. Aber die Nation scheint mir nicht unbedingt so feierfreudig gewesen zu sein.

Das Jubiläum war wohl mehr akademischer Natur, es fand als Tagung in den Hochschulen oder in Beiträgen in Presse und Rundfunk statt. Das Entscheidende in Israel dabei war: Man hat es geschafft. 60 Jahre Bedrohung konnten gemeistert werden. Da dieses Jubiläum eng mit 40 Jahren »Vereintes Jerusalem« zusammenhängt, wurde auch vieles verwischt.

Also: Wir haben es geschafft, unser verheißenes Land wieder zu erobern. Der Zionismus hat ein oder sein Ziel erreicht. Aber es gab auch Kritik, zumal in der Presse. Die einen:»Wir müssen ganz Jerusalem halten, nicht verhandeln«. Die anderen:»Wir sind zu wenig liberal gewesen gegenüber den Palästinensern; wir müssen endlich Frieden schaffen mit den arabischen Staaten um uns herum«. Andererseits fand sich auch ein Mangel an historischer Reflexion. Man kam trotz des Jahrestages nicht weiter mit der leidigen Frage: Wie begreifen wir uns als ein jüdischer Staat hier? Wollen wir ein demokratischer Staat sein, der sich einfindet in seine Region, der quasi sympathisiert mit den Nachbarn und das ausprägt, was diese auch an Israel neidvoll schätzen: seine Demokratie? Oder wollen wir ein Fremdkörper bleiben, also ein jüdisch-demokratischer Staat, der darauf aus ist, Mauern zu bauen und a) der NATO und b) der EU beizutreten? Diese große Auseinandersetzung über »Was ist unsere Identität?« kam zu kurz.

Sie fand vielleicht aber auch deswegen kaum statt, weil sie unterschwellig immer brennt, immer wieder hochkommt, so z.B. bei der Frage:»Wieso haben wir eigentlich keine Einwanderer mehr?« Dieses Land ist geprägt durch Einwanderer und muss seit zwei Jahren feststellen, dass eher mehr Leute auswandern als einwandern. Das führt zu der Frage:»Was machen wir falsch?«

Das alte »Gemeinschaftsisrael« ist nicht mehr. Israel wurde zu einer individualisierten Gesellschaft, die weniger Fragen nach gemeinsamer Identität umtreibt als früher und darum auch an Attraktivität für jene verliert, die nach jüdischer Identität suchen. Die meisten in Israel fordern ihren eigenen Fortschritt ein. Man denkt daran, im Ausland Urlaub zu machen. Erfolg und Export sind die Themen, nicht Nestwärme und Heimat.

Israel exportiert mehr, als es importiert. Es hat ein Bruttosozialprodukt, höher als das in Saudi-Arabien. Israel ist eine Erfolgsstory. Zugleich fehlt immer noch die international anerkannte Hauptstadt. Es ist immer noch von Feinden bedroht. Es hat immer noch keine international festgelegten Grenzen. Eigentlich kann sich deshalb dieser Staat, obwohl es ihm wirtschaftlich gutgeht, sein Desinteresse an den nationalen Fragen nicht leisten: seine geringe Wahlbeteiligung, Stärkung von Minderheiten mit Sonderinteressen wie die säkulare »Shinui«-Gruppe, die vorgestern noch bejubelt und heute vergessen ist, oder die »Rentner« bei den letzten Wahlen, die als Partei schon auseinandergefallen ist.

M.-Th.W.: *Also ein Mangel an selbstkritischer Reflexion, auf den Sie jetzt verweisen ...*

J.B.: Das klingt zu negativ. Man kann es auch anders zusammen-
fassen: Dies ist eine Demokratie, und jede Demokratie schickt ihre
Vertreter in Parlament und Regierung. Und je besser es einer Gesellschaft geht, desto weniger wollen die Leute »an der Basis« mit
Politik zu tun haben. Gerade in Israel, wo man seit Staatsgründung
immer im Kampf stand, Soldat war, ist es natürlich, wenn die Nation endlich ihre Kampfstiefel ausziehen will.
Und kann man 40 Jahre lang auf der Straße für Frieden und gegen
die Besatzung demonstrieren? Auch das geht nicht. Mir hat das
einmal die frühere Sprecherin von »Schalom Achschav« / »Frieden
Jetzt«, Jeanette Aviad, klargemacht, als sie sagte: »Ich habe 20 Jahre demonstriert, also seit 1982. Dann habe ich eine Zeitlang den
Kuchen für das Treffen nach der Demo gebacken. Danach habe
versucht, die Söhne zur Demonstration zu ziehen. Die Generation
will aber lieber ins Ausland. Jetzt bin ich eine Oma, und die Frie-
densgruppe ist mit mir alt geworden und kraftlos«.

M.-Th.W.: *Diese Wahrnehmung lässt sich von Deutschland her
bestätigen: Bestimmte Kräfte, die auf Frieden hin gearbeitet haben,
scheinen nicht mehr zu existieren oder nicht mehr sehr hörbar zu
sein, weil eine gewisse Resignation da ist, weil man nicht mehr
weiß, wo die Energien herkommen – und wo sie hingehen sollen.*

Dafür sind auch die Palästinenser mitverantwortlich. Ich kann mich
erinnern, dass man von Oslo bis zur Zeit vor der »Zweiten Intifada« regelmäßig zusammensaß, Israelis und Palästinenser. Auch
Frauengruppen gab es, die bei ihren Treffen z.B. immer die Kinder
dabei hatten. Nur bei einem Thema nicht: Beim Gespräch zu Jerusalem erhitzte man sich so sehr, dass die Kids einen schlechten Eindruck erhalten könnten, wie es hieß. Aber das am Rande. Dann
kam die Zeit der »Zweiten Intifada«. Von da an verbot Arafat alle
Treffen mit Israelis. Das war ein erster Schlag gegen die »Friedensbewegung«.
Der zweite ging von Israel aus. Dort herrschte der Eindruck vor,
Premier Barak habe im Juli 2000 in Camp David den Palästinensern »so gut wie alles gegeben« – es waren bestenfalls 95 Prozent.
Auf jenes Angebot aber hätten die Palästinenser mit Selbstmord-
terror geantwortet: völlig ungerechtfertigt und unmoralisch. Mit
solchen Palästinensern »kann man nicht reden«. Als dann noch einer der palästinensischen Hauptgesprächspartner, Marwan Barguti
– nach einem Indizienurteil –, wegen mehrfachen Mordes verurteilt
wurde, brachen die Israelis ihrerseits die Treffen ab. Schließlich kamen Mauer und Zaun. Beide Seiten können nicht mehr zueinander
kommen.

Die Palästinenser und die Israelis wandten einander den Rücken zu und redeten kaum mehr miteinander. Aus Verdruss und Frustration wurde Desinteresse: Es gibt für die israelische Friedensbewegung kaum Partner auf der palästinensischen Seite. Die Neigung der Palästinenser, mit den Israelis zu reden, ist denkbar gering. Und schauen Sie sich an, wie viele Israelis überhaupt noch kommen und kämpfen, damit ein vermeintlich »illegal« gebautes Haus nicht eingerissen wird. Was an Friedensbewegung bei den Palästinensern oder bei den Israelis übrig blieb, wird zermürbt von israelischem Abbruchbaggern oder dem Militär, das auch friedliche Demos gegen die Mauer mit Tränengas und Plastikgeschossen beantwortet.

M.-Th.W.: *Sie haben eben schon über die »Mauer« gesprochen, die Mauer, die Jerusalem teilt und dadurch natürlich gerade für uns Deutsche fatal an die Berliner Mauer erinnert. Wie weit ist überhaupt der Bau der Mauer vorangeschritten? Wer will sie heute noch; aber auch: Wer kritisiert sie heute noch?*

J.B.: Die Mauer steht zu 60 Prozent; sie ist natürlich über die meisten Kilometer keine Mauer, sondern ein Zaun, ein sogenannter Trennzaun, eine »Trennanlage«. Sie reicht nicht hinunter bis ins Jordantal, deckt mithin nicht den Osten ab. Es gibt sie auch nicht überall nach Norden, Westen und Süden. Es wird heute nicht mehr daran gebaut.

Offiziell heißt es, es gäbe keine Mittel. Aber wenn Notwendigkeit bestünde, würde sicherlich gebaut werden. Die Debatte dazu ist erlahmt. Das hängt damit zusammen, dass die Mauer stets nur einen psychologischen Zweck erfüllen sollte und nur bei Rechten einen politischen Zweck. Der psychologische war der, zu sagen: Wir schaffen es, wir haben ein Mittel gegen den Terror.

Allerdings wurde der Terror nicht nur durch die Mauer verhindert. Etwa zu Beginn des Mauerbaus begann die Hamas, Selbstmordanschläge abzubauen und zu verbieten. Die israelischen Militärschläge waren offenbar erfolgreich. Dies trug zum Ende des Terrors genauso bei wie der Umstand, dass ein Großteil der Terrormittel nach Irak umgeleitet wurde, um den Terror dort zu finanzieren. Die Mauer baute Terror ab, aber sie war es nicht allein.

Heute ist es schwerer, von Nablus einen Selbstmordgürtel nach Israel zu transportieren, auch wegen der Mauer, aber zudem wegen der vielen Checkpoints – mehr als 600. Obwohl jeder Mörder querfeldein gehen kann. Und gibt es nicht genug Islamisten, Araber in Israel, die eines Tages morden könnten? Auf diesem Hintergrund schlief der Mauerbau ein.

Der politische Grund der Rechten wiederum wurde rechtlich aus-
geschaltet. Die Rechten waren zuerst gegen jede Mauer. Sie wollten das gesamte Land bis zum Jordan. Als dann Premier Scharon
den Mauerbau begann, wollte er zumindest soviel Land wie möglich. Aber das Oberste Gericht in Israel – und ähnlich sah es auch
der Internationale Gerichtshof in Den Haag – dekretierte, dass Israel wie jeder Staat zwar das Recht habe, sich zu verteidigen. Aber
das solle längs der demographischen oder grünen Linie geschehen.
Überall, wo die Mauer unverhältnismäßig viel Land wegnehme
und damit in die Lebensverhältnisse der Palästinenser tiefer ein-
greife als für Israels Sicherheit geboten, muss der Zaun versetzt
werden.

M.-Th.W.: *Das geschieht aber nicht, oder?*

J.B.:   Es passiert an den wenigsten Stellen. In Dschajus bei Kalkil-
jia zum Beispiel soll es geschehen – darüber habe ich im Juli eine
Geschichte geschrieben –, aber selbst, wenn die Pläne endlich umgesetzt würden, blieben immer noch erhebliche Ländereien und
vor allem Brunnen auf der israelischen Seite, um einer Siedlung zu
helfen. Hier steht wohl ein zweiter Prozess an; und deswegen geschieht derzeit nichts. Aber ich habe die Hoffnung nicht aufgegeben. Es gibt einen juristischen und nationalen Konsens in Israel,
dass da etwas geschieht. Das wird kommen.
Der oberste Gerichtshof ist eine entscheidende Macht und hat
sich bisher eigentlich immer durchgesetzt. Es ist ja auch durchaus
schon »umgebaut« worden. Aber das alles ist nicht zuletzt irrsinnig
teuer.

M.-Th.W.: *Ja, in der Tat, und auch damit schafft die Mauer erst
einmal Fakten. Die palästinensische Seite beklagt zu Recht, dass
erst einmal Land, Territorium durchschnitten wird, dass man ab-
getrennt wird von den eigenen Besitztümern, dass man nicht mehr
ernten kann, das dadurch dann Landrechte verloren gehen ... sind
das Dinge, die nach wie vor im Gespräch sind?*

J.B.:   Auf palästinensischer Seite leider zu wenig, meine ich. Es
wäre gut, wenn sich die palästinensische Autonomiebehörde oder
die vermeintlich führende Partei, nämlich Fatah, dieses Themas
stärker annähme. Warum reisen nicht Fatah-Leute rund um die
Welt und zeigen insbesondere in den Vereinigten Staaten die Landkarten? Warum machen das vor allem israelische Gruppen oder die
UN? Bei solchen Anliegen hätten die Palästinenser die Mehrheit
der Israelis auf ihrer Seite.

M.-Th.W.: *Also ein Konsens der Israelis, dass solche Landenteig-nungen nicht sein dürfen? Habe ich Sie da richtig verstanden?*

J.B.: Ja. Die Israelis möchten eine Grenzanlage haben, aber an der demographischen Grenze. Die Neigung, den Siedlern weitere land-wirtschaftliche Möglichkeiten zu geben, ist denkbar gering. Längst wurde aus dem Sicherheitszaun die wahrscheinlich politische Gren-ze für »Palästina«.

M.-Th.W.: *Da hat sich dann möglicherweise in den letzten Jahren noch einmal etwas verschoben. Noch bis 2004 hatte ich bei Besu-chen im Land den Eindruck, dass breitere Teile der israelischen Be-völkerung die Siedler unterstützen oder deren Aktivitäten zumin-dest hinnehmen.*

J.B.: Ich glaube nicht, dass das stimmt. Der Auszug der Siedler und Soldaten aus dem Gazastreifen im Sommer 2005 war eine Zä-sur. Die Siedler waren erschüttert darüber, dass die »Trauer« oder »Empörung« über die Abgabe des Gazastreifens in Israel so gering war. Auch heute wohnen Gaza-Leute noch in Zelten, aber bedauert werden sie nicht. Es heißt vielmehr: Die sind selbst schuld. Sie hät-ten gleich gehen, ein Haus haben können. Aber sie wollten pokern und haben verloren. Die Zuneigung zu den Siedlern, das Thema Siedler ist erledigt.
Aber es gibt ja den Umstand, dass hier bestimmte Teile der Regie-rung, bestimmte Teile des Militärs, Parteien oder Polizisten zu-sammenarbeiten. Siedler sitzen überall und helfen einander. Selbst wenn morgen ein Ministerpräsident sagen würde: »Jetzt ist Schluss überall! Es wird nicht mehr gebaut«, dann würde ein Abteilungs-leiter im Ministerium XY mit seinem Freund, dem Obersiedler so-undso, darauf hinweisen, dass es ja eine Genehmigung von 1970 gebe, die es möglich mache, dass eben doch noch die Wasserleitung gebaut wird. Kurze Zeit später gibt es doch plötzlich ein festes Haus statt des Wohnwagens von neulich.
Hier wird aus Mangel an politischem Willen, aus Furcht vor bru-talen Auseinandersetzungen zwischen Siedlern und Sicherheits-kräften nicht durchgegriffen. Auch nicht in Bezug auf die – auch nach israelischen Vorstellungen – seit 2002 entstehenden »illegal gebauten Außenposten«.
Migron bei Ramallah zum Beispiel steht illegal auf palästinensisch privatem Land. Aus Wohncontainern wurden dennoch feste Häu-ser, nach 2002. Jetzt wird verhandelt: »Ja, wir sind bereit, Migron zu verlassen«, sagen die Siedler. »Aber nur, wenn wir Land in der-selben Region des ›Stammes Benjamin‹ bekommen, also in der

Nachbarschaft, weiterhin im besetzten Land.« – »Und wo?« –
»Nicht zu nahe an einer anderen Siedlung. Wir wollen ja unsere
Identität wahren«. So kommt es dann womöglich zu Migron B.

M.-Th.W.: *Diese Beschreibung läuft doch eigentlich völlig Ihrer
Behauptung zuwider, dass das Thema Siedlung im Grunde passé
sei. Sie erklären diesen Widerspruch damit, dass es diesen un-
durchsichtigen Dschungel von Militär und Politik gibt, den nicht
wirklich jemand stoppt?*

J.B.: Ja, so sehe ich es. Die Mehrheit der Menschen in Israel betont: »Mir ist doch völlig egal, ob wir da noch eine Siedlung haben
oder nicht.« Sie scheuen freilich blutige Militäroperationen, wie
wir sie auch schon bei Räumungen solcher Posten hatten; neigen
zu Passivität. Und die Siedler haben ihre Leute zum Beispiel in
der Knesset, die nach den Umfragen stets mehr rechts steht als
die Nation, siedlungsnäher ist als der Durchschnitt in der Bevölkerung.
Dazu kommt aber auch noch etwas anderes: Vielfach fällt es arabischen Familien schwer, den Nachweis über eigenes Land zu führen.
In der Regel verpachteten nämlich die Großgrundbesitzer in der
osmanischen Zeit ihr Land, und diese Pacht blieb über Generationen erhalten. Aus der osmanischen Zeit stammt auch die noch
heute wirksame Regel, dass derjenige seinen Anspruch auf das
Land verliert, der länger als drei Jahre nicht in der Lage gewesen
ist, das Land zu bearbeiten. Damit operieren bisweilen Siedler, die
es ihren arabischen Nachbarn unmöglich machen, in den Oliven-
hainen oder auf den Weinbergen zu arbeiten, um sich dort langsam
als die neuen Herren einzunisten.
Bis heute sind also Rechtsvorstellungen aus der osmanischen Zeit
genauso lebendig wie Vorschriften der britischen Mandatsperiode,
des jordanischen Rechts im Westjordanland oder der Israelis von
heute. Das führt zu einer Rechtsunsicherheit. Auch wenn die Israelis allmählich überall Grundbücher eingeführt haben; es ist schon
geschehen, dass der Nachweis eines Grundstückes auf einem alten
jordanischen Grundbuch nicht zog, weil die Israelis mittlerweile
nur noch ihr eigenes Grundbuch gelten lassen.

M.-Th.W.: *Als Bibelwissenschaftlerin interessiert mich besonders,
wo und wie gegenwärtig im Heiligen Land spezifisch religiöse Argumentationen benutzt werden, wenn es um Fragen des Landes
geht. Für die Bibel ist das Thema »Land« ja ein eminent wichtiges.
Die ersten fünf Bücher der Bibel, der Pentateuch, die Tora, erzählen über weite Strecken vom Weg des Volkes Israel zum verheiße-*

nen Land. Die sich anschließenden Bücher Josua, Richter, Samuel und Könige heben an mit triumphalen Landnahmegeschichten; ihr Erzählbogen endet aber außerhalb des Landes, mit der Deportation der Bevölkerung Jerusalems nach Babylonien. Die Spannung von Landverheißung und Landverlust, die Herausforderung eines Lebens im Land, das sich an den Weisungen Gottes zu bewähren hat, ist ein grundlegendes Strukturelement dieser Schriften. Die prophetischen Bücher kreisen auf ihre Weise um die Themen der Landverheißung, des Lebens im Land und des Landverlustes, und ein Buch wie die Psalmen variiert das Motiv des Landes auf vielerlei Weise. In den Evangelien ist das Auftreten Jesu gebunden an Orte des Heiligen Landes, und von Paulus bis zur Apokalypse des Johannes ist die Orientierung an Jerusalem als Heiliger Stadt unübersehbar. Auch aus einer christlichen Sicht hat so das Thema »Land« Schwerkraft, wenn es auch aufs Ganze gesehen keinen zentralen Stellenwert in der christlichen Glaubenslehre oder Frömmigkeit erhalten hat.

Das Thema »Land« aber muss ein ganz anderes Gewicht bekommen für Menschen, die in diesen religiösen Traditionen stehen und gleichzeitig dieses Land, von dem die Bibel spricht, als ihre Heimat betrachten. Oder auch umgekehrt akzentuiert: In diesem Land lebt man als jüdischer Mensch, als palästinensischer Mensch, dort ist man als Jude, als Christ, als Muslim, also einmal national oder ethnisch bestimmt, dann aber auch spezifischer religiös bestimmt – und von daher an Sie noch einmal genauerhin die Frage: Wie sieht es aus mit Rekursen auf die Bibel »vor Ort«? Gibt es so etwas wie aus der Geschichte der eigenen Tradition herkommende Argumentationen mit der Bibel im jüdischen Kontext? Wie sieht es bei den Christen aus? Gibt es möglicherweise Unterschiede in der Frage zwischen den christlichen Denominationen im Heiligen Land? Und schließlich: kann man von religiösen Argumentationsfiguren auf muslimischer Seite sprechen?

J.B.: Neulich wurde hier das Buch von Shlomo Sand in den Zeitungen vorgestellt: Da schreibt ein israelischer Autor, dass man sich vor Augen führen müsse, dass die Mehrheit der Leute, die in diesem Land gelebt habe, mutmaßlich nie emigrierte. Nur die Führungsschichten seien aus Sichem-Samaria oder später aus Jerusalem vertrieben worden. So komme es, schreibt Sand neben anderem, dass ein guter Teil der Vorfahren der heutigen Palästinenser erst heidnisch gewesen, dann jüdisch, später christlich, zum Schluss muslimisch wurde. Heute hätten wohl viele Palästinenser in ihren Stammbäumen auch Juden, wenn sie nicht erst eingewandert seien mit der arabischen Zeit nach den Kreuzfahrern

M.-Th.W.: *Dieses Buch von Schlomo Sand, von dem Sie sprechen und dessen Titel auf deutsch lauten würde:* »*Wann und wie wurde das jüdische Volk erfunden*«, *wurde in Deutschland gerade eben in der Augustausgabe der* »*Jüdischen Zeitung*« *(nicht die* »*Jüdische Allgemeine*«, *sondern die neue, seit Herbst 2005 erscheinende jüdische Monatszeitung) in einem großen Bericht vorgestellt, dem man entnehmen kann, dass dieses Buch für Diskussionen um jüdische Identität sorgt und sorgen wird. Als erster europäischer Verlag hat sich Edition Fayard in Paris an eine Übersetzung gewagt (Comment le peuple juif fut inventé).*

J.B.: Der Autor gilt als Einzelgänger. Andererseits zitiert Sand nur Archäologen, Historiker oder Soziologen, die dies immer schon sagten. Aber ist das relevant? Die Mehrheit in Israel wird sagen: »Wo sollen wir denn eigentlich leben, wenn nicht hier? Dies Land wurde uns nun einmal verheißen.« Wenn dieser Autor meint, es gebe so viele jüdische Israelis, denen nichts verheißen wurde, weil sie zum Beispiel erst im 17. Jahrhundert im Zarenreich konvertierten, dann erscheint das ziemlich unwichtig. An jedem Pessachabend sagt man mit der Haggadah etwa: »Das nächste Jahr sehen wir uns in Jerusalem«. Das zählt und ist Konsens.
Israelis werden durchaus bereit sein, über den Zionismus zu sprechen, über die Optionen Madagaskar oder Uganda, die damals diskutiert wurden. Doch seit Herzl sind nun einmal religiöse und säkulare Vorstellungen in Bezug auf das Land zusammengekommen. »Und was soll diese uralte Debatte?«, werden Sie hören. »Da gab es 1947 den UN-Teilungsbeschluss; vorher und nachher die mehr oder weniger sanktionierte Alija (Einwanderung); genügend Kriege, um sagen zu können, wir haben uns als Sieger über das Land erwiesen.«
In der Tat hat die Welt Israel anerkannt. Selbst die Arabische Liga will das mit ihrer »Friedensinitiative« tun, eben die Staaten, die über jenen UN-Plan 1947 und die Staatsgründung in den Krieg zogen; also heute ein »zweiter Teilungsplan« durch die Neinsager von damals. Selbst der Iran hat die Initiative – freilich vor dem jetzigen Präsidenten – unterschrieben. Und jetzt ist Israel bereit zur Zwei-Staaten-Lösung, bei der übrigens das Land längs der »Bibelstraße« von Nablus nach Hebron palästinensisch werden soll, während den Israelis »fremdes feindliches Philisterland« bleibt. Ist es da ein Wunder, wenn man hört: »Lasst uns rational argumentieren. Wir brauchen diese Debatte über die Bibel nicht mehr«!?

M.-Th.W.: *Wenn ich Sie richtig verstanden habe, ist das eine Argumentation, die auf die Bibel als religiöses Grunddokument zielt.*

Die Aufforderung, »uns in Ruhe zu lassen mit der Bibel«, bedeutet den Verzicht auf eine religiöse Überhöhung oder Grundlegung des Anspruchs auf das Land. Welche Rolle spielt die Bibel im schulischen Unterricht in Israel? Kommt über den Unterricht nicht doch auch wieder die Bibel ins Spiel, diesmal zum Beispiel als Quelle im Geschichtsunterricht?

J.B.: Die Israelis haben ein ausgefeiltes Schulsystem. Es gibt staatliche und private, religiöse und säkulare Schulen. Darum ist es schwer in so einem Gespräch, eine gute und rasche Antwort zu geben. Aber zwei Punkte möchte ich quasi assoziativ nennen: Vor Jahren gab es einmal eine Umfrage bei Schülern. Dabei kam heraus, dass die Mehrheit der jüdischen Israelis nicht mehr den Unterschied kennt zwischen dem Trauergebet, dem »Kaddisch«, und dem Ritual am Schabbat nach dem Synagogengottesdient, dem »Kiddusch«.

Vor Monaten gab es einen Bibelwettbewerb. Die aussichtsreichste Kandidatin wollten die religiösen Teilnehmer und Mitorganisatoren ausschließen. Das Mädchen, das später den Wettbewerb auch noch gewann, war keine »richtige Jüdin«. Sie stammte aus einer Familie messianischer Juden, wo man zwar die jüdischen Regeln einhält, aber zugleich Jesus als Messias anerkennt. Für das religiöse jüdische Schulsystem war das ein Frevel und erniedrigend. Wie konnte sich so ein Mädchen, so eine Ketzerin, besser auskennen als eine ordentliche Schülerin aus einer religiösen Schule?

Wahrscheinlich ist es in Israel nicht anders als in Deutschland. Dort sollen viele Schüler auch nicht mehr wissen, welches biblische Ereignis mit Ostern verbunden ist.

M.-Th.W.: *Und wie sieht es aus bei den Christen im Heiligen Land?*

J.B.: Wir finden nicht selten eine spürbare Abneigung gegen das Alte Testament, die jüdische Bibel. Bei dem palästinensisch-lutheranischen Bischof, Munib Yunan, merkt man das bisweilen; auch in der amerikanisch- oder englischsprachigen Gemeinde, die sich ihm unterordnet. Alttestamentliche Lesungen sind nicht beliebt.

M.-Th.W.: *Von Munib Yunan gibt es einen Beitrag in deutscher Sprache im Sammelband »Zwischen Halbmond und Davidsstern« (2001), der palästinensisch-christliche Stimmen vorstellt. Darin kritisiert er die einseitige Beanspruchung der alttestamentlichen Landverheißungen nur für Israel und entwickelt eine christlich-*

palästinensische Theologie des Landes, in der er die biblische Spur der Landverheißung an die Unterdrückten aufnimmt und sie auf das palästinensische Volk bezieht. Das klingt für mich noch nicht nach Schwierigkeiten mit dem Alten Testament, sondern eher wie eine deutliche Beanspruchung auch der alttestamentlichen Landtradition nun für die christlichen Palästinenser. Allerdings höre ich aus diesem Aufsatz auch sehr stark die Überzeugung heraus, dass Kreuz und Auferstehung Christi gleichsam ein Symbol der Leiden des palästinensischen Volkes darstellen und sich die Hoffnung auf Gerechtigkeit im Heiligen Land mit dem Schicksal Jesu Christi verbinden lässt.

J.B.: Ja, es gibt den Freiheitshelden Jesus. Den haben wir im Jahr 2000 erlebt, als dieses Motto als Transparent von der Geburtskirche herabhing: Christus als Befreier der unterdrückten Palästinenser, ein Jude, der für die Freiheit der Palästinenser kämpfte. Andererseits geht es hier nicht nur um Theologie. Bischof Munib ist auch Politiker; und das muss er wahrscheinlich auch sein als Oberhirte seiner Gemeinden, die zusammen nur noch einige hundert Seelen zählen. Ein Bischof im Heiligen Land ist eine politische Institution. Yunan muss mithalten mit den Würdenträgern der alten anerkannten Kirchen.
Die christliche Minderheit muss dem Druck der muslimischen Mehrheit standhalten. Was könnten Christen den Muslimen bieten? Ist da nicht ein Befreiungsheld Jesus attraktiv, der Christen und Muslime gemeinsam aus der Unterdrückung herausführen könnte? Die Christen bieten quasi den »Propheten Jesus« als ihren Beitrag zur palästinensischen Identität an und hoffen dabei, etwas vom Druck dieser Mehrheit abbauen zu können.

M.-Th.W.: *Der in Deutschland bekannteste palästinensische Theologe – eben hat er den Aachener Friedenspreis erhalten – ist Mitri Raheb, der in Deutschland auch studiert und promoviert hat und Pfarrer der lutherischen Weihnachtskirche in Bethlehem ist. Mitri Raheb weiß, dass für die deutsche Theologie die Geschichte des christlichen Antijudaismus eine große Herausforderung darstellt, und er hat sich mit Fragen einer Theologie nach Auschwitz auseinandergesetzt.*

J.B.: Ich verehre Mitri Raheb. Er bemüht sich besonders um die jüdische Bibel. Man müsse die Gemeinde daran halten. Nur dann, wenn man das gemeinsame Erbe mit den Juden würdige, könne man mit den Israelis gut zusammenleben. Und das müsse man nun einmal.

Wir nahmen als Familie immer am Weihnachtsgottesdienst in der Weihnachtskirche von Bethlehem teil und saßen dabei vor den Glasfenstern, die eine Ahnfrau meiner Frau zum Bau der Kirche stiftete, die heute Rahebs Gemeindekirche ist. Wenn Mitri Raheb die Predigt hielt, dann ging es um Verheißung und das immer währende Weihnachten. Bei Yunan stand meist die israelische Besatzung im Vordergrund, die sich Weihnachten in den Weg stellt. »Weihnachten trotz« war sein Motto. Als wollten die Menschen an Heiligabend über den Alltag belehrt werden. Gerade die weihnachtliche Liturgie sollte doch das tun, was der Sinn von Liturgie ist: den Menschen für eine Zeit in einem zeitlosen Raum zu Gott zu heben. Weihnachten ist dazu auch kein Ereignis nur für Bethlehem. Gerade an diesem Abend ist Bethlehem wie von der Mauer drum herum befreit. Es steht für den kleinen unbedeutenden Ort, aus dem doch der Segen für die gesamte Menschheit kommt.

M.-Th.W.: *Sehen Sie Unterschiede im Umgang mit der Landfrage zwischen den christlichen Konfessionen?*

J.B.: Das kann ich so pauschal nicht sagen, denn man spricht mit seinen christlichen Freunden nicht ständig über die Religion. Gewiss aber gibt es in dieser Hinsicht keinen Unterschied zum Beispiel zwischen Katholiken und Protestanten; auch wenn die katholischen Gemeinden von ihrer Obrigkeit gelenkt werden. In diesem Zusammenhang ist aber wichtig, dass Rom nach dem national-palästinensisch gesonnenen und agierenden Patriarchen Sabah zwar wieder einen Araber zum Patriarchen von Jerusalem berief. Doch Erzbischof Twal aus Jordanien ist ein Kirchendiplomat, der viel vorsichtiger formuliert und offenbar den Auftrag erhielt, nicht für Aufmerksamkeit in der Presse zu sorgen, sondern die katholische Kirche stärker zu integrieren.

Und noch etwas: Die Zugehörigkeit zu einer Religion oder Kirche ist nicht nur eine Sache des Bekenntnisses. Die Kirche bildet den sozialen Rahmen, in dem sich ein palästinensischer Christ bewegt. Es ist der Schutz im Alltag. Offen wird das Kreuz am Hals zur Schau getragen. Wer in diesem Land nichts ist, weder Jude, Muslim noch Christ – gilt wirklich als nichts.

Was ist denn mit den muslimischen Stimmen? Gibt es da religiös getränkte, religiös grundierte Argumentationen, die das Land als ihres reklamieren?

J.B.: Ja sicherlich. Das Land wird als *wakf* verstanden, eine Stiftung von Gott für die muslimische Gemeinschaft, die *umma*. Fremde Völker, fremde Religionen haben sich als »Schutzbefohlene« unterzuordnen. Übermächtige Kräfte, die sich auf diesem *waqf* festsetzen, werden nach dieser Vorstellung eines Tages weggewischt wie einst die Kreuzfahrer. Auf den muslimischen Landkarten gibt es keine Staatsgrenzen, schon gar kein Israel. Der Felsendom und die Al-Aqsa-Moschee stehen für die Identität von Land und herrschender Religion. »Der jüdische Tempel wurde zerstört mit seiner zentralen Macht, um dem muslimischen Heiligtum und seiner umfassenden Macht Platz zu machen«.

Es gibt übrigens manche Palästinenser, die glauben, man könne mit der islamistischen Hamas pragmatischere Lösungen finden als mit der Fatach. Die Fatach müsse politisch im Diesseits kämpfen und um Erfolge heute. Hamas aber könne sagen, Gott wird es eines Tages eh beenden. Da könne man vorübergehend mal mit »den Juden« einen Kompromiss schließen.

M.-Th.W.: *Im Heiligen Land, so scheint es, muss man tatsächlich lernen, »quer« zu denken, wenn man die Hoffnung nicht aufgeben will. Herr Dr. Bremer, ich danke Ihnen für das Gespräch!*

* * *

Jörg Bremer, geb. 1952, Dr. phil., war von 1991 bis Januar 2009 Korrespondent der FAZ für Israel und die palästinensischen Gebiete; Mitte 2009 wird er zuständig für Italien und den Hl. Stuhl.

Marie-Theres Wacker, geb. 1952, Dr. theol., ist Professorin für Altes Testament und Theologische Frauenforschung an der Katholisch-Theologischen Fakultät der Universität Münster.

Abstract

This interview deals with three major subject areas. First, it compares the situation in Israel/Palestine two decades before and today concentrating on the increasing polarization of statements in Israelitic-Jewish and Arabic-Muslimic parties lastly well-grounded in their religious forms of expression. Second, the actual situation of the land – especially under the aspects of raising the ›wall‹ and the continuing settlement policy – is observed based on the foundation of the state 60 years before. Third, specific religious figures of speech – Jewish, Christian, and Muslimic – for claiming the land were explored and the significance of these argumentation is interpreted.

IV

Register

Bibelstellen (Auswahl)

Namen und Sachen (Auswahl)

Betreuende Herausgeber / Autor/innen

Betreuende Herausgeber:

Ralf Koerrenz, geb. 196, Dr. phil., Dr. theol., ist Professor für Erziehungswissenschaft an der Fakultät für Sozial- und Verhaltenswissenschaften der Friedrich-Schiller-Universität Jena.

Marie-Theres Wacker, geb. 1952, Dr. theol., ist Professorin für Altes Testament und Theologische Frauenforschung an der Katholisch-Theologischen Fakultät der Universität Münster.

Autor/innen:

Jörg Bremer, geb. 1952, Dr. phil., war von 1991 bis Januar 2009 Korrespondent der FAZ für Israel und die palästinensischen Gebiete; Mitte 2009 wird er zuständig für Italien und den Hl. Stuhl.

Norbert Collmar, geb. 1958, Dr. rer. soc., ist Professor für Religionspädagogik an der Evangelischen Hochschule Ludwigsburg.

Yvonne Domhardt, geb. 1960, Dr. phil., ist Habilitandin und Lehrbeauftragte für das Fach Judaistik an der Albert-Ludwigs-Universität Freiburg i.Br. sowie Leiterin der Bibliothek der Israelitischen Cultusgemeinde Zürich.

Irmtraud Fischer, geb. 1957, Dr. theol., ist Professorin für Alttestamentliche Bibelwissenschaft an der Universität Graz.

Gerhard Gronauer, geb. 1972, ist evangelischer Pfarrer in Dinkelsbühl/Mittelfranken.

Paul-Gerhard Klumbies, geb. 1957, Dr. theol., ist Professor für Biblische Wissenschaften unter besonderer Berücksichtigung des

Neuen Testaments am Institut für Evangelische Theologie der Universität Kassel.

Kathrin Liess, geb. 1971, Dr. theol., ist Wissenschaftliche Assistentin im Fachbereich Altes Testament an der Evangelisch-Theologischen Fakultät der Universität Tübingen.

Matthias Morgenstern, geb. 1959, Dr. phil., ist apl. Professor für Judaistik und Religionswissenschaft an der Evangelisch-Theologischen Fakultät der Universität Tübingen.

Ed Noort, geb. 1944, Dr. theol., ist Professor für Alt-Hebräische Literatur und Religionsgeschichte Alt-Israels an der Rijksuniversiteit Groningen.

Gabrielle Oberhänsli-Widmer, Dr. phil., geb. 1957, ist Professorin für Judaistik an der Philosophischen Fakultät der Albert-Ludwigs-Universität Freiburg i.Br.

Georg Röwekamp, geb. 1959, Dr. theol., ist seit 2001 Theologischer Leiter und Geschäftsführer von Biblische Reisen in Stuttgart.

Martin Vahrenhorst, geb. 1967, Dr. theol., leitet das Studienprogramm »Studium in Israel« und ist Privatdozent für Neues Testament an der Kirchlichen Hochschule Wuppertal.

J. Cornelis de Vos, geb. 1966, Dr. theol., ist Wissenschaftlicher Assistent für Judaistik und Neues Testament am Institutum Judaicum Delitzschianum in Münster.

Reinhold Zwick, geb. 1954, Dr. theol., ist Professor für Biblische Theologie und ihre Didaktik an der Katholisch-Theologischen Fakultät der Universität Münster.

JBTh 1 (1986) – 23 (2008)

JBTh 1 (1986)

Einheit und Vielfalt Biblischer Theologie

252 Seiten, 3. Auflage 1991, Paperback
ISBN 3–7887–1229–5

JBTh 2 (1987)

Der eine Gott der beiden Testamente

267 Seiten, Paperback
ISBN 3–7887–1266–X

JBTh 3 (1988)

Zum Problem des biblischen Kanons

294 Seiten, Paperback
ISBN 3–7887–1288–0

JBTh 4 (1989)

»Gesetz« als Thema Biblischer Theologie

360 Seiten, Paperback
ISBN 3–7887–1321–6

JBTh 5 (1990)

Schöpfung und Neuschöpfung

297 Seiten, Paperback
ISBN 3–7887–1363–1

JBTh 6 (1991)

Altes Testament und christlicher Glaube

382 Seiten, Paperback
ISBN 3–7887–1385–2

JBTh 7 (1992)

Volk Gottes, Gemeinde und Gesellschaft

446 Seiten, Paperback
ISBN 3–7887–1433–6

JBTh 8 (1993)

Der Messias

396 Seiten, Paperback
ISBN 3–7887–1465–4

JBTh 9 (1994)

Sünde und Gericht

396 Seiten, Paperback
ISBN 3–7887–1500–6

JBTh 10 (1995)

Religionsgeschichte Israels oder Theologie des Alten Testaments

272 Seiten, 2. Auflage 2001, Paperback
ISBN 3–7887–1544–8

JBTh 11 (1996)

Glaube und Öffentlichkeit

272 Seiten, Paperback
ISBN 3–7887–1605–3

JBTh 12 (1997)

Biblische Hermeneutik

432 Seiten, Paperback
ISBN 3–7887–1642–8

JBTh 13 (1998)

Die Macht der Bilder

349 Seiten, Paperback
ISBN 3–7887–1685–1

JBTh 14 (1999)

Prophetie und Charisma

303 Seiten, Paperback
ISBN 3–7887–1749–1

JBTh 15 (2000)

Menschenwürde

397 Seiten, Paperback
ISBN 3–7887–1800–5

JBTh 16 (2002)

Klage

429 Seiten, Paperback
ISBN 3–7887–1863–3

JBTh 17 (2002)

Gottes Kinder

439 Seiten, Paperback
ISBN 3–7887–1920–6

JBTh 18 (2003)

Das Fest: Jenseits des Alltags

487 Seiten, Paperback
ISBN 3–7887–1997–4

JBTh 19 (2004)

Leben trotz Tod

477 Seiten, Paperback
ISBN 3–7887–2063–8

JBTh 20 (2005)

Der Himmel

484 Seiten, Paperback
ISBN 3–7887–2103–0

JBTh 21 (2006)

Gott und Geld

348 Seiten, Paperback
ISBN 978–3–7887–2165–7

JBTh 22 (2007)

Die Macht der Erinnerung

494 Seiten, Paperback
ISBN 978–3–7887–2229–6

Als nächster Band erscheint 2009:

JBTh 24 (2009)

Heiliger Geist

ca. 352 Seiten, Paperback
ISBN 978–3–7887–2376–7

Die Subskription des Jahrbuchs bewirkt eine Vergünstigung der Einzelpreise um 10%. Es ist jederzeit möglich, von jetzt an in die Subskription einzusteigen.